L. Kin · Gott & Co

Nach wessen Pfeife tanzen wir?

Gott & Co

Nach wessen Pfeife tanzen wir?

von L.Kin

Über Geister, Dämonen,
Götter, Engel, Schamanen,
Gurus, Okkultisten, Magier,
Kosmische Mächte,
Geheimbünde, Scientologen,
UFOs, Außerirdische,
Galaktische Konföderationen
und Verschwörungen
gegen den Planeten Erde

EDITION SCIENTERRA

Titel der engl. Originalausgabe:
The Pied Pipers of Heaven – Who Calls the Tune?

ISBN 3-922367-20-8, Verkehrs-Nr. 16645 (BAG)

Für Buchbestellungen:
VAP-Buchversand, Postfach 1180, 32352 Preußisch Oldendorf
Telefon (0 57 42) 93 04 - 44/45, Fax (0 57 42) 93 04 55

Gesamtherstellung: Kölle-Druck GmbH, Preußisch Oldendorf

2. Auflage 1996

Gedruckt in Deutschland

Inhalt

Vorwort

Das New Age schuf mit einer Vielfalt von Techniken ein neues Bewußtsein von der Stellung des Menschen im geistigen Kosmos. Meditation weist den Weg zur inneren Einheit; „Channelling“ öffnet Kommunikationslinien zu Wesen aus anderen Welten; UFOlogen beobachten die Aktivitäten von Außerirdischen und warnen die Bevölkerung dieser Erde vor drohenden Gefahren. Diesem Gesamtzusammenhang will das vorliegende Buch eine weitere Facette hinzufügen. Es stellt den Versuch dar, etwas mitzuteilen, was mir, dem Autor, bedeutsam erscheint – vielleicht in der Hoffnung, damit zu wünschenswerten globalen Veränderungen beizutragen. Insbesondere befaßt es sich mit der Weltsicht von Ron Hubbard und seiner Anhänger. (Es sei angemerkt, daß – wiewohl der Autor Hubbards Lehren aufgeschlossen gegenübersteht – weder Autor noch Verleger mit der Scientology-Kirche oder einer ihrer Organisationen in Verbindung stehen.)
Hubbards Vorstellungen ließen sich auf den simplen Satz reduzieren, daß unser Planet Erde seit Äonen dabei ist, von außerirdischen Mächten eingenommen, kolonialisiert und versklavt zu werden. (Er ist bei weitem nicht der einzige, der so etwas annimmt.) Um einer solchen Behauptung, die das Hauptthema dieses Buches darstellt, gerecht werden zu können, müssen wir über vier Kapitel hinweg eine gemeinsame Verständigungsbasis schaffen, ohne die die Befunde und Schlußfolgerungen des fünften Kapitels, „Das Schicksal der Erde”, unverständlich und unsinnig erscheinen würden. Wir müssen sozusagen eine Startbahn von genügender Länge bauen, um problemlos abheben zu können.
Kapitel 1 behandelt Grundlegendes zum Thema Geist, Seele, Gott und Universum; es beinhaltet klassische wie auch esoterische Konzepte zum Thema Psychosomatik und vergleicht sie miteinander. Kapitel 2 beschäftigt sich mit dem scheinbaren Gegensatz von wissenschaftlicher und esoterischer Wahrheit und gibt einige Beispiele davon, in welcherlei Mythen sich die

Naturwissenschaften ergehen, ohne es aber zuzugeben. Kapitel 3 und 4 berichten von der Geschichte dieses Universums und kreisen um den Mythos von Xenu, einem mächtigen Geist, der Hubbard zufolge das Geschick der Welt lenkt. In Kapitel 5 folgt eine Interpretation der bisher zusammengetragenen Daten unter besonderer Berücksichtigung der politischen und kulturellen Stellung der Erde innerhalb dieser Galaxis. Kapitel 6, „Telepathische Verteidigungsmaßnahmen", zeigt, was bisher getan wurde und gegenwärtig getan wird, um die Erde ihrem Schicksal zu entwinden. In Kapitel 7 wird der Versuch unternommen, einige Umrisse der Zukunft zu zeichnen. Der Anhang enthält ein Glossar sowie Bemerkungen zu den Verfahrensweisen, die zu den in den Kapiteln 3 bis 6 dargestellten Befunden und Ergebnissen führten.

Danksagung: Obwohl es immer den Anschein hat, als werde ein Buch von nur einem einzigen Autor geschrieben, ist es in Wirklichkeit doch eher so, daß sich ein breiter Strom von Gelehrsamkeit aus vielen Quellen durch diesen Autor hindurchquetscht und letztendlich die Form von Druckerschwärze auf Papier annimmt. Mein Dank geht an alle, auf deren Wissen ich zurückgreifen und großzügigerweise in dem hier vorliegenden Werk verarbeiten durfte; er geht an meine Klienten und Assistenten, die in dem Versuch, ihre psychische Bürde abzuschütteln, auf höchst ungewöhnliche Daten, Geschehnisse und Szenarien stießen und so dazu beitrugen, daß dieser Bericht geschrieben werden konnte; er geht an die Lehrer, die ich in diesem Leben hatte, insbesondere an Ron Hubbard und Bill Robertson, und selbstverständlich auch an meine Lehrer aus früheren, weit zurückliegenden Leben am Fuße des Himalayas, nämlich an Sri Yuktesvar und den Heiligen Babaji (wie man sie heute nennt).

Anmerkungen: Zitate aus Hubbards Werk erscheinen in *Kursivschrift*. Kleine Zahlen am Satzende, wie etwa [6], beziehen sich auf die Titelliste im Literaturverzeichnis. Alle scientologischen

Fachausdrücke sind bei ihrer ersten Erwähnung **halbfett** gedruckt; im Glossar sind sie noch einmal zusammengefaßt, um die Orientierung zu erleichtern.
Gelegentlich werden Sie im Text auf folgendes stoßen: (Fak. 12) oder (Ax. 45) oder (Dn Ax. 2). Hierbei handelt es sich um Verweise auf scientologische Quellenmaterialien wie die Faktoren (Fak.), die Axiome (Ax.) oder die Dianetik Axiome (Dn Ax.). Die Faktoren, Axiome und Dianetik Axiome sind philosophische Strukturen, aus denen sich Hubbards Lehren ableiten.

KAPITEL 1

Esoterik in Ost und West

1.1 Geister, Gespenster und Dämonen

BEGEGNUNG MIT GESPENSTERN * DÄMONEN * MENTALENERGIE UND IHRE QUELLE * VERSTAND UND HIRN * DER STATISCHE * ERLEUCHTUNG * DER STOFF, AUS DEM DER GEIST BESTEHT * DIE REAKTIVE BANK * DAS AUDITIEREN * SPIELE UND POSTULATE * PROBLEME * IMPLANTS * GEISTIGE VERDOPPLUNG * VERANTWORTUNG UND WIEDERGEBURT * DER „CLEAR"

BEGEGNUNG MIT GESPENSTERN

Mein erstes Gespenst traf ich, es war kurz vor Mitternacht, als ich eine schmale Landstraße nahe East Grinstead, Sussex, England, entlangwanderte. In der Stille hörte ich plötzlich das Quietschen von Rädern und das Klapp-Klapp von Hufen auf dem Asphalt, und auf einmal tauchte direkt neben mir, ich hätte sie anfassen können, die Silhouette einer Postkutsche auf. Der Kutscher saß in seinen Mantel eingehüllt auf dem Kutschbock, dunkel wie der Teufel selbst, und warf einen üblen Blick zu mir herüber. Die Erscheinung hielt für ungefähr 2 Minuten an und löste sich dann langsam auf. Ich ging weiter. Ein recht eigenartiges Erlebnis, wenn man bedenkt, daß es in einem dicht bevölkerten Teil des Landes stattgefunden hatte. Man würde so etwas vielleicht in Schottland erwarten, aber in Sussex? Als ich nach Hause kam, sagte ich zu meiner Frau: „Weißt du, was mir gerade passiert ist?" Und sie sagte, ohne mir die Gelegenheit zu geben, zu Ende zu sprechen: „Die Postkutsche? Hast du sie etwa auch gesehen?" Es stellte sich heraus, daß sie eine Stunde früher die gleiche Erscheinung wahrgenommen hatte.

Eine weitere Begebenheit: Eines Nachts spazierte ich über die große Rasenfläche vor dem Landhaus, in dem ich damals wohnte; der Mond war voll, der Wind riß an den Bäumen, die Wolken rasten am Himmel entlang und ich genoß die Szene zutiefst. Plötzlich verspürte ich einen Anfall von Furcht, gerade als ob eine Messerklinge in meine Brust eindringen würde. Ich ortete sogleich, aus welcher Richtung dies kam: aus einer dunklen Ecke, wo die Bäume dick und schwarz beieinander standen. Direkt dahinter, keine hundert Meter von wo ich stand, lag ein Teich. Ich öffnete mich dem Strom von Bildern, den ich als Begleiterscheinung dieser machtvollen Emotion erwartete, und schon kamen sie! Die Geschichte eines jungen Mannes, eines Gärtners, der sich vor ungefähr 20 Jahren in einer Winternacht aus Liebeskummer ertränkt hatte. Als er seinen Körper den Teich hinunter treiben und sich in dem Schutzgitter am Ausfluß verfangen sah, überkam ihn ein noch größerer Verlust und er schwebte über seiner eigenen Leiche in einem Zustand von Trauer und Nichtbegreifen – und kam nie mehr aus diesem Geschehnis heraus. Er blieb dort, wie angeklebt an diesen Ort, für gute 20 Jahre! Nachdem er sein Elend bei mir abgeladen hatte, beschloß er, daß es Zeit für einen neuen Beginn sei, und entschwand.
Am nächsten Tag fragte ich den Verwalter, ob jemals etwas Merkwürdiges unten am Teich passiert sei, und er sagte, oh ja, ob ich das auch schon bemerkt hätte, dort unten wäre nämlich wirklich etwas faul, keines von den Kindern würde je gerne zum Teich hinunter gehen, obwohl der doch im Sommer geradezu ideal wäre, und wahrscheinlich hatte die Sache vor ungefähr 20 Jahren angefangen, als der arme William F., der Gärtner, sich im Teich ertränkte, usw., usw. (Im nächsten Sommer, nebenbei bemerkt, wimmelte es um den Teich herum von Kindern.)
Die Menschen, zumindest die Engländer, haben im allgemeinen ein recht gutes Verhältnis zu Gespenstern, wie ich des öfteren feststellen konnte. Als ich einmal zur Aushilfe bei einem Maler arbeitete und wir ein Landhaus restaurierten, bemerkte ich dort

das Gespenst einer Frau; sie entfloh, sobald sie meine Aufmerksamkeit spürte. Ich teilte der Eigentümerin meine Beobachtung mit. Diese sagte: „Kein Grund zur Aufregung; sie ist ein netter Geist, wir kennen sie recht gut. Im letzten Jahrhundert war sie hier die Hausbesitzerin. Allerdings kann sie es nicht ausstehen, wenn Leute in dem Zimmer schlafen, wo sie damals mit ihrem Liebhaber zugange war. Wenn wir Gäste haben, die wir bald wieder los werden wollen, weisen wir ihnen dieses Zimmer zu und sie kommt dann nachts und rüttelt am Bett.“ Alles im natürlichsten Tonfall der Welt.

Schwangere Frauen haben oft eine sehr deutliche Wahrnehmung von Geistern, wobei es sich zumeist um geistige Wesen auf der Suche nach einem Körper handelt. Eine Frau erzählte mir einmal, daß sie bei ihr Schlange gestanden und ihre Ansprüche angemeldet hätten, aber sie ließ keinen herein, bevor sie nicht den Richtigen gefunden hatte. (Heute, 7 Jahre später, kann ich sie zu ihrer Wahl nur beglückwünschen.) Eine andere Frau erzählte mir, daß sie während ihrer Schwangerschaft auf einen Geist aufmerksam wurde, der das Embryo in ihrem Leib beanspruchte, das aber bereits von einem schon früher gekommenen Geist in Besitz genommen worden war. Eines Abends saß sie im Wohnzimmer, als sich eine gewaltige Spannung im Raum aufbaute, die Bilder bewegten sich an der Wand und Bücher fielen vom Regal, bis die beiden es schließlich untereinander ausgefochten hatten. Die Frau selbst trug zu der geladenen Atmosphäre bei, da sie den bereits existierenden Inhaber bevorzugte und den Eindringling ablehnte. Also stellte sie sich auf seiten des „Eingesessenen“, doch der Neuankömmling gewann. Danach dauerte es eine ganze Weile, bis sich die Frau an ihn gewöhnt hatte, doch zu guter Letzt hieß sie ihn willkommen. Über die Jahre entwickelten sie ein sehr gutes Verhältnis zueinander.

Ein Gespenst ist ein Wesen, das in einem Geschehnis feststeckt und darauf wartet, von einer freundlichen Seele erlöst zu werden. Gehen Sie ruhig mal auf den nächsten Friedhof und probieren Sie es aus! Sie werden eine ganze Anzahl von Geistern antreffen, die auf ihren Gräbern sitzen und ihr Schicksal beklagen. Schenkt man ihnen nur Gehör, so zeigen sie sich dankbar und verschwinden. Einige fragen einen sogar, wo es zur nächsten Geburtenklinik geht, bevor sie entschwinden (kein Witz). Die Vorgehensweise, um dies zu erreichen, ist wirklich ganz einfach: Veranlassen Sie das Gespenst, seine traurige Geschichte ein gutes dutzendmal zu erzählen – und er wird sich entweder auflösen oder sich entfernen, um neu zu inkarnieren, je nachdem, ob es sich um einen Dämon oder einen echten Geist handelt.

DÄMONEN

Ein „echtes“ Gespenst ist ein individuelles Geistwesen, so wie Sie oder ich, mit dem Unterschied, daß es keinen Körper hat. Insofern es seine Aufmerksamkeit frei bewegen und bewußt und absichtlich bestimmte Wirkungen verursachen kann, ist ein Geist ein „Erschaffender“. Ein Dämon hingegen *wurde* erschaffen; er ist lediglich eine künstliche **Entität** (Wesenheit). Weißmagier erschaffen oder benutzen solche Entitäten mit Hilfe von „Evokationen“, um das Wetter zu beeinflußen und die Ernte reicher zu machen; ähnlich verhalten sich Schwarzmagier, um anderen ihren Willen aufzuzwingen oder sie sogar zu töten. Im Jargon der Magier werden Dämon-Entitäten gewöhnlich „Elementale“ genannt.
Obwohl solch ein Dämon kein freier und grenzenlos ursächlicher Geist ist, hat er dennoch ein „Ego“ und kann tätig werden. Man kann sich frei mit Dämonen unterhalten oder herumstreiten. Sobald man ihnen auf die Spur kommt, versuchen sie, einen zu dominieren und über ihre wahre Natur hinwegzutäuschen. Manchmal benehmen sie sich wie eine wirkliche Person aus Fleisch und Blut, die einem am Tisch gegenübersitzt. Dies hängt von der Größe und Dichte der Entität ab und der Intention, mit der sie aufgeladen ist. Einige von ihnen – etwa die im Wudu oder der Schwarzmagie verwendeten – wurden regelrecht zum Töten abgerichtet!

Im Gegensatz zu einem Geist ist eine Entität lediglich eine mental-energetische Verhärtung oder Verdichtung; also etwas Rigides. Da dieses Konzept von dem englischen Wort „Ridge" („Rigidität") sehr gut getroffen wird, behalten wir es für den weiteren Verlauf bei (gesprochen „ridsch"). Ein **Ridge** ist eine Masse von geistiger Energie, die alle Informationen zu dem Geschehnis enthält, in welchem es geformt wurde, eingeschlossen der Stimmaufzeichnungen der anwesenden Personen. Zu Zeiten hoher Belastung, bei Verlusten oder in körperlicher Gefahr macht jedermann Ridges. Ridges belasten einen allerdings noch lange, nachdem das eigentliche Geschehnis vorbei ist; manchmal erscheinen sie einem als entnervende **geistige Vorstellungsbilder**, die einen ablenken oder in einen Tagtraum hineinziehen.

Ridges werden also von einem selbst gemacht; mit Entitäten ist es allerdings schon komplizierter. Obwohl so eine Entität eigentlich nur ein Ridge ist, stammt es aber nicht von einem selbst, sondern wurde während eines schwerwiegenden Geschehnisses von einer anderen Person erschaffen. Eine Entität ist das Ridge einer anderen Person, das zu einem herüberwanderte. Es gerät aus dem geistigen Raum des anderen in den eigenen hinein, und weil man so etwas nicht mag, drückt man mit geistiger Energie dagegen und mauert es auf diese Weise zu – und dadurch wird es überhaupt erst *wirklich* solide! Das zementiert es erst so richtig fest. Und eines Tages oder vielleicht auch mitten in der Nacht bemerkt man plötzlich, daß jemand von „dort drüben" zu einem spricht! Sehr gruselige Sache; muß man sich erst dran gewöhnen.

Entitäten nimmt man gewöhnlich als „dort draußen" wahr, wohingegen die eigenen Bilder eher um einen herum oder vielleicht vor einem erscheinen. Da Entitäten aus dem geistigen Stoff eines anderen (und zusätzlich dem eigenen) gemacht sind, sind sie bedeutend widerspenstiger als „selbstgemachte" Ridges. Sie enthüllen ihren Inhalt in Bilderform, wie es bei jedem anderen Ridge auch der Fall wäre, aber um sie aufzulösen, muß man sie zunächst einmal als das erkennen, was sie sind, und ihnen bestätigen, daß sie „fremd-erschaffen" sind. Schon allein dies be-

wirkt, daß sich einige von ihnen in Luft auflösen – wohingegen andere möglicherweise anfangen zu plappern! Sie enthalten „Schaltkreise" zur Stimmenwiedergabe und sind sogar in der Lage, intelligente Antworten zu dem Geschehnis zu geben, in welchem sie geformt wurden, und – im Falle von schwarzer Magie – zu welchem Zweck sie geschaffen wurden. Man fragt: „Wann war es?" oder: „Wer war dabei?" und die Entität funkt die gewünschten Details in Bilderform zu einem herüber.
Bei der Verwendung tiefenpsychologischer Rückrufprozesse oder in einer „Reinkarnations-Therapie" sollte man sich der Existenz solcher Entitäten bemußt sein, denn die Eindrücke, die man erhält, stammen nicht unbedingt von einem selbst, sondern eben von einer Entität und daher von der **Zeitspur** einer anderen Person. Das Durcheinanderbringen von Zeitspuren kann in jeder Form von Therapie zu schwerwiegenden Komplikationen führen. Ein simples Beispiel hierfür ist die verbreitete Angst vor Geistern – vielleicht handelt es sich gar nicht um die eigene Angst, sondern um die des Geistes! Nur sind wir eben nicht daran gewöhnt, solche Unterscheidungen vorzunehmen.

MENTALENERGIE UND IHRE QUELLE

Weiter oben wurde gesagt, daß Ridges und Entitäten aus Mentalenergie bestehen. Was ist das? Woher kommt eine solche Energie; wie wird sie hergestellt? Um dies erklären zu können, müssen wir zwei Fachausdrücke einführen: **Theta** und **Thetan**. „Theta" bedeutet Gedanke, Gedankenkraft, Gedankenenergie. Das die Gedanken verursachende geistige Wesen wird entsprechend „Thetan" genannt. (Das „th" in dem griechischen Buchstaben „theta" entspricht dem „th" in dem englischen Wort „thought" (Gedanke), daher wählte Hubbard den Buchstaben „Theta" als Symbol für alles Gedankliche.)
„Thetan" und „Theta" sind die Kernstücke unserer gesamten Thematik; wir müssen diese Begriffe genauestens untersuchen.

Jedes geistige Wesen wird als Thetan angesehen; Sie sind ein Thetan, ich bin ein Thetan, so ziemlich jeder, der einen menschlichen Körper umherlenkt, ist ein Thetan. Es wäre verkehrt, zu sagen: „Ich habe einen Thetan“, denn „Thetan“ bezieht sich auf den Geist *selbst*, nicht auf einen Teil seiner selbst. Genauso unrichtig wäre es, anzunehmen, daß jedes menschliche Wesen ein Thetan ist und daß „menschliches Wesen“ und „Thetan“ gleichbedeutend miteinander wären, denn „Thetan“ bezieht sich *nur* auf das Geistige – ein menschliches Wesen aber wird, wie wir bald sehen werden, von mehr Kräften angetrieben und gelenkt als nur einem einzigen Thetan. Dies wird im weiteren Verlauf dieses Kapitels behandelt. Für den Augenblick reicht es aus, wenn man begreift, daß der Thetan ein unsterbliches Wesen ist, der eine Energie namens „Theta“ herstellt und sie dazu benutzt, seine Gedanken in Handlungen umzusetzen.

Theta manifestiert sich auf zweifache Weise: Zum einen als reiner Gedanke oder reines Konzept in Form von Postulaten, zum zweiten als „energetisierter Gedanke“ in Form von „lautem Denken“, geistigen Vorstellungen und Bildern. Geistige Eindrucksbilder, Vorstellungen, Halluzinationen, Fantasien und Träume bestehen alle aus **geistiger Masse** und **Energie**, die in **Raum** und **Zeit** existieren. Dies wird gewöhnlich mit einem aus den Anfangsbuchstaben der englischen Wörter „matter“, „energy“, „space“ und „time“ gebildeten Kunstwort abgekürzt, nämlich **Mest**; in diesem Falle handelt es sich um „geistiges Mest“.

Manche Bilder haben mehr Masse als andere, sind dichter, solider, größer und von längerer Dauer als andere. Abhängig von der Menge an Aufmerksamkeit, die der Thetan ihnen gibt, kann dies zu dem Extrem führen, daß ihm Bilder solider und realer als die echte Materie, Energie, Raum und Zeit des umgebenden physikalischen Universums werden. An welchem Punkt eine Person gewöhnlich als psychotisch betrachtet wird. Sie sieht Dinge, die niemand sonst sieht; ihre persönliche Realität divergiert schwerwiegend von der geteilten Realität „normaler“ Leute (d.h. der Mehrheit), und so nennt man sie „wahnsinnig“.

Dies verschafft uns einen interessanten Einblick in die Art, wie Realität gebildet wird. *„Realität ist eine Übereinkunft über Wahrnehmungen und Daten im physikalischen Universum."* (Dn Ax. 113) Diesen Satz sollte man in 3 m hohen Neonbuchstaben schreiben. Die wirkliche Welt ist nur in dem Maße wirklich, wie ihre Wirklichkeit geteilt wird. Wenn einer nur mit sich selbst übereinstimmt und dabei von der Mehrheit abweicht, sagt man, er sei verrückt. Dies läßt sich leicht beobachten. Es genügt, einer Festlichkeit beizuwohnen, deren Frohsinn durch eine Reihe feiner geistiger Getränke unterstützt, verbessert und gefördert wird, und dabei selbst nüchtern zu bleiben. Bald wird man erleben, wie die Realitäten beträchtlich auseinandergleiten. Und wer, sei es erlaubt zu fragen, darf nun wen verrückt nennen?

Um es zu wiederholen, Theta stellt sich auf zweifache Weise dar – als reiner Gedanke (Konzept, Postulat) und als energetisierter Gedanke (Bilder, Willenskräfte, Intentionen). Eine Dämonen-Entität z.B. ist kein reiner Gedanke, sondern eine Masse von Theta-Energie, die irgendwann einmal von einem Thetan erschaffen wurde. Im Gegensatz dazu ist ein reiner Gedanke unsichtbar.

Ein Thetan produziert beide Arten von Theta. Theta wird also von Thetans erschaffen.

Auch für den Thetan selbst gelten diese beiden Formen der Manifestation. Zum Beispiel ist ein Geist ein Thetan in seiner energetisierten Form. Er ist ein körperloser Thetan, der Energieimpulse ausstrahlt und dadurch erkennbar wird. Seine Energieimpulse sind als Emotionen „kodiert", wie etwa Furcht, Schrecken oder Trauer. Wenn er sich damit beschäftigt, in Häusern herumzuspuken, so ist er gewöhnlich in einem Geschehnis seiner Vergangenheit hängengeblieben und steht unter dem Zwang, jedermann davon erzählen zu müssen – zumindest denen, die er für „sensibel" hält.

Gewöhnlich nimmt man eine Person als einen von emotionellen Schwingungen überblendeten Körper war. Doch sogar ohne Vorhandensein eines Körpers läßt sich die für eine bestimmte Person typische, individuelle Mischung von Energieschwingungen wahrnehmen. Wäre dies nicht der Fall, so könnte man Leute aus vergangenen Leben nicht wiedererkennen, wenn man sie in diesem Leben einmal treffen würde! Genausowenig könnte man in wiederholten telepathischen Kontakt mit anderen treten, seien sie auf diesem Planeten oder anderswo, mit Körper oder ohne, weil man nicht in der Lage wäre festzustellen, ob es sich um dasselbe Individuum handelt.

Im Gegensatz dazu wäre ein Thetan als „reiner Gedanke", also als Gedankenwesen, an dem keinerlei Energie haftet, auf telepathischem Wege nicht wahrnehmbar. Vielleicht könnte man ihn „kennen", aber gewiß nicht „sehen".

Hieraus folgt, daß sich ein Thetan sein eigenes Theta-Feld als Plattform erschafft, von der aus er tätig wird. Obwohl er also eigentlich außerhalb der Koordinaten von Raum und Zeit, Energie und Materie (Mest) existiert, befindet er sich doch gleichzeitig innerhalb ihrer. Ohne ein solches Feld gäbe es ihn nur außerhalb von Mest.

Dieses Bündel von Mentalenergie wird von Hubbard als „mind" bezeichnet, zu deutsch **Verstand** oder **Geist**. In seiner Funktion als Spieler des Lebens-Spieles, wo er einen Körper braucht, Nahrung, Mitspieler und „Spielzeug", manifestiert sich der Thetan – durch seinen Verstand – auf der Ebene von geistigem Mest und weltlichem Mest. Der Verstand enthält nützliche Schaltkreise und Informationen, z.B. alle bewußten Erinnerungen, alle durch Lernen erworbenen Fähigkeiten, alle Automatismen wie etwa Laufen, Schreiben oder Autofahren. Der Verstand ist der Aktenkoffer des Thetans oder vielleicht sein „elektronisches Notebook".

Insofern der Thetan kontinuierlich dieses Energiefeld namens „Verstand" erschafft und insofern er unvorsichtigerweise dazu neigt, sich damit zu identifizieren, könnte man mit Recht sagen, daß der Thetan sein Verstand *ist*. Thetans – Sie, ich, jedermann – existieren im Rahmen eines Gesamtspieles als Mitspieler in dem

Maße, wie sie sich durch ein geistiges Feld wahrnehmbar machen und mit seiner Hilfe agieren.

EMOTIONEN

Der Verstand, der ja ein Energie-Phänomen ist, befindet sich ständig in irgendeinem Schwingungszustand. Er kann nicht stillhalten; er pulsiert. Die von ihm ausgehenden Schwingungen werden gefühlsmäßig als **Stimmungen** oder **Emotionen** wahrgenommen. („Emotionen", vom Lateinischen kommend, bedeutet „eine Bewegung heraus".) Emotionen haben Frequenz und Amplitude (Wellenlänge und -höhe). Je geringer die Frequenz, desto tiefer die Stimmung; je geringer die Amplitude, desto schwächer wird eine Stimmung ausgedrückt. Die Parallele zu Gitarrensaiten ist offensichtlich – je angespannter sie sind, desto höher ihre Tonlage; je weiter sie hin und her schwingen (wenn man sie hart anschlägt), desto lauter klingen sie.
Emotionen sind die Art und Weise, in der ein Thetan in seine Umgebung hineinpulst und auf sie antwortet. *„Die Absicht, eine Leistung zu vollbringen, benutzt Emotionen als Brücke* (vom Thetan) *in den Körper hinein. Mit anderen Worten besteht die körperlich-geistige Brücke aus Emotionen."*[1] Durch Gedanken alleine läßt sich der Körper nicht in Bewegung setzen; nur indem man auf der Grundlage dieses Gedankens zusätzlich eine geistige Kraft aufbringt (Emotion), erzielt man körperliche Aktivität (Bewegung).
Einstellungen sind ein über viele Lebenszeiten hin erworbenes Schema von Postulaten und Gegenpostulaten. Einige von ihnen befinden sich gewohnheitsgemäß in energetisiertem Zustand, was bedeutet, daß Aufmerksamkeit auf ihnen liegt und kontinuierlich aktiviert bleibt. So ist es zu erklären, daß jeder Thetan seinen eigenen „Charakter" hat. Er pulsiert entsprechend seiner Postulat/Gegenpostulat-Kombinationen (Ax. 2, 3). Auf diese Weise kann es im Laufe der Zeit geschehen, daß er sich selbst

auf ein fixiertes emotionelles Schwingungsmuster einengt und somit zu einer gleichermaßen engen Bandbreite von Senden und Empfangen. *„Emotion ist die Energiemanifestation von Affinität. (. . .) Emotion wäre als Hinweis auf einen Seinszustand zu bezeichnen."* [1]

Ein Thetan, der auf der emotionellen Stufenleiter unflexibel ist und auf einer bestimmten Bandbreite festhängt, wird nur in einem Umfang von einer halben Stufe darunter und darüber auf die Reizangebote aus seiner Umgebung antworten oder „respondieren". So gesehen, sind Emotionen nicht einfach bloß vorübergehende Stimmungen, sondern grundlegende und recht durchgängige Lebenseinstellungen. Sie funktionieren als Filter sowohl für (einströmende) Wahrnehmungen wie auch (ausströmende) Aktionen[2]. Durch diese Filter sieht der Mensch seine Umgebung; er erschafft die Welt buchstäblich nach seinem eigenen Bilde! Wer zornig ist, sieht die Welt durch diese Brille und handelt entsprechend, gleiches gilt für den Ängstlichen, den Resignierten, aber auch den Fröhlichen und Übermütigen.

Da *alle* Handlungen von Gedanken vorbereitet und von Emotionen begleitet werden, läßt sich folgern, daß „Emotion" und „Irrationalität" nicht synonym verwendet werden dürfen. Zweifellos würde man eine gewöhnlich fröhliche Person, die vernünftige Entscheidungen trifft, nicht deswegen „irrational" nennen, weil ihre Entscheidungen aus einer fröhlichen Stimmung heraus gemacht werden; doch würde man diesen Ausdruck zu Recht für eine gewohnheitsgemäß ärgerliche Person verwenden, die eben wegen ihres Ärgers unvernünftige Entscheidungen trifft. Nur eine niedrige Emotion vermag den Verstand auszublenden, also die „ratio", und wäre somit korrekterweise „irrational" zu nennen.

Aufgrund dieses Modells ließe sich die Interaktion zwischen Thetans als reines Resonanzphänomen beschreiben. Die Schwingungen des einen Thetans mögen eine „verwandte Saite" in einem anderen anrühren – und siehe! – es entsteht Kommunikation. Oder auch nicht. Das hängt von der chronischen Stimmungsstufe des empfangenden Thetans ab. Sollten die beiden nicht miteinander harmonisieren, so wird ihre Kommunikation auch nicht von langer Dauer sein – möglicherweise nehmen sie einander nicht einmal wahr! Psychologisch gesprochen, ist „Resonanz“ also ein anderes Wort für „Affinität“.

Um für einen Augenblick auf das Thema Ridges und Entitäten zurückzukommen – *ihre* Interaktion mit einem Thetan funktioniert natürlich auf der gleichen Basis. Ridges und Entitäten sind kleine Unterfelder in dem allgemeinen Feld des Thetans und führen ein Eigenleben, weil „der Chef“ sie zugemauert hat, um ihre unerquicklichen Inhalte von sich fernzuhalten. Da sie aber das Vibrieren nicht bleiben lassen können, beeinflussen und modifizieren sie natürlich die Qualität des Gesamtfeldes und damit den Thetan. Dieser respondiert zu den Vibrationen anderer Thetans, seiner eigenen Ridges und fremder Entitäten auf dieselbe Weise wie ein Radio zur Sendestation. In dem Maße, wie er dies nicht erkennt, respondiert der Thetan nicht bewußt zu diesen Einflüssen, sondern *reagiert unbewußt* auf sie. Entsprechend wird dieser zugemauerte Teil des Verstandes **reaktiver Verstand** genannt. Zwar ist der reaktive Verstand wie abgesperrt und der bewußten Wahrnehmung nicht zugänglich, beeinflußt den Thetan aber doch. Man bemerkt zwar Auswirkungen in Form unerwünschter Emotionen und körperlicher Schmerzen, erkennt aber gewöhnlich nicht deren Quelle. (In der Sanskrit-Terminologie des alten Indien sprechend, ließe sich der reaktive Verstand mit dem Begriff „Samskara“ vergleichen, der wörtlich übersetzt soviel bedeutet wie „anhaftender Eindruck“. Die „anhaftenden Eindrücke“ aus vielen Lebzeiten – solange man sich ihrer nicht bewußt ist – sind die treibende Kraft für das gegenwärtige Karma eines Menschen und alle damit verbundenen Mißgeschicke.)

VERSTAND UND HIRN

Eine klare Unterscheidung sollte zwischen Verstand und Hirn getroffen werden. Das Hirn ist ein Gewebeklumpen, der weder denkt noch Bilder enthält. Der Verstand, im Gegensatz dazu, besteht aus vom Thetan hervorgebrachter Theta-Energie, die er benutzt, um innerhalb geistiger und physikalischer Materie, Energie, Raum und Zeit zu agieren. Der Verstand ist ein Kommunikations-Relais für diese besondere Spielebene von Mest.

Hier ist ein Test: Schließen Sie Ihre Augen und stellen Sie sich eine Katze vor. Nun bitten Sie einen Hirnchirurgen, Ihren Schädel zu öffnen und das Bild dieser Katze aus Ihrem Hirn herauszufischen. Er wird es nicht finden. Weil es nämlich nicht in Ihrem *Hirn*, sondern in Ihrem *Verstand* ist. Und wer es sich angeschaut hat, sind *Sie*. Diese einfache Demonstration verdeutlicht den Unterschied zwischen Thetan, Verstand und Körper.

Dies mag in Kontrast zu manchen Denkschulen der Psychologie, Psychiatrie und Medizin stehen, wo man es für gegeben hält, daß der Mensch ein Fleischklumpen ist, dessen Entwicklung auf einem Satz von Genen beruht, dessen Psyche von zerebralen, neuralen und endokrinen Schaltkreisen gesteuert wird und dessen Existenz sich beschränkt auf den Zeitraum zwischen Geburt und dem Moment, da das EEG aufhört, seine Hirnströme zu registrieren. Die hiermit beschriebene Kreatur ist unter dem Namen homo sapiens bekannt, der „wissende Mensch".

Gewiß hat das Gehirn seinen Wert, insofern es als *„ein recht mechanischer Klapperkasten von Schaltpult"* dient[1], und gewiß werden durch die elektrische Stimulation oder chirurgische Entfernung bestimmter Hirnteile Teile des Verstandes und seiner Kapazität, *„Gedanken in Aktion zu übersetzen und Energie zu koordinieren"*, berührt[1], aber dennoch ist der Verstand nicht das Hirn! Spricht man über die Funktionen des rechten und linken Hirnlappens, so bezieht man sich auf die Struktur des Schaltpultes, nicht aber auf den Verstand.

Den Unterschied zwischen Struktur und Funktion zu beachten, ist von äußerster Bedeutung. Zum Beispiel mag die Dame am Schaltpult hervorragend funktionieren, aber mit einem beschädigten Schaltpult kommt sie nicht weit. Keine Struktur vorhanden, womit sich arbeiten ließe. Es wäre äußerst inkorrekt, die Intelligenz der Schaltpult-Dame (Funktion) nur deswegen in Frage zu stellen, weil das Schaltpult (Struktur) zusammengebrochen ist; andersherum wäre ein strukturell intaktes Schaltpult dann wertlos, wenn es sich in den Händen einer schläfrigen Dame befindet, die nicht ordentlich funktioniert.

Die Verbindung zwischen Thetan, Verstand und Hirn fußt (wieder einmal) auf Resonanz. Ein Thetan bringt sein Hirn zum arbeiten, indem er in seine Richtung pulsiert; anders ausgedrückt sind es die geistigen Schwingungen des Verstandes, die die neuralen Aktivitäten des Hirns auslösen. Wissenschaftliche Experimente, bei denen demonstriert wurde, daß das Hirn insgesamt auf Gigahertz-Frequenzen reagiert, bestätigen dies. Psychiatrische Patienten in Rußland, die mit Mikrowellen behandelt wurden, zeigten signifikante Verbesserungen in ihrem Verhalten. Keine Drogen wurden verabreicht, keine Psychotherapie. Ihr Hirn wurde ausschließlich mit Mikrowellen bestrahlt[57]. Das lebendige Hirn ist eine Antenne.

Nichts von alledem soll die Komplexität und Besonderheit des Gehirns in Frage stellen. Fortwährend empfängt und entschlüsselt es von den Sinnesorganen einströmende Daten, gleichzeitig integriert und verstärkt es die Energieschwingungen des Thetans und kanalisiert sie mit phänomenaler Geschwindigkeit und Feinabstimmung, z.B. in die Muskeln, um motorische Aktivitäten auszulösen. Es wäre vermessen, anzunehmen, daß schon alles hierüber bekannt ist; trotzdem bleibt der Grundsatz bestehen, daß das Gehirn lediglich ein Werkzeug ist.

DER STATISCHE

Oberhalb der Ebene von geistigem Mest, von Geist-zu-Geist Telepathie, manifestiert sich ein Thetan auf der Ebene von Postulaten. Auf dieser Existenzebene ist er sowohl unsichtbar wie auch unendlich. „Unendlich“ bedeutet: keine Grenzen, keine Schranken. Ein Gedanke, ein Postulat existiert nicht innerhalb von Zeit und Raum, zeigt sich nicht als Masse oder Energie. Es ist unendlich. Durch ihre Postulate „überlappen“ alle Thetans als Unendlichkeiten oder vielleicht „in“ Unendlichkeit. Dieser Unendlichkeitsaspekt des Thetans wird als **statisch** bezeichnet.

Das Spiel von Leben, Individualität und Ego kann nur durch vorgebliches „Nicht-Wissen“ oder „Ent-wissen“, der bewußten Entäußerung von Wissen, aufrechterhalten werden. Man kann kein Spiel spielen, wenn man vorhersagen (wissen) kann, was alle Mitspieler tun werden. Man muß mit einem Nichtwissen übereinstimmen, um Überraschungen zu erleben. Nichtwissen ist damit eine beabsichtigte Handlung, ein Willensakt – mag aber zur Gewohnheit werden! Und darin liegt die Gefahr. Zunächst einmal tat man so, als wüßte man nicht Bescheid – nur um ein Spiel zu haben! –, und nach und nach wurde dies zur Gewohnheit.

Es ist etwa so, als würde man mit kleinen Kindern Verstecken spielen. Man tut so, als wüßte man nicht, wo sie sind, gibt vor, sie zu suchen, gibt vor, erstaunt zu sein, sie „gefunden“ zu haben. Sie selbst geben oft nur vor, sich zu verstecken. Um ein Spiel zu haben, tun beide Seiten „als ob“. Stellen Sie sich nun einmal vor, diese Vorgeblichkeit würde sich in ernsthafte Überzeugtheit verwandeln – daß man also *wirklich* nicht wüßte, wo das Kind ist und es nicht sähe, obwohl es direkt hinter dem Sessel kauert. Dies würde das anfänglich fröhliche Spiel in ein dramatisches Durchsuchen aller Kammern und Schränke des ganzen Hauses verwandeln, begleitet von Ärger, Furcht, Angestrengtheit, Frustration und Verzweiflung.

Je mehr das Nichtwissen zur Gewohnheit wird, desto mehr erlebt man sich als „hier unten“, als gefangen in dem Mest-Universum von Materie, Energie, Raum und Zeit. Und allmählich vergißt man, daß man sich ja eigentlich auch „dort oben" befindet, daß man reiner Gedanke und, noch weiter oben gar, die Quelle von Gedanken ist, nämlich „statisch".

Hubbard definiert den Thetan als eine **Bewußtheit-von-Bewußtheits-Einheit** und außerdem als *„Energie-Raum-Produktionseinheit"* [1]: Er erschafft seine Gedanken, seine Emotionen und seinen geistigen Raum und ist sich dessen bewußt. Ebenso ist er sich der Gedanken, Emotionen und Sinneseindrücke bewußt, die von seiner Umgebung auf ihn einströmen und wie er dazu respondiert. Er ist sich bewußt, daß er bewußt ist. Könnte man diese Bewußtheitshöhe fortwährend haben und halten, so bliebe man von Gedanken und Emotionen genauso unberührt wie ein Berggipfel von Regenwolken. Dieser Zustand, daß man zwar der Bewegende ist, sich selbst aber nicht bewegt, ist die Essenz des Statischen.

Statisch sein ist unglücklicherweise kein „automatischer" Zustand, sondern befindet sich auf einer gleitenden Skala von voller Bewußtheit hinunter zu Nichtbewußtheit. Der Thetan mag sich durch Nachlässigkeit seines Geburtsrechtes der vollen statischen Bewußtheit begeben und sich auf niederer Ebene fixiert wiederfinden. In dem Bestreben, dies umzukehren, fühlen sich Menschen zu Religion und mystischen Praktiken hingezogen. Sie möchten diese selbsterrichtete Barriere von Nichtwissen durchbrechen, ihre untere Hälfte mit ihrer oberen Hälfte wieder in Verbindung bringen und mit sich selbst eins sein.

ERLEUCHTUNG

Dieses Durchbrechen der aus Nichtwissen bestehenden Barrieren wird im Osten „Samadhi" oder „Satori" genannt; gewöhnlich findet man dies mit „Erleuchtung" übersetzt. Eine bessere Übersetzung wäre vielleicht „ein Erwachen", denn schließlich sieht man in einem solchen Moment kein Licht sondern erwacht im

Zustand „Bodhi“, seiner wahren geistigen Natur. Ein Licht zu sehen, bedeutet nichts weiter, als daß man irgendeines Energiephänomens gewahr wurde, doch Bodhi, die wahre Natur des Statischen, steht weit darüber. Statt daß man also im Moment des Erwachens etwas sieht, ist es eher so, daß man erkennt und mit größter Gewißheit weiß, daß es letztlich nichts zu sehen, hören oder erfahren gibt. Im Vergleich sprechend ist es etwa so, als hätte man die ganze Zeit aus einem Fenster geschaut und sich der schönen Aussicht erfreut, nur um eines Tages zu entdecken, daß das Fenster auf die Wand gemalt ist, die Wand selbst nicht dicker als die Tapete – und daß dahinter Leere herrscht, und nichts als Leere.

Bodhi geht mit der Fähigkeit einher, alles wie auch nichts „haben“ (tolerieren) zu können, ohne sich zu ducken, zu entweichen, zu attackieren, zu ignorieren oder irgendeinen anderen Mechanismus zu verwenden. Man nimmt es, wie es kommt, ohne seinen Humor und seine Heiterkeit zu verlieren. Diese Fähigkeit wird als **Havingness** bezeichnet (Habendheit oder Habenkönnen). Als Jesus Christus empfiehlt, die andere Wange darzubieten, fordert er damit also nicht zu einer Demonstration von Schwäche und Zahmheit auf, sondern von Stärke, von Havingness. „Du kannst mir ruhig noch eine herunterhauen! Ich kann es haben. Es macht mir nichts aus. Ich bin stärker als Du.“

Das totale Nichts zu „haben“ würde bedeuten, die Abwesenheit von absolut allem tolerieren zu können. Dies ist unglaublich schwierig, weil das Konzept von „jemand sein“, von Ego, schon ein Etwas darstellt und man letztlich auch hiervon lassen müßte! Aber, aber, aber dann wäre man ja nichts mehr . . . Wie furchtbar! Ein Zen-Meister jedoch würde hierzu sagen: „Na, großartig! Wer braucht denn schon ein Ego? Wirf es weg!“

Das Ego, so real es auch auf einer bestimmten Existenzebene sein mag, erschafft die Illusion von Dualität und versperrt den Weg zu einer höheren Existenzebene jenseits von Dualität. Die Ebene von Nicht-Dualität, wo „Eins-Sein“ und „Nichts-Sein“ miteinander verschmelzen, wird im Buddhismus als „Nirwana“

bezeichnet. Die Bewußtheit von Nirwana zu halten, während man gleichzeitig „hier unten“ auf dem Spielfeld der Welt zugange ist, ohne aber dabei in die Falle des Mest-Universums zu geraten – das ist der wahre Test für Erleuchtetheit.
Durch die spezifisch scientologische Selbsterkenntnis-Technik namens **Auditieren** – der Kontext bietet sich an, dies zu erläutern – entsteht ein schrittweise geistiges Erwachen. Sitzung für Sitzung erkennt man: „Ich bin nicht dies, ich bin nicht jenes“. Alle die Geschehnisse, Bilder und Massen, mit denen man sich bislang identifizierte, erlebt man schließlich als „nicht Ich“. Auf einer feineren Wahrnehmungsstufe wird man sich anschließend auch noch der negativen Postulate bewußt, mit denen man sich selbst ausbremst, weiß auch hier: „Ich bin nicht dies“ und streicht sie.
„In der Verfolgung des Tao fällt jeden Tag etwas von einem ab“, wie das Tao-teking, ein chinesisches Weisheitsbuch, sagt. Laotse, sein Autor, gibt wie folgt über das Wesen des Tao Auskunft: „Es ist jenseits aller Form. Es ist jenseits allen Klangs. Es ist unberührbar. Es kehrt ins Nichts zurück. Als Form der Formlosigkeit, als Bild der Bildlosigkeit, nennt man es undefinierbar und jenseits aller Vorstellungskraft.“
Oft wird die Suche nach Erleuchtung als eine Flucht angesehen, um allen Unannehmlichkeiten des Lebens aus dem Wege zu gehen. Viel eher stellt sie jedoch ein *Integration* dar, eine Ganzheit, wo das Leben in aller Fülle verstanden und mit Freude erfahren wird.

DER STOFF, AUS DEM DER GEIST BESTEHT

Aus was besteht denn nun eigentlich dieses geistige Mest? Bis hierher wurde einfach davon ausgegangen, daß es existiert (in Form von Willenskraft und Emotion), und es steht zu hoffen, daß der Leser auf der Grundlage seiner eigenen Beobachtungen zustimmen konnte. Wie aber entsteht es? Laut Hubbard besteht geistige Energie aus **Aufmerksamkeits-Einheiten**. Da er für dieses Phänomen eine Vielzahl von Ausdrücken verwendet, um zwischen unterschiedlichen Funktionen zu unterscheiden, ziehe ich persönlich es vor, sie mit dem Sammelnamen „Thetapartikel" oder „Thetaquanten" zu benennen. Es handelt sich um sehr feine vibrierende Quantitäten von geistiger Energie, vergleichbar den in der Physik beobachteten sub-atomaren Quanten, von denen behauptet wird, daß sie die subtilsten entdeckbaren Partikel im physischen Universum seien, weit unterhalb der Ebene von Atomen.

Hubbard bemerkt, daß *„Elektronik derselben Wirklichkeitskategorie zugehört wie Gedanken, aber eine niedrigere und gröbere Manifestation derselben darstellt"*, und daß *„die Gesetzmäßigkeiten des Theta-Universums denen von Elektromagnetismus und Schwerkraft parallel sind"*[1]. Und genau wie die Physiker mit Hilfe ihrer Linearbeschleuniger die Existenz sub-atomarer Quanten nachweisen, kann die Existenz geistiger Partikel oder Thetaquanten mit Hilfe des „E-Meters" nachgewiesen werden, Hubbards übelbeleumundetem, von den Medien zerrissenem, aber dennoch weithin nachgeahmtem und benutztem Elektro-Psychometer. (Das E-Meter ist ein Instrument zur Ortung von Mentalenergie und wird oft beim Auditieren verwendet. Seine genauen Funktionen werden im 2. Kapitel beschrieben.)

Auf was auch immer man Aufmerksamkeit richtet, wird durch die Thetaquanten energetisiert, aus denen Aufmerksamkeit essentiell besteht. Diese Energie läßt sich zum Verschwinden bringen, wenn man erkennt, daß man sie an einem bestimmten Ort plazierte, und auch den Entschluß (ein Postulat) findet, der dieser Handlung vorausging.

Man könnte eine Person auffordern, ihre Aufmerksamkeit auf ein Objekt zu richten, oder sie bitten, ihre Aufmerksamkeit konzentriert mitten in der Luft zu halten, und würde auf dem E-Meter eine korrespondierende Reaktion erkennen. Dies läßt sich sogar mit einzelnen Thetapartikeln demonstrieren, egal auf welche Distanz. Der Thetan ist in der Lage, seine Partikel zu ent-

decken, wo immer sie sich auch befinden mögen. Schließlich ist er selbst es, der sie erschuf; sie sind sozusagen sein eigenes „Fleisch und Blut“. In ihnen gespeichert finden sich Informatinen über Postulate und Emotionen, die zum Zeitpunkt der Erschaffung der Aufmerksamkeitspartikel vorlagen, und deshalb kann der Thetan diese problemlos wiederfinden und entschaffen (wenn er will). Physischer Raum ist dabei kein Hindernis, denn schließlich handelt es sich hier um *geistigen* Raum, der sich nicht in Kilometern bemessen läßt, sondern nur mit Bezug auf das Vorhandensein von Affinität oder deren Abwesenheit.
Manche bringen es fertig, ihre „geparkten“ Thetapartikel in einer Entfernung von Millionen von Lichtjahren in einem entfernten Teil dieser Galaxis oder einer anderen zu entdecken. In ihrem Versuch, eine unerwünschte Einstellung, Emotion, Empfindung oder einen Schmerz abzubauen, fühlen sie sich zu ihnen hingezogen. Die Nadelausschläge auf dem E-Meter spielen dabei die Rolle eines Geigerzählers und zeigen den Weg; auf diese Weise kann das auslösende Geschehnis, aufgrund dessen sich die Aufmerksamkeit ja zusammenballte, gefunden werden – womit zugleich die Unbehaglichkeit verschwindet, wegen der man die Sitzung überhaupt machte.
Gewohnheitsgemäß legt man Bröckchen oder vielleicht Klumpen von Aufmerksamkeitseinheiten auf Dinge, Leute oder andere Aspekte des Lebens. Diese Aufmerksamkeitseinheiten binden einen in die Welt ein und stabilisieren einen darin, ähnlich wie ein gut verankertes Schiff. Aus diesem Grund nennt Hubbard sie gelegentlich **Ankerpunkte**. Sie schaffen den gewohnheitsmäßigen geistigen Raum eines Thetans.
Gewöhnlich denkt man nicht allzuviel über die eigenen Ankerpunkte nach, sondern nimmt sie für selbstverständlich. Der Ehepartner, die Kinder, das Auto, der Beruf, daß dem Winter der Sommer folgt und die Nacht dem Tag; all dies nimmt man für selbstverständlich. Erst im Moment von abrupter Veränderung oder Verlust bemerkt man seine Ankerpunkte. Ein plötzlicher Autounfall, der Tod eines Familienmitgliedes – dies destabili-

siert das Leben und läßt den geistigen Raum zusammenbrechen; man fühlt sich „verschüttet" und gerät auf der Stimmungsskala an einen Tiefpunkt.
Doch nur eine begrenzte Menge von Aufmerksamkeit ist auf diese Weise fixiert. Darüberhinaus hat man eine potentiell unbegrenzte Kapazität, mehr und mehr Thetaquanten zu produzieren, um sie frei auf Dinge, Leute, Emotionen, geistige Vorstellungsbilder und Gedanken zu verstreuen. Auf was man seine Aufmerksamkeit auch immer richten mag, es wird hochgradig energetisiert, wie wir schon sahen, und gewinnt somit an Bedeutung – sei es im positiven oder negativen Sinne. Fühlt man sich z.B. traurig und richtet viel Aufmerksamkeit darauf, so wird man gleich noch trauriger. Hätte man stattdessen seine Aufmerksamkeit auf etwas Fröhliches gerichtet, so hätte sich die Traurigkeit vermindert. Ähnlich verhält es sich mit den Postulaten: Richtet man seine Aufmerksamkeit auf positive Spielpostulate, so gerät man in einen Zustand der Begeisterung, wohingegen die Betonung der negativen Gegenpostulate bewirkt, das man sich lustlos, „massig" und niedergeschlagen fühlt.
Als Thetan ist man somit in der Lage, seine Thetaenergie, also seine Aufmerksamkeit, entweder auf Probleme oder auf deren Lösung zu richten, und dementsprechend verläuft das Leben (Ax. 49).

DIE REAKTIVE BANK

Nun, da wir verstanden haben, daß geistige Energie aus Thetaquanten besteht, können wir uns noch einmal gründlicher anschauen, was ein Ridge eigentlich ist. Es besteht aus eng zusammengepackten Thetapartikeln, die in dem Versuch erschaffen wurden, die unliebsamen und schmerzhaften Geschehnisse des Lebens von sich fern zu halten, sozusagen als Polster oder Stoßdämpfer. In dem Versuch, solch ein Geschehnis von sich wegzuhalten, während es sich vollzieht, oder es aus dem Geist zu verbannen, nachdem es schon längst vorüber ist, arbeitet man mit der eigenen Thetaenergie dagegen. Mit anderen Worten, im gewaltsamen Versuch, etwas nicht zu haben, wie es ist, erschafft man ein Ridge.

Havingness bedeutet, sich mit der Strömung zu bewegen statt gegen sie, sich im Wind zu neigen wie ein Halm, die Welle über sich hinwegrauschen zu lassen. Kein Schaden entsteht. Nicht-Havingness bedeutet Opposition und führt zu Ridges.

Ein Ridge enthält alle zu seiner Entstehungssituation zugehörigen Informationen – die eigenen Emotionen und Postulate, ebenso die aller anderen in dem Geschehnis verwickelten Personen. Es enthält Aktion, Emotion und Gedanken. Ein Ridge ist wie eine Videocassette vom wirklichen Leben. Wird es durch äußere Einflüsse **restimuliert**, so spielt es seinen Inhalt ab und wird von der betreffenden Person **dramatisiert**. Reaktiv und ohne sich darüber im klaren zu sein, wird der Thetan Teile dieses im Ridge enthaltenen „Videofilms" auf der Ebene von Aktion, Emotion, Gedanken oder allen dreien gleichzeitig durchspielen. In den meisten Fällen mag dies von außen betrachtet zwar durchaus „normal" wirken, doch zeigt es sich deutlich im Mangel positiver Resultate und optimaler Lösungen.

Ein recht einfaches Beispiel: Ein Mann wird von einem Hund gebissen; sein Bein blutet. Das ist das Geschehnis als solches. Wann immer er später einen Hund sieht (Restimulation), fühlt er sich unwohl und mag sogar unerfreuliche Empfindungen in seinem Bein verspüren (Dramatisierung). Der springende Punkt ist: Er wird von diesen Reaktionen überfallen, *obwohl* er weiß, daß er einmal von einem Hund gebissen wurde und daß er sich zuvor mit Hunden eigentlich gut verstand. Also muß es etwas Unbekanntes in dem Geschehnis geben, das die Kraft hat, in der Gegenwart eines Restimulators (in diesem Falle der Hund) Mißstimmungen und körperliche Empfindungen auszulösen. Wäre eine Person sich *aller* Aspekte eines vergangenen Geschehnisses voll bewußt, so könnte sie durch nichts restimuliert werden.

Um exakt zu sein, wird der Restimulationsmechanismus nicht durch äußere Einflüsse in Gang gesetzt, sondern durch die Spielpostulate und Gegenpostulate des Thetans selbst. Dies erweist sich daran, daß man manchmal gewisse äußere Einflüsse tolerieren (haben) kann, ohne sich im geringsten restimuliert zu fühlen, wohingegen bei anderen Gelegenheiten eine komplett aufgeheizte Restimulation einsetzen kann. Lassen Sie uns deshalb ein etwas anspruchsvolleres Beispiel anschauen. Nehmen wir an, es gäbe da eine Dame (nennen wir sie Marie), die enorme Schwierigkeiten damit hat, in ihrem Auto die Autobahn hinunterzufahren, denn sie bekommt dann oft das Gefühl, als würde sich ihr Brustkasten verengen und sie könnte nicht atmen. Sie sagt zu ihrem Freund: „Tut mir leid Hans, ich kann heute leider nicht mitfahren; es bringt mich um". „Es bringt mich um" ist das Gegenpostulat. Marie spricht es aus, ohne es zu bemerken. Aber – und darum geht es – es kommt ihr nicht *immer* in den Sinn! Wenn sie sich in guter Stimmung befindet, hat sie keine Schwierigkeiten, eine Autofahrt zu genießen. Keine Aufmerksamkeit auf das Gegenpostulat „Es bringt mich um!" Ist sie jedoch aus irgendeinem Grunde deprimiert, so treten unweigerlich ihre Symptome auf – denn düstere Gedanken stellen sich immer dann gerne ein, wenn man sich in einem miesen emotionellen Zustand befindet, der vielleicht von ganz anderen Faktoren ausgelöst wurde. Wenn Marie nun ihre Aufmerksamkeit auf einen besonders düsteren Gedanken richtet („Es bringt mich um!"), energetisiert sie ihn damit und erschafft auf dieser Weise die Masse, die auf ihren Körper drückt und letztendlich zu „ihren Symptomen" führt.

Gäbe man Marie etwas Kokain oder Opium, so würde sie vielleicht so darauf abfahren, daß sie sogar in einem Rennauto mit 280 Sachen keinerlei Panik verspürt. Oder aber sie geht in eine Apotheke und holt sich ein Beruhigungsmittel, wonach sie so gedämpft ist, daß sie überhaupt keine Emotionen mehr hat, nicht einmal Panik.

Wieso hat sie denn nun eigentlich diese Enge in ihrem Brustkasten? Hier ist der Hintergrund dazu (den sie nicht kennt): In Ihrem letzten Leben hatte sie einen Autounfall. Als ihr Wagen auf der verregneten Autobahn ins Schleudern geriet, dachte sie: „Dies bringt mich um!“, und so war es dann auch. Sie starb, weil die Lenksäule sich durch ihren Brustkasten bohrte. Von daher rührt ein Gegenpostulat („Dies bringt mich um!“) und ein psychosomatischer Schmerz (in ihrem Brustkasten).

Diese Daten sind nun in Maries geistigen Datenbanken gespeichert. Aber nicht nur gespeichert – sie sind weggesperrt und dem Blick entzogen durch undurchdringliche Mauern von Mentalenergie, die zum Zeitpunkt des Unfalls durch den Wunsch Maries aufgehäuft wurden, sich dies nie wieder anzuschauen. Zu furchtbar.

Dennoch wird Maria auf Reize aus der Umgebung reagieren, wenn sie sich in einer niedrigen Stimmungslage befindet und diese Reize denen des ursprünglichen Geschehnisses ähnlich sind. Zwar wird sie sich dadurch des eigentlichen Unfalls nicht bewußt, doch dramatisiert sie ihn. Wegen dieser unwillkürlichen, unerwünschten und zwanghaften Reaktion auf Geschehnisse der Vergangenheit, nennt Hubbard die Bank, in denen solche Daten aufbewahrt werden, **reaktive Bank** oder **reaktiven Verstand**. (Schon einige Seiten früher hatten wir einen kurzen Blick darauf geworfen.)

Die Restimulation der reaktiven Bank erfolgt nicht „vollautomatisch“. Wir sahen bereits am Beispiel von Maries Brustschmerzen, daß sie sich *nicht* bei jeder verregneten Straße einstellen, *nicht* jedesmal, wenn ihr Wagen schleudert, *nicht* jedesmal, wenn sie die Autobahn hinunterbrettert, nein – sie treten nur dann auf, wenn ihr der Gedanke „Dies bring mich um!“ in den Sinn kommt. Nur dann. Dieser Gedanke ist es, den sie nicht haben mag, gegen den sie sich mit ihrer gesamten Mentalenergie wehrt – und auf diese Weise das Ridge, das zum Zeitpunkt des ursprünglichen Geschehnisses geschaffen worden war, *wiedererschafft*. Gedanken gehen der Energieproduktion und nachfolgenden Handlung voraus. Immer!

Daher läßt sich der Restimulationsmechanismus nicht damit vergleichen, daß die Umgebung einen Volltreffer in der Bank landet, wie etwa wenn die Kugel in einer Flippermaschine zwischen den Kontaktköpfen hin und her flitzt und sich die Anzeigentafel für die Gewinnpunkte dabei in eine Lichtorgel verwandelt. Dies würde nämlich voraussetzen, daß die Bank aus sich heraus existiert – was nicht der Fall ist. Zweifellos ist es so, daß einige Teile der Bank sich in chronischer Restimulation befinden, also kann man durchaus sagen: „die Bank existiert" – aber nur, weil ihr der Thetan dadurch zur Existenz *verhilft*, daß er aufgrund negativer Emotionen Gegenpostulate erschafft und diese wie auch die daran gekoppelten negativen Emotionen weiterhin aufrecht erhält.

Postulate sind Mest übergeordnet. Der Thetan erschafft geistiges Mest auf der Basis von Postulaten. Es ist nicht die äußere Welt, die die auf dem Thetan lastenden geistigen Massen erschafft, nein – der Thetan tut dies selbst, sobald er sich im Rahmen einer bestimmten Situation an seine Gegenpostulate erinnert.

Natürlich gibt es für einen Thetan außerhalb von Mest nichts als Zeitlosigkeit und Ewigkeit. Er erschafft Partikel und Ridges nur deswegen, um ein Gefühl für Zeit, Raum und Inhalt zu bekommen, dies zu erleben und eine Rechtfertigung dafür zu beziehen, an die Existenz solcher Dinge zu glauben.

AUDITIEREN

Gegenpostulate lassen sich gewöhnlich nur dadurch entschaffen, daß man das Geschehnis auffindet, bei dem sie gemacht wurden (das **Grundgeschehnis** oder „Basic"), und dieses so oft durchläuft, bis die Abfolge der Ereignisse zur Gänze bekannt und alle negativen Emotionen (**Ladung**) entleert sind. Dies mag einige Stunden dauern, wobei die Dramatisierung der Geschehnisinhalte für den Auditierten körperlich sehr beanspruchend sein kann. Ist erst einmal alle Ladung verflogen, so rücken die Postulate ins Blickfeld und der Auditierte hat eine sein Leben verändernde **Erkenntnis**.

Nach einem solchen Endphänomen sind die psychosomatischen Beschwerden des Auditierten gewöhnlich verschwunden. Dasselbe gilt für Dämonen und andere Entitäten – sobald die Postulate aufgefunden sind, durch die *sie* geschaffen wurden, werden sie sich in Luft auflösen. Als Nebeneffekt spukt es dann auch nicht mehr an Orten, wo es vorher zu spuken pflegte. Schließlich hielt sich die Entität an einem solchem Ort ja nur aus dem einen Grund auf, daß ein Postulat von ihrem „Besitzer" ohne sein Wissen lebendig und energetisiert gehalten wurde. Ob man nun den Besitzer selbst oder seine Entität auditiert, macht eigentlich keinen Unterschied – in beiden Fällen wird die Entität verschwunden sein und der Besitzer sich entsprechend erleichtert fühlen (auch wenn er gar nicht weiß, daß jemand die von ihm erschaffene Entität auditierte).
Die beiden Energiefelder des Thetans auf der einen Seite und seiner Entitäten auf der anderen Seite lassen sich mit einer Schale vergleichen, in der eine Mischung von Salz und Zucker aufbewahrt wird. In diesem Vergleich entspräche die Schale dem Verstand, die Salz- und Zuckerkörner den verschiedenen Arten von Thetaquanten. Auditieren ist der Versuch, diese Körner auszusondern, indem man jedes einzelne anschaut, seine korrekte Klassifizierung bestimmt (selbst- oder fremderschaffen) und herausfindet, wer sie als erster ins Leben rief (Ax. 29). *„Vernunft"*, sagt Hubbard, *„besteht aus der Fähigkeit, Unterschiede, Ähnlichkeiten und Gleichheiten zu erkennen"* [1].

Gewöhnlich findet das Auditieren zwischen zwei Personen statt, dem Auditor und dem Auditierten. Im scientologischen Jargon wird der Auditierte üblicherweise Pre-Clear oder „Pc" genannt. Dieser Ausdruck impliziert den Anspruch, daß es so etwas wie einen definitiven Punkt mentaler Geklärtheit (**Clear**) geben könne, nach dem kein weiteres Auditieren mehr notwendig sei – doch ist dies gewiß nicht der Fall. Man auditiert auch nach der Zuerkennung von „Clear" einfach deswegen noch weiter, weil der Entfaltung keine Grenzen gesetzt sind. „Clear" ist damit ein

expansives Phänomen. Die meisten fahren mit ihrem geistigen Reinigungsprozeß als „Solo-Auditoren" fort, d.h. sie benutzen Auditiertechniken und das E-Meter, um ihre Bank selbständig und ohne Hilfe eines Auditors anzugehen. Doch gibt es Punkte, wo die Havingness des Solo-Auditors nicht ausreicht, um mit bestimmten Geschehnissen fertig zu werden; in diesem Fall ersucht er einen Auditor um Assistenz und wird für diese Zeitspanne wieder zum Auditierten. Von daher gesehen scheint der Ausdruck „Auditierter" zutreffender zu sein als „Pre-Clear", denn man befindet sich ja im Grunde immer *vor* einem hypothetischen Endzustand namens „absoluter Clear".
Einem fortgeschrittenen Solo-Auditor fällt es nicht schwer, in die reaktiven Datenbanken einer anderen Person auf telepathischem Wege einzudringen und ihr dort beim Aufräumen zu assistieren. Naturgemäß ist dies durch die Kooperationsfähigkeit und Gewilltheit des Auditierten begrenzt. Um ein Beispiel zu geben: B.S., ein fähiger Solo-Auditor (Name abgekürzt), beschloß, seiner Cousine Kathrin zu helfen (Name geändert), einer etwa 50-jährigen Dame, die unter schweren Depressionen litt und in eine psychiatrische Klinik eingewiesen worden war, wo man ihr mengenweise Pharmazeutika verabreichte. Kathrin hatte schon zwei Jahre in dieser Klinik verbracht und war in einem völlig apathischen Zustand. Die Klinik war etwa 600 km von dem Wohnort des Auditors entfernt. Zwar hatten sie gelegentlich telefonischen Kontakt, doch befand B.S., daß er im Grunde nichts für sie tat, wenn er einfach nur mit ihr redete. Also ging er in Sitzung, versetzte sich in Kathrins Standpunkt hinein, schaute sich ihre Bank telepathisch „von innen" an, wurde sich einer Anzahl von Ridges, Entitäten und Postulaten bewußt und räumte auf, was er vorgefunden hatte. Die Sitzung dauerte etwa 90 Minuten und endete zufällig genau um 4:00 Uhr nachmittags. Um etwa 7:00 Uhr rief Kathrin ihn an und erzählte, gegen 4:00 Uhr hätte sie – und zwar zum ersten Mal seit vielen Monaten – plötzlich ein solches Selbstvertrauen gespürt, daß sie es wagte, die Klinik zu verlassen und einen Spaziergang durch den Ort zu machen. Sie hatte

großen Spaß dabei. B.S. fuhr mit dieser telepathischen Hilfestellung fort und Kathrin machte gute Fortschritte, aber letztendlich konnten die beiden nicht gegen den übermächtigen Einfluß der Medikamente gewinnen, die Kathrin nehmen mußte. Eine Veränderung ihrer Umgebung und Behandlung wäre dringend nötig gewesen, was sich aber in Kathrins Fall leider nicht arrangieren ließ.

SPIELE UND POSTULATE

Jede Aktivität, die ein Ziel enthält und die Absicht, es trotz aller Widerstände zu erreichen, läßt sich als **Spiel** betrachtet. Es besteht aus Zielen, Freiheiten und Hindernissen.
Worum es bei einem Spiel geht, ist eigentlich beliebig und nicht besonders wichtig; aber es zu gewinnen, *ist* wichtig.
Eine Spielabsicht – z.B. „Ich schaffe dieses Examen!" – drückt sich als ein unerschütterliche Gewißheit enthaltendes **Postulat** aus. Ein Postulat ist eine Gedankenform, die sich ohne jegliche geistigen Bilder ereignet. Es ist reines Konzept, reine Begrifflichkeit. Man trägt es mit sich herum und leitet seine Entscheidungen, Vorstellungen und Bewertungen davon ab. Geistige Eindrucksbilder werden auf der Basis solcher reinen Konzepte oder Postulate erschaffen.
Gewöhnlich ist es so, daß man sich voll mit seinen Postulaten und Konzepten identifiziert und noch nicht einmal weiß, daß man sich von ihnen leiten läßt. Zum Beispiel verbinden sich eine ganze Reihe von Konzepten (die man auch als Grundeinstellungen bezeichnen könnte) mit der Existenz als Mann oder Frau in den christlichen Gebieten Europas. Ein völlig unterschiedlicher Satz von Konzepten zu diesem Thema läßt sich im islamischen Nordafrika und dann wiederum in Schwarzafrika (usw.) finden. Diese Konzepte sind so tief in die Kultur und ihre Menschen eingegraben, daß sich individuelle Männer und Frauen mit einer entsprechenden Nachfrage sehr schwer täten, wie etwa: „Nach welchen Spielpostulaten richten Sie sich eigentlich bei Ihrem

männlichen bzw. weiblichen Rollenverhalten?“ Nur wenn man in der Lage wäre, ein paar Schritte hinter kulturelle Gewohnheiten zurückzutreten, die man sich während des ganzen Lebens und wahrscheinlich sogar im Laufe einiger vergangener Leben angeeignet hat, könnte man dies beantworten!

Postulate werden als so selbstverständlich erachtet, daß man sich ihrer Existenz nicht bewußt ist. Es sind persönliche Grundwahrheiten. Durch solche postulierten persönlichen Wahrheiten wird das Leben geformt und gestaltet. Der Mensch ist, wie er zu sein glaubt (Ax. 2, 3, 14). Nun wird vielleicht jemand einwenden: „Aber ich bin krank und unglücklich und ich kann nicht von mir sagen, daß ich das *wollte*!“ Schön – aber von welchen Postulaten läßt er sich leiten, daß er fortfährt, krank und unglücklich zu sein? „Ich weiß nicht ...“, sagt er. Da ist etwas, das er wissen möchte, aber nicht weiß. Er ist in ein Spiel verwickelt, über das er sich nicht völlig im Klaren ist. Um es zu durchdringen, könnte er mit Hilfe eines geistigen Führers seine Aufmerksamkeit bündeln und sie auf die hier zugrundeliegenden Postulate richten.

PROBLEME

Offensichtlich gibt es zwei Arten von Postulaten: Spielpostulate und Gegenpostulate. Handlungen auf der Basis von Spielpostulaten erbringen gewünschte Resultate, Gegenpostulate dagegen halten einen davon ab. Wann und wo wurden sie geformt? Als alles außer Kontrolle geriet und man dabei war, sein Spiel zu verlieren.

Zunächst dachte man: „Ich schaffe es!“ Das ist ein Spielpostulat; es ist das erste der beiden, der Anfang von etwas. Es hat deswegen Kraft, weil es vom Thetan gemacht wurde, als er noch außerhalb der Mest-Komponenten des Spiels stand. Dann entstehen Schwierigkeiten; unüberwindliche Hindernisse tun sich auf, er kämpft, verliert und denkt: „Ich schaffe es nicht!“ Das ist das zweite der beiden, das Gegenpostulat. Es bedeutet, das man seine Bewegung in eine bestimmte Richtung verlangsamt oder sogar

den Kurs ganz verläßt; möglicherweise kommt es sogar in jeder Hinsicht zu einer Vollbremsung.
Innerhalb des laufenden Spiels einfach mal zu denken: „Ich schaff das nicht“, reicht hierzu nicht aus. Erst im Augenblick der Überwältigung, wenn einem die gewohnten Ankerpunkte entgleiten, ist man für Sekundenbruchteile außerhalb des Spiels und hat damit plötzlich die Thetakraft, ein Gegenpostulat zu machen, dessen Stärke trotz seiner niedrigen emotionellen Stufe dem Ausgangspostulat vergleichbar ist.
Damit es innerhalb eines Spieles zu einer totalen Vollbremsung und damit zum Untertauchen des Spielpostulats kommen kann, sind gewöhnlich eine ganze Anzahl von Gegenpostulaten erforderlich. Eines reicht gewöhnlich nicht aus. Doch verschwindet ein Spielpostulat durchaus nicht bloß deswegen, weil es hinter einem Gegenpostulat verborgen ist! Nach wie vor ist es lebendig und hämmert „von hinten“ auf das Gegenpostulat ein, das seinerseits versucht, es zum Schweigen zu bringen.
Dies, und nur dies, ist die wahre Quelle der inneren Spannung, die mit „Ladung“ bezeichnet wird – die Reibung zwischen einem Spielpostulat und seinen Gegenpostulaten.
Jedermann weiß, was es bedeutet, zwischen zwei *bekannten* Optionen von gleicher Wertigkeit zu entscheiden (Erdbeereis oder Vanille?) – aber das ist gar nichts im Vergleich zu der Anspannung, wenn es um *unbekannte* Optionen geht, nämlich um Postulat und Gegenpostulat. Die Deprimiertheit und Massigkeit, die von solch innerer Anspannung herrühren, wird als **Ziel-Problem-Masse** oder **GPM** (Goals Problems Mass) bezeichnet. Es versteht sich von selbst, daß jedes „normale“ Problem verschlimmert und unlösbar gemacht wird, falls es eine bereits existierende GPM restimuliert.
Der Ausdruck „GPM“ beschreibt eine Sequenz von Ereignissen, die zu geistiger Masse führen. Erster Schritt: Ein Postulat in Richtung auf ein Ziel wird gemacht; zweiter Schritt: beim Zusammenstoß mit Hindernissen wird ein Postulat in die Gegenrichtung gemacht (im Extremfall). Resultat: Stillstand und Un-

entschiedenheit. Dritter Schritt: Da man nun nicht weiß, wohin man sich wenden soll, richtet man Aufmerksamkeit (Thetaquanten) auf die Postulate, die Gegenpostulate, die Postulate, die Gegenpostulate, die Postulate, die Gegenpostulate, und so weiter, kann sich weder für das eine noch das andere entscheiden und gibt am Ende einfach auf.

Nun, da man dieses Postulatepaar gründlich energetisiert hat, fühlt man sich massig, mißgestimmt und deprimiert. Knapp zusammengefaßt: Indem man unwissentlich Aufmerksamkeit auf Ziel und Gegenziel richtet, entsteht ein Problem, Massigkeit und letztlich psychosomatische Krankheiten.

Beispiel: Heinz möchte gerne Jazz-Gitarrist sein und auf der Bühne auftreten. Er übt eifrig, schafft es aus verschiedenen Gründen aber nicht. Nicht gut genug (Gegenpostulat). Um weiterhin innerhalb der Branche zu bleiben, beschließt er, Gitarrenunterricht zu geben (Lebenskompromiß). Er ist dabei nicht sehr erfolgreich, weil er so etwas ja eigentlich auch gar nicht tun möchte. Alle Schüler sind sowieso dumm (Gegenpostulat). Er wird nun Kritiker für Jazz-Musik und schreibt für die örtliche Zeitung (Lebenskompromiß). In seinem nun schon recht deprimierten Zustand greift er bald zur Flasche. Schließlich braucht der Mensch ab und zu einen guten Schluck (Gegenpostulat). Er landet als Penner unter den Eisenbahnbrücken (Lebenskompromiß). Die Heilsarmee liest ihn auf; er wird ein glühender Anhänger und singt im Chor mit. Der Herr hat ihn gerettet (Gegenpostulat gegen seine eigene Verantwortung). Er wird nun Prediger und hält lautstarke Vorträge gegen die Jazz-Musik und andere degradierte Züge unserer modernen Gesellschaft (Lebenskompromiß). Und so weiter. Alles nur, um zu verschütten, zu ertränken, zuzumauern und zu vergessen, daß er eigentlich in Wirklichkeit ein Jazz-Gitarrist mit Publikumserfolg werden wollte! Er konnte den Verlust, dies nicht zu werden, nicht ertragen (haben), konnte seine diesbezüglichen Spielpostulate nicht in aller Heiterkeit streichen und neue, unterschiedliche machen, sondern arbeitete *gegen* sie. Und das war sein Fehler. Keine Havingness. Schlechter Verlierer (Ax. 11).

Gelegentlich geschieht es, daß GPMs gewaltsam installiert werden, z.B. bei der Gehirnwäsche. Die Person wird dazu konditioniert, ihre ursprünglichen Absichten zu „vergessen", das Gegenteil davon zu tun oder sonst etwas, das der Folterer ihr auferlegt. Hubbard bezeichnet dies als **implantieren**. Genauso wie man fremdes Gewebe in einen Organismus implantieren kann, läßt sich durch die Kombination von Schmerz, Drogen und Hypnose eine Idee in den Geist einer Person implantieren. Daß dies keine Zukunftsmusik ist, läßt sich schon 1970 den Worten von James V. McConnell entnehmen, der in der Zeitschrift „Psychology Today" sagt: „Der Tag ist gekommen, an dem wir durch Vorenthaltung von Sinnesreizen (sensory deprivation) kombiniert mit Drogen, Hypnose und geschickter Manipulation von Belohnung und Bestrafung fast absolute Kontrolle über das Verhalten und die Persönlichkeit eines Individiums gewinnen können. Wir sollten die Gesellschaft umformen, so daß wir alle von Geburt an darauf abgerichtet werden, das zu wollen, was die Gesellschaft von uns verlangt. Wir haben nun die Techniken dafür. (. . .) Niemand besitzt seine eigene Persönlichkeit."
Die von McConnell aufgelisteten Methoden sind im Verhältnis zu dem, was man heute, 20 Jahre später, auf Lager hat, recht ungeschlacht. Z.B. lud die Universität von Arizona im Januar 1991 zu einer Konferenz mit dem Titel ein: „NATO Advance Research Workshop on Coherent and Emergent Phenomena in Biomolecular Systems" (NATO-Arbeitstagung zur fortgeschrittenen Erforschung von kohärenten und emergenten Phänomenen in biomolekularen Systemen). Der Veranstalter der Konferenz, Dr. Hameroff, sagte: „Somit ist es einem Individuum möglich, sein Bewußtsein auf eine künstliche Umgebung zu übertragen, wenn sein Körper sich dem Ende nähert" [3].
Ist das nicht großartig? Man kann heutzutage Ihren Geist von Ihnen abstreifen und ihn aufbewahren. Dies kommt den hochentwickelten Techniken sehr nahe, die man schon früher auf der

Zeitspur verwendete und die auch bei einigen Weltraumzivilisationen der Gegenwart in Gebrauch sind. Deren Implantiertechniken beschränken sich nicht lediglich auf die Kombination von Geist und Körper, sondern erfassen auch Thetans, die aus nicht mehr Substanz als ihrem eigenen Energiefeld bestehen. (Wir werden im Kapitel über Xenu darauf zurückkommen).
Durch das Implantieren wird ein Thetan auf viel endgültigere Weise zu seiner eigenen Bank als dadurch, daß er ein Ridge erschafft oder mit einer Entität in Kontakt tritt. Dies deswegen, weil Implants gewöhnlich Vorkehrungen gegen ihre Entdeckung enthalten, wie etwa die Anweisung, zu vergessen, oder falsche Daten mit Bezug auf Zeit und Ort. Schlimmer noch, Implants degradieren einen Thetan zu einem solchen Opferzustand, daß er seine einzige Überlebenschance darin sieht, sich mit dem Implanter zu identifizieren und „er zu werden". Von nun an gibt er an andere weiter, was ihm selbst widerfuhr. (Dies wirft ein Licht auf die Vorgänge in Gefangenen- oder Konzentrationslagern.) Verwandt damit, aber gleichermaßen katastrophal ist es, wenn sich ein Thetan mit einer Entität identifiziert, die von jemand anders geschaffen wurde, während *er* implantiert wurde. Auf einem Umweg führt dies dazu, daß der „befallene" Thetan entweder die Rolle des Opfers oder die des Implanters dramatisiert – oder beide im Wechsel, je nachdem welche Restimulatoren gerade in seiner Umgebung vorherrschen.

GEISTIGE VERDOPPLUNG

Ridges haben eine recht merkwürdige Eigenheit: Sie können von einem Thetan zum nächsten wandern (und so zu dem werden, was wir „Entitäten" nennen). Das hierzu nötige „Schmiermittel" besteht aus Affinität, und zwar besonders in Form von Bedauern. („Bedauern" bedeutet in diesem Zusammenhang, „sich reaktiv mit einem Opfer so sehr identifizieren, daß man praktisch selbst zu diesem Opfer wird" – also etwas völlig anderes als die sehr

wünschenswerte Haltung von „Karuna“, eine Sanskritbezeichnung für „von Weisheit geleitetes Mitgefühl“.)
Lassen Sie uns als Beispiel wieder Marie zitieren, unsere geschwindigkeitsberauschte Dame. Sie baute ein Ridge, als sie sich während ihres Unfalls bemühte, das Steuerrad davon abzuhalten, ihren Brustkasten zu durchdringen. Jedesmal, wenn sie sagt: „Das bringt mich um!“, wiedererschafft sie das Ridge zu einem Teil und leidet dementsprechend an Depressionen. Dies geschieht recht oft, denn „Das bringt mich um!“ ist einer ihrer Lieblingsausdrücke. („Was für ein schwüler Tag! Das bringt mich um!“ – gefolgt von einer Beklemmung im Brustkasten.)
Stellen wir uns nun einmal vor, Marie und ihr Freund Heinz, der ebenfalls schnelle Autos liebt, säßen im Wohnzimmer und sie sagte: „Ach, ich würde ja so gerne mal eine schöne Fahrt mit dir unternehmen, aber heute ist wiedermal so ein komischer Tag . . . Ich fürchte, es bringt mich um“. In diesem Augenblick wiedererschafft sie das Ridge und fühlt sich deprimiert. Heinz sagt nun voller Mitleid für sie (und auch für sich selbst): „Ach, mein armer Schatz, immer diese Probleme in der Brust, gerade dann, wenn wir einen Ausflug machen und Spaß haben könnten“, und wie er das sagt, baut er eine ungeheuer starke Affinitätsbrücke zu ihr hinüber. Um ihr zu helfen, paßt er sich ihrer emotionellen Stufe an. Später setzt sich Heinz ans Steuer des Sportwagens, um alleine eine Runde zu drehen, und gerade als er so richtig auf Tempo kommt, ist ihm, als läge eine Stück Blei auf seiner Brust und er könnte nicht mehr atmen. „Puh“, sagt er, als er den Fuß vom Gas nimmt, „was um Himmelswillen ist denn das? Das bringt mich ja um!“
Was geschah? Heinz fertigte eine Kopie des Postulats seiner Freundin an, als er sich auf ihrer Emotionsstufe befand, und von nun an kann auch er das entsprechende Ridge wiedererschaffen. Wobei es aber durchaus nicht Maries geistigen Raum verließ! Sie haben es nun *beide*. Heinz nahm an Maries geistigem Kraftfeld teil. Er „ging in ihre **Valenz**“. („Valens“, Latein, bedeutet

„Kraft".) Dies erklärt, warum Kinder gewisse Verhaltenseigenarten ihrer Eltern „erben".

Ist ein Ridge erst einmal von seinem Erschaffer zu einem anderen Wirt „gewandert", so nennt man es „Entität", wie wir schon wissen. Das Ridge ist nun gedoppelt. Sein ursprünglicher Erschaffer ist es nicht losgeworden, denn es besteht ja aus seinen Thetaquanten. Vorhin haben wir gehört, daß jedem Theta-Quantum ein Stempel aufgedrückt ist, der sich aus den Postulaten und Emotionen des Erschaffers im Moment der Erschaffung zusammensetzt. Nur wegen dieses Stempels läßt sich sein Besitzer bestimmen. Der genaue Unterschied zwischen Ridge und Entität besteht somit darin, daß sich eine Entität im Gegensatz zu einem Ridge aus zumindest zwei Arten von Thetapartikeln zusammensetzt: jenen des ursprünglichen Erschaffers und jenen des Zweitbesitzers, der das fremde Ridge mit halbem Bewußtsein registrierte, es von sich fernzuhalten suchte und bei dieser Gelegenheit kopierte. Heinz z.B. konnte es nicht ertragen, daß seine Freundin so deprimiert war (keine Havingness), und erschuf daher mit seiner Thetaenergie dagegen. Er ließ Maries Ridge nicht auf sich beruhen, sondern machte ein eigenes kleines Ridge, das er gegen das ihre schob – und so bildete sich eine Entität. Sie ist durch Heinzens eigene Aufmerksamkeitseinheiten an Heinz festgeklebt.

Theoretisch könnte dieses Umherwandern von Ridges endlos weitergehen; doch finden sich in der Praxis selten Entitäten mit mehr als einer Handvoll von „Zwischenwirten". Sie lassen sich dadurch auslöschen, daß man die Zwischenwirte vom letzten bis zum frühesten aufspürt und alle Postulate erkennt, die auf diesem Weg gemacht wurden.

Die Moral von der Geschichte: Man ist dafür selbst verantwortlich, daß man seine Entitäten besitzt, denn man machte den Klebstoff dafür selbst. Aber würde eine sehr bewußte Person nicht davon frei bleiben? Gewiß – solange sie es fertig brächte, auch sehr bewußt zu *bleiben*! Es verhält sich etwa so: Stellen Sie sich vor, Sie sitzen in einem Malariasumpf mit Ihrem Fernglas

und Ihrem Notizblock und beobachten Vögel. Niemand sonst ist dort, außer den Moskitos. Sie sind eine sehr bewußte Person und bemerken ein Moskito gewöhnlich schon in dem Moment, wo es sich auf Ihren nackten Armen niederläßt und töten es mit einem gezielten Schlag, noch bevor es überhaupt zum Stechen kommt. Wenn aber zu guter Letzt, nach Stunden und Stunden endlosen Wartens, dieses unglaublich seltene und fast ausgestorbene Exemplar eines ornithos bipedis auftaucht (der mit dem gelben Schnabel), so bleiben Sie für die nächsten 20 Minuten bewegungslos wie an Ihrem Fernglas festgeklebt sitzen, ohne zu bemerken, daß ein halbes Tausend Moskitos sich gerade an Ihrem Blut gütlich tun. Und hinterher liegen Sie mit Malaria im Bett und fragen sich, warum.
Genauso ergeht es den sehr bewußten Thetans, die zum erstenmal zu diesem Planeten heruntergestiegen sind (da sind sie noch ziemlich rein) und dann langsam mit dem Zeug verkrustet werden, das hier überall umherfliegt. Es bedarf mehr als bloßer Bewußtheit, um damit fertig zu werden. Es bedarf einer ständigen geistigen Reinigungsmethode, um den Kopf über Wasser zu halten – etwa der traditionellen Techniken der Vergangenheit, ob im Osten oder Westen. Thetaquanten werden voneinander getrennt, indem man herausfindet, wer sie erschuf, wann, wo und warum. Indem man dies erkennt, bringt man sie zum Verschwinden (Fak. 20, 28).

VERANTWORTUNG UND WIEDERGEBURT

Um sich geistig zu reinigen, schaut man gewöhnlich nach innen, denn schließlich ist dort der Grund für alle Probleme zu finden. Unweigerlich wird man herausfinden, daß man etwas Dummes, Peinliches und manchmal sogar Fürchterliches tat, was anschließend zu dieser oder jener Katastrophe führte. Vielleicht ist man einmal die Landstraße heruntergerast, war für den Bruchteil einer Sekunde unaufmerksam und – krach! – Autounfall. Re-

sultat: Schock, gebrochenes Bein und Angst vor dem Autofahren.
Und ganz gleich, ob es vom Standpunkt des Gesetzgebers der Fehler des anderen war – es läßt sich nicht leugnen, daß man selbst auch in die Sache verwickelt war. Man war dabei.
Wie hat man dazu beigetragen, diesen Unfall herbeizuführen, was hat man unterlassen, ihn zu vermeiden? Inwieweit war man für ihn verantwortlich? Dieses Denksystem läßt nicht zu, daß man mit dem Finger auf andere zeigt und ihnen die Schuld zuweist. Es betont, das die Verantwortung für den eigenen Zustand ganz klar bei einem selbst liegt. Dieser Zustand ist das Resultat vergangener guter und schlechter Taten – ein dem Buddhismus unter dem Namen „Karma" wohlbekanntes Konzept. Karma, ein Sanskritwort, bedeutet „Tat". Eine Lebenszeit um die andere häuft sich schlechtes Karma auf, wann immer man unverantwortlich gehandelt hat.
Die üblen Taten aus der Vergangenheit ziehen die Aufmerksamkeit von der Gegenwart ab. Man ist nicht „voll im Hier und Jetzt". Dies führt zu nicht-optimalem oder **aberriertem** Verhalten. Dem Lateinischen entnommen, bedeutet „aberriert" wörtlich „vom Pfad abgeirrt sein". Man geht nicht von A nach B, wie man es eigentlich vorhatte, sondern wird abgelenkt und landet irgendwoanders.
Natürlich lebt niemand sein Leben alleine. Es *gibt* andere, es *gibt* bittere Lebensumstände. Sich zu beklagen, bringt aber nichts. Jeder bekommt, was er verdient. Nicht ein einziges Geschehnis ereignet sich rein zufällig. Man erlebt, was man erlebt, weil man es für nötig hält, diese Art von Erfahrung zu machen – als Lernprozeß, Herausforderung, Wiedergutmachung, was auch immer. Vielleicht stirbt man und wiederholt denselben Satz von Erfahrungen Lebenszeit für Lebenszeit. Es sind die eigenen Übereinkünfte, die dazu führen. (Man muß tief in das individuelle oder vielleicht sogar das kollektive Unbewußte hinuntertauchen, um diese Übereinkünfte aufzuspüren, doch sie lassen sich tatsächlich finden.)
Erst nachdem man zu Genüge erlitten hat, was zu erleiden man

für notwendig hielt, wird man sagen: „Mir reichts. Warum widerfährt mir dies bloß alles?“ Und im Versuch, eine Antwort zu finden und vom „Rad der Wiedergeburten“ abzuspringen (das im Buddhismus und Hinduismus „Samsara“ genannt wird), wendet man sich der Philosopie und Religion zu. Da das Durchleben des Lebens keine Antworten bereitzustellen schien, schaut man nun „weiter oben“ nach ihnen.

Die Wiedergeburt kann beträchtliche soziale Probleme mit sich bringen. Bloß weil eine Person körperlich gestorben ist, läßt sie ja noch lange nicht von ihren Wünschen und Absichten ab. Ganz im Gegenteil! Ein Beispiel hierfür läßt sich in dem sich immer mehr ausbreitenden Neo-Nazi-Kult in Deutschland und anderswo beobachten. Es handelt sich hier um junge Leute zwischen 16 und 26 Jahren. Sie müssen ihren letzten Tod also etwa zwischen 1970 und 1980 erlebt haben. Wenn wir davon ausgehen, daß sie in ihren späten Sechzigern gestorben sind, würde das Geburtsdatum ihrer jeweiligen letzten Leben irgendwo zwischen 1910 und 1920 liegen – und genau das ist die Generation, die um Hitler herum aufwuchs und ihn unterstützte! Und nun, wo sie alle wieder da sind, unternehmen sie verständlicherweise den Versuch die „glorreichen Tage“ ihrer Vergangenheit wiederaufleben zu lassen. Natürlich kommen auch ihre Opfer immer wieder. Und so läßt sich voraussagen, daß dieses Spiel noch für eine ganze Weile so weitergehen wird.

Das Dumme an der Sache ist, daß man die Leute nicht davon abhalten kann, zu reinkarnieren. Aber man kann sie zumindest von ihren Aberrationen erlösen.

DER „CLEAR“

Das Endresultat des Ausräumens unterdrückter Geschehnisse in vergangenen Leben ist ein geklärter Geist; eine Person, die dieses Endphänomen erlangt hat, wird als „Clear“ bezeichnet. Obwohl eine solche Person eine Menge „schlechten Karmas“ abgetragen hat, hat sie bei weitem nicht jedes einzelne traumatische Geschehnis der letzten paar tausend Jahre auf ihrer Zeitspur gefunden und ausgelöscht, gewiß nicht – aber sie sieht sich in die Lage versetzt, damit fertig zu werden, wenn solche Erinnerungen auftauchen, indem sie beständig einen geistigen Reinigungsprozeß vornimmt. Sie hat die Fähigkeit erworben, solche Erinnerungen zu „haben", auch wenn sie von der Umgebung restimuliert werden. Sie kann mit geistigem Mest selbstständig fertigwerden, läßt sich davon nicht beeindrucken und identifiziert sich nicht damit. Und, wie es eben so ist mit den Fähigkeiten, man ist selbst verantwortlich dafür, sie intakt zu halten – tut man dies nicht, so verkommen sie und man ist nicht länger ein Clear.

Clear zu sein beschränkt sich übrigens nicht auf ein einziges Leben, vorausgesetzt, man hält die damit verbundenen Fähigkeiten in gutem Zustand. Vor einigen Jahren erzählte mir ein Clear (sagen wir, sein Name wäre Steve), er hätte schon nach wenigen Stunden des Auditierens und praktisch in der ersten Sitzung, die er in diesem Leben überhaupt gehabt hatte, herausgefunden, daß er schon in seinem vergangenen Leben Clear geworden wäre. Damals wie auch jetzt lebte er in Birmingham. Er konnte sich detailliert an die kleine Auditiergruppe erinnern, an der er damals teilnahm, wie auch an die Leiterin, in deren Wohnzimmer alles stattfand. Steve, damals schon ein älterer Mann, verstarb bald, nachdem er Clear geworden war. Nachdem er sich all dies in seiner Sitzung zurückgerufen hatte, ging Steve heim nach Birmingham, um zu schauen, ob diese Dame noch immer unter derselben Adresse lebte. So war es. Er, nun ein junger Mann von etwa 20 Jahren, klingelte an der Tür und wartete. Sie, nun eine ältere Dame in ihren Siebzigern, öffnete die Tür und sagte, leicht verwundert beim Anblick des grinsenden jungen Mannes vor ihr: „Ja, bitte? Was wünschen Sie?" Woraufhin er sagte: „Erkennen Sie mich denn nicht?" Und da fiel der Groschen! Woraufhin man sich umarmte und auf die Wangen küßte und sich im Wohnzimmer bei vielen Tassen Tee Geschichten aus den alten Tagen erzählte.

Es gibt verschiedene Stufen der Geklärtheit – man könnte Clear sein mit Bezug auf die eigenen vergangenen Leben, mit Bezug auf die anhängenden Entitäten, auf das den Körper organisierende Energiefeld, auf die zwanghafte Interaktion zwischen einem selbst und dem physikalischen Universum, usw. Ein Clear im *vollen* Wortsinne wäre ein völlig un-aberriertes Wesen. Er stünde nicht unwissentlich in Verbindung mit irritierenden Gedanken oder Bildern aus irgendeiner Quelle, nein, er wäre genau Hier und Jetzt, in der Gegenwart, ohne jede Ablenkung. Demzufolge würde man von ihm die Fähigkeit erwarten, den Anforderungen einer gegebenen Situation in vollstem Maße gerecht zu werden und jegliche Schwierigkeit zum größten Vorteil aller Betroffenen zu lösen. Und tatsächlich wäre er, um seine Geklärtheit aufrecht zu erhalten, geradezu *gezwungen*, „optimale Lösungen" nach dem Prinzip des größten gemeinsamen Guten anzustreben. Seine gedankliche Leitlinie dabei wäre, daß ihm Integrität und Ehre wichtiger sind als sein unmittelbares Leben[4]. Auf diese Weise käme er aus jeder Situation heraus, ohne auf irgend jemanden oder irgend etwas böse zu sein oder solcherlei Empfindungen von anderen zu empfangen. Er würde damit nicht in seine eigene Vergangenheit hineingesogen, sondern bliebe frei für den jeweils nächsten Augenblick.

In seinen Handlungen würde er nicht ein großes geräuschvolles Ego heraushängen lassen, sondern sich harmonisch auf die Gegebenheiten einstimmen. Obgleich in voller Kontrolle der Situation, wäre er kaum zu bemerken. Seine Taten wären von keiner Angestrengtheit begleitet – Fähigkeiten, die in der Philosophie des Tao-teking als „Wu-Wei" bezeichnet werden: müheloses Tun.

Hubbards Konzept vom „Sein" ist dem Wu-Wei eng verwandt. *„Wenn man sich nicht zu sein traut, wird man natürlich anfangen, logisch zu werden."*[5] Dies bedeutet, daß man beginnt hinterherzuhinken, sobald man seine Spontanität verloren hat; man denkt, überlegt und muß zu „logischen Folgerungen" kommen – während die Situation einem unter den Händen davonläuft. Man

machte den Fehler, nicht auf intuitive Weise alle in dieser besonderen Situation gegebenen Faktoren „zu sein". Man verlor seine Eingestimmtheit. Dies ist die Quelle von Hast, falschen Entscheidungen und Fehlern. „Herumdenken" kann keine innere Gewißheit ersetzen. Durch das Sein zu wissen ist Weisheit und dem Datenwissen übergeordnet (Fak. 28).
Ein hübsches Beispiel hierfür wird in der Autobiographie des indischen Yogis Yogananda gegeben[6]. Auf seinem Weg nach Amerika im Jahre 1920 – er fuhr mit dem Dampfschiff – bat man Yogananda, eine Rede zu halten, doch zu jener Zeit war sein Englisch allenfalls rudimentär. Jedoch verlieh ihm sein fester Glaube an Gott und seine Gewißheit, daß er es irgendwie schaffen würde, die Stärke, auf das Podium zu treten und dem erwartungsvollen Publikum ins Auge zu blicken – woraufhin ein höchst peinliches Schweigen erfolgte. Die Zuhörerschaft kicherte. Aber unversehens war Yogananda „innerhalb" der englischen Sprache und hielt eine feurige Rede zum Thema Hinduismus, die ihm einen wahren Beifallsturm einbrachte. Man erzählte ihm anschließend, daß sein Englisch absolut brillant sei. Als das Ereignis vorüber war, hatte Yogananda keine Ahnung, was sich zugetragen hatte oder wie es dazu gekommen war. Irgendwie hatte er es fertiggebracht, „englisch zu *sein*", und die englische Sprache sprudelte nur so aus ihm heraus.
Die beiden hier genannten Fähigkeiten – im Hier und Jetzt zu bleiben und optimale Lösungen zu finden – sind die beiden Grundbausteine ethischen Verhaltens. Man würde von einem Clear im Rahmen seiner Bewußtheit erwarten, daß er ethisch ist. Spielte man ein Spiel im Geiste des Wu-Wei, d.h. ohne Egoismus und Gewinnsucht, billigte man dabei jedem Teilnehmer sein grundsätzliches Recht auf Existenz zu, selbst wenn er sich einmal danebenbenimmt, anstatt ihn dafür rechthaberischerweise ins Unrecht zu setzen, so könnte ein Spiel selbst dann noch Spaß machen, wenn man dabei verliert.

1.2 Seele und Körper

DER ATEM DES LEBENS * LEBENSKRAFT UND GEDÄCHTNIS * KINDESENTWICKLUNG * PSYCHOSOMATIK * PRANA * CHAKREN * CH'I * KAHUNA * DROGEN, MEDIKAMENTE, HYPNOSE * OKKULTISMUS IN EUROPA * MEDIZINISCHE RANDGEBIETE * DAS RESONANZPRINZIP

DER ATEM DES LEBENS

Im letzten Kapitel hörten wir von Geistern, Gespenstern, Dämonen, von aus Thetaquanten zusammengesetzten mentalen Massen und Energien und von einem Thetan, der eine Doppelfunktion einnimmt, nämlich die eines Spielers auf dem Spielfeld des Lebens und eines Statischen, der jenseits aller Spiele steht.
Damit wurde das beschrieben, was Hubbard ein **Universum** nennt – *„Ein ganzes System geschaffener Dinge"*[1]. Ein Schöpfer samt seiner von ihm erschaffenen Dinge formen ein Universum. Damit haben wir *einen* Thetan erfaßt. Da nun andere Thetans ebenfalls Universen erschaffen, trägt jeder sein Universum mit sich herum und fühlt sich dort zu Hause. Und nur in dem Maße, wie diese Universen interagieren und sich gegenseitig überlappen, sind Spiele, Meinungen, Übereinstimmungen und Nicht-Übereinstimmungen möglich – und damit die Wirklichkeit.
Nun sprachen wir bislang lediglich über die Interaktion von Thetans und ihrer „thetanischen" Universen – wie aber steht es mit dem Körper? Schließlich ist er, zumindest hier auf der Erde, ein recht übliches Instrument, um seine Spiele auszuführen. Wie interagieren Thetan und Körper? Hubbard sagt hierzu knapp: *„Der Körper ist eine Kohlenstoff-Sauerstoff Maschine mit einer Betriebstemperatur von 37 Grad Celsius. Im Falle des homo sapiens ist das Theta-Wesen der Ingenieur, der diese Maschine betreibt"*[1]. Schön und gut, man muß zwischen sich selbst und dem Körper unterscheiden – aber nochmal gefragt: *Wie* interagieren

Thetan und Körper? Schließlich kümmert man sich als Thetan ja gewiß nicht von Geburt bis Tod um jeden Herzschlag und jede Darmbewegung! Es bleibt uns also nichts anderes übrig, als noch weiterhin zu differenzieren: zwischen Thetan, Körper und einem Energiefeld, das diesen Körper durchdringt, organisiert und ihm Leben gibt. *„Bei Aktivitäten wie Atmung, Herzschlag und Drüsensekretion wird der Körper direkt von der Genetischen Entität gesteuert; doch können solche Aktivitäten vom Thetan modifiziert werden."*[1]

Die **Genetische Entität** oder **GE** – das ist ein den gesamten Körper durchdringendes und umgebendes Theta-Energiefeld, ein Kraftfeld für den genetischen Bausatz. Sie versorgt körperliche Grundbedürfnisse wie etwa Wachstum, Heilung, Instandhaltung und Fortpflanzung. Man könnte sie auch als „das Körperwesen" bezeichnen. Anderswo ist dieses Energiefeld als „Aura" (ein griechisches Wort) oder „Seele" (ein germanisches) bekannt. Beide Wörter bedeuten „Atem" und beziehen sich auf den Lebensatem, ohne den der Körper lediglich tote Materie wäre. In der römischen Welt unterschied man zwischen „Animus", was so viel bedeutet wie „Geist, Verstand, Wille" (Thetan), und „Anima", dem „Vitalprinzip, Seele, Leben" (GE). Eine ähnliche Unterscheidung wurde von den Griechen mit den Ausdrücken „Psyche" und „Eros" getroffen.

LEBENSKRAFT UND GEDÄCHTNIS

Körper und Thetan nehmen auf zwei verschiedenen Ebenen wahr. Der Körper leidet unweigerlich, wenn er verletzt wird; der Geist aber nicht immer. Denken Sie mal an Sportunfälle – ein paar gebrochene Rippen sind da ein Teil des Vergnügens! Und solange es der Thetan als vergnüglich betrachtet, sich zu verletzen, und erwartet, daß der Körper wieder heil wird, wird dieser auch tatsächlich ausheilen. Nichtsdestoweniger wird die den Körper durchdringende und umgebende „Lebenskraft" den Un-

fall aufzeichnen und die Information aufbewahren. Die Aura – oder, in Hubbards Terminologie, die Genetische Entität – ist ein Informationsträger.
Beim Betreiben eines Körpers spielen also zwei Parteien eine Rolle. Der Thetan steuert den Körper umher, und die Genetische Entität kümmert sich um Wachstum, Instandhaltung und Fortpflanzung. Der Körper selbst tut nichts. Die Genetische Entität hat nur eines im Sinn – unter allen Umständen das Überleben des Körpers zu gewährleisten. Wenn der Körper verletzt wird, strömt die Genetische Entität Thetaquanten gegen den feindlichen Eindringling aus und formt so ein Ridge – genauso wie der Thetan. Somit ist die GE sehr gut für ihre Aufgabe ausgerüstet; tatsächlich ist sie *„jenes dem Thetan nicht unähnliche Wesen, das sich von den frühesten Anfängen entlang der evolutionären Linie auf der Erde fortgesetzt und dabei den Körper entwickelt hat (...). Sie hat keine echte Persönlichkeit, sie ist nicht das „Ich" des Körpers. Sie ist der „Verstand" eines Tieres, eines Hundes, einer Katze oder einer Kuh."*[1]
Jedes Geschehnis impliziert zwei separate oder parallele Erfahrungsmodi. Während einer Operation unter Anästhesie ist es z.B. gewöhnlich so, daß der Thetan den Körper verläßt und sich das Operationsgeschehen von oben anschaut, wohingegen die GE die Details von innen miterlebt und aufzeichnet. Läßt man den Auditierten ein solches Geschehnis von seinem eigenen Standpunkt durchlaufen, so wird er seine eigenen Überlegungen und Emotionen erinnern; weist man ihn jedoch an, sich die Sache von innen anzuschauen, vom Standpunkt der GE her, so stellen sich schwere Verlustängste, körperliche Empfindungen und Schmerzen ein.
Dies führt zu einer interessanten Frage: Wer ist eigentlich noch anwesend, wenn eine Person für Monate oder gar Jahre in der Intensivstation am Tropf hängt? Das Herz schlägt, das EEG registriert noch die Hirnaktivität, Nahrung wird intravenös verabreicht – nur, wer wird hier eigentlich am Leben erhalten? Die Person selbst oder lediglich eine einsame GE auf verlorenem Posten?

Die von der GE geformten Ridges werden **Engramme** genannt, ein griechisches Wort, das so etwas wie „Inschrift“ bedeutet. Ein Engramm enthält alle von den Körperzellen zum Zeitpunkt ihrer Beeinträchtigung aufgenommenen Informationen. Das Bindeglied ist die Genetische Entität. Sie zeichnet Unfälle oder Verletzungen in Form geistiger, auf der Grundlage von Thetaquanten geschaffener Vorstellungsbilder auf und „legt sie ab“. Das Engramm ist ein solches Bild.
Gemäß seiner Definition im (englischen) Wörterbuch, ist ein Engramm eine „bleibende Veränderung im Zentralnervensystem, die als Reaktion auf Außenreize stattfindet, was eine Erklärung für den Erwerb von Fähigkeiten, bleibenden Erinnerungen, usw. ermöglicht.“ Hubbard ging hier einen Schritt weiter, indem er sagte, daß zwar alle möglichen Reize auf die Zellen „aufgestanzt“ werden, der Lernprozeß als solcher aber nicht vom Körper selbst vorgenommen wird, sondern von dem Energiefeld, das er als Genetische Entität bezeichnet.
Die eben zitierte Definition geht zurück auf im 19. Jahrhundert von der damaligen Psychologie betriebene Untersuchungen des Erinnerungsvermögens, also der Fähigkeit, Geschehnisse in Form von geistigen Bildern zurückzurufen. Semon, ein deutscher Psychologe, schlug im Jahre 1911 eine Theorie vor, nach der alles organische Leben von seiner Vergangenheit abhinge, um überleben zu können, und daß die Gegenwart als Ergebnis der aufgehäuften Erfahrungen aus früheren Existenzen verstanden werden müßte. Diese in einem überpersönlichen Unbewußten gespeicherten Überbleibsel der Vergangenheit nannte Semon „Engramme“.
Vor nicht allzulanger Zeit wurden Semons und Hubbards Sichtweisen von dem englischen Biologen Rupert Sheldrake bestätigt, der die Hypothese aufstellte, daß „morphogenetische“ oder „formgebende“ Felder als Informationsträger wirken und die vitale Intelligenz eines lebenden Organismus darstellen[7]. Er folgerte, daß die große Spannbreite intelligenten Verhaltens von Pflanzen, Tieren und Menschen auf dieser Basis und nicht allein durch Vererbung zu erklären sei.

Laut Sheldrake genügt der Verweis auf die Existenz von Genen innerhalb eines Samens nicht, um das flexible Verhalten eines heranwachsenden Baumes zu erklären, der sich hierhin und dorthin wendet, um sich trotz aller Widerwärtigkeiten bis zur vollen Größe zu entwickeln, der eine ganz bestimmte individuelle Form einnimmt, der sich also der Veränderungen in seiner Umgebung bewußt ist und sich darauf einrichtet. Die „Intelligenz" des Baumes läßt ihn überleben, nicht allein sein genetischer Bausatz.
Als einmal ein riesiger alter Baum gefällt wurde, hatte ich Gelegenheit, das morphogenetische Feld bzw. die Genetische Entität dieses Baumes zu „sehen". Die Kettensäge hatte sich durch seinen Stamm hindurchgebissen, der Baum fiel und krachte zu Boden – doch die „Seele" des Baumes blieb aufrecht stehen! Für einen Augenblick war es, als gäbe es zwei Bäume, der materielle am Boden und sein immer noch aufrecht stehendes Energiebild. Eine gewaltige Welle von Schock, Nicht-Begreifen, Enttäuschung und schließlich Gram ging von dieser Baumseele aus. Meine eigene GE reagierte hierauf sehr stark; ich bemerkte, wie sich mein Magen in Gelee verwandelte. Meiner Frau, die dasselbe Phänomen beobachtete, strömten Tränen das Gesicht hinunter. Nach ein paar Sekunden löste sich die Baumseele auf und verschwand.
Manche Pflanzen haben sehr starke Felder. Neulich sah ich zu, wie sich eine Hibiskusblüte öffnete, und man konnte ganz deutlich sehen, wie ihr GE-Feld die physische Knospe umhüllte und diese in ihre Form „hineinzog". Es war also nicht so, daß die Knospe in den umgebenden Raum hineinexpandierte, sondern eher das Gegenteil davon – daß sie in ein ständig sich um sie herum ausweitendes Feld hineingesogen wurde. Es handelte sich um einen Implosionsvorgang.

Ein Engramm bildet sich nicht jedesmal, wenn man sich in den Finger schneidet. Als Teil ihrer Grundprogramme weiß die Genetische Entität ohne weiteres, wie man mit so etwas umgeht. Sobald sie aber nicht mehr gegen das Hindernis ankommt, so-

bald die Situation ihr aus den Händen gleitet und sie daran verzweifelt, wird das Geschehnis von ihr als Engramm aufgezeichnet. Beispiele für solche Momente wären alle „nicht-programmierten" und irreparablen Beschädigungen und Todesarten, die von Folter, Verstümmelung, Verstrahlung, elektromagnetischer Interferenz, Elektroschock und anderem umgebungsbedingtem Streß erzeugt werden, der in der „originalen Blaupause" der GE nicht vorgesehen ist (wovon wir in den Kapiteln 4 und 6 mehr hören werden).
Engrammbilder werden in den Datenbanken der Genetischen Entität weit über den körperlichen Tod hinaus als Teil ihres „Überlebensprogramms" aufbewahrt. Sie hat nun gelernt, was es zu vermeiden gilt – sehr nützlich, wenn die GE in einen zukünftigen Körper eintritt. Tatsächlich läßt sich der Tod als vital notwendiger, positiver Lernprozeß und damit als Teil der Evolution auffassen. Das hautnahe Erlebnis einer überwältigenden Kraft aus der Umgebung vermittelt spezifische Daten darüber, wie so etwas funktioniert, und somit läßt sich für das nächstemal ein Schutz entwickeln. Schalenlose Mollusken (Weichtiere) zum Beispiel werden generationenlang von der Brandung über die Felsen gerollt, dabei beschädigt und getötet, doch lernen sie dabei drei Dinge: erstens erkennen sie, daß Härte eine siegreiche Überlebenstaktik ist, denn schließlich haben die Felsen ja gewonnen; zweitens übernehmen sie vom Fels auf dem Wege engsten Kontakts auf molekularer Ebene die Blaupause einer harten Schale; und drittens orientieren sie sich an der runden Form, da diese gefahrloses Herumrollen auf dem Fels gestattet. Die Felsen „lehrten" die Mollusken sozusagen, wie man sich eine harte Schale wachsen läßt, und diese Übereinkunft wurde Teil ihres morphogenetischen Feldes bzw. ihrer Genetischen Entität.

Es geht also nicht nur der Geist von einem Leben zum nächsten, wobei er sich jedesmal einen neuen Körper nimmt, sondern auch die Genetische Entität tut dies. Beide sind nicht physische, son-

dern mentale Entitäten und daher unsterblich. Jedoch gehen sie im Moment des Todes nicht parallele Wege, sondern nehmen sich in ihrer nächsten Inkarnation verschiedene Körper.
Der Unterschied zwischen der Reinkarnation eines Thetans und der einer Genetischen Entität ist beträchtlich, insofern der Thetan sich von Körper zu Körper als Individium weiterbewegt, wohingegen die GE mit einer Art „allgemeinem GE-Feld und Zentralspeicher“ verschmilzt, dem alle GEs, ihrer Spezies entsprechend, angeschlossen sind, von wo sie ihre Daten erhalten und an das sie neue Daten weiterleiten. (Sheldrake erwähnt dies übrigens im Zusammenhang mit globalen Lernphänomenen innerhalb besonderer Spezies.) Nach dem körperlichen Tod gehen Genetische Entitäten komplett „nach oben“ zum GE-Zentralspeicher und „regnen wieder herab“, wenn ein neuer Körper bei einem Geschlechtsakt geschaffen wird. (Die zu diesen Erkenntnissen führende Forschung wird in Kapitel 6 referiert.)
Ganz streng gesprochen, gibt es also keine „vergangenen“ Leben für einen Thetan. Indem er als unsterbliches Individuum existiert, setzt er sich entlang einer ungebrochenen Linie fort, manchmal mit Körper, manchmal ohne. Die Existenz der GE jedoch endet nach dem körperlichen Tod, sie verschmilzt mit dem GE-Zentralspeicher und „fällt“ im Moment der Befruchtung als neue Entität herab. Während eines Geschlechtsaktes steht eine neue GE für dieses besondere Spezies schon in den Startlöchern, bereit, die Steuerung des Zellwachstums zu übernehmen. Dies hat sich in etlichen Auditiersitzungen bestätigt. Sobald ein Samenfaden in die Eizelle eindringt, wird die GE auf den Plan gerufen, anscheinend ausgelöst durch ein Resonanzphänomen (Affinität) zwischen den beiden elterlichen GEs und dem Zentralspeicher. Die in den Banken der eigenen GE aufgespeicherten Daten sind daher nicht der eigenen GE „persönlich“ zugehörig, sondern es handelt sich um *allgemeine* Daten (Engramme), die sich ansammelten, seit es auf dieser Erde Körper gibt, ganz gleich welcher Art. (Was Semon sich ja schon 1911 vorstellte. Übrigens ist es durchaus nicht ungewöhnlich, daß Auditierte

während der Sitzung mit den Erlebnissen nicht-menschlicher Arten in Berührung kommen.)
Um sicherzustellen, daß ein Körper auch wirklich tot ist, verbleibt die GE für mehrere Tage in ihm, manchmal sogar länger als eine Woche. Dann löst sie sich und hebt ab wie eine formlose blaue Rauchwolke. Vielleicht ist dies der Grund dafür, warum wir den Anblick eines gerade Verstorbenen, dessen GE immer noch in seinem Körper weilt, entsetzlich finden – er ist weder ganz lebendig noch ganz tot. Unsere eigenen GEs reagieren darauf. Ein ähnliches Entsetzen befällt uns, wenn wir es mit Leuten zu tun haben, die eine „abgetötete“ GE ihr eigen nennen und sich durch gefühllose, unmenschliche Grausamkeit auszeichnen. Hier haben wir es mit Thetans zu tun, die ihre GE auf das äußerste unterdrücken – ein „Geist ohne Seele“.

Das einzige Sinnen und Trachten der GE ist es, das Überleben des Körpers zu gewährleisten, egal wie. Zu diesem Zwecke enthält sie einen großen Satz von Konstruktions- und Instandhaltungsprogrammen. Jede Rasse oder Art hat ihre eigene hochspezialisierte Genetische Entität. Die allem übergeordneten, wichtigsten Programme sind die sexuellen, da sie das Fortbestehen der Rasse gewährleisten. Sie sind es, die die typisch weiblichen bzw. männlichen Verhaltensmuster bestimmen, die sich als Grundnote in allen Kulturen auf diesem Planeten vorfinden lassen (und natürlich ebenso im Pflanzen- und Tierreich).
Eine Person wird dann keine Schwierigkeiten haben, sich im Sinne ihres sexuellen Grundmusters zu verhalten, wenn sie dieses Geschlecht in einem vergangenen Leben schon einmal hatte und damit übereinstimmt, es in diesem Leben wieder zu haben. Daher mag sich ein Thetan, der an männliche Körper gewöhnt ist, in einem weiblichen sehr unwohl fühlen und gegen die Grundmuster protestieren, die ihm durch die GE-Programme auferlegt werden. Genauso ist es möglich, daß ein falsches Programm in der GE gezündet wird, was darauf hinauslaufen kann, daß ein männlicher Körper von einem weiblichen Programm ge-

steuert wird. Die betreffende Person wird sich in ihrer sexuellen Rolle und ihrem allgemeinen Sozialverhalten sehr unsicher fühlen. Es ist die GE und nicht der Thetan, die die sexuelle Note in menschlicher Interaktion und Kommunikation bestimmt.

Da der Mensch aus Geist und Körper besteht, und da der Körper von der Genetischen Entität gesteuert und angetrieben wird, formen diese drei ein „zusammengesetztes Wesen". Die in der GE enthaltenden Engramme (Erinnerungen an vergangenen Tode, Verstümmelungen, Unfälle, usw.) sind daher Teil des menschlichen zusammengesetzen Unterbewußten, des reaktiven Verstandes. Sind sie in Restimulation, so erscheinen sie auf dem geistigen Bildschirm des Thetans, genau wie es bei den Bildern seiner eigenen Vergangenheit der Fall wäre, und verursachen Irritationen, Depressionen und psychosomatische Krankheiten.

Viele Leute sehen nicht den eigentlichen Film auf dem Bildschirm, sondern bemerken nur seine Auswirkungen. Von einem fortgeschrittenen Clear würde man allerdings als Selbstverständlichkeit erwarten, die korrekte Quelle eines geistigen Eindrucksbildes zu bestimmen (sei es von ihm selbst, irgendeiner Entität oder der Genetischen Entität) und es auszulöschen. Fehlerhafte Unterscheidung zwischen eigenen und GE-Bildern kann dazu führen, daß man glaubt, in einem vergangenen Leben eine Schnecke gewesen zu sein, oder daß man als Küchenschabe wiedergeboren wird, wenn man sich in diesem Leben nicht anständig benimmt. Dies ist eine ganz falsche Vorstellung. Der Thetan wählt immer die menschliche Form, weil er nur mit ihr die Dinge erledigen kann, die ihm wichtig sind. Ich habe noch nie jemanden getroffen, der in einem seiner vergangenen Leben ein Regenwurm gewesen wäre. Zwar stoßen Auditierte häufig auf solche Bilder, doch nach kurzer Inspektion stellt sich unweigerlich heraus, daß sie von der GE stammen. Die GE betreibt den Körper, der Geist lebt in ihm. Verläßt der Geist nachts den Körper, so findet die GE Gelegenheit, aufzuräumen. Wenn der Körper verletzt ist, ist der Geist gut beraten, sich ruhig und gefaßt zu verhalten; auf diese Weise macht er es der GE leichter, ihre Hei-

lungsprogramme zu aktivieren. Sich aufzuregen hilft überhaupt nichts.
Ein Thetan übernimmt seinen Körper gewöhnlich irgendwann zwischen Empfängnis und Geburt. Jedoch kamen schon Fälle vor, wo Thetans einen Körper von anderen „raubten“, sogar noch im Alter von 15 oder 25 Jahren. Sie schlichen sich heran und drangen ein, als der eigentliche Besitzer gerade „außer Haus“ war, wie z.B. nach einem Unfall oder während einer längeren Krankheitsperiode, vielleicht kamen sie auch zu einem „gentleman's agreement“ mit ihm. In jedem Falle versuchten sie, sich um die übliche Wartezeit von 20 Jahren herumzudrücken, nämlich zwischen Babyalter und dem Zeitpunkt, wo man wieder ernstgenommen wird.
Es scheint verblüffend, daß sich solche Leute sofort in einer ungewohnten sozialen Umgebung und einem neuen Körper zu Hause fühlen können. Woher nehmen sie denn wohl die Daten, wie z.B. Name von Mutter und Vater, Landessprache, Heimadresse, Kindeserinnerung, usw.? Auditiersitzungen enthüllten, daß solche vitalen Informationen, die ja eigentlich zum Thetan gehören, von der GE „fotokopiert“ und abgelegt werden, weil sie auf sozialer Ebene echte Überlebensinformationen darstellen. Der Neuankömmling, der den Körper von einem Vorbesitzer übernimmt, erbt dieses in der GE gespeicherte Informationspaket als Teil des Handels. Der scheidende Vorbesitzer nimmt diese Daten (aufgezeichnet in seinem eigenen Verstand) selbstverständlich mit sich, weil sie ja Teil seiner persönlichen Zeitspur sind. Die GE bewahrt keine sozialen Überlebensdaten über den Tod hinaus auf, sondern löscht sie; langfristig speichert sie nur Daten von somatischer Bedeutung.
Aus diesem Grunde dauert es so viele Generationen von „Engrammlernen“, bevor eine Hunderasse sich ausdifferenziert. Die GE eines Hundes vermag innerhalb der Spanne eines Lebens vielleicht zu lernen, daß sie Enten zurückholen oder Schafe hüten soll, aber sie vergißt dies von einem Leben zum nächsten, da es ist nicht Teil des „Hundegrundprogrammes“ ist. Allerdings

sickert die Lektion nach vielen Hundegenerationen von Bestrafungen und Belohnungen im echten Stile Pawlows dann doch langsam ein.

KINDESENTWICKLUNG

Embryos sind voll bewußt in dem Sinne, daß die GE von dem Moment an gegenwärtig ist und aufzeichnet, wenn die Samenzelle in das Ei eindringt. Sollte zu einem so frühen Zeitpunkt ebenfalls ein Thetan anwesend sein, so hätte er seine eigene Bewußtheit, ganz separat von der der GE. Aus diesem Grunde ist es verständlich, daß Hubbard in seinem Buch „Dianetik" sich vehement gegen Abtreibung aussprach.
Seine Ansichten stehen in offensichtlichem Kontrast zu den profunden Einsichten moderner Wissenschaft, die uns lehren, daß der Fötus nichts weiter ist als eine Ansammlung sich vermehrender Zellen, aber keine Person. Damit sind wir kein Stück weiter als das Mittelalter, wo man sagte, daß die Seele nicht in den Körper eintritt, bevor der Körper nicht wenigstens 3 Monate alt ist (was es statthaft machte, Embryos bis zu diesem Alter umzubringen). Doch im Lichte unserer bisherigen Befunde betrachtet, scheint Abtreibung – ob sie nun vor Ablauf von 3 Monaten Schwangerschaft stattfindet oder danach – nicht so sehr eine simple Operation zu sein, um eine unerwünschte Wucherung in der Gebärmutter zu entfernen, sondern wäre eher mit Mord zu vergleichen. Bei allem Respekt vor den Rechten einer Frau, ihr eigenes Spiel zu spielen und ihre Freiheit zu genießen – aber was ist mit der GE und *ihrem* Spiel? Hier haben wir eine gewaltige Reibungsfläche; hier prallen die Intentionen von Geist und GE seit Urzeiten aufeinander. Beide verlangen ihr Recht, beide sind gezwungen, sich denselben Körper zu teilen, beide unfähig, ihn zu verlassen. Was für ein Planet!
Von der Kindheit bis ins hohe Alter steht der Mensch unter dem unerbittlichen Einfluß und den Ansprüchen der GE. Was hat er

am meisten im Sinn? Essen, Trinken, Sex, Körperpflege. Nicht zu warm, nicht zu kalt, Vorkehrungen gegen Krankheit und Vergreisung. Der Tod – ein Schreckensbild! Demgegenüber steht der Asket in seinem fortwährenden Kampf, die GE durch Selbstverleugnung zu unterdrücken, durch strengstes Fasten und unbedingte Keuschheit. Noch ein weiterer und sehr finsterer Ausdruck dieses Zusammenpralls zwischen Thetan und GE findet sich in den Gefangenenlagern aller Zeiten, wo der Folterer, im Wissen darum, daß dem Thetan nichts anderes übrigbleibt, als wieder in den Körper zurückzukehren, solange dieser noch nicht tot ist, die Geschlechtsorgane von Männern, Frauen und Kindern zu seinem Lieblingsziel macht. Was für ein Planet!

Kinder sind „wirkliche Menschen". Sie kommen nicht als „unbeschriebene Blätter" auf die Welt; sie haben schon zuvor gelebt. Und abgesehen davon, daß sie ein Schatzkästlein voller Fähigkeiten mitbringen, sind sie außerdem beladen mit einer ganzen Halde voll reaktiver Bank.

Um eine Analogie zu geben – stellen Sie sich vor, Ihr neugeborenes Baby wäre ein erwachsener Mann, der als Untermieter in Ihr Haus einzieht. Er wäre jemand, der auf die Erfahrungen eines langen Lebens zurückblicken kann (vergangene Leben), der behauptet, er bekomme häufige Telefonanrufe von seinen Freunden und Feinden (wegen noch intakter Bewußtheit von Gespenstern, Dämonen und körperlosen Thetans), was er aber nicht beweisen kann und daher häufig sehr irrational wirkt, und der recht unerwartete körperliche Bedürfnisse hat (auf Anweisung der GE hin). Stellen Sie sich nun vor, Sie würden diesem Mann dauernd mit folgenden und ähnlichen Sprüchen auf die Nerven fallen: „Also, daß du mir das ja nicht nochmal tust!", „Nimm die Hände da weg! Dafür sind wir doch bestimmt noch ein bißchen zu klein, nicht wahr?", „Das stellst du dir doch alles nur vor!", „Du kannst doch nicht schon wieder hungrig sein!" Wie glauben Sie, daß er sich fühlen wird?

Ein besonderes Phänomen, das aus dem Konflikt zwischen Thetan und GE erwächst, ist die Haßliebe zwischen Kindern und Eltern. Das Kind als Thetan interessiert sich für Spiele, Fairness und Gerechtigkeit; es flieht die ungerecht strafenden Eltern und scheut ihre Kritik, die ihm oft völlig willkürlich erscheint (und es in den meisten Fällen auch ist, falls sie nicht auf einsehbaren Regeln beruht). Die GE aber, die ja weiß, daß die Eltern die einzige Chance für das körperliche Überleben darstellen, zieht das Kind zu den Eltern hin. Und so kommt es, daß ein Kind, so sehr es seine Eltern auch auf intellektueller Ebene hassen mag, sie nichtsdestoweniger auf der instinktiven, animalischen Ebene der GE „liebt".
Beim Wachstum und der sozialen Entwicklung spielen die Datenbanken der GE eine gewaltige Rolle. Man darf annehmen, daß Lächeln, Weinen, Erröten usw. nicht etwa von den Genen, sondern von den GE-Grundprogrammen gesteuert werden. Und man beobachte Kinder während der Pubertät! Sie verwandeln sich von kleinen engelhaften Wesen zu traurigen, introvertierten Häufchen Elend, sobald die GE beginnt, ihre Fortpflanzungsprogramme zu zünden. Der Körper, dem Kind bis dahin ein nützliches Werkzeug, beginnt auf einmal, sich in unerwarteter Weise aufzuspielen, das Kind (als Thetan) weiß nicht, was geschieht – und introvertiert.
Das Verlangen, sich fortzupflanzen, ist eine doppelbödige Angelegenheit, denn es ruft vergangene Geschehnisse des *Nicht*-Überlebens in den GE-Banken wach, Erinnerungen an vergangene Tode. Das Kind wird todesorientiert und trägt sich möglicherweise mit Selbstmordgedanken; falls aber diese vergangenen Geschehnisse die Elemente von Grausamkeit, Sadismus und Quälerei enthalten sollten, wird ein Kind diese dadurch dramatisieren, daß es einem Frosch die Beine ausreißt oder sogar seine Spielgefährten verstümmelt und ermordet.
Dieses von der GE bestimmte Verhaltensmuster bleibt für den größten Teil des Erwachsenenlebens intakt – und zwar genauso lang, wie die sexuelle Potenz vorhält. Nur wenn der Sexualtrieb

nachläßt, ebben solche Dramatisierungen ab und machen der „Weisheit des Alters“ Platz.

PSYCHOSOMATIK

Um es kurz zusammenzufassen – nach Hubbard ist der Mensch ein interaktives System (ein „Universum“), das aus den folgenden Komponenten besteht: dem Statischen (der nichtmanifestierte Thetan) – dem Thetan (der als Mentalenergie, d.h. als Verstand, Ich-Bewußtsein oder Geist manifestierte Thetan) – Ridges und Entitäten (die reaktive Bank des Thetans) – der Genetischen Entität (und *ihrer* reaktiven Bank, d.h. den Engrammen) – dem fleischlichen Körper. Interaktion zwischen den Komponenten eines bestimmten Universums und zwischen verschiedenen unterschiedlichen Universen wird mit Hilfe von Thetaquanten (Aufmerksamkeitseinheiten) vollzogen. Die Aktion der Thetaquanten und das Verhalten des gesamten Universums hängt von Postulaten ab.

Mit Bezug auf Emotionen gesprochen, bedeutet dies, daß es sich hier um drei, einander überlappende Felder handelt, von denen jedes in seinem eigenen Rhythmus pulsiert; doch zusammengenommen gleichen sie sich auf der Ebene eines gemeinsamen Nenners aus und erscheinen als Schwingungsmischung, als Gesamtemotion. Es ist etwa so, als würde man eine Bühne mit einem farbigen Spotlight anstrahlen und zweite weitere Spotlights von anderer Farbe darüberblenden; das Resultat davon wäre Licht in einer Mischfarbe. Dieses Konglomerat von Schwingungen ist das, was wir als „Person“ betrachten. *„Wesen der Kategorie homo sapiens sind zusammengesetzte Wesen, die von einem Thetawesen, Entitäten, der GE und der Umgebung motiviert werden.“*[8]

Der zu psychosomatischen Erkrankungen führende Ablauf vollzieht sich etwa so: ein Thetan spielt ein Spiel und erleidet eine Niederlage; sein Körper wird verletzt. Der Thetan macht ein Gegenpostulat zu seinem anfänglichen Spielpostulat und konstruiert auf diese Weise eine GPM; er zeichnet das Geschehnis mitsamt Emotionen und Postulat als mentales Vorstellungsbild auf. Gleichzeitig macht die GE ihre eigene Aufzeichnung, wobei sie die Empfindungen und Schmerzen betont, die der Körper erlitt (Engramme). Ist das Geschehnis vorbei, so verschwinden beide Arten von geistigen Vorstellungsbildern mit der Zeit. Destimulation hat eingesetzt.

Wird das Gegenpostulat restimuliert, so wiedererschafft der Thetan die Mißemotionen des Geschehnisses aufs neue, baut Ladung auf und löst über verwandte Resonanzen ein Engramm in der GE-Bank aus. Dessen Dramatisierung legt den Körper lahm.

Kurz gesagt: Ein Thetan, der sich einer pessimistischen Lebenshaltung hingibt, wird gelegentlich oder chronisch die dazugehörigen Emotionen entwickeln; tut er dies lange genug und mit genügend Kraft (Amplitude), so finden diese emotionalen Schwingungen eine Brücke in die GE hinüber, restimulieren Engramme und damit unerwünschte Empfindungen und sogar körperliche Schmerzen. Formel: Einstellungen – Emotionen – Empfindungen – Schmerzen.

Zwischen den drei Komponenten, die ein Universum konstituieren, gibt es jede Menge von Interaktion und Kreuz- und Querrestimulation. Ein betrübter, sorgenvoller Thetan kann zum Beispiel direkt auf die GE einwirken, oder er weckt zunächst einmal eine Entität auf, die ihrerseits ein Engramm in der GE wachrüttelt. Andersherum ist es möglich, daß eine chronisch restimulierte Entität ihre Schwingungen und Postulate auf den Thetan abstrahlt, der sich diese zu eigen macht und an die GE abgibt. Der Zyklus mag genauso gut mit der GE beginnen; ausgelöst durch Umgebungsfaktoren (Gifte usw.), kann sie Engramme dramatisieren, die wiederum entweder den Thetan direkt berühren oder erst auf dem Umweg über eine Entität.

Jegliche Kombination ist möglich. Ich auditierte einmal einen Metzger, der vor 20 Jahren das erlitt, was man einen Nervenzusammenbruch nannte, und seitdem von psychiatrischen Medikamenten abhängig war, da er sich selbstmordgefährdet fühlte. Ich fragte ihn, wie sich ein „Nervenzusammenbruch“ denn genau anfühlte. Er sagte, daß er scharfe Schmerzen in der Stirn gehabt hätte, alles wäre um ihn herum schwarz geworden und er hätte gewußt, daß er jetzt sterben muß. Es war an einem Montagabend geschehen, nach mehreren Monaten extremer geschäftlicher Belastung. An jenem Montag hatte er sich überarbeitet und recht hoffnungslos gefühlt. Und wie an jedem Montagmorgen war er auch dieses Mal im Schlachthaus gewesen, um einige Tiere zu töten. Vieh tötete man mit einem Bolzen in die Stirn, Schweine mit am Kopf angesetzten elektrischen Klampen. Wie würden sich die GEs dieser Tiere da wohl fühlen? Kopfschmerz, Dunkelheit und die Gewißheit, daß sie jetzt sterben müssen. Dies sprang auf den emotionell geschwächten Metzger über, genauer auf seine GE, und führte zu einem „Nervenzusammenbruch mit nachfolgenden Suizidtendenzen“. Der Verlauf war von fremder GE zu eigener GE zu Thetan.

Die Interaktion zwischen den Universen von Individuen vermag noch bedeutend intensiver zu sein als bislang beschrieben; dies hängt davon ab, wieviele Leute an einem Geschehnis beteiligt sind. Erleiden eine Anzahl von Menschen alle gleichzeitig denselben Unfall, wie zum Beispiel bei einem Flugzeugabsturz, so wehren sie sich natürlich gegen dieses Geschehnis, indem sie eine ungeheure Menge von Aufmerksamkeit (Thetaenergie) zur Verteidigung dagegensetzen. Am Schluß haben sie „dasselbe“ Bild – was aber schon deswegen nicht ganz stimmt, weil jeder von ihnen einen unterschiedlichen Beobachtungsstandpunkt einnahm. Also gibt es einen Unterschied im *Ort*, wenn auch nicht in der *Zeit*. Rein praktisch gesehen, haben sie allerdings doch „dasselbe“ Bild, weil ihre Thetaquanten sich so miteinander vermischten, daß aus individuellen Thetans ein „Bündel“ von Thetans (cluster) wurde. Ab da stehen sie in zwanghafter telepathischer Verbindung miteinander. Wird einer von ihnen restimuliert, so teilt sich das den anderen mit – ganz gleich, wo auf der Welt sie sich befinden mögen und wieviel Zeit seit dem ursprünglichen Geschehnis verstrichen ist. Jeder Standpunkt ist jedem anderen Standpunkt gleich; alles von irgendeinem von ihnen Gedachte, Gefühlte oder Empfundene wird auch von jedem anderen gedacht, gefühlt und empfunden – Ergebnis: „Wir sind alle eins". Da dies eine *reaktive* Übereinkunft ist, wird sie von den beteiligten Personen natürlich nicht bemerkt und so leisten sie ihr unbewußt Folge. Sie stecken im Geschehnis fest und kleben deswegen aneinander.

Um ein Beispiel zu geben: Eine Frau klagte über Panik in geschlossenen Räumen und über die Unfähigkeit, schwanger zu werden. In Sitzung wurde ein Kriegsgeschehnis aus dem Jahre 1943 gefunden, als ihr Körper noch ein Embryo im achten Monat war. Ihre Mutter befand sich auf dem Weg zu einen Luftschutzbunker, da ein Luftangriff befürchtet wurde. Während sie noch die Straße entlanglief, fiel eine Bombe auf ein nahes Haus und exlodierte. Die Frau fiel auf die Knie und deckte ihren Kopf ab; als die Gefahr vorüber war, ging sie weiter. Das war alles. Doch nur scheinbar! „Unter der Oberfläche" hatte sich ein ungeheure Menge von Interaktion vollzogen. Wir durchliefen das Geschehnis von Anfang bis Ende unzählige Male, und jedesmal eröffneten sich neue Einblicke. Es dauerte gute 15 Stunden (auf zwei Tage verteilt); in Anbetracht dessen, daß dies die ersten Sitzungen dieser Frau waren, schlug sie sich ganz hervorragend.

Folgendes stellte sich heraus: Das Krachen und Splittern des berstenden Hauses a) erschreckte Mutter und Kind als Thetans; beide wünschten sich, sie wären woanders. Desgleichen wünschte b) die GE des Babys, daß der Körper möglichst gleich geboren werde, um sein Überleben zu sichern, wogegen sich c) die GE der Mutter stellte, da es noch nicht an der Zeit sei und daher dem Überleben förderlicher, drinnen zu bleiben. Wir haben es hier also mit Panik und der Ungewilltheit, ein Kind zu gebären zu tun; die Interaktion der genannten vier Standpunkte schien ausreichend, um die Beschwerden der Frau zu erklären und sie fühlte sich auch tatsächlich erleichtert. Die Auditierte war zu ihrer Mutter „geworden". Doch war dies bei weitem noch nicht alles! Verständlicherweise hatte die

Mutter ihre Aufmerksamkeit auf d) dem Vater, ihre Sehnsucht „flog hinüber“ zu ihm – Vater aber war gerade damit beschäftigt, Menschen aus den Trümmern eines völlig anderen Hauses in einem anderen Stadtteil zu retten und hatte Schreckensbilder davon, daß seiner Familie ähnliches zustoßen könnte. Da der Standpunkt des Vaters auf dem Umweg über die Mutter verfügbar war, ließ sich dies auflösen; die Auditierte, die seitdem zu ihrem Vater „geworden“ war, konnte sich von dessen Standpunkt lösen. Es kommt noch mehr: Als die Bombe hochging, e) tötete und verletze sie eine Anzahl von Menschen und f) unterbrach eine Hochzeitsgesellschaft. Alle diese Standpunkte mußten in Betracht gezogen werden. Man konnte sie über den Standpunkt der Mutter „ablesen“, denn da sie ja ohne Wissen und Wollen Aufmerksamkeit zu dem Geschehnis hinverströmt hatte, waren ihre Thetaquanten mit denen der anderen Leute verklebt. Ein geteiltes Postulat, „Das geht zu schnell!“, wurde gefunden (abgesehen von den persönlichen der Auditierten und ihrer Mutter), was ein weiteres Licht auf die Neigung der Auditierten zur Panik warf. Sie war effektiv all diese Standpunkte „geworden“. Um mit noch einem weiteren Standpunkt fortzufahren, g): Der Bomberpilot wurde von Fliegerabwehrkanonen beschossen, er klinkte die Bombe aus, sein Flugzeug wurde getroffen, er sprang heraus und wurde noch in der Luft getötet. Auch seine Aufmerksamkeit hatte auf dem Haus, das ja sein Ziel war, gelegen. Darüber hinaus bemerkte die Auditierte h) verschiedene körperlose Wesen, schwarze und weiße, mit üblen und guten Absichten, die an diesem Krieg im allgemeinen Sinne und von einer anderen Operationsebene aus teilnahmen; sie sah sich selbst in diesem Aspekt des Kampfes engagiert und erkannte, daß sie i) einen Standpunkt „dort oben“ wie auch „hier unten“ hatte. Sie begriff plötzlich, daß dies ihr erster Besuch auf der Erde war und sie sich auf einem „Spezialeinsatz“ befand. (Wir werden in späteren Kapiteln noch mehr von so etwas hören.)

Um auf den Ausgangspunkt zurückzukommen: die Auditierte fuhr seitdem fort, *alle* diese Standpunkte gleichzeitig einzunehmen! In gewissem Maße war sie zusammen mit den anderen zu einem „Bündel" (cluster) geworden, weil sie im Moment des Angriffs blitzartig einen Eindruck der fremden Standpunkte mitbekommen und zudem für sich selbst erschaffen hatte. Und so erhielt sie ein Theta-Verbindungsstück zu den anderen Standpunkten im Geschehnis aufrecht.

Die „Kommandolinie" innerhalb eines bestimmten „Universums" verläuft von Thetan zu GE. Der Thetan als Initiator ist letztlich verantwortlich für den Zustand seines Universums, ein Zustand, der gewöhnlich von „aufgeheizten" Entitäten und einer Engramme dramatisierenden GE gekennzeichnet ist. Der Körper läßt sich daher als das „Spielfeld" der drei beteiligten Parteien (Thetan, Entitäten, GE) betrachten.
Solange der Thetan die Nerven behält, geht alles glatt. Diese Überlegenheit des Thetans über die GE drückt sich in Axiom 55 aus: *„Erschaffen, Überleben, Zerstören, der von der GE akzeptierte Aktionszyklus, ist lediglich eine bestimmte Betrachtungsweise, die dadurch geändert werden kann, daß der Thetan eine neue Betrachtungsweise oder einen unterschiedlichen Aktionszyklus aufstellt."* Auf gewisse Weise erinnert die Beziehung zwischen den beiden an die eines Reiters zu seinem Pferd. Das Pferd wird vor bestimmten Hürden zurückscheuen, und besonders die Schlachtrosse aus alten Zeiten mögen sich vor dem Blut gegraust haben, das sie durchwaten mußten, vor den Schreien, die in ihren Ohren gellten, vor den die Luft durchwabernden Todesschwingungen – doch der Reiter brachte es fertig, das Pferd ganz gegen seine eigene Natur unter engster Kontrolle zu halten und mit ihm zu arbeiten. Ohne solche Kontrolle könnte man nichts unternehmen, ohne dabei eine Heidenangst zu haben, schon gar nicht solche Dinge wie das Besteigen eisiger Bergspitzen oder das Abspringen aus Flugzeugen per Fallschirm – vom Standpunkt der GE absolut grauenhafte Vorstellungen.

Hubbards Modell des Geistes ist durchaus keine Novität. Ähnliche Modelle haben schon existiert, solange der Mensch auf

Erden ist – vermutlich deswegen, weil sich kaum etwas anderes finden läßt, als das, was eben jeder erkennen muß, wenn er nur lange genug in seine innere Welt hineingeschaut hat.
Ebenso lange versuchte der Mensch, Methoden zu entwickeln, um Lebenskraft zu kontrollieren, die Spannung zwischen den einander bekriegenden Parteien (Thetan, Entitäten, GE) in positive, harmonische Resonanz, friedliche Koexistenz und gegenseitige Affinität zu verwandeln, und auf diese Weise eine „mens sana in corpore sano" zu erhalten, einen gesunden Geist in einem gesunden Körper.
Die „offiziellen" Wissenschaften und Religionen scherten sich nie besonders um konkurrierende Methoden und waren weit entfernt davon, sie zu akzeptieren; teilweise aus diesem Grunde und vermutlich deswegen, weil es bestimmter metaphysischer Initiationen bedurfte, war die Konkurrenz gezwungen, „okkult" (verborgen) zu bleiben.
Doch sind die geistigen Leistungen von Yogis, Lamas, Schamanen und Heilern rund um die Welt viel zu gut dokumentiert, als daß sie sich leugnen ließen. Das gleiche gilt für die Arbeit einiger westlicher Ärzte, Biologen und Physiker. Wie es scheint, gibt es eine Weisheit, an der alle Kulturen auf diesem Planeten durch alle Epochen hindurch Anteil hatten, eine Weisheit, die zu praktischen Resultaten führt, ganz gleich welche terminologischen Differenzen möglicherweise zwischen den verschiedenen Geistesschulen bestehen mögen, die diese Weisheit repräsentieren. Und da die Scientologie sich damit befaßt, den Geist zur Vernunft und den Körper zur Gesundheit zu führen, und von Reinkarnation, Erlebnissen außerhalb des Körpers und der Unsterblichkeit der Seele weiß, sitzt sie offensichtlich mit diesen anderen Schulen im selben Boot.

PRANA

Lassen Sie uns unsere esoterische Weltreise in Indien beginnen. Dort wurde religiöses und medizinisches Wissen schon seit fünf- oder gar zehntausend Jahren von Mund zu Mund weitergegeben; die Quelle dieses Wissens sind die Veden, eine Sammlung von Einblicken und Visionen, die Sehern oder „Rishis" zuteil wurden. Sie sprachen Sanskrit, eine hochentwickelte und noch heute im religiösen Bereich benutzte Sprache mit hochdifferenzierten Ausdrucksmöglichkeiten für eine gewaltige Bandbreite von psychischen Phänomenen, weit über das Vokabular der gegenwärtigen europäischen Sprachen hinaus.
Das Sanskritwort für Lebenskraft ist „Prana". Dieser Ausdruck, zusammen mit einer vollständigen spirituellen Technologie, wurde 1920 auf populärer Ebene von dem Yogi Paramhansa Yogananda im Westen bekannt gemacht. Yogananda lehrte Kriya-Yoga, eine mit Atemübungen (Pranayama) gekoppelte Meditationsform, die die Kontrolle der durch den Körper strömenden Lebenskraft (Prana) ermöglicht. Atemkontrolle wird hier mit Kontrolle von Lebenskraft gleichgesetzt. Mit dieser Methode erkennt der Yogi, daß er ein unsterbliches geistiges Wesen ist, und erlangt nicht nur die Macht, den Körper gesund zu erhalten, sondern sogar, ihn unsterblich werden zu lassen. Z.B. sagte Lahiri Mahasaya, Yoganandas Lehrer, im Jahre 1895 den Tag voraus, an dem er sterben werde, nahm von seinen Freunden Abschied und – in einer Yogaposition sitzend – verstarb. Nach seinem Tode zeigte sein Körper für mehrere Monate kein Zeichen von Verwesung. Während sein fleischlicher Körper noch aufgebahrt lag, erstand der Meister wieder auf und zeigte sich vielen seiner Jünger in einem Astralkörper.
Dieselbe Demonstration von GE-Kontrolle wurde auch von Yoganandas Lehrer, Sri Yukteswar, gegeben. Auch er sagte seinen Todestag voraus, hielt seinen Körper von Verwesung frei und erstand auf, um seine untröstlichen Schüler zu beruhigen. Yogananda selbst vollbrachte die gleiche Leistung, mit der Aus-

nahme, daß er nicht auferstand [6]. Nicht, daß Indien der einzige Ort für solche Vorkommnisse wäre! Wenn wir für einen Moment nach Europa zurückblicken, so finden wir dort Theresa von Avila, eine Heilige, die 1582 verstarb und deren Körper angeblich bis heute unverwest geblieben ist.

Ein anderer weithin bekannter Lehrer in Sachen Selbsterkenntnis und Steuerung von Lebenskraft ist Maharishi Mahesh Yogi, der 1958 die Transzendentale Meditation („TM") im Westen einführte. In seinem System wird „Streß" als die Hauptbürde betrachtet, die den Menschen niederdrückt und seinen Körper vergiftet. Mantra-Meditation dient dazu, Streß zu reduzieren. Während einer Initationszeremonie wird dem Neuling von seinem Lehrer ein Mantra gegeben. Ab dann sitzt er täglich eine halbe Stunde schweigend da und besinnt sich auf sein Mantra. Im Prinzip wird nichts weiter verlangt. Auf diese Weise setzt ein geistiger Reinigungsprozeß ein.

Ein Mantra ist eine auf das Schwingungsfeld einer Person abgestimmte Silbenreihe. Wiederholt man sie während der Meditation, so hallt sie von den tiefsten Tiefen des Wesens bis zu seinen subtilsten Höhen hinauf. Alle Mantras stehen mit dem Kernmantra „Om" in Resonanz. Von Om wiederum nimmt man an, daß es die Schwingung der das gesamte Universum durchdringenden Lebenskraft sei. Wählt der TM-Lehrer das Mantra korrekt aus, so müßte man sich demnach früher oder später mit allen Phänomenen der geistigen und weltlichen Universen in Harmonie befinden. (Im Sinne von Hubbards Modell gesprochen, wären die allgegenwärtigen Thetaquanten die Grundlage für diese universelle Lebenskraft, das Prana, und bildeten das Übertragungsmedium für die Fortpflanzung telepathischer Wellen.)

Die eigentliche Technik der Transzendentalen Meditation ließe sich vielleicht mit einer Kerze vergleichen, die in einem dunklen Raum brennt. Die Kerze ist das Mantra, der dunkle Raum ist der Geist. Am Rande des von der Kerze ausgeleuchteten Raumes wabern dunkle, üble Dämpfe umher. Sobald sie in den hellen Raum des Kerzenlichtes eindringen, werden sie verbrannt, und der helle Raum weitet sich aus. Weitere Dämpfe werden von dem Mantra „angesogen“ und ausgeräuchert, weitere und weitere, und fortwährend expandiert der helle Raum. Wegen dieser Wirkungsweise geht die Sage, es hätte in einem Umkreis von drei Kilometern um die Meditationsstätte von Maharishis eigenem Guru herum Friede zwischen den Vögeln und Tieren des Waldes geherrscht.

CHAKREN

Nicht nur in den Meditationsdisziplinen des Hinduismus und Buddhismus, sondern in praktisch allen Selbsterfahrungs-Schulen rund um die Welt fand man, daß die Genetische Entität nicht einfach ein unstrukturiertes, homogenes Energiefeld, sondern in ihrem Inneren gegliedert ist. Diese Gliederung wurde im Westen unter dem Sanskritnamen „Chakren“ bekannt. Chakra bedeutet „Rad“. Entlang eines zentralen Kanals („Sushumna“) zwischen Dammbereich (wo die Innenseiten der Schenkel am Rumpf zusammentreffen) und Scheitel lassen sich sieben Energieräder erfahren; sie existieren nicht im physischen sondern im „astralen“ Körper und können somit nicht mit chirurgischen Mitteln aufgespürt werden. Allerdings gibt es deutliche körperliche Parallelen zu den Chakren. Zum Beispiel verwirbelt oder „verknotet“ sich der Energiefluß im Rückgrat auf mechanische Weise genau an den Stellen, wo die Chakren sitzen, was sich in schlechter Körperhaltung ausdrückt und auf ein Ungleichgewicht in den Chakren hinweist. Dies eröffnet Körperbehandlungs-Therapeuten (wie im Shiatsu) einen Zugang zur Wiederherstellung körperlichen Wohlbefindens auf dem Wege mechanischer Beeinflussung (Massage usw.).
Von jedem Chakra zweigen eine Anzahl von Kanälen („Nadis“) ab; in ihnen fließt Prana und versorgt die körperlichen Organe mit Lebensenergie. Jedes einzelne Chakra reagiert auf eine bestimmte Schwingung, die durch spezifische Mantren hervorgerufen oder verstärkt werden kann; mit einer Menge Übung und Geschick er-

wirbt ein Yogi auf diese Weise paranormale Fähigkeiten („Siddhis"). Auch erscheint jedes Chakra in unterschiedlicher Färbung, doch gibt es anscheinend keine eindeutige Übereinkunft diesbezüglich. Einige Quellen sagen, die Farbsequenz der Chakren folge dem Regenbogen (unterstes Chakra rot, oberstes purpurfarben), andere machen davon abweichende Angaben.

Thetans, die zwischen sich selbst und ihrer Genetischen Entität nicht unterscheiden, laufen Gefahr, sich mit bestimmten Chakren und den darin enthaltenen Anweisungen (Postulaten) zu identifizieren. Dies zeigt sich z.B. darin, daß die meisten Menschen unwillkürlich auf ihr Herz zeigen, wenn sie auf sich selbst Bezug nehmen (wobei das Herzchakra als Sitz der Emotionen betrachtet wird). Andere, die den Anweisungen z.B. der unteren beiden Chakren Folge leisten, erleben die Welt ausschließlich als ein Spielfeld für Sex-Spiele und sammeln pornographische Literatur bzw. stellen diese her. Wiederum andere sind vielleicht so in ihr „intellektuelles" 6. Chakra auf der Stirn introvertiert, daß sie den Kontakt mit Körper, Sexualtrieb und Emotionen fast vollständig verloren haben. Und so weiter. Eine komplette Charakterologie wie auch eine Kategorisierung psychosomatischer Beschwerden gehen mit diesen Chakren einher, insbesondere, wenn sie sich in unausgewogenem Zustand befinden.

Vom 1. Chakra (Dammbereich) sagt man, es enthalte „Kundalini", ein gewaltiges Reservoir von Lebenskraft, das, so es wachgerufen wird, allmählich von Chakra zu Chakra aufsteigt und dabei die den Chakren entsprechenden geistigen Kräfte (Siddhis) erweckt oder steigert. Ist es dem Meditierer gelungen, nach Reinigung aller dazwischen liegenden Chakren das 1. mit dem 7. Chakra „kurzzuschließen", so entfaltet Kundalini ihre volle Kraft und ruft Empfindungen wach wie himmlisches Entzücken, Lichtwellen wie von Millionen Sonnen und das Gefühl, noch Jenseits des Jenseits zu stehen. Alle bewußten Gedanken sind in diesem Zustand wie weggewischt; es entzieht sich jeder Beschreibung.

Da das 7. Chakra sich *oberhalb* des Kopfes und damit außerhalb des Körpers befindet, handelt es sich bei solchen Zuständen um eine „Ekstase“, also (wörtlich übersetzt) um einen „Zustand außerhalb“. Da von diesem Chakra nicht nur eine begrenzte Anzahl, sondern „unzählige“ Nadis abzweigen, fühlt sich die meditierende Person mit „allem Leben“, „dem gesamten Universum“ oder „Gott“ verbunden. Dieses Erlebnis wird von manchen als Erleuchtung („Samadhi“) betrachtet.

Der freie Strom von Kundalini – oder allgemein gesprochen, der von Prana – wird durch Verunreinigung der Chakren aufgehalten, der von Streß stammt, also „altem“ Karma, unaufgelösten Geschehnissen der Vergangenheit. Da wundert es wenig, wenn Leute, die Kundalini-Yoga praktizieren, sich von grauslichen Bildern und zerstörerischen Gegenpostulaten überschwemmt fühlen – immer dann, wenn ihre Meditation solche alten Engramme öffnet.

In scientologischer Ausdrucksweise würde man sagen, daß jedes Chakra bestimmte Aspekte des GE-Zentralspeichers repräsentiert, der ja *nicht* die Bank des Thetans ist, sondern das „kollektive phylogenetische Unbewußte“ darstellt, das Millionen von körperlichen Leben zurückreicht. Ist diese Bank erst einmal dadurch „entflammt“, das Kundalini bestimmte Chakren berührt hat, so kann es geschehen, daß beträchtliche Depressionen, Zwangsvorstellungen und Ängste hervorsprudeln und gelegentlich in dem unvorbereiteten Meditierer bleibende Schäden hinterlassen, weswegen Kundalini-Yoga als recht gefahrvolle Disziplin angesehen wird. (Es hat sich übrigens herausgestellt, daß die unangenehmen Nachwirkungen von Kundalini-Yoga durch Auditieren beseitigt werden können.)

CH’I

Setzen wir unsere Reise weiter nach Osten fort, nach China und Japan, so treffen wir auf Disziplinen wie T’ai-Chi-Ch’uan, Reiki, Aikido und Shiatsu, die sich alle einer Energie namens „Ch’i“ bedienen. Von Ch’i (ähnlich wie von Prana) stellt man sich vor, daß es das ganze Universum wie auch den eigenen Körper durchdringt. Das „Ur-Ch'i" (T'ai-Chi oder auch Tao) ist reine Einheit (oder vielleicht „Einfalt"); wird es jedoch aktiv, so manifestiert es sich in den gegensätzlichen Prinzipien Yin und Yang, in Dualität und Aktivität.

Wem es gelingt, sich auf das Ch'i einzustimmen und seine zwei dynamischen Aspekte Yin und Yang miteinander zu harmonisieren, erfreut sich guter Gesundheit, eines langen Lebens, körperlicher Kraft und sogar paranormaler Fähigkeiten. Einem Yogi ähnlich, badet er genüßlich in eiskaltem Wasser und marschiert mit ebensolchem Behagen über glühendrote vulkanische Lava. In einer gesunden Person bewegt sich das Ch'i als ausgeglichene Strömung durch den Körper, im Krankheitsfalle ist diese Balance gestört.

Auch östliche Kampftechniken wie Judo, Karate und Kung-Fu stützen sich auf das Ch'i. Der Kämpfer bezieht seine Kraft aus dem Bereich um den Solarplexus herum, der eine Art „Ch'i-Tank" darstellt. Über diesen Körperbereich – in Indien würde man sagen, das 3. Chakra – läßt sich Ch'i am besten aktivieren und nutzen, das den Kosmos durchströmende und über das 7. Chakra einfließende, allgegenwärtige Ch'i.

In der mittlerweile im Westen recht gut eingeführten Akupunktur betrachtet man den Zustand des Körpers als Resultat der Einwirkung von harmonischen oder disharmonischen Energien, die ihn entlang bestimmter „Meridiane" durchfließen. Indem der Akupunkteur an den Knotenpunkten solcher Meridiane Nadeln einsticht, wird der Strom von Ch'i gefördert, behindert oder umgelenkt. (Diese Meridiane sind wiederum nichts anderes als die pranatragenden Nadis der Yogis.)

Menschen, die sich erst einmal des Ch'i bewußt geworden sind und es für sich selbst zu nutzen gelernt haben, tun oft den nächsten Schritt und geben es an andere weiter, um sie zu heilen. Und genauso wie ein Auditor mehr „freies" Theta zur Verfügung haben muß als der Auditierte, dessen Theta ja zum Teil in seiner reaktiven Bank eingeschlossen ist, kann ein Ch'i-Heiler nur dann erfolgreich arbeiten, wenn er mehr Ch'i geben kann, als die Krankheit des Patienten aufzusaugen vermag. Er pumpt buchstäblich Ch'i in eine kranke Person hinein. Dies ist ein bemerkenswerter Vorgang. In einer Fernsehsendung wurde dokumentiert, wie ein chinesischer Heiler einer schon seit 15 Jahren bettlägerigen Frau innerhalb einer halben Stunde dazu verhalf, laufen zu können, was kein konventioneller Arzt jemals fertiggebracht hatte. Dieser Heiler verfügte offensichtlich über eine große Menge freien Thetas (oder freien Ch'is, wie er selbst wahrscheinlich sagen würde). Ein anderer demonstrierte auf höchst überzeugende Weise, daß die Kontrolle von Ch'i einen in die Lage versetzt, die Energien des physikalischen Universums zu beherrschen, indem er Kupferkabel mit einer Spannung von 440 Volt in den bloßen Händen hielt und lange Funken zwischen ihnen hin und her fliegen ließ, ohne sich dabei im geringsten zu verletzen.

Wenn Heiler und Schamanen in ihrer praktischen Arbeit die blockierten Lebensenergien von Patienten wieder zum Fließen bringen, ist es nicht ungewöhnlich, daß Geschehnisse angepeilt und entladen werden, die gewaltige Mengen aufgestauten Grams enthalten. Das Freisetzen unterdrückter Energie geht natürlicherweise parallel mit einem Freisetzen von unterdrückter Emotion, und oft genug verwandelt sich eine Ch'i-Sitzung in eine Therapiesitzung, bei der der Patient dem Therapeuten über seine Kindheit, seine Geburt oder gar vorgeburtliche Engramme erzählt – eben das, was in der Bank der Genetischen Entität so enthalten zu sein pflegt. Offenbar steht auch das Ch'i mit dem GE-Zentralspeicher in Verbindung. All dies verweist darauf, daß sich die Ausdrücke „Ch'i", „Prana" und die Thetakraft der GE auf die gleiche Form von spezialisierter Mentalenergie beziehen müssen.

KAHUNA

Gehen wir auf unserer esoterischen Wanderung noch weiter nach Osten, so gelangen wir nach Hawaii und entdecken dort Kahuna, eine Form des Schamanismus. Wer Kahuna praktiziert, ist ein

„Huna"; und Hunas sind bekannt dafür, das sie die Toten zum Leben erwecken, die Erscheinungen von Königen und Heiligen der Vergangenheit heraufbeschwören und diese, für jedermann zu sehen, in Prozessionen durch die Stadt leiten. Mit Hilfe von Telepathie können sie auf große Distanz sowohl heilen wie auch töten. (Vielleicht sollte man vorsichtshalber hinzufügen, daß sie dies alles in ihrer Vergangenheit einmal tun *konnten*, bevor das Praktizieren von Kahuna von den US-Behörden verboten wurde. Einigen Hunas scheint es allerdings gelungen zu sein, ihre Tradition aufrechtzuerhalten [9, 76, 77].)
Es lohnt sich für unsere Zwecke auf jeden Fall, einige Minuten auf das Studium dieses sehr klaren und wissenschaftlichen Systems zu verwenden, das auf fast unheimliche Weise dem Mentalmodell Hubbards entspricht. Im Kahuna betrachtet man den Menschen als zusammengesetzt aus drei „Selbsten". Das niedere Selbst kümmert sich um den Körper; es ist der Verstand einer Kuh oder eines Hundes. Das mittlere Selbst könnte man als den „bewußten Menschen" bezeichnen. Das höhere Selbst ist so etwas wie der allwissende „Schutzengel" der beiden untergeordneten Selbste. Die Interaktion dieser drei ermöglicht Leben.
Die drei Selbste kommunizieren miteinander und mit anderen Leuten über eine feine Substanz, den „Schattenstoff" oder „Mana". Da Mana jedes der drei Selbste umspült und durchdringt, werden auf diese Weise drei „Schattenkörper" gebildet. Der Schattenkörper des niederen Selbst durchdringt den gesamten stofflichen Körper. Es enthält die Vorstellung eines Idealzustandes für alle Organe, für jedes Gewebeteil und jede einzelne Zelle. Die kombinierten Schattenkörper des niederen und mittleren Selbst bilden das bioelektrische Feld um den Körper herum, die Aura.
Da das niedere und das mittlere Selbst das „Tagesgeschäft" im Leben einer Person erledigen, ist der Informationsaustausch zwischen ihnen (auf der Grundlage von Mana) recht häufig und intensiv. Das obere Selbst ist im Kontrast dazu ein Überwacher und Berater, an den sich das mittlere Selbst in Zeiten der Not mit

Gebeten oder in Meditationen wendet. Die Antwort stellt sich in Form von Einsichten, Visionen und Inspirationen ein.

Fünf Parallelen zur Scientologie sind offensichtlich: Erstens wird der Mensch als ein Thetan betrachtet, der an einen Körper gebunden und mit dem Spiel des Lebens identifiziert ist (mittleres Selbst), statt mit seinem eigenen unendlichen oder statischen Aspekt (höheres Selbst). In beiden Denkgebäuden stellt man sich vor, daß die GE (niederes Selbst) die Blaupausen eines idealen Körpers enthält und den existierenden Körper entsprechend „verwaltet".

Zweitens zeichnet das niedere Selbst unabläßlich sämtliche Eindrücke auf, ohne dabei je eine Auswahl zu treffen – genau, wie es die GE auch tut. Dem mittleren Selbst (Thetan) – der Willenskraft, des logischen Denkens und der Vernunft fähig – werden diese aufgespeicherten Bilder zugeführt. Denkt das mittlere Selbst auf der Grundlage der von der Ebene darunter erhaltenen, möglicherweise falschen Daten (Engrammdaten) „vernünftig", so wird es natürlich zu aberrierten Schlußfolgerungen kommen.

Drittens bittet das mittlere Selbst das höhere Selbst (den Statischen) um Rat, wenn das Leben rauh wird, wobei sich die Kommunikation zwischen den beiden Selbsten über Schattenstoff (Mana, Thetaquanten) und Postulate vollzieht.

Viertens ist Mana nicht nur der Informationsträger zwischen den eigenen drei Selbsten und denen anderer, sondern klebt auch an allem, auf das man seine Aufmerksamkeit jemals richtete. So gesehen, scheint der Mensch (mittleres Selbst) in einem Netz von dünnen unsichtbaren Linien zu hängen, das ihn mit den Dingen, Ereignissen und Personen seiner Vergangenheit, Gegenwart und Zukunft verbindet.

Fünftens stehen nicht nur die mittleren, sondern auch die höheren Selbste aller Menschen aufs engste miteinander in Verbindung. Sie „überlappen als Unendlichkeiten", wie wir es schon einmal von Thetans sagten. Jeder, obwohl ein Individuum, ist mit dem Rest der Welt durch Schattenstoff (Mana) verwoben und gleichzeitig, oberhalb der Ebene von Mana (auf dem Niveau von Postulaten), mit allen anderen unendlichen Wesen.

Nach Auffassung der Hunas vollzieht sich Heilung dadurch, daß man das niedere Selbst anspricht und gleichzeitig die Kräfte des höheren Selbst anzapft. Lebensenergie wird so vom höheren Selbst ausgeschüttet und vom niederen Selbst verwendet. Z.B. bringt es ein Huna-Heiler fertig, einen gebrochenen Knöchel innerhalb von Sekunden (!) zu heilen, indem er das niedere Selbst (die GE) an die in ihm eingebettete Idealvorstellung erinnert und es so aus der Übereinstimmung mit dem Engramm herauslöst, in die es introvertiert war. Auffällig dabei ist, daß das mittlere Selbst total übergangen wird. Heilung findet dadurch statt, das man den Thetan aus dem Spiel läßt. Er macht sich zuviele Gedanken, wird zu aufgeregt und stört damit den Heilungsprozeß. Das niedere Selbst (GE) weiß ohnehin gut genug, was zu tun ist; es braucht lediglich die Unterstützung von Seiten des höheren Selbst. Das Denk-Denk-Denk des mittleren Selbst ist einfach nur im Weg.

Auf diese Beobachtung scheinen sich Heilungsverfahren ganz allgemein zu stützen, also nicht nur die, auf die wir bisher hingewiesen haben, sondern im Grunde alle medizinische Hilfe. Man sagt dem Patienten: „Das wird schon wieder in Ordnung, machen Sie sich keine Sorgen. Nehmen Sie einfach diese Medizin und geben Sie Ihrem Körper viel Ruhe.“ Man möchte den Thetan aus dem Weg haben, sodaß die GE ihre Arbeit tun kann. Die verabreichte Medizin hat im Grunde nur sehr wenig damit zu tun, Hauptsache, der Thetan vertraut „seinem Doktor“. Gefärbtes Wasser wirkt in vielen Fällen wahre Wunder – besonders, wenn es ekelhaft schmeckt! Dies ist der bekannte „Placebo-Effekt“, ein anerkanntes Behandlungsmittel.

Im Grunde haben wir es hier mit Hypnose zu tun. Die GE wird freigestellt, ihre Arbeit zu tun, sobald die Aufmerksamkeit des Thetans anderswo fixiert ist. Diese Fixation von Aufmerksamkeit, das Resultat der Hypnose, heißt „Trance“. Sobald eine Trance erreicht ist, kann die GE von dem Heiler direkt angesprochen werden. Man kann z.B. eine Münze auf jemandes Hand legen, den Thetan hypnotisieren und seiner GE sagen, daß diese Münze glühend heiß sei – und seine Hand wird eine Brandblasen entwickeln. Umgekehrt kann man sie mit der gleichen Methode zum Verschwinden bringen. Einige westliche Hypnotherapeuten (besonders die der Milton-Erickson-Schule) verwenden diese Methode in Krankenhäusern, um die Leiden stark mit Schmerzen befallener Patienten zu lindern. Manchen gelingt es sogar, ihre Patienten lediglich unter Zuhilfenahme von Hypnose und ohne jede Anästhesie chirurgisch operieren zu lassen.

Über die reine Heilung hinaus lassen sich noch ganz andere Dinge erreichen, vorausgesetzt, daß weder Aberrationen von Thetan noch GE wirksam werden – wie etwa, daß man über glühende Kohle läuft, sich Nadeln quer durch die Backen schiebt, sich im Zustand religiöser Ekstase kreuzigen läßt, usw. Geraten Thetan oder GE hier in Sorge, so werden Engramme ausgelöst und Schmerzen, psychosomatische Krankheiten und der Tod sind die Folge.

Abgesehen von der Hypnose gibt es noch weitere Mittel, dem Thetan zu einer sorglosen Stimmung zu verhelfen, wie etwa Drogen, Alkohol, starke pharmazeutische Medikamente und die Narkose. In der GE werden dadurch alte Vergiftungsengramme und somit vergangene Tode restimuliert, der Thetan bekommt dies mit und exteriorisiert, d.h. er schiebt es auf die GE ab, alles in Ordnung zu bringen – was dieser natürlich nicht gerade gefällt. Dessenungeachtet funktioniert diese Vorgehensweise aber so gut, daß der Thetan Vergnügen daran findet und freiwillig Alkohol und Drogen nimmt, um den Klauen der GE zumindest zeitweise zu entkommen; allerdings hat dies die unangenehme Nebenwirkung, daß der Thetan ganz gewaltig in seine Bank hineinkracht, wenn die Wirkung der Droge erst einmal nachläßt. Er muß von seiner wunderschönen, sorglosen, exterioren Position zurückkommen, nur um einen Körper zu betreten, der die Empfindungen und Schmerzen vieler vergangener Tode dramatisiert. (Dies pflegt man einen „Kater“ zu nennen, oder einen „cold turkey“, je nach Droge.)

Exzessiver Drogenkonsum vermag das feine Zusammenspiel zwischen Thetan, Entitäten und GE in einem solchen Ausmaß durcheinanderzubringen, daß deren individuelle Kraftfelder momentan zusammenbrechen, was zu einer gigantischen Super-Restimulation in Verbindung mit Bewußtlosigkeit führt, den Thetan seinen verschiedenen Banken im vollem Maßen ausliefert und ihn dem Wahnsinn nahebringt. Womöglich kommt hier jede Hilfe zu spät.

OKKULTISMUS IN EUROPA

Setzen wir unsere „magical mystery tour" weiter nach Osten fort, so gelangen wir zu den Vereinigten Staaten und sind damit – wobei wir allerdings unverzeihlicherweise die gewaltige Volksweisheit der amerikanischen Indianer aussparen – wieder zurück in der europäischen Tradition. Hier finden wir zwei Zweige außerhalb der „regulären" Religion und Wissenschaft, nämlich den Okkultismus und die Randgebiete der Medizin. Beide befassen sich mit dem Spannungsfeld zwischen Geist und Seele.
„Okkult", lateinisch, bedeutet „verborgen". Der Ausdruck bezieht sich auf verborgenes Wissen, das einem nicht beim ersten Blick ins Auge fällt, auf ein Wissen der „astralen" und weniger der materiellen Welten. Im 19. Jahrhundert wurde der Okkultismus in einigen Kreisen der Gesellschaft sehr modern. Bekannte Namen sind hier Helena Blavatski (1831–1891), die Begründerin der Theosophie, und Rudolf Steiner (1861–1925), der die Anthroposophie entwickelte. Beide ließen sich von vedischen Quellen inspirieren und benutzten häufig die Terminologie des Sanskrit. Im Gegensatz dazu zog der Kabbalist Franz Bardon (1909-1958) die Umgangssprache vor; er führte die auf Hermes Trismegistos zurückgehende, ägyptische Überlieferung der Hermetik weiter. Man sagt von ihm, er sei eine Reinkarnation des Hermes Trismegistos (was so viel heißt wie „der dreifache Meister der Magie").

Die genannten drei Personen wären als „Weißmagier" zu bezeichnen, die hilfreiche „Elemental-Entitäten" zu evozieren verstehen und schwarze, zerstörerische, von Schwarzmagiern erschaffene Entitäten im Zaum halten. Ein berüchtigter Repräsentant der letzteren Kategorie ist Aleister Crowley (1875–1947) vom Ordo Templis Orientalis (O.T.O.), der unter Zuhilfenahme von Heroin Schwarzmagie mit Blut- und Sexritualen kombinierte.

Wohingegen Blavatski und Steiner okkulte Weisheit studierten und Visionen astraler Mysterien hatten, aber nur am Rande mit eigentlich okkulten Kräften (Siddhis) ausgestattet waren, war Bardon ein Meister seiner Zunft, ein berühmter Bühnenmagier, der in Dresden vor vollen Sälen zu gastieren pflegte – wobei seine Magie nicht auf Tricks beruhte, sondern echt war. Er las den Leuten ihre Lebensgeschichte und Zukunft bis aufs Kleinste vom Gesicht ab, als stünde sie dort geschrieben; mit nicht mehr als einem kurzen Blick diagnostizierte und heilte er Krankheiten (manchmal unverzüglich, wie die Hunas); er wußte die telepathischen Kommunikationsmöglichkeiten der Chakren sowohl zur Verteidigung wie auch zum Angriff zu nutzen; und er beschwor Naturgeister („Elementale"), um Regenwolken oder Sonnenschein herbeizuzaubern [10].

Berücksichtigt man die stellenweise unterschiedliche Terminologie, so lassen sich die psychologischen Modelle von Blavatski und Steiner im großen und ganzen mit denen von Bardon vergleichen. Steiner nennt die Genetische Entität „Ätherkörper"; für Blavatski ist sie die „animalische Seele", die den stofflichen Körper mit der „menschlichen Seele" teilt. Steiner führt aus, daß der Ätherkörper seine Instandhaltungsarbeiten im physischen Körper während des Tiefschlafes vorzunehmen pflegt, wenn keine Störung von Seiten des „Astralkörpers" (Steiners Ausdruck für Thetan) gegeben ist, und daß sich der Ätherkörper nach dem Tode auflöst (wie man auch von der GE sagen würde) [11].

Alle drei Okkultisten sind sich über die Existenz eines übergeordneten geistigen Elements namens „Akasha" oder „Äther"

einig, Quelle der bekannten „vier Elemente" Feuer, Luft, Wasser und Erde.
Bei Bardon findet sich die Dreiheit, die wir schon bei den Hunas und bei Hubbard entdecken konnten, in weit eindeutigerer Form als bei Blavatski und Steiner, weswegen wir sein Modell vielleicht kurz skizzieren sollten. Bardon vergleicht das allesdurchdringende Akasha mit Gott (dem Statischen). Ein Splitter oder Funke hiervon ist in jedem Menschen als sein unsterblicher Geist oder „Ich" manifestiert. Dies ist Akasha in seiner individualisierten Form, der „Mentalkörper" des Menschen (Thetan) und seine subtilste Existenzform. Der Mentalkörper trägt die vier Elemente als Potential in sich; nur durch das Erschaffen von Energie bilden sie den „Astralkörper" (mit der GE zu vergleichen). Hinzu kommt der leibliche Körper. Die Kommandolinie verläuft von „ganz oben" nach unten, vom Mentalkörper durch den Astralkörper in den physischen Körper hinein. Die Verbindung zwischen den drei Körpern wird durch „Mentalstoff" hergestellt, von dem Bardon annimmt, er habe elektromagnetische Eigenschaften.

RANDGEBIETE DER MEDIZIN

Nicht nur die Okkultisten Europas arbeiteten auf der Grundlage der hier behandelten Konzepte – auch einige Wissenschaftler, gewöhnlich Außenseiter im „Hauptstrom des Wissens" ihrer Zeit, griffen sie auf. Um nur einige zu nennen: Paracelsus (1493–1541) behauptete als einer der ersten, daß „unbewußte Motivationen" den Grund für Neurose darstellten – eine mutige Behauptung in einer Zeit, die von dem medizinischen System des Hippokrates (460–377 v.Chr.) beherrscht war, das keine andere Erklärung außer einer „Unausgeglichenheit der Säfte" für geistige oder körperliche Störungen zuließ. Das Unbewußte, das Religiöse und das Transzendentale hatte keinen Platz in Hippokrates' Denken. Doch Paracelsus wies nach, daß sich Krankheiten heilen lassen, indem man Magneten auf den Körper legt. Indem er dies tat, beeinflußte er offensichtlich das Energiefeld der Genetischen Entität.

Robert Fludd (1574–1637), eine frühere Inkarnation von Franz Bardon, behauptete, der Mikrokosmos des Menschen sei dem Makrokosmos des Universums parallel, der Mensch sei von einem magnetischen Feld umgeben, und magnetische Phänomene zwischen den Feldern zweier Menschen böten eine gute Erklärung für menschliche Interaktionen. In der Disharmonie zwischen Mikrokosmos und Makrokosmos sah Fludd den Grund für Krankheit.

Franz Anton Mesmer (1734–1815) beschrieb eine Kraft, die er „animalischen Magnetismus“ nannte. Behandlungen auf dieser Basis erwiesen sich als ausgesprochen spektakulär, besonders als er eine Frau heilte, die unter psychosomatischer Erblindung litt. Mesmer war ein so gefragter Mann, daß er schließlich von der Bühne aus Massenheilungen vornahm. Nach seiner Theorie aus dem Jahre 1799 ist das gesamte Weltall von einem „physikalischen Fluidum“ ausgefüllt (mit Theta, Ch'i oder Prana zu vergleichen).

Mesmers Schüler ließen die Theorie vom kosmischen Fluidum allmählich fallen und zogen es vor, die Hypnose als sinnvolle Methode zur Heilung von Krankheiten weiterzuentwickeln. Demzufolge wurden mit Hypnose ausgedehnte Experimente gemacht; gegen Mitte des 19. Jahrhunderts führte James Braid chirurgische Operationen unter Hypnose durch und konnte damit erreichen, daß die Sterblichkeitsrate in einigen Fällen von 60% (!) auf bloße 5% sank. Diese vielversprechende Entwicklung kam bald zum Stillstand, denn im Verlauf der Industriellen Revolution (die ja auch eine wissenschaftliche Revolution war) wurden neuartige Drogen und Medikamente erfunden, unter ihnen auch Äther und Chloroform. Anästhesie mit Hilfe von chemischen Mitteln gewann gegenüber der Anästhesie durch Hypnose Vorrang, und schließlich verschrie dieses neue Zeitalter materialistischer und mechanistischer Wissenschaft

die Hypnose als „unwissenschaftlich“ und tat sie in Bausch und Bogen ab.
Nichtsdestoweniger lebte die Hypnose weiter; sie wurde von Ambroise Liebeault (1823–1904) an Hyppolite Bernheim (1840–1919) weitergegeben (der übrigens den Ausdruck „Psychotherapie“ prägte), und fand von dort ihren Weg zu Sigmund Freud (1856–1939). Freud erklärte die Hypnose nach anfänglichen Experimenten allerdings als nutzlos und entwickelte die Psychoanalyse. Hier wird die Hypnose in nur extrem leichter Form angewendet, genug, um den Patienten psychisch zu entspannen und ihn so in die Lage zu versetzen, seine unterbewußten Datenbanken zu erforschen, d.h. seinen reaktiven Verstand. Einige Methoden Freuds wurden schließlich von Hubbard übernommen, dessen ursprüngliche Dianetiksitzungen um 1950 herum sehr stark der Psychoanalyse ähnelten, z.B. lag der Patient auf der Couch und wurde in eine „Reverie“ (Tagtraum) versetzt. Hubbard kannte sich in der Psychologie aus und war offensichtlich auch ein erfahrener Hypnotiseur. (Mehr dazu an späterer Stelle.)
Freuds große Pionierleistung liegt in der Annahme, daß Neurosen eine nicht-körperliche Ursache haben, und daß diese Ursache im „Unbewußten“ zu finden ist. Die Bilder im Unbewußten werden zum Teil als die „seelische Erbschaft“ des Menschen betrachtet, zum Teil als Resultat seines Kampfes gegen die Ansprüche der „Libido“ angesehen, einer Lebenskraft, die nach nichts anderem als körperlichem und sexuellem Vergnügen verlangt. Da die Gesellschaft jedoch außerdem noch andere Dinge für wichtig hält, ist der Mensch gezwungen, die Triebe und das Drängen der Libido zu unterdrücken. Dies führt entweder zu einer Umwandlung der Libido und macht sie zu einer positiven, hilfreichen Kraft, oder zu ihrer Perversion, wobei die Libido obsiegt und den Menschen zerstört. Freuds psychologisches Modell besteht aus dem Id (dem „Es“), dem Ego („Ich“) und dem Über-Ich. Die von dem Über-Ich gesetzten ethischen und ästhetischen Ziele, Absichten und Maßstäbe prallen mit der körper- und sex-

orientierten Wollust des Es zusammen; das Ergebnis dieser Reiberei drückt sich im Ich des Menschen aus. Auch hier, mitten in der professoralen Welt einer Wiener Universität der Jahrhundertwende, finden wir unsere nun schon vertraute „Dreifaltigkeit“ wieder, bestehend aus dem Statischen, dem Thetan und der GE.

Tatsächlich geschah das bisher Beschriebene ausschließlich in den heiligen Hallen der etablierten Wissenschaft. Bisher haben wir noch gar nicht von Randzonen der Medizin gesprochen, ganz im Gegenteil!

Nähern wir uns ihnen, so treffen wir dort Wissenschaftler, deren Arbeiten nur sehr zögernd, wenn überhaupt, von der offiziellen Medizin anerkannt wurden, wie etwa Christian Friedrich Samuel Hahnemann (1755–1843), dem Begründer der Homöopathie, Edward Bach (1886–1936), bekannt durch seine Bachblütentherapie, Albert Abrams (1863–1924), der die Radiästhesie entwickelte, und Wilhelm Reich (1897–1957).

Reich hatte zunächst unter Freud studiert, später aber sein eigenes System entwickelt. Den gesunden Organismus betrachtete er als von einer Bio-Energie durchdrungen, die er „Orgon“ nannte und deren harmonischer Fluß die Grundlage für ein glückliches und gesundes Leben darstellt. Reich stellte die Theorie auf, daß sich Bio-Energie im Laufe des Lebens verklumpt oder verkapselt, damit einen „Panzer“ bildet und so psychosomatische Leiden hervorruft. Er entwickelte seine Ideen von etwa 1930 an, wurde von seinen wissenschaftlichen Kollegen bald verachtet und starb in Isolation. (Wir werden in Kapitel 6 noch einmal von ihm hören.)

In gewisser Weise hatte Reich in *Karl Freiherr von Reichenbach* (1788–1869), einem rechten Sonderling, einen Vorläufer. Zunächst hatte er eine erfolgreiche Karriere als Fachmann für Chemie, Bergbau und Mineralogie und verdiente eine Menge Geld. Einige seiner Erfindungen wie z.B. Paraffin werden heute noch benutzt, und seine Abhandlung über Meteoriten ist nach wie vor ein Standardwerk. Danach fing er an, mit sechshundert

„Sensitiven" zu experimentieren, unter ihnen auch berühmte Zeitgenossen, und entdeckte unter Einhaltung striktester naturwissenschaftlicher Forschungsdisziplin Energiephänomene wie z.B. „Flammen", die man aus Kristallen oder Magneten herausziehen konnte, Licht- und Farbphänomene zwischen Personen, zwischen Personen und Mineralien und Personen und Pflanzen. Über 20 Jahre lang und aus eigener Tasche analysierte er auf umfassende Weise den Energieaustausch zwischen dem Mikro- und dem Makrokosmos. Reichenbach versuchte nicht irgendeine weithergeholte Lieblingstheorie zu beweisen – er machte ganz einfach Beobachtungen, die nach dem gängigen Stand der Wissenschaft unerklärbar waren, und versuchte sie zu erklären. Seine Schlußfolgerung war, daß es eine noch unbekannte und den Kosmos durchdringende, bewegende Kraft geben müsse; er nannte sie das „Od", nach einem germanischen Wort, das „Bewegung" bedeutet. Reichenbach behauptete, der einzige Grund für Erkrankung läge in einer Störung im Gleichgewicht des Od[12]. Da seine Befunde nicht in die Denkmodelle seiner Zeit passten, nämlich Schwerkraft, Elektrizität, Magnetismus, Licht, Wärme und Schall, stieß Reichenbach auf massive Feindseligkeit von seiten hochrangiger Wissenschaftler, von denen einige seine früheren Freunde und Bewunderer waren. Er starb als gesellschaftliche Unperson und ohne einen Pfennig in der Tasche. Damit erlitt Reichenbach ein ähnliches Schicksal wie Wilhelm Reich 90 Jahre später.

Gehen wir früher. 200 Jahre vor Reich beobachtete *Hahnemann*, daß die Wirkung bestimmter Pflanzen auf den Körper genau den Symptomen bestimmter Krankheiten entspricht und daß sich diese heilen lassen, wenn man genau diese Pflanzen als Medizin benutzt. Ein Katarrh z.B. ruft die gleichen Phänomene hervor, wie sie beim Zwiebelschneiden eintreten: Verstopfte Nase, tränende Augen, usw. Und tatsächlich läßt sich ein Katarrh dadurch heilen, daß man die Zwiebel in ein homöopathisches Medikament verwandelt.

„Homöopathisch“, ein dem Griechischen entnommenes Wort, bedeutet, buchstäblich übersetzt, „ähnliches Leiden“. Im Lateinischen, der wissenschaftlichen Sprache der Zeit Hahnemanns, wurde das Prinzip seiner medizinischen Theorie in die Worte gefaßt: „Similia similibus curentur“. Grob übersetzt bedeutet dies: „Um eine Krankheit zu heilen, muß man benutzen, was ihr ähnlich ist“. Hiermit spann Hahnemann einen gedanklichen roten Faden weiter, der zwar schon 300 Jahre früher von Paracelsus angedeutet wurde, aber nichtsdestoweniger bis zum heutigen Tage revolutionären Charakter hat.

Die offizielle Medizin vertritt gewöhnlich die „Allopathie“, wobei Krankheit mit Mitteln behandelt wird, die den Krankheitssymptomen unähnlich oder sogar widersprüchlich sind und dazu dienen, sie auszulöschen. („Alloion“, griechisch, bedeutet „unterschiedlich, fremd“.) Die meisten pharmazeutischen Medikamente beruhen auf diesem Prinzip. Homöopathie war Hahnemanns Alternative zur Allopathie. Er betrachtete Krankheit als ein Leiden der „Lebenskraft“ (Hahnemanns eigener Ausdruck). Die Lebenskraft hält den Körper am Laufen, so daß ihn der Geist für seine Zwecke einspannen kann. Der materielle Organismus alleine kann sich selbst nicht in Gang halten oder irgendeine Handlungsrichtung verfolgen. Dies aber besorgt die „Dynamis“, Hahnemanns weiterer Ausdruck für Lebenskraft. Die Dynamis besorgt das Überleben des Körpers und drückt sich als Emotionen aus.

Im Krankheitsfalle stimmt etwas nicht mit der Dynamis; vergleichbar mit den Saiten einer Gitarre, ist sie „nicht gestimmt“. Nicht etwa der Körper ist krank, sondern die Dynamis. Deswegen muß Medizin bei der Dynamis ansetzen und nicht am Körper. Hahnemann sah die Entwicklung von Gesundheit zu Krankheit und zurück zur Gesundheit als völlig immateriellen Prozeß. Und da die Dynamis, eine geistige Entität, nur durch geistige Faktoren wie etwa Mißstimmungen krank gemacht werden kann, muß die Behandlung der Krankheit naturgemäß auf spiritueller Grundlage erfolgen. Um die Dynamis wieder ordentlich zu stimmen, ist die „Stimmkraft" eines Medikamentes wichtiger als die bloßen, von ihm im Körper ausgelösten chemischen Reaktionen. Dementsprechend erfolgt die Behandlung nicht durch das Einnehmen oder Trinken eines pflanzlichen Gebräus, sondern dadurch, daß pflanzliche Substanzen im Verhältnis von 1:100 bis hin zu 1:50'000 verdünnt und erst dann verabreicht werden. Die auf diese Weise „dynamisierten" Heilkräfte der Pflanzen durchdringen nach Ansicht Hahnemanns den gesamten Organismus mit ihren Heilschwingungen, kaum daß die Medizin den Körper auch nur berührt hat. Heilung erfolgt also nicht durch eine mechanische Übertragung von Teilchen wie z.B. Atomen, sondern durch Energieresonanzen. Je höher eine Pflanze dynamisiert wurde, desto mehr Heilkraft wird dabei freigesetzt. Scientologisch gesprochen, wirkt das homöopathische Mittel direkt auf die Genetische Entität des Patienten ein. Zwischen den GEs von Mensch und Pflanze wird sympathische Resonanz erzeugt. Und da der Ausdruck „Resonanz" nichts weiter bedeutet als „Affinität", könnte man sagen, daß auf der Grundlage von Affinität eine nicht-verbale Kommunikation zwischen pflanzlicher und menschlicher GE einsetzt.

Nun sind nicht alle homöopathischen Heilmittel Pflanzen – man benutzt auch Mineralien. Außerdem haben Experimente erwiesen, daß heilende Schwingungen künstlich erzeugt werden können und, falls man sie auf Wasser überträgt, die zu erwartenden homöopathischen Heilwirkungen zeigen. Vielleicht sollte man also vorsichtigerweise davon sprechen, daß es sich bei der Homöopathie um die Demonstration der Beeinflußung einer Lebensform durch die Schwingungsmuster einer anderen handelt, sei es nun Pflanze oder Mineral, aber nicht durch eine den Pflanzen oder Mineralien innewohnende eigentliche „Heilkraft".

In dieser wie auch in allen anderen, die Lebenskraft berücksichtigenden Therapien spielt die Person des Therapeuten eine entscheidende Rolle. Alles hängt von seiner Fallanalyse ab wie auch davon, daß er die Ähnlichkeit der Schwingungen eines pflanzlichen Extraktes (der sogar oft, in hoher Konzentration, giftig

wäre) mit den Symptomen und dem allgemeinen Zustand des Patienten erkennt. In manchen Fällen reicht es schon aus, wenn er das Grundmuster des Falles erkennt, anspricht und die relevanten Heilmittel indiziert, um Linderung herbeizuführen.
Unter Verwendung des Resonanzprinzips geht die Bachblütentherapie sogar noch einen Schritt weiter als Hahnemanns Homöopathie. In der Theorie *Edward Bachs* setzt sich der Mensch aus einem „höheren Selbst“ und einer „Persönlichkeit“ zusammen; zwischen beiden herrscht entweder Konsonanz oder Dissonanz.
Das höhere Selbst wird als der Sitz von Tugend und wohlwollenden Absichten betrachtet, wohingegen die Persönlichkeit als Resultat des menschlichen Überlebenskampfes im schlimmsten Falle ein verknotetes, angeschlagenes, übellauniges und schlechtgelauntes Ego ist, das sich einen Teufel um die Aufrufe zu Tugendhaftigkeit und Wohlwollendheit von der nächsten Stufe weiter oben schert. Der Konflikt zwischen beiden ist somit vorprogrammiert. Tritt er ein, so wird die daraufhin erfolgende Dissonanz körperlich in Form psychosomatischer Krankheiten ausgetragen.
Sinn einer Krankheit ist es, die Persönlichkeit dazu aufzurufen, etwas vorsichtiger zu sein, ihre Verhaltensweisen zu ändern und wieder in einen Zustand der Konsonanz mit dem höheren Selbst zu kommen. Um die Persönlichkeit in diesen Zustand der Ganzheitlichkeit zurückzuführen, werden Pflanzen, Blüten und Blumen benutzt. Die Kunst des Bachblütentherapeuten besteht darin, herauszufinden, welche Pflanze oder Blüte am besten mit der Persönlichkeit des Patienten korrespondiert. Die Schwingungsqualität des Blütenkonzentrates wird, so sie korrekt ausgewählt ist, eine konsonante Schwingung zwischen Persönlichkeit und höherem Selbst aufleben lassen.
Interessant an Bachs Methode ist, daß er nicht eine einzige Pflanze verwendet, die traditionell als „Heilpflanze“ klassifiziert wäre. Heilpflanzen oder Kräuter sprechen direkt die somatischen Probleme des Patienten an; scientologisch ausge-

drückt, sprechen sie direkt die GE an. Bachblüten hingegen scheinen auf einer feineren Ebene zu wirken; sie sprechen den *Charakter* der Persönlichkeit selbst an, ihren gewohnheitsgemäß energetisierten Satz von Einstellungen (Postulaten), derer man sich nicht bewußt ist. („Schaltkreise", scientologisch gesprochen.) In gewisser Weise ließe sich also sagen, daß Bachs System auf der Postulatebene ansetzt, an jenem Stoff also, aus dem der Thetan „geschneidert" ist. (Um jedoch eine Krankheit auf Dauer zu kurieren, müßte der Thetan seine Postulate oder die der GE erkennen und löschen. Ob dies im Verlauf einer Bachblütentherapie zusätzlich zu den Heilerfolgen erreicht wird, wäre noch zu untersuchen.)

Nun zur Radiästhesie, der letzten Entwicklung in den Randzonen der westlichen Medizin, von der hier berichtet werden soll. (Die Liste ist keinesfalls vollständig!)

Die radiästhetische Theorie besagt, daß alle Lebensformen von spezifischen elektromagnetischen Feldern umgeben sind und diese wiederum mit dem die Erde umgebenden elektromagnetischen Feld verschmelzen. Entsprechend wird der Patient als ein komplexes Gewebe einander durchdringender Energiefelder betrachtet. Sind sie in einem Zustand der Disharmonie, so entsteht Krankheit.

Radionik („Radionics" auf Amerikanisch) wurde zu Anfang des 20. Jahrhunderts von dem amerikanischen Arzt *Albert Abrams* entwickelt. Er baute elektronische Diagnoseinstrumente, um Krankheitsreaktionen zu messen. Weitere Entwicklungen, besonders in den vierziger Jahren, machten es möglich, einen Patienten über große Entfernungen hinweg und lediglich auf der Grundlage eines Blutstropfens oder einer Haarlocke zu diagnostizieren und zu behandeln. Dabei werden die Schwingungsmuster des erkrankten Organs und der dazu nötigen Heilmittel analysiert und aufeinander eingestimmt. Dies wie auch die Behandlung werden ebenfalls über Hunderte von Kilometern vollzogen, wobei das Erdenfeld als telepathisches Kommunikationsglied zwischen Patient und Therapeut dient.

Radiästhesie hängt nicht allein von den verwendeten Instrumenten ab. Eine übergeordnete Vorbedingung ist die außersinnlichen Wahrnehmungsfähigkeiten des Therapeuten; daher ist die Radiästhesie, wie alle anderen erwähnten Therapien, eine im eigentlichen Sinne esoterische Disziplin. Wenn der Therapeut sich und seine Instrumente auf den Patienten eingestimmt hat, werden eine Reihe von diagnostischen Fragen gestellt, unter Umständen telepathisch. Der Grund der Krankheit wird entdeckt, oft weit tieferliegend als das, was mit medizinischen Mitteln diagnostiziert werden konnte. Dann wird die korrekte Schwingungsrate für den Heilprozeß bestimmt. Manchmal werden Bachblüten oder homöopathische Heilmittel neben das Blut oder Haar des Patienten plaziert. Anschließend werden die Schwingungen zu dem Patienten „hinübergefunkt".
Die Radiästhesie hat den Vorteil, daß Krankheiten schon vor ihrem eigentlichen Ausbrechen entdeckt werden können und die Heilmittel keine Nebenwirkungen haben. (Natürlich werden auch alle anderen vernünftigen Mittel empfohlen, wie etwa daß man eine Diät halten oder einen Chiropraktiker oder Schulmediziner konsultieren sollte.)
Bemerkenswert ist, daß die inneren Organe des Blutspenders von radiästhetischen Kameras, die an die Blutstichprobe angeschlossen sind, über beträchtliche Distanzen hinweg fotografiert werden können. Radiästhetische Kameras machen „Ätherbilder" durch eine „Ätherverbindung"; auf diese Weise entstehen Fotos von krebsbefallenem Gewebe oder Gehirntumoren. In einem Fall, als das Foto zufällig während einer laufenden Operation gemacht wurde, zeigte sich sogar die Hand des Chirurgen und seine am Organ arbeitenden Instrumente auf der Fotografie. (In diesem besonderen Fall befand sich die fotografische Ausrüstung in den USA, die Operation aber fand in England statt.)
Es ließe sich hier annehmen, daß radiästhetische Fotografie in der Lage ist, GE-Bilder sichtbar zu machen, also diejenigen Bilder, die die Genetische Entität während eines Unfalls oder einer Operation als Engramme aufzeichnet und die gewöhnlich nur

von dem Auditierten in seiner Sitzung visualisiert werden können[13]. (Als Seitenbemerkung sei gesagt, daß – völlig unabhängig von der Radiästhesie – Franz Bardon in den dreißiger Jahren unter Ausnutzung des Äthers Fotografien von längst verstorbenen Menschen und untergegangenen Orten machte[10].)

DAS RESONANZPRINZIP

Resonanz scheint *die* Grundlage der Beziehung zwischen Thetans und Thetans, Thetans und GEs, GEs und GEs und GEs und der Umgebung zu sein. Die Interaktion zwischen Geist, Seele, Körper und dem physikalischen Universum läßt sich im Sinne konsonanter und dissonanter Energieschwingungen beschreiben, die subjektiv als Emotionen gefühlt werden und sich objektiv als psychosomatische Krankheiten ausdrücken. Das Grundprinzip dabei ist, daß etwas selbst zu schwingen beginnt, wenn man es nur in die Nähe einer Schwingungsquelle bringt. Nähe (Affinität) und vergleichbare Eigenschaften (Realität) sind zur Duplikation einer Schwingung notwendig, und nur so kann sich Resonanz (Kommunikation) ereignen. Durch die enge Verbindung zwischen Thetan und GE und auf der Grundlage einer solchen Kommunikation können ungute Schwingungen aus der Umgebung Dissonanzen, Streß, Unwohlsein und psychische Störungen hervorrufen.

Heilung erfolgt durch die Einführung harmonischer Schwingungen, wodurch Dissonanzen „desenturbuliert" (d.h. ihrer Turbulenz beraubt) werden. Dies mag durch die Anwendung von Hypnose, Medizin, Meditation oder Auditieren erfolgen – oder sogar dadurch, daß man das in Frage stehende „Universum" (besonders die GE) den Schwingungen von Farben und Kristallen aussetzt.

Um einige Beispiele zu geben: Neulich saß ich auf einer Gartenbank, neben mir ein alter Mann, und nach einigen Minuten fühlte ich starke Schulterschmerzen wie bei Rheumatismus. Der alte Mann stand auf und ging fort, meine Schmerzen verschwanden; er kam zurück – und die Schmerzen ebenfalls. Ich erkannte, daß es sich hier um ein Resonanzphänomen zwischen seiner GE und meiner handelte und teilte dies meiner GE mit, woraufhin meine Schmerzen verschwanden. Später fragte ich den Sohn des alten Mannes, ob sein Vater unter Rheumatismus litte und erfuhr, daß dies tatsächlich der Fall war.

Ein weiteres Beispiel: Untersuchungen im Feld der Bio-Resonanz haben erbracht, daß die Schwingungen der GE auf technische Weise durch Mikrowellen imitiert werden können. Entsprechend beruht die MORA-Therapie, die 1977 in Deutschland von dem Arzt Dr. Franz Morell und dem Ingenieur E. Rasche entwickelt wurde, auf dem einfachen Konzept, die dissonanten Schwingungsbereiche des Patienten zu entdecken, die Welle in ein elektronisches Gerät einzugeben, das sie widerspiegelt, zu dem Patienten zurückspielt und damit die schädlichen Vibrationen auslöscht.

Nebenbei bemerkt – Sie erinnern sich vielleicht, daß Mikrowellen schon einmal im vorigen Kapitel, Abschnitt „Der Geist und das Hirn" erwähnt wurden. Dort wurde das Hirn als „Antenne" bezeichnet. Nun, zum Ende dieses gegenwärtigen Kapitels dürfte deutlich geworden sein, daß das Hirn selbst keine Gedanken, Emotionen oder Aktionen hervorbringt, sondern die aktiven Instanzen die GE und der Thetan sind. Dennoch ist es so, daß das Gehirn als Antenne Mikrowellen-Schwingungen empfängt, egal wer sie erzeugt haben mag. Wenn man hier weiterdenkt, könnte man die Möglichkeit ins Auge fassen, Mikrowellen vorsätzlich einzusetzen, um Thetan und GE über den Körper (Hirn) zu beeinflussen – nicht, um jemanden zur Vernunft zu bringen, sondern wahnsinnig zu machen; nicht, um zu heilen, sondern um Krankheiten zu verursachen. Man könnte z.B. dadurch Krankheiten verbreiten, daß man Satelliten Mikrowellen auf bestimmte Teile des Planeten abstrahlen läßt. Strahlung wirkt auf den Körper ein, und diese Wirkung teilt sich der GE mit. Einige Arten von Strahlung vermögen auch auf die GE direkt einzuwirken, wie Morell gezeigt hat. Radioaktive Bestrahlung von Körper und GE kann genetische Mutationen zur Folge haben. Ob also direkt oder indirekt, es ist die GE und ihre Banken, die betroffen werden, und wenn erst einmal an der Information („Software“) herumgefummelt wurde, werden die Gene („Hardware“) diese Information festhalten, weitergeben und fortsetzen. Auf diese Weise entsteht Vererbung. Resonanz ist also eine sehr doppelgesichtige Angelegenheit. Man kann sie so oder so verwenden – zum Heilen oder zum Deformieren.

Nun einige weitere, angenehmere Beispiele zu den Auswirkungen von Resonanz: 1966 fand Cleve Backster, Amerikas vorrangigster Lügendetektor-Experte, daß sein Galvanometer nicht nur auf Menschen, sondern auch auf Pflanzen reagierte. (Ein Galvanometer ist im Prinzip nichts anderes als das beim Auditieren verwendete E-Meter.) Abgesehen davon, daß Backster die Leute mit seinem Lügendetektor examinierte, unterrichtete er auch Polizisten und Sicherheitsagenten aus aller Welt in dieser Fertigkeit. Bei einem Experiment bat er einen Studenten, eine von zwei Zimmerpflanzen auszureißen, ließ dann eine Anzahl von Studenten vor der überlebenden Pflanze vorbeimarschieren und siehe da! – als der richtige Mann das Zimmer betrat, gab es eine Nadelreaktion auf dem Gerät.

In einem anderen Experiment benutzte Backster einen Polygraphen, der die Reaktionen seines Gerätes auf einem Blatt Papier aufzeichnete. Mit Hilfe synchronisierter Stoppuhren konnte er sehen, daß jede der drei mit dem Polygraph verbundenen Pflanzen seine emotionellen Reaktionen aufzeichnete, als er einen aufregenden und recht abenteuerlichen Nachmittag in New York City verbrachte. Genau zu dem Zeitpunkt, wenn er sich über etwas aufregte, reagierten die Pflanzen am Gerät [14].

Noch ein Beispiel: 1969 entdeckte Dorothy Rettallack, eine Biologiestudentin an der Universität von Denver, daß verschiedene Arten von Pflanzen, wie etwa Petunien, Mais, Kürbis, Zinnien und Dotterblumen auf ganz unterschiedliche Weise auf Musik reagierten. Setzte man sie der Rockmusik aus, so starben einige

Pflanzen innerhalb von 14 Tagen, wohingegen sie beim Abspielen klassischer Musik Blüten trieben. In einem Nachfolgeexperiment wuchsen die Pflanzen von den Lautsprecherboxen weg, wenn ihnen Rockmusik vorgespielt wurde, sie wuchsen auf die Boxen zu, wenn Bachs Orgelpreludien aufgelegt wurden, und als Ravi Shankar einige indische Ragas auf seiner Sitar spielte, legten sich die Pflanzen fast in die Waagrechte und suchten die Lautsprecher zu „umarmen".

Auch in der Meditation ist das Resonanzprinzip bekannt und findet entsprechende Verwendung. Om, das bereits im Zusammenhang mit Maharishis TM erwähnte Mantra, wird allen anderen Mantren als übergeordnet betrachtet – nicht nur, weil es den Klang des gesamten Universums symbolisiert, sondern dieser Klang tatsächlich *ist*. In den anfänglichen Stadien der Meditation ist Om ein gesprochenes Mantra, aber der wahre Eingeweihte kann es auch wirklich hören. In der Literatur des Zen, wurde es z.B. mit einem tiefen donnernden Geräusch oder dem Rauschen eines Wasserfalles verglichen. Ähnliche Beschreibungen wurden von den Propheten des Alten und Neuen Testamentes gegeben (Hesekiel 3,13; Offenbarung 1,15). Da man gewöhnlich neuartige Erfahrungen mit dem vergleicht, was einem vertraut ist, würde ein Großstädter das Om wahrscheinlich nicht mit dem Klang rauschenden Wassers vergleichen, sondern vielleicht dem Schnurren einer zufriedenen Katze, abgespielt durch ein Paar 300-Watt-Baßlautsprecher bei geringer Lautstärke. In dieser Form hörte ich es während einer bestimmten Kundalini-Meditation einmal selbst. Es kam nicht aus irgendeiner besonderen Richtung, es war einfach *da*.

Yogananda spricht von dem Om als der „Schwingung des Kosmischen Motors". Hubbard scheint hier zuzustimmen, als er sagt: *„Forschungen, die ich kürzlich im Feld der Ästhetik betrieben habe, lassen die Vermutung zu, daß Rhythmus die Quelle des Gegenwarts-Empfindens ist (present time). Der Thetan wird vorangetragen sowohl durch sein eigenes Verlangen zu haben, zu tun oder zu sein, und weil er in der weit zurückliegenden Vergan-*

genheit von einem kontinuierlichen feinen Rhythmus überwältigt wurde. Dies ist eine mögliche Erklärung für die kontinuierliche Präsenz des Thetans in der Gegenwart. Die Gegenwart läßt sich also als Einstimmung (response) auf den kontinuierlichen Rhythmus des physischen Universums definieren, was zum Gefühl des Hier und Jetzt führt."[15]

Im „Hier und Jetzt" zu sein, ist daher nicht notwendigerweise ein sehr wünschenswerter Zustand, als es einen auf Raum (Hier) und Zeit (Jetzt) festnagelt, eine Verfassung, die weit unterhalb des „Naturzustandes" (native state) eines Thetans angesiedelt ist, nämlich der Zeit- und Ortlosigkeit (das Statische). Auf der anderen Seite erklärt sich so, warum manche Leute, die nicht unwissentlich diesem Rythmus folgen, sondern sich seiner bewußt sind und sich sozusagen „von oben" ursächlich auf ihn einstimmen, Macht über alles haben, was schwingt, ob es lebendig ist oder tot. Laut Patanjali, einem indischen Philosophen des 2. Jahrhunderts v.Chr., wird jedes Wort oder jeder von einer Person geäußerte mentale Impuls über das Om an die Universalenergie des Akasha weitergegeben. In ähnlicher Form sagt Helena Blavatski – als sie sich auf die magische Disziplin der Kabbala bezieht – daß das hebräische Alphabet eine Emanation des unaussprechlichen Namens Gottes sei und dem Sprecher bei korrekter Anwendung Kräfte verleihe, die denen Gottes entsprechen, als er zu Beginn der Schöpfung „das Wort" sprach (Johannes 1,1–3). Ähnlich Rudolf Steiner, der die Welt mit „erstarrtem Akasha" verglich, dem verdichteten Wort Gottes[11].

Jeder Klang, jede geistige Vorstellung wird also als kreativer Akt betrachtet, und – so er mit großer Reinheit und Integrität ausgeführt wird – resultiert in sichtbaren und sogar berührbaren Effekten wie etwa aus der leeren Luft heraus erschaffenen Objekten[6]. Diesbezüglich sagte der große indische Musiker Ravi Shankar: „Es gibt keinen Mangel an wunderschönen Geschichten, die zu berichten wissen, wie große Musiker, von denen einige Heilige waren, (...) dadurch Wunder vollbrachten, daß sie bestimmte Ragas sangen. Es heißt, daß einige von ihnen durch das Singen eines bestimmten Ragas das Feuer oder die Öllampen entzünden konnten, Regen bringen, Steine schmelzen oder Blumen zum Blühen bringen konnten; einige zogen sogar die wilden Tiere des Waldes an – sogar Schlangen und Tiger – und versammelten sie in einem friedlichen, ruhigen Kreis im Wald um den Sänger herum"[67]. Genaugenommen war ja jegliche Sprache ursprünglich kreativ oder „evokativ" gewesen, insofern die Wurzelklänge der Worte auf Konzepte anstatt Dinge verweisen und bei sinngerechter Aussprache den Geist des Dings „zu erwecken" vermögen – worauf Thetaquanten angeregt werden, sich zusammenzufinden und das Ding selbst in seine physische Existenz zu überführen. Daß man dies bis zum heutigen Tag mit Hilfe von Mantras fertigbringt, bedeutet nichts weniger, als daß diese Tradition in Indien noch nicht verschwunden ist. Die Kraft des ursprünglichen Sanskrit ist noch immer lebendig.

Wir pflegen hier also keine nostalgischen Reminiszenzen an langvergangene Zeiten, wie sich ja schon an Rettallacks oben zitiertem Experiment mit den „musikalischen Blumen" erwies. Und es ist noch keine 50 Jahre her, als der schwedische Arzt Dr. Jarl in Tibet so etwas Unbegreifliches beobachtete wie den Transport schwerer Baumaterialien auf der alleinigen Grundlage von Resonanz. Mönche waren dabei, eine Mauer vor dem Eingang einer Höhle zu errichten; der schwierige Teil des Projektes bestand darin, daß die Höhle hinter einem Felsvorsprung lag, der Felsvorsprung sich an einer steilen Felswand in 250 m Höhe befand und die Mauer auf genau diesem Felsvorsprung gebaut werden sollte. Zu dem Vorsprung gab es keinen Zugang, außer man ließ sich mit Flaschenzügen vom oberen Rand der Felswand herunter. Auf diesem Wege gelangten die Mönche zu ihrer Arbeitsstelle, aber nicht das Baumaterial, das aus mächtigen Steinblöcken von 1 m Seitenlänge und 1,50 m Höhe bestand. Um sie nach oben zu befördern, verwendete man keine Flaschenzüge – sondern Musik!

250 m vom Fuß der Felswand entfernt, auf ebenem Boden, war eine aus solidem Fels gehauene Schale in Position gebracht wor-

den. In diese Schale wurden die von Yaks herbeigeschleppten Bausteine einer nach dem anderen hineingelegt. Wiederum 63 m von der Schale entfernt hatten sich Mönchsmusiker in einem Viertelkreis aufgestellt. Die Musiker, die Schale und die Felswand befanden sich also in gerader Linie miteinander. Man benutzte die in tibetanischer Sakralmusik üblichen Instrumente. Auf ein Signal hin begannen die Musiker, ihre Trommeln zu schlagen und in ihre Hörner zu blasen, die Priester sangen ihre Mantren und nach etwa 4 Minuten begann der Felsblock in der Schale sich sachte hin und her zu wiegen, dann vom Boden zu heben und in einer parabolischen Kurve aufzuschweben, um nach 3 weiteren Minuten sanft auf dem Felsvorsprung zu landen. Auf diese Weise konnten die Mönche ungefähr 5 Bausteine pro Stunde transportieren.
Dr. Jarl wollte als ordentlicher und skeptischer westlicher Wissenschaftler ganz sicher gehen, daß ihn keine Massenpsychose angesteckt hatte und ließ das Geschehnis von zwei separaten Kameras gleichzeitig filmen. Als er später die Filme der britischen wissenschaftlichen Gesellschaft überreichte, für die er arbeitete, sagte man ihm, diese Filme seien als top secret einzustufen und müßten für mindestens 50 Jahre, bis 1990, weggesperrt werden [16].

Am Ende unseres kleinen esoterischen Querfeldeinrittes angelangt, können wir wohl mit Sicherheit die Schlußfolgerung ziehen, daß sich durch alle terminologischen Unterschiede eine Bewußtheit und Gewißheit über das Vorhandensein eines statischen Zustandes hindurchzieht, eines Thetans, Genetischer Entitäten und eines anscheinend endlosen Potentials von Lebensenergie.
Wie steht es nun mit physikalischer Energie? Wie steht es mit dem Universum und seinen Sonnen, Planeten, Galaxien und den weiten Räumen dazwischen? Welche Art Energie hält all dies zusammen? Das nächste Kapitel wird davon berichten.

1.3 Vom Erschaffen eines Universums

AKASHA * DIE KRAFT DES ÄTHERS *
VOM STATISCHEN ZU MEST * EINE ABWÄRTSSPIRALE *
ENTSCHAFFUNG DES UNIVERSUMS

AKASHA

Nach Ansicht der Okkultisten, also Bardons, Steiners, Blavatskis und ihrer gemeinsamen Quelle, der vedischen Philosophie, ist Akasha die subtilste aller Substanzen, ein bloßes Potential und Mutter der vier Elemente. Wenn sich Akasha verwandelt, wird es zunächst zu Feuer, als solches bringt es Gase hervor (Luft), diese verflüssigen sich beim Abkühlen (Wasser) und werden schließlich durch weitere Verdichtung zu solider Materie (Erde).
Die Okkultisten verbanden etwas Heiliges oder Gottähnliches mit Akasha und den vier Elementen und – nach Aussage des Alten Testamentes – erschuf Gott die Welt ja auch tatsächlich in dieser alchimistischen Sequenz: Erst Licht (Feuer), dann Wasser, dann Erde. Doch vom indischen Standpunkt her betrachtet, bedeutet Akasha ganz einfach „universelle Energie“ oder, um einen Ausdruck der modernen Physik zu verwenden, „Raum-Energie“ oder „space-energy“ (im Unterschied zu Prana, das ja „Lebensenergie“ ist).
Lassen Sie uns nun einen zweiten Blick auf diesen kosmischen Schöpfungsprozeß werfen, diesmal in Zeitlupe. In seiner inaktiven, nicht wahrnehmbaren Manifestation als reines Potential wird Akasha auch als „Prakriti“ bezeichnet, was sich mit „Potential von Urmaterie“ übersetzen ließe. Prakriti besteht aus winzigen Teilchen, die sowohl Qualität wie auch Festigkeit haben und damit ungefähr den Thetaquanten Hubbards entsprechen. Sie sind in drei Kategorien namens „Gunas“ unterteilt. Solange Prakriti als reines Potential in sich ruht, gibt es noch keine „wirkliche Welt“. Erst wenn Bewußtsein (Purusha) auf Prakriti ein-

wirkt, verliert Prakriti seine Potentialität und nimmt Formen und Umrisse an. Die Guna-Teilchen ziehen sich zusammen und manifestieren sich als Feuer, Luft, Wasser und Erde. Der bewußte Gedanke, der auf ein *Potential* von Substanz einwirkt, bringt *reale* Substanz hervor wie etwa Raum, Energie und Materie[17]. Daher ist das sichtbare und berührbare Universum, so real es einem auch erscheinen mag, in Wirklichkeit eine Illusion (Maya). Insofern es aus winzigen Energiequanten besteht, ist es ein kontinuierlich erschaffenes Ding. Es ist genauso real, wie es irreal ist. Ähnlich einem Ölfleck auf dem Wasser, hält es nie still. Und obwohl ein Ölfleck doch unablässig in allen Farben schillert, scheint interessanterweise jedermann zu wissen, wie er aussieht. Das liegt daran, das man ihn nicht als Einzelereignis definiert, sondern erst auf der Grundlage vieler Beobachtungen zu einer Verallgemeinerung kommt. Auch hierin bestätigt sich wieder der Satz: *„Realität ist Übereinkunft“*[1].
Ein vergleichbares Prinzip ist der westlichen Physik unter dem Namen „Superposition“ bekannt. Superposition bedeutet, daß sich ein beliebiges Ding nicht als eine feste unveränderliche Einheit definieren läßt, sondern viel eher als die Summe der Veränderungen, die es im Verlauf seiner Existenz möglicherweise durchgehen wird. Würfel sind z.B. nicht einfach kleine Quader mit aufgemalten Punkten von 1 bis 6, sondern – im Sinne der Superposition – die Summe der Möglichkeiten, in denen sie fallen können. Auch das Universum wird nicht als eine fixierte Größe betrachtet, sondern als ein Satz von Wahrscheinlichkeiten. Es ist eine nur schwer faßbare Erscheinungsform, eben Maya.

DIE KRAFT DES ÄTHERS

Die folgende Aussage, obzwar im Geiste der Veden gemacht, stammt nichtsdestoweniger von einem westlichen Wissenschaftler: „Vor langen Zeiten erkannte der Mensch, daß alle wahrnehmbare Materie von einer Ursubstanz herrührt, einem weitgespannten, feinen Feld jenseits aller Vorstellung, das allen Raum erfüllt, dem Akasha oder lichttragenden Äther, auf welches das lebensspendende Prana mit kreativer Kraft einwirkt und niemals endende Zyklen aller Dinge und Phänomene ins Leben ruft. Wird diese Ursubstanz in infinitesimale Wirbel von wunderbarer Geschwindigkeit gestoßen, so verwandelt sie sich zu grober Materie; läßt aber die Kraft nach, so verschwindet die Bewegung und damit die Materie, und alles kehrt in den Zustand der Ursubstanz zurück" [18]. Nikola Tesla (1856–1943), von dem dieser Ausspruch stammt, behauptete, daß die oben beschriebene Kraft, dem Westen unter dem Namen „Äther" bekannt, angezapft und benutzt werden könne, und bewies dies experimentell. Er erfand ätherbetriebene Generatoren, die nicht nur Autos vorwärtsbewegten, sondern auch künstliche Erdbeben und Gewitterstürme verursachten; er fand Wege, Elektrizität ohne Kupferdraht und Hochspannungsmasten zu übermitteln. In einem Wort, er nutzte Akasha für industrielle Zwecke.

Laut Tesla ist jeglicher Energiemangel praktisch unmöglich, wenn man nur die universell verfügbare kosmische Energie anzapfte. Im Vergleich gesprochen, ist es etwa so, als ob eine Person am Grund des Meeres säße, eine Tasse in der Hand hielte und sich fragte, wie sie sie wohl mit Wasser füllen kann. Genauso, wie diese Person sich nicht des sie umgebenden Wassers bewußt ist, scheint sich der Mensch nicht über die Allgegenwart kosmischer Energie im klaren zu sein.

Es überrascht nicht, daß die offizielle Physik von heute Teslas Werk lächerlich macht, Energiemonopolisten seine Patente aufkauften und in ihren Stahlkammern einschlossen – und die Militärs der USA und Rußlands die Angelegenheit intensiv erforschen, um fortgeschrittene Waffensysteme zu entwickeln. Doch trotz aller Desinformationskampagnen zum Thema Freie Energie konnte die Vision der darin enthaltenen Möglichkeiten doch niemals ausgelöscht werden [19].

Noch ein weiterer westlicher Wissenschaftler nahm an, daß der Raum nicht leer, sondern mit einem allesdurchdringenden Äther erfüllt sei, und daß zwischen Raum und Äther im Grunde kein Unterschied besteht. Dieser Wissenschafter war Albert Einstein (1879-1955). Er betrachtete Raum als ein „Etwas“, nicht als ein „Nichts“.

Als junger Mann glaubte Einstein, der wissenschaftlichen Auffassung seiner Zeit folgend, daß es einen Äther gäbe. Später ließ er diese Idee fallen und wies sie für 11 Jahre, von 1905 bis 1916, von sich. Während dieser Zeitspanne entwickelte Einstein seine Relativitätstheorie, die sich entscheidend auf die zukünftige Ausrichtung der Physik auswirken sollte. Die Relativitätstheorie wurde zum offiziellen Credo; andere, spätere Aussagen Einsteins, insbesondere die zum Thema Äther, wurden ignoriert.

Zum Beispiel sagte er 1934: „Der physische Raum und der Äther sind bloß verschiedene Namen für dasselbe Konzept; Felder sind physische Zustände des Raumes.“ Er ging soweit zu sagen, daß es keinen leeren Raum gäbe, daß Raum ein dynamisches Feld-Medium ist und sogar elementare Partikel produziert – womit er sich in enger Nachbarschaft mit dem alten Indien und seinen Ansichten über Akasha befindet[20].

Obwohl die etablierte Physik Einsteins Annahme eines Äthers im allgemeinen unberücksichtigt ließ, gibt es doch die gelegentlichen Ausnahmen. Hannes Alfven, dem 1970 der Nobelpreis in Physik zuerkannt wurde, sagte 1982 auf einem Treffen von Nobelpreisträgern in Konstanz, daß der interstellare Raum nicht leer sei, wie man im allgemeinen annahm, sondern daß 99% des Universums mit Plasma gefüllt sei[20].

Äther, Akasha, Prana, Ch'i – woher kommt diese Energie? War sie schon immer da? Haben wir als Thetans dieses Potential produziert, oder sind wir sein Produkt? Was ist die Ursache von all dem? Wessen Bewußtsein ist hier am Werk und verwandelt potentielle Materie in wirkliche Materie? Steckt vielleicht Gott dahinter?

„Durchaus“, würde ein vedischer Weiser antworten, „man mag es Gott nennen, aber genauer ausgedrückt sollte man sagen, es ist Atman. Atman ist die Quelle von all dem.“

Gut und schön – wer oder was aber ist Atman? Atman sind Sie oder ich oder jedermann; es ist das Sanskritwort für Thetan. Schlußfolgerung: Wir, alle von uns zusammengenommen, erschaffen unsere Welt – und glauben dann, daß sie real sei. Was natürlich ein Fehler ist, denn dem ist nicht so. Es ist Maya – eine Illusion, die man als Realität durchgehen läßt.

Nun, nach sovielen Absätzen voller Sanskrit-Terminologie sollten wir vielleicht einmal bei Hubbard nachfragen, was er zu diesem Thema zu sagen hat. Dazu werden wir die „Faktoren" in Betracht ziehen, dreißig Aussagen zum Zustandekommen des Lebens und des Universums[21].

VOM STATISCHEN ZU MEST

Ein Faktor ist laut Wörterbuch „ein wichtiger Umstand, eine mitwirkende, mitbestimmende Ursache". Die scientologischen Faktoren sind eine Beschreibung der Umstände und Ursachen, aufgrund derer ein Universum entsteht – womit jegliches Universum gemeint ist, mental wie auch physisch. Hubbard benötigte zur Ausarbeitung der Faktoren dreißig Jahre, von 1923 bis 1953.

Faktor 1 besagt, daß *vor* dem Anfang eines beliebigen Spiels eine Ursache ist und daß die gesamte Absicht der Ursache darin besteht, eine Wirkung zu schaffen. In diesem Stadium ist die Ursache ein bloßes Potential.

Diese Aussage bezieht sich nicht notwendigerweise auf etwas Grandioses, das sich möglicherweise vor Billiarden von Jahren zugetragen haben mag. Es bezieht sich auch auf die Gegenwart. Sie oder ich, jedermann ist die meiste Zeit in einer Ursacheposition, zumindest wenn wir dabei sind, ein Spiel zu entwickeln. Wir setzen Dinge in Bewegung. Und bevor wir irgend etwas in Bewegung setzen, sind wir, die Verursacher, ja schließlich schon vorhanden.

Um nun nachweislich und mit vorzeigbaren Auswirkungen Verursacher zu sein, muß man als erstes jemanden hinstellen, der das

Vorhaben in Gang bringen soll; falls es niemand anderes tut, muß man selbst dafür herhalten. *Im* Anfang eines Spiels ist daher die Entscheidung, überhaupt da zu sein. Jemand muß da sein, und deswegen nimmt die Ursache ein Sein an. Das ist Faktor 2. Man muß jemand *sein*, bevor man *tun* und zu guter Letzt die Früchte seines Tuns *haben* kann. Sein, Tun und Haben sind die Grundkomponenten eines jeden Handlungsablaufs (Aktionszyklus)[21].
Da man nun ein Sein angenommen hat, bedarf es natürlich auch einer festen Position, eines Punktes, von dem aus sich handeln läßt. Man kann keinen Stuhl heben, ohne selbst festen Boden unter den Füßen zu haben. Also muß man als erste Handlung einen Standpunkt einnehmen. Und von diesem Standpunkt aus schickt man dann Thetaquanten in verschiedene Richtungen (Faktoren 3 und 4). Im Sinne der Axiome bedeutet dies: Der Statische ist „herabgestiegen" und manifestiert sich als Thetan. Er ist zu einer *„Energie-Raum Produktionseinheit"* geworden[1].
Die Position eines Standpunktes definiert sich über die Teilchen, die von ihm ausströmen. Nehmen Sie z.B. einen Fluß: um seine Quelle zu finden, läuft man einfach flußaufwärts, bis man zu dem Punkt kommt, von dem die Wasserteilchen ausströmen, der Quelle des Flusses. Von hier aus agiert er, dies ist sein „Standpunkt". Man kann unmöglich einen Standpunkt haben, ohne Teilchen auszuströmen; umgekehrt kann man keine Teilchen ausströmen, ohne einen Standpunkt zu haben. Man kann nicht sehen, ohne gesehen zu werden. Eins ist die Bedingung für das andere, und umgekehrt.
Jedes Teilchen, das von dem Standpunkt ausströmt, dient als Orientierungspunkt für den Thetan. Auf diese Weise wird die umgebende Monotonie von Nichts durch den Eindruck von Dimensionen strukturiert. Aus diesem Grunde nannte Hubbard solche Teilchen „Dimensionspunkte" – Thetaquanten mit einer spezifischen Funktion.
Als Ergebnis dessen, daß Teilchen ausgeströmt und Koordinaten geschaffen wurden, ist Raum entstanden (Faktor 5). Beispiel: Stellen Sie sich vor, Sie sitzen in einem Boot draußen im offe-

nen Meer (unstrukturierter Raum) und setzen ein paar Bojen; damit hätten sie einen zweidimensionalen Raum um sich herum erschaffen. Raum ist daher definiert als geschaffene Dimensionen, die von einem spezifischen Standpunkt her erlebt werden. (Dazu sei angemerkt, daß man mehr als einen haben kann.)
Somit ist Raum mit Bezug auf Dimensionen definiert, Dimensionen wiederum mit Bezug auf das Plazieren von Thetaquanten. Dies bedeutet, das es für einen Thetan *keinen* anderen Raum als den durch seine Thetaquanten erschaffenen gibt. Der Rest der Welt existiert nicht für ihn. Der Thetan ist genau dort, wo seine Aufmerksamkeitseinheiten geparkt sind, er ist nicht „außerdem" noch irgendwoanders. Als Vergleich beobachte man einen Schwarm von Staren und bemerke dessen ständig wechselnde Form – das ist der Raum eines Thetans (wenn man annimmt, daß jeder Star einen Dimensionspunkt darstellt).
Einige der Faktoren kann man lediglich mit Bezug auf die eigene Innenwelt lesen, einige andere dagegen beziehen sich eindeutig auf die Erschaffung eines sehr realen physischen Universums. Auf diese Weise werden wir sie nun im folgenden interpretieren, denn schließlich wollen wir sehen, ob Hubbard eine Schöpfungsgeschichte anbieten kann, die den Vergleich mit den bereits genannten aushält. Eigentlich beginnt sie sich ja schon hier zu zeigen. Wenn wir Hubbards Aussage: *„Die grundlegende Energie-Einheit ist der Dimensionspunkt"* [5] mit seiner Definition von Raum (als aus Dimensionspunkten bestehend) zusammenbringen, befinden wir uns in unmittelbarer Nachbarschaft mit Teslas und Einsteins Hypothese „Raum bedeutet Energie".
Wie geht es nun weiter, nachdem Raum erschaffen wurde? Nun, dieser Raum beginnt bald, vor lauter Aktivität zu brummen. Zwischen Ihnen als Standpunkt und Ihren Dimensionspunkten gibt es nun Verbindung und Austausch. Während Sie zwischen den bereits bestehenden Dimensionspunkten hin und her schauen, fahren Sie damit fort, mehr und mehr Thetaquanten auszuströmen, und so entsteht Kommunikation (Faktoren 6 und 7). Dies (die intensive Kommunikation zwischen Standpunkt und Di-

mensionspunkten) bringt ein weiteres Phänomen hervor, nämlich Licht. Als nächstes entsteht Energie und schließlich Leben (Faktoren 8, 9 und 10).

In diesem Stadium seiner Entwicklung wäre das Leben noch rein spirituell. Man existiert als geistiges Wesen, das wegen seines Theta-Energiefeldes wahrnehmbar ist, sich auf dem Spielfeld von mentaler Materie, Energie, Raum und Zeit (Mest) engagiert und als Spieler mentale oder geistige Vorstellungsbilder erschafft, glitzernde und phantastische astrale Objekte, Dämonen und Entitäten.

Natürlich ist man nicht der einzige, der das tut. Auch andere haben einen Standpunkt eingenommen und ihre Dimensionspunkte in alle Richtungen erstreckt (Faktor 11), aber man weiß nichts von ihnen, *es sei denn,* man tauschte durch das Geben und Nehmen von Thetaquanten Dimensionspunkte mit ihnen aus (Faktor 24). Es ist diese Mischzone, die wir „geteiltes Universum" und somit „Realität" nennen. Die Gemeinsamkeit, die man mit den Spielen anderer haben kann, ist proportional dem Ausmaß dieser Mischzone zwischen eigenem und fremdem Universum (Dn Ax. 113, 114).

Klingt vielleicht etwas ernüchternd, oder? Aber schauen Sie, wenn es wahr ist, daß reine Geister im statischen Zustand an einem Ort leben, wo es keine Teilchen gibt, wie sollen sie sich denn dann gegenseitig „sehen" können? Unmöglich!

Aber sie würden sich *kennen*. Das ist etwas völlig anderes. Denn einen anderen *kennen* entsteht dadurch, daß man auf einer Ebene „oberhalb" der Quantenströmungen die wechselseitigen *Postulate* wahrnimmt, wohingegen *sehen*, oder jede andere Form von energiebezogener Wahrnehmung, von *Teilchen* abhängt, die als Kommunikationsmedium dienen. Ohne Kommunikationsmedium ist keine Schwingung möglich und damit keine sinnliche oder telepathische Wahrnehmung.

Ein nicht-energetisierter Thetan existiert lediglich als ein Sein. Das ist der erste Schritt abwärts vom statischen Zustand, vom Zustand potentieller Ursache. Das Sein ist ein Resultat von Postulaten. Postulate sind unendlich. Teilchen sind es nicht. Deswegen gilt für diejenigen im statischen Bereich und für die einen Schritt weiter unten (also für Thetans, die sich mit nicht mehr als ihren Postulaten identifizieren), daß sie sich *kennen*, sich aber nicht auf irgendeine Mest-bezogene Weise *wahrnehmen*. Somit sind „kennen“ und „sehen“ zwei völlig unterschiedilche Bewußtseinsformen.

Um zu rekapitulieren: Unser Statischer ist in diesem Stadium in drei Stockwerken gleichzeitig beschäftigt: 1. als ein statisches Nichts (wo er ja genaugenommen nicht „beschäftigt“ ist); 2. als Postulat oder vielleicht Wille, als absichtsvoller Gedanke; 3. auf der Ebene von Substanz, also dem Stoff, den er erschafft oder benutzt, um seinen Willen in Handlung umzusetzen. Er produziert seine Thetaquanten, wirft sie weiter und weiter hinaus, zieht sie wieder zu sich heran, tauscht sie mit denen anderer aus, häuft sie an einer Stelle auf, verstreut sie an einer anderen. So entsteht Bewegung (Faktor 12). Wegen der postulierten Festigkeit von Thetapartikeln, lassen sie sich zu allen möglichen Formen zusammenfügen, seien es Gase, Flüssigkeiten oder Feststoffe. So entsteht Materie (Faktoren 13 bis 16). An diesem Punkt angelangt, bedeutet Materie der reale Stoff aus dem das physische Universum besteht. Es geht hier nicht mehr um mentale Vorstellungsbilder. Sosehr geistiges Mest in gewissem Maße solide ist, ist das stoffliche Universum doch bedeutend solider. Zwar handelt es sich um das gleiche Ausgangsmaterial, aber im letzteren Falle ist es einfach ungeheuer viel kondensierter.

Ein einfaches Beispiel. Sie als Verursacher könnten postulieren, ein Kaffeemacher zu sein (Sein), einen Standpunkt in der Küche einnehmen, sich mit Bezug auf Tassen, Löffel, Wasser, Kessel und Kaffee orientieren (Dimensionspunkte) und auf diese Weise in der Küche ihren Raum erschaffen. Danach könnten Sie diese Formen und Dinge umeinander bewegen und kombinieren, und am Ende käme dabei eine Tasse Kaffee heraus. Auch hier sprechen wir wieder über den Aktionszyklus, über Sein-Tun-Haben.

Thetaquanten sind keine Neutren. Jedes hat zwei Charakteristika: das Postulat und die Emotion zum Zeitpunkt seiner Erschaffung. Sie tragen den persönlichen Stempel ihres Schöpfers. Davon abgesehen nehmen sie auch alle späteren Informationen auf, z.B. wer sie benutzte, wann und mit welchem Postulat und welcher Emotion. Tatsächlich ist es so, daß Thetaquanten die komplette Geschichte des besonderen Universums enthalten, dem sie zugehören.

EINE ABWÄRTS-SPIRALE

Die übrigen Faktoren beschreiben, was Hubbard gelegentlich die „Abwärts-Spirale" nennt. Die Standpunkte (Thetans) begannen, ihre Kreationen für wertvoller als sich selbst zu halten und sich von ihnen abhängig zu fühlen. Dies liegt teilweise daran, daß viele dieser Kreationen gemeinschaftliche Kreationen waren. Die Thetans wußten nicht länger, welches Teilchen von wem geschaffen worden war, konnten sie deswegen nicht so ohne weiteres entschaffen und wurden mit der Zeit fürchterlich zurückhaltend, was das Erschaffen angeht. Am Ende bezweifelten sie, überhaupt irgend etwas erschaffen zu können; und so entstand Mangel und die Illusion des Todes (Faktoren 17 bis 26).
An diesem Punkt stehen wir heute als Thetans – wir konzentrieren uns ungeheuer darauf, besser oder freier oder heiliger sein zu müssen, also einfach „anders" sein zu müssen, und vergessen dabei, daß wir eigentlich die ganze Zeit über schon jemand *waren* und es auch gegenwärtig noch *sind. „Es gibt das Sein, aber der Mensch glaubt, es gäbe nur das Werden"* (Faktor 27).
Ein Mangel an Glücksgefühl und der Wunsch sich zu verändern zeigen sich nur, wenn man den Kontakt zu seinem eigenen „höheren", unsterblichen Selbst verloren hat. In den Faktoren 14 und 28 wird vorgeschlagen, wie man die Verwobenheit des Thetans mit Mest auflösen könnte: Indem man nämlich seine Fähigkeit, Thetaquanten frei zu erschaffen und zu entschaffen, rehabi-

litiert, ihn darin bestärkt, jedes beliebige Partikel zu starten, zu verändern und zu stoppen, und ihn in die Lage versetzt, das Mest-Universum ingesamt zu bewundern, jeden Zustand, jede Kreation, sogar jedes einzelne Thetaquantum darin – denn nur dies würde zur Entschaffung von unerwünschten Zuständen und Kreationen führen. Es genauso zu sehen, *wie es ist*, und es zu bewundern, bewirkt, daß es puff! macht und verschwindet. *„(. . .) Bewunderung ist so stark, daß schon allein ihre Abwesendheit Fortdauer möglich macht."* (Faktor 14.)
Am Rande bemerkt – das hier Gesagte wird im Grunde in jeder Auditiersitzung praktiziert, denn dort entschafft man normalerweise unwillkürlich erschaffene geistige Massen mit dem einzigen Mittel, sie exakt so zu sehen, wie sie sind und somit „in Stücke" zu bewundern. Dieser Prozeß funktioniert auf der Grundlage von Affinität. Im Sinne von Resonanz ausgedrückt, bedeutet das, daß man ein gegebenes Schwingungsmuster exakt dupliziert und erneut und freiwillig in dessen ureigenem Raum und dessen ureigener Zeit wieder-erschafft, was in diesem Universum unweigerlich dazu führt, daß sich die beiden Phänomene gegenseitig auslöschen (Ax. 12, 15, 16). (Was übrigens voraussetzt, daß man andere, die als vormalige Mitschöpfer zum Vorhandensein der in Frage stehenden Massen beigetragen haben, als solche erkennt und akzeptiert. Wie schon gesagt, ist das Unterlassen der korrekten Differenzierung zwischen einem selbst und anderen als möglichen Miterschaffern der Hauptgrund, warum wir glauben, wir müßten so viel Solidität erleben und erleiden.)
Um das Kapitel der Faktoren abzuschließen – es gibt noch zwei weitere, 29 und 30, mit allgemeinen philosophischen Aussagen, die uns aber an dieser Stelle nicht zu interessieren brauchen. Aber bevor wir mit diesem Thema abschließen, sollte noch gesagt sein, daß die Faktoren nicht für alle Thetans gleichmäßig relevant sind und die in ihnen dargestellte historische Entwicklung nicht unbedingt von allen Thetans in gleicher Schärfe erlitten worden ist. Jeder Thetan ist unterschiedlich. Jeder Thetan ist an

seinem eigenen Punkt in dieser Abwärts-Spirale, oder vielleicht ist er sogar schon in einer Aufwärts-Spirale begriffen und auf dem Weg hinaus. Es ist auch nicht so, als hätten wir alle zum selben Zeitpunkt angefangen und wären durch diese ganze Entwicklung im gleichen Schritt und Tritt miteinander gegangen. Persönlich sehe ich das so, daß alle Phasen der in den Faktoren dargestellten Entfaltung gleichzeitig im Hier und Jetzt existieren. Es gibt ein dauerendes Kommen und Gehen von Thetans, deren jeder mit unterschiedlicher Bewußtheit und Fähigkeit ausgestattet ist, und einige von ihnen sind vielleicht zu diesem spezifischen, von den Faktoren beschriebenen Universum aus anderen, nicht von den Faktoren beschriebenen Universen gekommen, die möglicherweise parallel zu diesem hier existieren, oder entsprangen direkt der statischen Ebene als lautere Manifestationen der „Ursache". (Einige Auditiersitzungen gaben Hinweise hierfür. Im Sanskrit werden solche Thetans „Avatars" genannt.)

Nun zurück zu unserer Ausgangsfrage: „Wer schuf den Äther?" Nun, wenn es wahr sein sollte, daß Äther, Akasha, Ch'i oder Prana in dieselbe Kategorie gehören wie Hubbards Thetaquanten, dann wäre die Antwort, daß diese Energiefelder nicht „schon immer" existierten, sondern von jedem miterschaffen wurden, der jemals am Mest-Universumsspiel teilnahm. Eine riesige Gemeinschafts-Kreation!

„Es erweist sich, daß das Mest-Universum auf einer sehr hoch angesiedelten Übereinkunft zwischen uns beruht. (. . .) Die Realität des eigenen Universums ist dann armselig, wenn man sich in einem komaähnlichen Zustand der Übereinkunft mit dem Mest-Universum befindet. (. . .) (Ein Thetan) *ist in guter und aktiver Verfassung in direktem Verhältnis zu dem Grad, wie er diesen Strom von Übereinkünften durchbrechen, seine eigenen Strömungen einrichten und damit sein eigenes Universum erschaffen kann. Die Wertschätzung, die man dem Mest-Universum gegenüber hat, ist praktisch immer die Energie, die man selbst auf das Mest-Universum plaziert, in anderen Worten, die eigenen Illusionen. Wenn einer seine Hoffnungen und Träume verliert*

(seine Illusionen), dann deswegen, weil er seine Fähigkeit verloren hat, Energie zum Mest-Universum zurückzuverströmen und sich daher von der Energie abhängig macht, mit der ihn das Mest-Universum bedrängt." [5]

ENTSCHAFFEN DES UNIVERSUMS

Selbst bis zur Dichte von physischem Mest zusammengequetschte Thetaquanten sind „lebendig" genug, um Kommunikation zu geben und zu empfangen. Dafür gibt es viele Beispiele. Einige Leute können so intim mit Metallen kommunizieren, das sie es fertigbringen, Löffel und Eisenstangen zu verbiegen, ohne sie auch nur anzufassen; Tiere können Lawinen und Erdbeben vorausempfinden; Bergleute in früheren Zeiten fragten beim Auffinden von Erzadern Gnome um Rat; Wüstenvölker wie die australischen Ureinwohner haben einen sechsten Sinn für unterirdische Wasservorkommen; Geomanten (Leute, die Kraftfelder unter dem Boden erkennen können) pflegten die Bauplätze für Kathedralen, Klöster und Kapellen im mittelalterlichen Europa zu bestimmen. Noch heute lebt dies in dem chinesischen Brauch des „Feng Shui" weiter, wo verlangt wird, daß man den Erddrachen konsultiert, bevor man sein Haus baut, damit das Kräftegleichgewicht zwischen Yin und Yang gewahrt bleibt. Das Energiefeld der Landschaft ist hierbei zu berücksichtigen und durch die geschickte Plazierung von Gebäuden, Gräbern, Mauern und Straßen zu verstärken, statt zu zerstören [22].

Sogar die Naturwissenschaften bestätigen die Lebendigkeit von „toter Materie". Zu Anfang des 20. Jahrhunderts demonstrierte der große indische Wissenschaftler Sir Jagadis Chandra Bose, daß Metalle vergleichbar mit organischem Gewebe reagieren, wenn man sie mit Hertz-Wellen reizt oder mit Drogen behandelt, und zwar in solchem Grad, das sogar Experten Schwierigkeiten hatten, die Verlaufskurven von organischem und nichtorganischem Material auseinander zu halten. Streß und Anspannung

zeigten sich in beiden Fällen graphisch auf ähnliche Weise. Bose schloß, daß es keine klare Grenze zwischen dem Organischen und Anorganischen gäbe [6, 10]. In den Worten Hubbards: *„Mest dauert fort und verdichtet sich in dem Maße, wie man ihm kein Leben zubilligt."* (Ax. 52)
Vielleicht sollten wir uns einmal in geraffter Form die Implikationen von Hubbards Weltsicht vor Augen führen. Wenn alle Existenzzustände tatsächlich nur durch Verantwortungslosigkeit herbeigeführt wurden, wenn Materie, Energie, Raum und Zeit erzwungene und nicht „natürliche" Zustände sind, dann wäre – falls jeder Thetan Verantwortung für seinen Anteil an der Gesamtschöpfung übernähme – die letzte Konsequenz hiervon, daß sich das physikalische Universum auflöst und jedes Teilchen dahin zurückkehrt, wo es hergekommen ist, nämlich ins Nichts.
Um die Verdaulichkeit dieses Gedankenganges zu fördern, ist es vielleicht hilfreich, darauf zu verweisen, daß Hubbard nicht der Einzige ist, dem es solche gewaltigen Zielsetzungen angetan haben. Siddartha Gautama, der historische Buddha vor 2.500 Jahren, machte sich auf, „alle fühlenden Wesen" von Samsara zu befreien, dem Rad der Wiedergeburten. Diese Absicht wurde über die Zeiten hinweg von den religiösen Führern und Lehrern Indiens, Chinas und Japans aufrechterhalten, unter ihnen der Dalai Lama, der gegenwärtig zum vierzehnten Mal reinkarniert ist, um in dieser Mission unterstützend zu wirken, oder der tibetische Karmapa, der mittlerweile auf eine ununterbrochene Kette von sechzehn Reinkarnationen (etwa 800 Jahre) im Zusammenhang mit seiner Aufgabe zurückblicken kann.
Manche Leser sind vielleicht über den Zeitaspekt solcher Unternehmungen verwundert, und es läßt sich tatsächlich nicht leugnen, daß hierbei recht große Zeiträume eine Rolle spielen. Doch für den Geist gibt es keine Zeit, wie wir gesehen haben, und da ein „Zeitalter Brahmas" (die Lebensspanne eines gesamten Universums) nach vedischer Berechnung ungefähr 314 Billionen Jahre dauert, steht offensichtlich Zeit im Überfluß zur Verfügung, und es gibt keinen Grund, nervös zu werden [6].

1.4 Gott und die Unendlichkeit

ATHEISMUS * MONOTHEISMUS *
DER STATISCHE UND DIE DYNAMIKEN *
ZWEI GRUNDRECHTE

Bezüglich des wahren Wesens Gottes bestehen in vielen Kulturen drei Sichtweisen nebeneinanderher – eine polytheistische, wo man annimmt, das viele Götter über verschiedene Aspekte des Lebens wachen, eine monotheistische, wo der Eine Gott als einzige Quelle das Leben des Menschen bestimmt, und eine atheistische, wo man Gott nicht als personifiziert betrachtet, sondern als einen Zustand, der sich erleben läßt. (Was aber durchaus nicht heißt, daß Atheismus, obwohl er die Existenz einer Gottperson abstreitet, deswegen unreligiös sein muß, siehe Buddhismus.)

Nehmen Sie z.B. das Christentum – dort betont die Priesterschaft die unfragliche Dominanz des Einen Gottes (Monotheismus), doch gleichzeitig ziehen die Leute es vor, Jesus oder noch viel lieber die Jungfrau Maria oder ihren örtlichen Heiligen anzubeten, weil ein örtlicher Heiliger mit Heilkräften immer noch eine sicherere Sache ist als ein abstrakter Gott (was auf Polytheismus hinausläuft), und wiederum gleichzeitig findet man den christlichen Mystiker, der in seiner „unio mystica" den Gotteszustand leibhaftig erfährt und ihn als unbeschreibbar, mit Worten nicht erfaßbar betrachtet (Atheismus). Deswegen sieht die Priesterschaft ihn als Häretiker an und verbrennt ihn pflichtgemäß auf dem Scheiterhaufen.

Ähnlich ist es im Hinduismus und Buddhismus, beide essentiell atheistisch, wo vordergründig Dämonen und Halbgötter in unfaßbar großer Zahl verehrt werden (Polytheismus). Doch geht man dort nicht soweit, eine einzige Gottheit als Wächter über das Schicksal der Welt zu postulieren (wie im Monotheismus).

In dem langen Kapitel über „Seele und Körper" wurden verschiedene psychologische Modelle behandelt – Franz Bardon,

Hunas, Hindus, Buddhisten, Hubbard – und alle waren atheistisch! Wir stießen auf nicht ein einziges monotheistisches nach Art des Judaismus, Christentums und Islams. Diese Unterlassung können wir natürlich nicht einfach so stehenlassen und machen uns deswegen daran, den Gegenstand näher zu untersuchen. Wir werden kurz zusammenfassen, was wir bereits über den Atheismus wissen, dann einige Gedankengänge zum Monotheismus hinzufügen und parallel dazu Vergleiche mit Hubbards Lehren ziehen.

ATHEISMUS

Franz Bardon stellte sich vor, daß Akasha „Gott" bedeute (im überpersönlichen Sinne) und sich in jedem Menschen als sein unsterblicher Geist oder „Ich" manifestiert. Akasha bildet den „Mentalkörper" des Menschen, seine subtilste Seinsform. Auf einer gröberen Ebene gibt es den „Astralkörper" und noch weiter unten den leiblichen Körper. Diese drei Körper sind durch „Mentalstoff" miteinander verbunden.

Ähnlich die Hunas, bei denen der unendliche Aspekt des Menschen (höheres Selbst) in das Spiel des Lebens eingebunden ist (mittleres Selbst) und sich dabei mit Körper und GE identifiziert (niederes Selbst). Kommunikation zwischen diesen drei Körpern vollzieht sich durch „Schattenstoff" (Mana) und Postulate. Über das Mana ist das mittlere Selbst des Menschen mit Objekten, Ereignissen und Menschen seiner Gegenwart, Vergangenhéit und Zukunft verbunden und gleichzeitig, oberhalb der Ebene von Mana, als höheres Selbst mit allen anderen unendlichen Wesen – ein „Überlappen als Unendlichkeiten", wie wir es bei Thetans in ihrem statischen Zustand nannten.

Weitere Parallelen zu dieser Dreiheit erscheinen in den Veden, der Quelle des Hinduismus und Buddhismus. Im Hinduismus steht über allem Weltlichen der „Atman", der unsterbliche Geist des Menschen. Ein Teil des Atman identifiziert sich mit Körper, Verstand und Ego und lebt somit in einer Welt der Dualität. Die-

ser Aspekt des Atman heißt „Jiva". Atman ist die Quelle aller Gedanken; Jiva aber identifiziert sich mit Gedanken. Jiva glaubt er *sei* sein Verstand; Atman aber ist *oberhalb* der Ebene von Verstand. Atman entspricht dem Statischen Hubbards, dem unmanifestierten Potential eines Thetans; Jiva entspräche dem Thetan, der sich als Sein und Energiepulsierung verwirklicht.
Atman ist wiederum eine Manifestation von „Brahman", dem Absoluten, der Unendlichkeit jenseits aller Gedanken, Worte oder Vorstellungen. Brahman wäre in Hubbards Terminologie die „Koexistenz des Statischen" (Ax. 25), ein „Nichts mit einer Qualität, einem Potential"[1]. Um „Nirvana zu erreichen" und Atman mit Brahman zu verschmelzen (als Thetan in den statischen Zustand einzutreten), ist Jiva, der Drang nach Ego, offensichtlich sehr im Weg und muß überwunden werden. Bedeutet dies etwa, daß man zum Zeitpunkt der Erleuchtung (Samadhi) ausgeblasen wird wie eine Kerze und „eins wird" mit einem riesigen anonymen Nichts? Nein.
Über die Beziehung zwischen dem „individuellen Statischen" (Atman) und dem „allgemeinen Statischen" (Brahman), sagte der indische Philosoph Shankara im 7. Jahrhundert: „Es muß eine Existenz, eine Realität geben, die den Ich-Sinn und seine Umhüllungen erkennt und sich ebenso der Leere bewußt ist, die durch ihre Abwesenheit entsteht. (. . .) Wer dies erfahren kann, ist sich seiner Selbst bewußt. Ohne einen Erfahrenden kann es keine Bewußtheit des Selbst geben. Der Atman ist sein eigener Zeuge, denn er ist sich seiner selbst bewußt. Der Atman ist niemand anders als Brahman."[23] Thetan und der Statische sind somit „aus demselben Holz geschnitzt", sie erleben „Sat-Chit-Ananda", die absolute Freude (Ananda) über absolutes Bewußtsein (Chit) und absolutes Sein (Sat).
Das nun folgende Zitat erfaßt dies auf wunderschöne Weise. Wenn man das Wort „Sein" durch „Statisch" ersetzte, klänge es wie ein Vortrag zu Hubbards Axiomen, stammt aber in Wirklichkeit aus der Feder von Maharishi Mahesh Yogi: „Die Grundlage von Gedanken-Energie nennen wir den Zustand des Seins.

Daher sind Sein und das Absolute synonym. (. . .) Unterhalb der subtilsten Schichten von allem, das im Feld der Relativität existiert, ist das abstrakte, absolute Feld des reinen Seins, das sowohl unmanifestiert wie auch transzendental ist. Es ist weder Materie noch Energie. Es ist reines Sein, der Zustand reiner Existenz. (. . .) Existenz ist abstrakt; das aber, was existiert, ist konkret. (. . .) Obwohl die Eigenart von Karma und das Wesen des Seins unvereinbar sind, ist es dem Menschen möglich (. . .) im Bereich von Handlung zu leben und doch gleichzeitig ein Leben ewiger Freiheit im verzückten Bewußtsein absoluten Seins zu verbringen. Es ist dem Menschen möglich, mit vollem Interesse in der Welt zu handeln und auch gleichzeitig im Gottesbewußtsein zu leben und damit die Werte der absoluten und der relativen Existenz zu vereinen." „Wenn der bewußte Verstand die subtilsten Ebenen des Denkens transzendiert, transzendiert er auch die subtilsten Zustände relativer Erfahrung und langt im transzendentalen Sein an, dem Zustand reiner Bewußtheit oder Selbst-Bewußtheit." [24]

Laut Maharishi und Shankara sind wir auf der Ebene des Absoluten, des Statischen, also nicht „alle eins". Hubbard würde da zustimmen. In charakteristischer Knappheit drückt er diesen Gedanken so aus: *„Ein Thetan* (d.h. der Statische) *ist einfach du, bevor du dich selbst hingezaubert hast."* [1] Mit anderen Worten: was man zu sein scheint, liegt weit unterhalb dessen, was man eigentlich ist. Und mit Bezug auf „eins sein" und „eins mit dem Universum sein", sagt Hubbard: *„Die Leute glauben, es gäbe so etwas wie eine Gesamtmenge von Theta und jeder würde eins, wenn er zur Spitze der emotionellen Stimmungsleiter hochklettert. Glücklicherweise ist dies nicht der Fall. Wenn sie aber die Tonskala nach unten gehen, wird tatsächlich jedermann eins. Und dieses Eins-Sein ist Mest. Innerhalb von Mest gibt es keine Individualität irgendwelcher Art." „Einer der für Thetans verwendeten Kontrollmechanismen ist, daß sie zu dem Glauben verleitet werden, eins mit dem Universum zu sein, wenn sie in ihrem Potential wachsen. Dies ist ganz entschieden unwahr. Thetans*

sind Individuen. Sie verschmelzen nicht mit anderen Individualitäten, wenn sie die Stimmungsskala nach oben gehen."[1]
Offensichtlich sind wir also nicht alle zusammen eine große statische Suppe. Der Thetan, seiner Bewußtheit bewußt, ist immer er selbst – selbst wenn er sein „Ego" hinter sich gelassen hat. Schön, aber was hat man davon? Um was geht es so einem Statischen eigentlich? „Das Erschaffen einer Wirkung", sagt Hubbard (Faktor 1) – aber welcher Wirkung? Der Hinduismus gibt darauf die gelassene Antwort, daß alle Atmans zusammengenommen, so wie sie ihre Spiele spielen und die Illusion einer „realen Welt" (Maya) erschaffen, nichts weiter sind als Brahman, der mit sich selbst spielt („Lila"). Dies findet seine verblüffende Entsprechung in Hubbards Axiom 39: *„Das Leben stellt Probleme zu seiner eigenen Lösung."*
Wenn nun die letzte Wahrheit etwas Statisches ist (Ax. 35) und wenn das Spiel des Lebens aus dem einzigen Grunde gespielt wird, um eben ein Spiel zu spielen – was für einen Sinn hat dann alles. . . ? (Hier braucht man eine Menge Havingness, um der Antwort ins Auge sehen zu können, nicht wahr?)
Lassen Sie uns nun eine andere Form des Atheismus betrachten, den Buddhismus – auch seine Fundamente sind die Veden, und so finden wir hier vertraute Prinzipien, wenn auch mit unterschiedlicher Terminologie. Der Buddhismus gibt sich im Vergleich zum blumigen und überschwenglichen Hinduismus sehr schmallippig, spricht weder von Atman noch von Brahman noch davon, mit Gott eins zu werden; er schweigt bei allem, wovon sich ohnehin nicht sprechen läßt. Im Moment des Erwachens (Satori), wenn man seine „wahre Buddha-Natur" erkennt, findet man einfach Leere vor (Shunyata). Und diese seine Buddha-Natur läßt sich im Grunde auch gar nicht „erreichen", da man sie ja sowieso hat; allenfalls kann man zu ihr erwachen. Wer es schafft, diesen Zustand der Wachheit, genannt „Bodhi", zur Gewohnheit werden lassen, ist ein Buddha, ein „Erwachter".
Trotz aller Bemühungen Buddhas, möglichst viel zu schweigen und die Dinge einfach zu halten, setzten doch die unausbleib-

lichen philosophischen Differenzierungen ein, und zu guter Letzt hielt unsere vertraute Dreiheit doch wieder ihren Einzug. Die Ur-Leere (Shunyata) wurde im Laufe der Zeit in drei geistige „Körper" unterteilt, der höchste bezeichnet absolutes Wissen (Dharmakya), der mittlere bezieht sich auf die Freude beim Erkennen absoluter Wahrheit (Sambhogakaya), der niedrigste ist die Anwendung von Wahrheit und Ethik in der Welt (Nirmanakaya). Tibetische Medizinalphilosophie, eine buddhistische Disziplin, ist ebenfalls um den Grundgedanken der Dreiheit herum gebaut. Das höchste Prinzip, „Chi", ist jenseits von Raum und Zeit, statisch und stellt das Potential für alles dar, was jemals sein könnte. Dem Chi folgt „Shara", der Wille, zu schaffen und zu formen. „Badgan", die dritte Komponente, ist die zu formende Substanz. Die Kombination von Chi, Shara und Badgan ist die Voraussetzung für Leben – eine uns mittlerweile vertraute Formel [25].

MONOTHEISMUS

Katholizismus und Islam, beide tief im Alten Testament verwurzelt, lassen sich als Variationen einer noch älteren monotheistischen Religion betrachten – des Judaismus. Sowohl das Neue Testament wie auch der Koran sind in der Schuld des Talmud [26]. Sie stimmen mit Bezug auf den Einen Gott überein, der nicht so sehr ein Prinzip, ein namenloses Kraftpotential wie Brahman ist, sondern eine klar gezeichnete Persönlichkeit und zudem eine sehr fordernde, die keine anderen Götter neben sich duldet, durch ihre Propheten Moralkodizes übermittelt, den Gläubigen straft, diszipliniert und ihm Prüfungen auferlegt, die seinen Glauben auf die Probe stellen sollen. Gewiß ist „JHVH", der wahre Name des jüdischen Gottes, unaussprechlich wie auch unbegreifbar, doch entfließen ihm sehr konkrete Richtlinien und Vorschriften, die das Leben des Gläubigen bis ins kleinste regeln. Die Erscheinungsformen Gottes, sogar im Monotheismus, sind vielfältig – da ist der Gott der Genesis, der die Welt erschuf, der Gott

Moses, der die Israeliten zu seinem auserwählten Volk machte, der zürnende Gott der Propheten – Ein Gott in jedem Falle, gewiß, aber ist es auch immer derselbe?
Was die Kommunikation mit Gott angeht, sind sich die drei Monotheismen über ein System von Relaispunkten zwischen Gott und den Menschen einig. Es verläuft von Gott zu einem Erzengel und von dem zu einem Propheten, der den Menschen mitteilt, was Gott ihnen zu sagen hat. Nach dem Tod des Propheten übernimmt eine Priesterschaft seine Rolle, um Gottes Wort der Gemeinde gegenüber auszulegen.
Hinduismus und Buddhismus sind der Auffassung, daß sich die eigene geistige Natur durch gezielte Bemühungen erkennen läßt, z.B. durch Yoga und Meditation. Im Gegensatz dazu lehrt der Monotheismus, es gäbe eine fundamentale Dualität zwischen dem Menschen und Gott, die von dem religiös Suchenden unmöglich zu überbrücken sei, denn einen Faktor könne er absolut nicht beeinflussen, nämlich die „Gnade Gottes". Die Gnade Gottes („Bechinam" auf Hebräisch) kommt, wenn sie kommt, man kann nichts dazu tun.
Doch trotz aller Dogmen und Doktrine haben es Freidenker und Mystiker immer und gegen alle Regeln fertig gebracht, einen Weg zur Gotteserfahrung zu finden – und sie fanden dabei *keine* spezifische Persönlichkeit namens „der Eine Gott im Himmel". Wirklich sehr gefährliche Leute (vom Standpunkt der Priesterschaft her). Im Judaismus waren dies die Kabbalisten, im Islam die persischen Sufis. (Direkt an Persien grenzt Indien – ein bloß zufälliges Zusammentreffen?) Mit Hilfe ihrer Praktiken gelang es diesen Mystikern, die nur scheinbare Dualität zwischen Mensch und Gott zu transzendieren und mit Gewißheit „in Gott" zu sein – die „mystische Union", auf die auch die christlichen Einsiedler des Mittelalters so hart hinarbeiteten.
Der Mystiker, der den dauerhaftesten Eindruck hinterließ, ist natürlich Jesus Christus selbst. Es ist hier nicht der Ort, darüber zu spekulieren, ob er tatsächlich eine historische Persönlichkeit war, ob er bei den Essenern studierte, die ihr Wissen wiederum

von den buddhistischen Mönchen bezogen, die der Kaiser Akosha ungefähr 250 v.Chr. in den mittleren Osten geschickt hatte, oder ob „Jesus Christus“ nicht einfach einen Bewußtseinszustand bezeichnet. Ganz gleich, ob das Neue Testament ein dokumentarischer Bericht oder eine großartige Metapher ist, was ganz allein zählt, ist, inwieweit es vom Alten Testament, von Judaismus, Katholizismus und Islam differiert. Einige Worte von Christus haben einen deutlich buddhistischen Beigeschmack, eine verblüffend atheistische Note. Man höre: „Die Füchse haben Gruben und die Vögel unter dem Himmel haben Nester; aber des Menschen Sohn hat nicht, da er sein Haupt hinlege“ (Matth. 8,20). Was er da „nicht hat“, dieses Nirgendwo, ist das die „Leere“ (Shunyata), die man nach Bodhi erkennt, nach dem Erwachen? Oder nehmen wir dieses: „Glaubt mir, daß ich im Vater und der Vater in mir ist“ (Joh. 14,11). Wenn man hier „Vater“ mit „Statisch“ oder „Dharmakaya“ ersetzt, würde dies tatsächlich sehr buddhistisch klingen und keinesfalls alttestamentarisch! Oder vielleicht dieses Wort: „Ich bin der Weg und die Wahrheit und das Leben; niemand kommt zum Vater denn durch mich“ (Joh. 14,6). Nun durchaus! Wenn Christusbewußtsein ein Zustand ist, dann führt kein anderer Weg zum Erwachen als der durch ihn hindurch (durch den *Zustand*, nicht durch die *Person* Christus) – ein Gedanke, der in dem Ausspruch des christlichen Mystikers Meister Eckhard aus dem 14. Jahrhundert sein Echo findet, der da sagt: „Gott sehen, ist *wie* Gott sehen“, der von Gott als „luther nicht“ (lauterem Nichts) spricht und der sich nicht in der Lage sieht, seine unio mystica anders als mit Hilfe von Zen-Paradoxen zu beschreiben. Äußerst ketzerisch, kein Zweifel!

DER STATISCHE UND DIE DYNAMIKEN

Um es zusammen zu fassen: Mystiker im Osten und Westen stimmen darin überein, daß es einen statischen Zustand gibt, der zwar in sich selbst ohne Bewegung ist, aber dynamische Bewe-

gungen verursacht und damit das Rauf und Runter des Lebens. Obwohl dieser Zustand gewöhnlich in der westlichen Literatur mit „Gott" übersetzt wird (auf dem Hintergrund von zweitausend Jahren Katholizismus), ist er dennoch nicht notwendigerweise mit der im Alten Testament erwähnten Gottheit identisch.
Zuvor sahen wir, daß Gott, Brahman oder Dharmakaya eine ungeheure, superindividuelle Einheit repräsentieren, die „Koexistenz des Statischen". In dem Maße, wie man vom Statischen „abfällt" und das Reich von Affinität, Realität und Kommunikation betritt, wird man zu einem verwirrten und verlorenen Geist.
„Affinität ist auf einer Skala von Einstellungen angesiedelt, wobei man durch das Dazwischenschieben von Distanz und Energie von der Koexistenz alles Statischen abfällt, Identität schafft und schließlich, ganz unten, im engen Beieinander aber voller Rätselhaftigkeit (mystery) endet.
(Erklärung: Sowohl durch das Praktizieren wie auch das Verweigern des Seins vollzieht sich zunehmende Vereinzelung („individuation"), und zwar von der Gewißheit vollständiger Identifikation abwärts durch die Einführung von immer mehr Distanz und immer weniger Duplikation (...) bis hin zur Nicht-Gewißheit (Rätselhaftigkeit)." (Ax. 25)
Diese Zeilen stellen eine weitere Formulierung der schon in den Faktoren erwähnten „Abwärts-Spirale" dar. Aus praktischen Gründen gliederte Hubbard das Spiel „unterhalb des Statischen" in acht **Dynamiken** und unterteilte damit das Leben in acht Spielfelder von unterschiedlicher Größenordnung und Verantwortlichkeit. Da wir dieses Konzept noch weiterhin in diesem Buch benötigen werden, sollten wir es hier kurz umreißen.
Von oben nach unten gelesen beschreiben die acht Dynamiken die Entstehung eines Universums und bilden somit eine Parallele zu den Faktoren. Der Statische, ein unendliches Potential, manifestiert sich als erstes als Gedanke. Er kann Gedanken schaffen, verändern und entschaffen. Dies ist die subtilste aller dynamischen Aktionen, die man überhaupt unternehmen könnte; sie entspricht der höchsten Dynamik von allen, der achten. Als Ergeb-

nis entsteht das Sein, das Gedankenwesen, das wir Thetan nennen (Ax. 1, 2, 11).
Ich, der Denker, der ich die Ursache meiner eigenen Gedanken bin, stehe damit notwendigerweise außerhalb ihrer. Ich bin ein Statischer außerhalb aller Dynamiken. Indem ich Postulate und Konzepte (Gedanken) forme, erschaffe ich mein Spiel, falle damit aus dem Bereich des „reinen Statischen" heraus und werde ein Gedankenwesen, ein Thetan. Tatsächlich bin ich aber beides – zumindest, solange ich das nicht vergesse (Dn Ax. 1, 2; Ax. 25).
Als nächstes, und in dem Verlangen, sichtbare Effekte zu schaffen, produziere ich Thetaquanten und damit geistiges Mest (7. Dynamik). Durch Interaktion mit einer Anzahl anderer Thetans entstehen Co-Kreationen. Wird die Frage: „Wer hat was geschaffen?" aus Unverantwortlichkeit nicht mehr beantwortet, so verbleiben Thetaquanten in falschen Händen und mentale (oder „astrale") Kreationen häufen sich auf und verfestigen sich. Durch weitere Übereinkunft und teilweise auch aus Hilflosigkeit wird ihre Verfestigung weiter und weiter getrieben, bis hin zur Dichte des physischen Mest (6. Dynamik). Kombiniert man nun geistige Entitäten, wie etwa GE und Thetan (7. Dynamik), mit materiellen Objekten, wie etwa Körpern (6. Dynamik), so erhält man organisches Leben (5. Dynamik). Dieses existiert auf der 4. Dynamik als Großpopulationen verschiedener Arten (Menschen, Tiere, Pflanzen); auf der 3. Dynamik ist es als Untergruppen (Rassen) innerhalb einer Art organisiert. Um die Zukunft einer bestimmten Rasse auf physischer Ebene zu sichern, tun sich Körper zusammen und erschaffen neue Körper (2. Dynamik); diese kommen gewöhnlich als egozentrische kleine Individuen (1. Dynamik) auf die Welt, bevor sie anfangen, sich nach oben zu arbeiten, hin zur Unendlichkeit.
Jede Dynamik wird von zwei Betrachtungsweisen durchzogen und modifiziert – einer ethischen und einer ästhetischen. Ethik bedeutet, die „richtige Entscheidung innerhalb eines gegebenen Zusammenhangs" zu treffen und auf diese Weise zu einer „optimalen Lösung" zu kommen, die idealerweise alle betroffenen

Parteien zufriedenstellen sollte (Dn Ax. 193). Die aus einer solchen Lösung erwachsende Ordnung wäre innerhalb des gegebenen Zusammenhangs optimal und wirkte daher ästhetisch. Einige Kompositionen von Bach und Mozart, einige Gemälde von Dürer und Rembrandt, einige indische, japanische oder afrikanische Skulpturen bestehen aus einer solchen Reihe von richtigen Entscheidungen. Veränderte man auch nur eine Note oder einen Pinselstrich, wäre das Resultat weniger überzeugend als das Original. Was beweist, daß Ethik (richtige Entscheidungen innerhalb eines gegebenen Zusammenhangs) zu Ästhetik führt. Das eine folgt aus dem anderen.
Da diese beiden modifizierenden Betrachtungsweisen dynamische Kraft eigener Art haben, bezeichnete sie Hubbard als „9. Dynamik" für Ästhetik und „10. Dynamik" für Ethik[1].

ZWEI GRUNDRECHTE

Nun – welche Entscheidung ist denn eigentlich eine „richtige" Entscheidung? Würde man Entscheidungen lediglich daran ermessen, welchen Grad an Zufriedenheit oder Unzufriedenheit sie in den Teilnehmern eines bestimmten Spieles hervorrufen, und zieht man zudem in Betracht, daß a) die meisten Spiele (außer im Sport) keine Regeln haben und b) Zufriedenheit und Unzufriedenheit nicht unbedingt immer erleuchteter Natur zu sein pflegen, sondern c) zumeist auf Rechthaberei und Holzköpfigkeit beruhen, so stehen die Chancen gut, daß man auf einem solchen Hintergrund zu recht armseligen „optimalen Lösungen" kommen wird – zu selbstgerechten, moralistischen und kurzsichtigen, die sich auf die Zukunft fatal auswirken und zu nichts anderem führen, als daß man hinterher knietief durch mieses Karma watet. Gewiß für keinen optimal, nicht einmal für die Entscheidungsträger selbst.
Anhand welcher Maßstäbe läßt sich also ethische Richtigkeit erfassen? Hubbard formulierte sie als die „Zwei Rechte eines The-

tans“: 1. Das Recht auf Selbstbestimmtheit, 2. das Recht, ein Spiel zu verlassen [27].

An einem Spiel teilzunehmen ist niemals ein Problem, aber eines zu verlassen, sehr oft! Daher wäre jeder Gedanke oder jede Aktion, die die Selbstbestimmtheit einer Person oder ihre Freiheit, ein Spiel zu verlassen, beschneiden, ganz strikt als unethisch zu betrachten. Der Weg zurück zum Ursache-Sein, zum Statischen, darf niemandem verwehrt werden, unter keinen Umständen. Und da wir uns ja schließlich alle auf der statischen Ebene treffen, zählt jeder einzelne Gedanke, von jedem – nicht nur unsere Aktionen! Jeder von uns, indem er Gedanken denkt, trägt zu der Gesamtstimmung des Spiels bei, in dem wir alle Mitspieler sind.

Wollten wir ein ethisches und damit ästhetisches Spiel haben, eines, in das man leicht einsteigen, bei dem man leicht mitmachen und aus dem man auch leicht wieder aussteigen kann, so müßten wir sicherstellen, daß alle Postulate innerhalb dieses Spieles den Zwei Rechten aufs engste entsprechen.

KAPITEL 2

Scientologie – Wissenschaft oder Science-Fiction?

2.1 Das Auditieren im Vergleich zu traditionellen Verfahren

MEDITATION UND AUDITIEREN *
SCHAMANISMUS UND DIANETIK *
ZUR UMWANDLUNG UND ENTSCHAFFUNG VON ENERGIE

MEDITATION UND AUDITIEREN

Philosophisch gesehen, scheinen Hinduismus, Buddhismus und Scientologie recht eng miteinander verwandt zu sein. Haben sie aber auch in praktischer Hinsicht etwas gemeinsam? Meditierer z.B. finden oft nichts über ihre vergangenen Leben und die karmischen Gründe für ihr gegenwärtiges Leben heraus; oft erkennen sie nicht, welchen Inhalts die üblen Dämpfe sind, die sie im Licht ihrer Mantren verbrennen. In den Selbsterkenntnis-Systemen von Yogananda und Maharishi wird dies nicht als Nachteil betrachtet; man hält es einfach nicht für notwendig – beim Auditieren jedoch könnte man nicht auskommen, ohne das Bild genauso zu sehen wie es ist, mit allen Klängen, Gerüchen, Anblicken, Bewegungen der Beteiligten, der genauen Zeit, des genauen Ortes, der Umstände und des Ablaufs der Ereignisse. Es zu sehen, wie es ist, ist *die* Voraussetzung, um die unerwünschte emotionelle Energie darin aufzulösen.
In beiden Disziplinen ist bekannt, das man einem Bild um so mehr Energie zuführt, wie man ihm Aufmerksamkeit schenkt und es damit entsprechend aufbläst. Beim Auditieren ist dies

wünschenswert, da man ein Bild ja buchstäblich bis zum Anschlag restimuliert, der Auditierte es in jeder Hinsicht anschaut, es mit allen damit verbundenen schmerzhaften Dramatisierungen durchgeht, herausfindet, daß er davon nicht erschreckt werden kann und zuguterletzt darüber lacht. Demgegenüber ist in der Meditation das Aufblähen von Bildern zur vollen Größe unerwünscht, da es den Meditierer von seinem Mantra abzulenken pflegt. Man erwartet von ihm, daß er bei seinem Mantra bleibt und so einen sicheren und liebevollen Raum schafft, in dem das Bild dahinschmilzt wie eine Wachspuppe des Teufels vor einem elektrischen Heizofen.

Man könnte argwöhnen, daß das Mantra als Kissen dient und einen bequemerweise davor schützt, die Bilder der Bank so direkt anzuschauen, wie es beim Auditieren üblich ist; auf der anderen Seite ließe sich Mantra-Meditation auf der Basis verteidigen, daß man sagt, daß ohne das Mantra die Bank gar nicht erst aktiviert würde – so oder so, das Auditieren wie auch die Meditation funktionieren auf dem Prinzip von Havingness. Havingness, um es zu wiederholen, ist die Fähigkeit zu „Haben", was einem die Sinne oder der Verstand zuspielen, ohne jeglichen Versuch, davor wegzurennen oder dagegen anzugehen. Man versetzt sich in die Lage zu „Haben", was immer geschehen mag; wie jeder gute Surfer, geht man *mit* der Welle anstatt dagegen. Wie auch bei jeder anderen Fähigkeit, ist Havingness nicht entweder da oder nicht da, sondern eher mehr oder weniger da. Meditation und Auditieren dienen beide dem Aufbau von Havingness. Sie verstärken Havingness mit Bezug auf die eigene innere Welt. Dementsprechend scheint das Endresultat trotz aller methodischen Differenzen doch das gleiche zu sein: Die Praktizierenden beider Methoden geraten zunehmend in die Lage, geistige Massen in Luft aufzulösen – wobei es oft genügt, sie einfach nur wahrzunehmen.

Dies ist ein Affinitätsprozeß. Versucht man gar nicht erst, solchen Energiemassen zu widerstehen, sondern stimmt sich willentlich auf sie ein und dupliziert sie ursächlich auf ihrer Reso-

nanzbandbreite, so werden sie sich auflösen. Die ganze Sache funktioniert durch exakte Duplikation von Schwingungen. *„Indem man den Statischen dazu bringt, ein perfektes Duplikat zu machen, bringt man jede Existenz oder deren Teil zum Verschwinden.“* (Ax.20) All you need is Love.
Obwohl das Endresultat von außen betrachtet das Gleiche zu sein scheint, bleibt doch eine Frage in der Luft hängen, und vom Standpunkt eines Auditors ist es eine sehr bedeutsame: Welche Rolle spielen Postulate beim Meditieren? Beim Auditieren wird ein Prozeß erst dann als abgeschlossen betrachtet, wenn das Postulat in einem Geschehnis gefunden worden ist, da es ja nur über ein solches Postulat geschehen kann, daß der Thetan zwanghaft seine Mißemotionen und körperlichen Schmerzen wiedererschafft. Wurde ein Postulat erst einmal aus den dunklen Tiefen der Unwissenheit in das helle Licht des Wissens hinaufgezogen, wird der Thetan ihm nicht noch einmal in die Falle gehen. Ist das Postulat entdeckt und damit bekannt geworden, so verschwindet damit auch die zugehörige Aberration für alle Zeiten, denn schließlich sind es ja die Gedanken, die unerwünschte Gewohnheiten und psychosomatische Symptome hervorrufen. Gedanken sind allem vorgeschaltet.
Während einer Mantrameditation baut man zunehmend Affinität auf und löscht aus, was immer einem in den Weg kommt. Sind auch Postulate Teil dieses Prozesses? Wird man sich ihrer bewußt, sieht man sie als das, was sie sind und streicht man sie? (Da alle Thetans auf der 8. Dynamik durch die Unendlichkeit ihrer Gedanken „überlappen“, würde das Streichen individueller überlebensfeindlicher und unethischer Postulate natürlich auch allgemeine gedankliche Vektoren tangieren und verändern. Deswegen ist die hier gestellte Frage von höchster Bedeutung; besonders im Hinblick auf das, was Sie in den Kapiteln 3 bis 6 lesen werden.)

Alle Heilungssysteme, die wir bisher betrachtet haben, ziehen es vor, wenn der Thetan „draußen" ist, um so die Heilung zu erleichtern. Der Huna, der Hypnotherapeut, sie wünschen direkten Kontakt mit der GE; von ihrem Standpunkt aus ist der Thetan nur im Weg. Beim Auditieren erwartet man jedoch von dem Thetan, daß er *in* der Sitzung verweilt und Teil des Gesamtablaufes ist. Er selbst ist es, der die Bilder anschauen, auflösen und dafür Verantwortung übernehmen muß, zu einer nicht-optimalen körperlichen oder emotionellen Verfassung beigetragen zu haben.
Besonders das Auditieren im Stil der Dianetik bringt den Thetan und die GE miteinander in Berührung. Dianetik funktioniert „dia nous" – „durch den Geist", nicht dadurch, daß man den Geist umgeht und einen direkten Kommunikationskanal zwischen dem Therapeuten und der GE des Patienten eröffnet.
Ch'i-Therapien, Akupunktur und schamanische Heilung sind nicht darauf angelegt, den Patienten erkennen zu lassen, inwieweit er selbst für seine Nöte verantwortlich ist. So sehr bei Ch'i-Heilungsprozessen auch Engramme geöffnet und lange unterdrückter Gram entladen wird, werden die all dem unterliegenden Geschehnisse doch nicht bearbeitet, bis *alle* Ladung in ihnen ausgelöscht und das Postulat gefunden wurde (was einen annehmen läßt, daß die gerade verschwundenen geistigen Massen und psychosomatischen Krankheiten eines Tages wiederkehren werden).
Hubbard betrachtet eine hohe Stimmungsstufe als *die* Vorbedingung für eine vernünftige Interaktion zwischen Thetans, zwischen Thetans und Dämonen-Entitäten, zwischen Thetans und GEs. In der Scientologie und der Dianetik geht man von der Grundannahme aus, daß die chronische Position einer Person auf der emotionellen Stimmungsskala exakte Voraussagen bezüglich ihrer zukünftigen geistigen und körperlichen Gesundheit zuläßt. Daher definiert Hubbard das Auditieren (hier „Prozeß" genannt) wie folgt: *„Alles, was die Stimmung einer Person hebt, läßt sich*

als legitimer Prozeß auffassen. Auditierprozesse bewirken permanente Stimmungssteigerungen.“[2]
Ein Heiler spricht weniger den Thetan, sondern vielmehr den Körper an (oder, um genau zu sein, die GE); im Gegensatz dazu spricht der Auditor den Thetan selbst an, doch tut er nichts *für* ihn oder seinen Körper; vielmehr ist es so, daß er dem Auditierten dabei assistiert, etwas für sich selbst zu tun. So gesehen, könnte man schamanische Techniken nicht als Auditierprozesse im Sinne der Definition Hubbards bezeichnen – eine Schlußfolgerung, die auf keine Weise die Leistungen von Schamanen, Heilern und Hypnotherapeuten schmälern sollte. Ihre Resultate stellen eine Würdigung ihrer Arbeitsweise dar, genauso wie die Resultate eines Auditors seine Arbeitsweise würdigen. Es hängt alles von der Zielsetzung ab, die man hat – der Heiler möchte eine leidende Person heilen, so schnell wie es irgend geht; der Auditor möchte erreichen, daß der Thetan seine Rolle in dem Zusammenspiel zwischen sich selbst und den telepathischen Botschaften von anderen Thetans, dämonischen Entitäten und der GE erkennt und zu guter Letzt seine Verantwortlichkeit so weit steigert, daß er von Ärzten, Priestern, Psychologen, Schamanen und Heilern unabhängig wird – und ebenfalls von Auditoren!
(In Unterstützung dieses Gedankenganges läßt sich sagen, daß sich die Scientologie immer dann Ärger einhandelt, wenn Auditoren oder andere Vertreter dieser Bewegung versuchen, etwas „für“ den Klienten zu tun; insbesondere ihm zu sagen, was er über sich und sein Leben zu denken habe, anstatt ihm Gelegenheit zu geben, dies selbst herauszufinden.)

ZUR UMWANDLUNG UND ENTSCHAFFUNG VON ENERGIE

Der kaukasische Mystiker Gurdjieff (1873–1949) definierte als Zielsetzung der Mystik, Energie umzuwandeln, um Einsicht in das Wesen der Dinge zu gewinnen und geistige Kräfte zu stei-

gern[28]. Seine Definition scheint in sehr breitem Sinne zuzutreffen – man denke nur an tibetische Mönche, die mit ihrer Musik Baumaterialien in die Lüfte heben, an die Evokation von Naturgeistern durch Okkultisten und Schamanen, an Yogis und Fakire, die sich weder von der Hitze glühender Kohlen, der Winterkälte des Himalajas noch den Gesetzen der Schwerkraft beeindrucken lassen (Levitation).
Spricht man über „okkulte Energieumwandlung“, so auch über „Siddhis“ – geistige Kräfte. Im Osten führen Fakire und Sadhus (Gaukler und Bettelmönche) ihre Siddhis öffentlich vor; gewöhnlich handelt es sich dabei um arme Leute, die sich selbst in eine Zirkusschau verwandeln und dadurch ihren Lebensunterhalt verdienen. Dies hat jedoch nichts mit den Siddhis gemein, die als Nebenprodukt ernsthafter geistiger Reinigung entstehen! Ein anständiger Yogi würde sich seiner Kräfte niemals brüsten.
Auch ohne geistige Reinigung lassen sich bestimmte magische Tricks meistern, was den Eindruck erweckt, als sei man auf einem geistigen Weg bereits sehr fortgeschritten. Einige Beispiele in Yoganandas „Autobiographie“ zeigen, wie ein geheimes Mantra, so es einem unwerten Individuum verraten wird, nicht nur beeindruckende magische Kräfte in diesem Individuum hervorruft, sondern auch bewirken kann, daß er seiner Umgebung ähnlich beeindruckenden Schaden zufügt. Aus diesem Grunde werden Mantren grundsätzlich vertraulich behandelt und von Guru zu Chela (Schüler) über Generationen hinweg weitergereicht. Abgesehen von dieser Vorsichtsmaßnahme ist ihr Geheimnis zusätzlich in ihnen selbst verschlossen, denn sie von einem Blatt Papier abzulesen, führt noch zu keiner Wirkung – bei einigen muß man die korrekte Aussprache zur rechten Tages- oder Nachtzeit kennen und wissen, unter welchen astrologischen Voraussetzungen sie auszusprechen sind, bevor sie die gewünschte Wirkung zeigen[29].
Auf der Ebene praktischer Anwendung zeigt yogische Schulung sehr viele gemeinsame Elemente mit dem Schamanismus; zum einen eine Initiation, wo von einem verlangt wird, daß man zum

Himmel auffährt und mit göttlichen Wesen spricht und anschließend in die Hölle hinabsteigt, um sich mit den Teufeln zu unterhalten; zum zweiten, daß man Menschen heilt und sie vom drohenden Tode dadurch befreit, daß man sie den Klauen der Dämonen entreißt; drittens, daß man in der Lage ist, durch ein Feuer zu laufen[30].

Schamanische Heilung vollzieht sich gewöhnlich über die GE. Ich hatte einmal Gelegenheit, einem afrikanischen Wudu-Heiler bei der Arbeit zuzuschauen; er hielt ein Huhn vor die erkrankte Person, veranlaßte den die Krankheit verursachenden Dämon in das Huhn hineinzugehen, tötete anschließend das Huhn und ließ die GE des sterbenden Huhnes den Dämon der kranken Person mit sich nehmen. Hier wurden Engramme dadurch außer Kraft gesetzt, daß man zwischen zwei genetischen Entitäten eine Resonanz herstellte. („Wudu" heißt übrigens „Geist".)

Hypnose, Bachblütentherapie, Homöopathie, was immer man will – sie beruhen alle auf Energieumwandlung und zielen auf die GE ab. Sogar „Channelling", die moderne Entsprechung der altmodischen Trance-Sitzungen, wo ein Medium in Kontakt mit den Toten tritt, funktioniert auf selbige Weise; sogar hier wird die Genetische Entität benutzt! Sie dient als „Resonanzkörper" für die von einer Entität oder einem Thetan einströmenden telepathischen Impulse; ihre Stimm-Schaltkreise ermöglichen es, daß die Botschaft nicht nur in Worte gefaßt, sondern auch von typischen Verhaltenseigenarten des geliebten Verblichenen begleitet werden kann – während der Thetan des Mediums weggetreten ist, sich getrollt hat und von nichts weiß, wenn die Sitzung erst einmal vorbei ist. Energieumwandlung, nichts weiter.

Für Evokation, Levitation, Zukunftsprophezeihungen, Gedankenlesen oder Kontaktaufnahme mit den Toten werden Energien wie Akasha, Prana oder Ch'i verwendet. Sie werden als präexistent betrachtet, als von vorneherein gegeben. Sie waren „schon immer" da und man benutzt sie, wie man sie gerade braucht. Zu diesem Thema geriet ich einmal in eine hitzige Debatte mit einem Lehrer der Transzendentalen Meditation; er weigerte sich,

Hubbards These zu akzeptieren, daß der Thetan im Falle einer Restimulation jedesmal seine geistigen Eindrucksbilder samt Einstellungen, Emotionen, Empfindungen und Schmerzen neu wiedererschaffe. Seiner Ansicht nach werden solche Bilder, kaum daß sie erschaffen sind, zum Teil des Akasha. Dementsprechend werden sie auch nicht buchstäblich wiedererschaffen, sondern eher vom Akasha „abgepflückt".
Hieraus läßt sich entnehmen, daß es zwischen dem Schöpfungsgedanken Hubbards und dem älterer geistiger Schulen einen fundamentalen Unterschied gibt. Hubbard spricht nicht von Energietransformation, sondern behauptet, der Thetan erschaffe jedesmal dann neues geistiges Mest, wenn er seine Aufmerksamkeit auf etwas richtet, und unmittelbar danach entschaffe er es wieder – es sei denn, die Kreation wäre mit einem miesen Postulat auf einer niedrigen Stimmungsstufe gemacht worden, was sie natürlich fortbestehen ließe. Aber selbst dann kann man sie immer noch irgendwann einmal auseinandernehmen und auslöschen, wie jede Auditiersitzung beweist. Sogar jedes einzelne Thetaquantum läßt sich zu seinem rechtmäßigen Besitzer zurückführen. Dieses Erlebnis, ohne Zweifel von höchst esoterischem Charakter, bestätigt Hubbards Annahme über das Erschaffen und Entschaffen von geistigem Mest und ist insofern bedeutsam, als Hubbards gesamtes „universelles Entschaffungsspiel" auf ihm beruht. Im Vergleich dazu ist das Umverteilen von Energie, ihr Überführen von einem Zustand in den anderen, ein grundverschieden anderes Spiel.
Hält man sich dies vor Augen, so wird vielleicht verständlich, warum Hubbard mit „der Weisheit des Ostens" auf Kriegsfuß stand. Diese Haltung zeigte sich schon bei seiner Bemerkung, die Gegenwart sei das Resultat dessen, daß der Thetan im Rhythmus des Universums mitschwingt – was ja genauso wahr wie gefahrvoll ist, zumindest für den, der der Verlockung erliegt, sich auf diesen Rhythmus einzustellen, nur um auf diese Weise Siddhis zu erlangen, mit denen er hinterher angeben kann.

Schon weiter oben sahen wir, daß Hubbard vor einer Ideologie des „Einswerdens mit dem Universum" warnt und stattdessen dessen Entwirrung und Entschaffung befürwortet. Der Thetan nämlich, der sich der Energieumwandlung verschreibt (wegen der damit einhergehenden Kräfte) wird damit eher *tiefer* ins Mest-Universum hineingezogen, als daß er aus ihm herauskommt. Das folgende Zitat dürfte in diesem Sinne zu verstehen sein: *„Indien und ‚ins Nirvana eingehen' hat uns ‚Techniken' gegeben, die den Thetan unter aller Garantie an den Körper dranklebén, als wäre er dort festgenietet und mit eisernen Banden gefesselt. Hütet euch also vor dem Mystizismus und seinen Techniken und dem Yogaismus. Euer hart arbeitender Autor hat schon mehr mystische Akrobatik hinter sich, als man selbst in der Gegend, wo der Mystizismus zuerst die Erde befiel, annehmen würde – nämlich in Indien –, und ich kann euch garantieren, daß diese Praktiken und Hoffnungen eine Art Thetafalle sind, um Menschen in ihren Körpern festzuhalten und sie in Apathie, Krankheit und Aberglauben verkümmern zu lassen."*[8]
Klingt vielleicht ein bißchen hart, aber es könnte auch eine Menge Wahrheit dahinter stecken. Vielleicht wäre es sinnvoll, sich dieses Zitat noch einmal vorzunehmen und erneut zu bewerten, nachdem man bis zum Kapitel 5 vorgestoßen ist.

2.2 Hubbards „Weltraum-Operette“

SCIENCE-FICTION * GRUNDSÄTZLICHES ZUM THEMA WISSENSCHAFT * WISSENSCHAFT IM GEGENSATZ ZU MYTHOLOGIE * DIE AXIOME * DAS ELEKTROPSYCHOMETER (E-METER) * FIKTION ODER FAKTEN?

SCIENCE-FICTION

Bislang bewegte sich dieses Buch auf recht konventionellen Pfaden; hoffentlich enthielt es nicht allzuviel, was den Widerspruch des Lesers herausforderte. Dämonen-Entitäten, die Genetische Entität, Lebenskraft, Geister, Thetaquanten, der Thetan und seine Fähigkeiten – so „unwissenschaftlich“ dies auch erscheinen mag, wurde es doch über die Jahrtausende hinweg von zu vielen Menschen erlebt, als daß man es einfach vom Tisch fegen könnte. Vom 3. Kapitel an werden wir allerdings einen höheren Gang einlegen, und das Buch wird vor Ihren Augen dermaßen unglaublich und lächerlich wirken, daß es die Bezeichnung „unwissenschaftlich“ mit vollstem Recht verdient. Es wird ungefähr so klingen wie eine Mischung aus „Per Anhalter durch die Galaxis“, „Lensman Series“ und „Star Wars“, hier und da gewürzt mit einer Prise „Herr der Ringe“.
Jedoch sei die Frage gestattet – wann ist denn etwas wissenschaftlich und wann nicht? Hierzu müssen wir eine Antwort finden, denn sonst können wir Hubbard nicht abstempeln als einen „bloßen Science-Fiction-Autor, der seinen eigenen Phantasien zum Opfer fiel und sich zu einem religiösen Guru hochstilisierte“, ohne nicht selbst allzu voreilig und dünkelhaft zu wirken. Gewiß *war* Hubbard ein Science-Fiction-Autor und zudem ein äußerst erfolgreicher; schließlich finanzierte er seine Jugendjahre und seine Forschung auf diese Weise. Er brachte vielleicht nicht das hervor, was man „Literatur“ nennen könnte, aber er war ein professioneller Schriftsteller, der mit seiner Schreibe sein Geld

verdiente. Er nannte Robert Heinlein seinen „lieben Freund" und schrieb zwischen 1940 und 1950, wie auch Asimov, für das Magazin „Astounding Science Fiction"[35]. Mehrere hundert Titel sind unter Hubbards zahlreichen Pseudonymen erschienen.
Leiden nun Hubbard und seine schriftstellerischen Kollegen an übermäßig entwickelter und vielleicht bizarrer Vorstellungskraft, die an Paranoia grenzt, oder ziehen sie ihre Inspirationen vielleicht aus einer gemeinsamen Quelle? Vielleicht schreiben sie ihre Romane auf der Grundlage dunkler Erinnerungen an wirkliche Geschehnisse aus ferner Vergangenheit und setzen sie nur aus praktischen Überlegungen in die Zukunft? Weil ihre Unwahrscheinlichkeit es unmöglich macht, sie „Erinnerungen" zu nennen? Aber daß etwas unwahrscheinlich ist, heißt noch lange nicht, daß es niemals in der Vergangenheit geschah oder niemals in der Zukunft geschehen könnte. Unwahrscheinlichkeit ist ein zu schwaches Argument, um irgend etwas als „bloß erfunden" oder „unwissenschaftlich" zu bezeichnen.
Science-Fiction begann mit Edgar Allen Poe und Jules Verne etwa zur Zeit der industriellen Revolution, einer Zeit, als sich die Umgebung des Menschen radikal änderte und sich an Fabriken statt am Ackerbau orientierte. Man entdeckte bis dahin unbekannte Substanzen und erfand Maschinen, die Transport und Kommunikation atemberaubend schnell machten. Es war eine Zeit, die mit großer Wahrscheinlichkeit frühere, ähnliche Zeiten auf diesem oder anderen Planeten zu restimulieren vermochte. Die Astronomie erkundete den Weltraum, das Militär erfand grauenerregende Tötungsmaschinen und die hierdurch hervorgerufene Restimulation wurde zunehmend allgegenwärtiger und bedrängender – bis sie schließlich ihre Artikulation in einem neuen Literaturgenre fand, das seinen Höhepunkt in den vierziger Jahren mit dem „goldenen Zeitalter der Science Fiction" erreichte.
Als Auditor kann ich mit absoluter Sicherheit sagen, daß jeder Teil eines Buches und jede Szene eines Films, die in der Erinnerung einer Person hängenbleiben, weil sie sich davon fasziniert oder abgestoßen fühlte, ein geladenes Gebiet in einem vergange-

nen Leben dieser Person berührt haben. Wenn Sie auditieren und der Auditierte Ihnen als Antwort auf die Frage: „Gibt es ein früheres, ähnliches Geschehnis?“ etwas von früheren Leben oder anderen Welten erzählt und dann sagt: „Ich denke das jetzt bloß, weil ich das neulich im Fernsehen gesehen habe“, so können Sie sicher sein, daß darunter ein echtes Geschehnis liegt, ein Geschehnis, daß der Auditierte (oder eine seiner Entitäten) selber erlebte, und daß dieses Geschehnis, so es erst einmal gefunden und entladen ist, das Verschwinden vieler Schwierigkeiten des Auditierten und eine bedeutende Verbesserung seines Leben mit sich bringen wird.

Schlußfolgerung: Der Umstand, daß Science-Fiction so eine gewaltige Leserschaft hat, bedeutet, daß es in dem Menschen „Knöpfe“ drückt und damit ihre Erinnerungen wachruft – zwar reicht es nicht für einen vollständigen Rückruf, doch immerhin dafür, daß sie fasziniert oder verschreckt werden. (Übrigens ist auch das Umgekehrte der Fall: eine Person ohne jegliche Ladung auf ihrer Zeitspur wird auf solche Knöpfe nicht besonders gut ansprechen. Sie weiß ja, wie es damals *wirklich* war.)

GRUNDSÄTZLICHES ZUM THEMA WISSENSCHAFT

Lassen Sie uns diesen Abschnitt mit einem Zitat beginnen: „Hubbard, als Ingenieur, ist das Problem des Verstandes mit wissenschaftlicher Methodik angegangen. Grundsätzlich gesprochen, ist diese Methode wie folgt: 1. Man sammele alle verfügbaren Daten, die relevant sind oder scheinen. 2. Auf der Grundlage dieser Daten forme man eine Hypothese. 3. Auf der Grundlage der Hypothese mache man eine Vorhersage. 4. Man experimentiere, um die Gültigkeit der Vorhersage zu überprüfen. 5. Man variiere die Experimente, um neue Daten zu sammeln. 6. Wenn die neue Theorie zusammenbricht, nehme man die jetzt aufgehäuften Daten und formuliere eine neue Hypothese. 7. Man gehe zurück zu Schritt 3.“

Dies sagte John W. Campbell, Herausgeber des Magazines „Astounding Science Fiction“, in seiner Einführung zur Ausgabe vom Mai 1950. Er fährt fort: „Die meisten Leser dieses Magazines sind mit dieser Methode vollständig vertraut; denen, die es nicht sind, sei gesagt, daß der hier beschriebene Prozeß *nicht* zirkulär verläuft, sondern in einer Spirale. Jede Schleife der Spirale nimmt mehr und mehr Territorium ein. Die Schleifenbewegung eines solchen Spiralprozesses führte von Daltons früher Atomhypothese zu Bohrs usprünglicher Theorie der Atomstruktur und von dort zur gegenwärtigen quantenmechanischen Analyse der Nuklearkräfte. Sie hat zu Flugzeugen geführt, die fliegen, zu Automobilen, die funktionieren, und zu Radiosendern, die den gesamten Planeten erfassen.
Ebenso ist es ein logischer Prozeß, der zu den gegenwärtigen Theorien der Dianetik führte.
Bei wissenschaftlichen Theorien ist nun allerdings eines sehr interessant; der Wissenschaftler lebt immer in der vagen Hoffnung, daß die Theorie, mit der er arbeitet, vielleicht wahr sein könnte, weiß aber gleichzeitig, daß dies *nicht der Fall sein muß*. Eine wissenschaftliche Theorie ist ein nützliches Werkzeug; sie braucht nicht wahr zu sein, solange sie nur nützlich ist. Daltons Theorie implizierte, daß Atome harte kleine Bällchen sind; dies war zwar inkorrekt, führte aber zu Fortschritten in der Chemie. Deswegen war es eine gute Theorie. Die gegenwärtigen Theorien der Dianetik mögen wahr oder nicht wahr sein; das ist unwichtig, *solange die beschriebenen Techniken tatsächlich funktionieren.*
(. . .) Es gibt nur ein einziges wissenschaftliches Argument für oder gegen eine wissenschaftliche Theorie: experimentelle Beweisführung. (. . .) Die einzig wissenschaftliche Untersuchungsmethode wäre, daß viele Menschen weit verstreut, unabhängig voneinander und unter genauer Berücksichtigung der methodischen Angaben Hubbards seine Experimente wiederholen und ihre Resultate aufzeichnen.“ (Hervorhebungen stammen von Campbell selbst.)

Campbells Aufforderung, ausgedrückt im letzten Satz, wurde gute vierzig Jahre später tatsächlich nachgekommen: Viele in alle Winde verstreute Auditoren wiederholen Hubbards Experimente. In jeder Auditiersitzung findet die genannte Überprüfung statt – denn es ist ja die Auditiersitzung selbst, die als Prüfstein für die Wahrheit oder Unwahrheit der Hypothesen herhält, nach denen sich der Auditor richtet.
Welche Hypothesen formt denn nun ein Auditor, warum und wie? Ganz einfach. Er möchte die Fallprobleme des Auditierten lösen, tut dies aber nicht mit einem reinen Versuchs/Irrtums-Zugang, sondern planvoll. Er analysiert die von dem Auditierten geäußerten Daten, entwickelt eine Hypothese über den Fall und arbeitet ein schrittweises Sitzungsprogramm dazu aus (das „Experiment"), wobei er für jeden Schritt das zu erwartende Resultat vorhersagt. Sollte ein bestimmter Schritt nicht das erwartete Resultat zeitigen, muß ein anderer Schritt dafür ausgearbeitet werden; sollte auch dieser nicht funktionieren, wird der Auditor einen Schritt zurückgehen und eine neue Hypothese mit Bezug auf diesen Fall formulieren müssen.
Dazu muß er aber keineswegs das Rad neu erfinden, sondern vermag sich auf eine von früheren Auditoren bereits zusammengetragene Grundlage von Erfahrungen und Übereinkünften bezüglich bestimmter Phänomene und ihrer Begründung zu stützen, auf eine bereits bestehende Theorie also – nämlich auf Hubbards Denkmodell, das wir im 1. Kapitel dieses Buches durchgekämmt haben. Dieses Modell findet seinen prägnantesten Ausdruck in den „Axiomen der Scientologie" die schon hier und da einmal erwähnt wurden[21].
Auf die Axiome werden wir in einem Augenblick genauer zu sprechen kommen; lassen Sie uns aber zuerst einmal vereinfachend zusammenfassen, was bisher über „Wissenschaft" gesagt wurde: *Wissenschaft erlaubt Vorhersagen.* Das ist der Kern des ganzen. Jedermann, der Phänomene beobachtet und sammelt, sie analysiert, gemeinsame Nenner findet, Regeln und Gesetzmäßigkeiten daraus ableitet und auf dieser Basis weitere und

vielleicht sogar noch unbekannte Phänomene vorhersagt, ist ein Wissenschaftler. Wissenschaft erlaubt Vorhersagen. Wenn man sich nicht darauf verlassen könnte, daß eine Gasflamme Wasser zum Kochen bringt, Kaffeepulver und Zucker sich in Wasser auflösen und eine Tasse Flüssigkeit hält, ohne dabei aufzuweichen, wäre Kaffeekochen unmöglich. Nur weil man diese Phänomene, Regeln und Gesetzmäßigkeiten in Betracht zieht, kann man mit Sicherheit vorhersagen, daß in den nächsten paar Minuten eine Tasse Kaffee auf dem Tisch stehen wird. Auf die Spitze getrieben, könnte man sagen, daß jeder, der es fertigbringt, eine Tasse Kaffee zu machen, wie ein Wissenschaftler vorgeht.
Ein nützliches und verläßliches wissenschaftliches Modell erklärt ein Maximum von Phänomenen mit Hilfe eines Minimums von Hypothesen und Theorien. Von einer Theorie spricht man dann, wenn von einer übergeordneten, allgemeinen Hypothese untergeordnete und spezifische Hypothesen abgeleitet werden können. Wenn eine Theorie durch Beobachtung und Experiment ausreichend bestätigt wurde, wenn Gesetzmäßigkeiten und Regeln aufgetreten sind und diese mit den Gesetzmäßigkeiten und Regeln anderer Theorien in Einklang stehen und ein großes Ganzes bilden, hat man ein ausgereiftes wissenschaftliches Modell vor sich. Das ideale wissenschaftliche Modell wäre so weiträumig, daß es alle Phänomene im Makrokosmos der Astronomie wie auch im Mikrokosmos der Molekularbiologie erfaßt und widerspruchsfrei erklärt.

WISSENSCHAFT IM GEGENSATZ ZU MYTHOLOGIE

In einem seiner Essays führt der berühmte Physiker und Astronom Stephen Hawking aus, daß eine Theorie nur dazu dienen kann, beobachtete Phänomene zu erklären, und daß eine gute Theorie eine große Anzahl von Phänomenen erklärt und sogar bisher unbekannte Phänomene vorhersagt. Dann aber fügt er den bemerkenswerten Kommentar hinzu, daß es sinnlos ist zu fragen, ob eine bestimmte Theorie etwas mit der Wirklichkeit zu tun habe – denn man wisse ja nicht immer, auf *welche* Wirklichkeit Bezug genommen werde![32]

Dies bedeutet im Grunde, daß sich die Wissenschaft ihre eigene Welt baut, und zwar auf der Grundlage ihrer Beobachtungen, ihrer Übereinkünfte zu diesen Beobachtungen, ihren Erklärungen der Beobachtungen und wiederum der diesbezüglichen Übereinkünfte – was uns auf überraschende und unerwartete Weise wieder direkt zu Hubbards Ausspruch zurückführt: *„Realität ist die Übereinkunft bezüglich Wahrnehmungen und Daten im physischen Universum"* (Dn Ax. 113).

Um eine Aktivität „wissenschaftlich" zu nennen, braucht man also offenbar nichts weiter als a) ein alles erklärendes theoretisches Modell und b) eine Vorhersage von Resultaten auf seiner Grundlage. Wenn das so ist, könnte man ja mit voller Berechtigung Yoga, Meditation, Schamanismus und sogar die Scientologie wissenschaftlich nennen! Solange man innerhalb eines definierten Universums Resultate vorhersagen und tatsächlich erlangen kann, ist ein bestimmtes Paket von Mythen (das der westlichen Wissenschaft) nicht besser und nicht schlechter als ein anderes (das des Yogis in seiner Höhle). „Wahrheit" oder „Unwahrheit" – darum geht es eigentlich gar nicht.

Es mag manchem eigenartig erscheinen, wenn der Ausdruck „Mythos" im Zusammenhang mit Wissenschaft verwendet wird – aber man schaue sich doch einmal an, wie viele Dinge die Wissenschaft nur annimmt oder vorgibt zu wissen, in Wirklichkeit nicht erklären kann! Z.B. der „Urknall", der, von den Medien in aller Welt hinausposaunt, angeblich den Beginn des Universum markiert. Bei genauerem Hinsehen ist man sich jedoch nicht einmal über das Datum einig – angeblich ereignete sich der Urknall irgendwann vor fünf bis fünfzehn Milliarden Jahren, eine doch recht weite Unsicherheitsspanne – geschweige denn, ob er wirklich stattfand. Astronomische Insider haben dies hitzig debattiert; im Jahre 1946 z.B. schlug Sir Fred Hoyle bereits eine Alternative vor, die „Steady State Theory", wonach der Kosmos als ein riesiges Energiefeld betrachtet wird, das hier und da aus seinen eigenen Partikeln neue Galaxien entstehen läßt (wieder einmal Akasha!), und dessen Entstehung nicht auf bloße fünf Milliarden Jahre, sondern gute tausend geschätzt wird. (Man kommt der hinduistischen Vorstellung von kosmischen Zeitzyklen wohl allmählich etwas näher . . .)

Über den Urknall hinaus gibt es noch weitere Beispiele; man muß nicht sehr weit gehen, um sie zu finden. Etwa das Ozonloch: Die Medien geben sich redlich Mühe, uns diesbezüglich in Angst und Schrecken zu versetzen, doch mit Sicherheit läßt sich nichts weiter dazu sagen, als daß es existiert, und wir können uns überhaupt nur deswegen sicher sein, weil die heutige Meteorologie das Instrumentarium zu seiner Beobachtung hat. Man sagt uns, daß wir es selbst geschaffen haben, und zwar erst innerhalb der letzten Jahre, doch weiß in Wirklichkeit niemand, wie lange es schon existiert. Schon seit 1934 ist es bekannt – aber existierte es vielleicht schon vor diesem Zeitpunkt, und niemand machte sich Gedanken darüber, ganz einfach, weil man nichts davon wußte?

Und die Physik, um ein letztes Beispiel zu geben – obwohl man die Auswirkungen von Magnetismus und Schwerkraft korrekt zu berechnen vermag, weiß man aber trotzdem nicht, was das eigentlich ist. Versucht es einer zu erklären, so verläßt er recht bald den Bereich der „glasklaren Wissenschaft“ und erschafft sich mythologische Vorstellungswelten.

DIE AXIOME

In den vergangenen Kapiteln bezogen wir uns des öfteren auf die Axiome der Scientologie und Dianetik. Und wo wir uns nun schon in der wissenschaftlichen Abteilung befinden, können wir vielleicht gerade ein paar Zeilen auf die Definition von „Axiom" verwenden.

Axiome bilden die Grundfesten einer Wissenschaft. Laut Wörterbuch sind sie „absolut richtig erkannte Grundsätze; gültige Wahrheiten, die keines Beweises bedürfen"; Hubbard sagt, sie seien „gültige, aber nicht beweisbare Übereinkünfte". Beide Aussagen laufen auf dasselbe hinaus. Wir haben es mit Phänomenen zu tun, die weder bewiesen noch abgeleugnet werden können. Sie sind so grundlegend, daß man nur sagen kann: „Ja, so ist es", ohne zu wissen, warum. Nehmen Sie z.B. Axiom 10: *„Die höchste Zielsetzung in diesem Universum ist das Erschaffen einer Wirkung."* Man kann nicht leugnen, daß es sich so verhält, da man sich kaum anders verhalten kann; und doch weiß man nicht warum.

Über Axiome zu debattieren, ist nicht möglich, denn könnte man dies, so brächte man es ja fertig, auf einer logischen Ebene „darunter" zu denken – und dann wären es keine Axiome! Axiome sind fundamentalste Übereinkünfte; alle logischen Schlußfolgerungen, experimentellen Hypothesen und wissenschaftlichen Theorien leiten sich von ihnen ab. (Es spricht für Hubbards wissenschaftliche Handwerkskunst, daß er die Scientologie und Dianetik auf ihnen begründete.)

Ein gutes axiomatisches System muß zwei Voraussetzungen erfüllen: 1. Es muß widerspruchsfrei sein; 2. seine Axiome müssen vollständig wie auch unabhängig voneinander sein. „Vollständig" bedeutet, daß gültige Aussagen zu der Thematik, auf die sich die Axiome beziehen, von ihnen abgeleitet werden können; „unabhängig" bedeutet, daß jedes Axiom für sich selbst steht und keines von einem anderen abgeleitet werden kann. Diese letztere Bestimmung begrenzt die Anzahl der Axiome notwendigerweise auf das bloße Minimum. Werden beide Voraussetzungen eingehalten, so gilt das hieraus entstehende axiomatische System als ästhetisch.

DAS ELEKTROPSYCHOMETER (E-METER)

Praktisch alle Informationen zu Thetans, Entitäten, Genetischen Entitäten und zu ihren verschiedenen Zeitspuren wurden in hunderttausenden von Auditierstunden mit Hilfe von Hubbards kleinem Zauberkasten „ausgegraben", dem Elektropsychometer oder E-Meter.

Ein E-Meter ist ein Kasten mit einer Skala, einer Nadel und einigen Bedienungsknöpfen. Es enthält eine Taschenlampenbatterie. Der Klient hält ein Paar gewöhnliche, leere Dosen aus Weißblech, eine in jeder Hand, die mit Kupferdrähten an das E-Meter angeschlossen sind. Ein extrem schwacher Strom läuft vom Meter durch den Körper des Auditierten und zurück zum Meter, wo seine Schaltkreise winzige Veränderungen im elektrischen Strom messen, die sich wiederum auf der Skala zeigen. In den Fünfzigern war dies eine absolute Neuigkeit (genannt „Hautgalvanometer" oder „Lügendetektor"), doch heute werden ähnliche Geräte bei Beratungen im Stil des New Age verwendet, sogar in den Randgebieten der Psychotherapie und medizinischen Diagnose.

Da das E-Meter eine so große Rolle bei Hubbards Untersuchungen des Geistes spielt, müssen wir – im Namen der Wissenschaft – seine Funktion verstehen, um die Informationen ordentlich bewerten zu können, die man mit seiner Hilfe bekommen kann.

Wird durch einen Restimulationsfaktor der Umgebung beim Thetan ein „Knopf gedrückt", so baut sich Ladung auf und führt zu unkontrollierbaren emotionalen Reaktionen, wie etwa Erröten, Erblassen, Kichern oder Weinen. Gewöhnlich läßt sich die Ladung eines Gesprächspartners durch direkte Beobachtung entdecken. Sehr feine Ladungen zeigen sich allerdings nicht immer

auf dem Gesicht oder am Körper einer Person; um sie zu entdecken, benötigt der Auditor sein E-Meter. Es funktioniert so: das Thetafeld um den Körper des Auditierten herum, das aus seinem eigenen Geist, seinen Entitäten und seiner Genetischen Entität besteht, wird von der emotionellen Verfassung der Person beeinflußt und fluktuiert deswegen fortwährend. Sobald das E-Meter angeschaltet ist, baut sich ein elektromagnetisches Feld auf. Die zwei Felder – das von Körper-plus-Person und das des E-Meters – interagieren; Veränderungen im emotionellen Feld des Auditierten werden vom Feld des E-Meters aufgenommen und von der Nadel registriert. (Es hat nichts mit dem Schwitzen und Trocknen der Hände zu tun.)
Während der Auditor seinem Klienten zuhört, bleibt er mit einem Auge immer am Meter, steuert die Sitzung in hochgeladene Gebiete und hält sie dort soweit möglich. Angenommen, das Thema, an dem der Klient arbeiten möchte, wäre „sich vorkommen wie ein Dummkopf", so würde der Auditor vielleicht fragen: „Rufen Sie sich die früheste Zeit zurück, die Ihnen möglich ist, als Sie sich wie ein Dummkopf fühlten". Auch wenn dem Klienten nun nicht sofort eine Erinnerung kommt, zeigt aber vielleicht das Meter an und berechtigt somit den Auditor, nachzuhaken. Woher bezieht der Auditor diese Sicherheit? Weil er weiß, daß die Spannung zwischen „Wissen" auf der einen Seite und dem vorgetäuschten „Nicht-Wissen" auf der anderen, also die Spannung zwischen einem Spielpostulat und seinem Gegenpostulat (GPM), genügend emotionelle Energie produziert, um auf dem Meter anzuzeigen. Wenn der Auditor den Auditierten nach einer Nadelanzeige „vom Haken ließe", würde er ihm absolut keinen Gefallen tun. Er würde nämlich damit das vorgetäuschte Nichtwissen des Auditierten akzeptieren, statt sein Wissen zu rehabilitieren.
Die Nadel und die Kontrollknöpfe am Meter liefern eine Menge wertvolle Information über den Auditierten und seinen Fall. Eine Anzeige der Nadel bedeutet: „Auf diese Frage sind Antworten verfügbar." (In dieser Hinsicht ähnelt es dem Pendel oder der

Wünschelrute.) Der Widerstandmesser („TA-Knopf") zeigt an, wie sehr es dem Auditierten widerstrebt, das anzuschauen, was sich gerade in sein Blickfeld schiebt, und weist den Auditor darauf hin, wie weit der Auditierte von der Wahrheit weg ist. (Je höher der Widerstand, desto weiter.) Mit dem „Empfindlichkeitsknopf" kann der Auditor das Meter so einstellen, daß es nach Bedarf grobe oder feine geistige Schwingungen erfaßt.
Da die korrekte Interpretation der Nadelreaktionen dem Auditor ermöglicht, seinen Auditierten direkt in den Kern von dessen Gedanken, Emotionen und Bildern hineinzusteuern, lassen sich traumatische Geschehnisse mit einem E-Meter bedeutend schneller auffinden und löschen als ohne. Auditieren mit Meter ist daher bedeutend effizienter als solches ohne. (Dies hängt natürlich sehr vom Geschick des Auditors ab. Das Meter ist kein Muß, aber es hilft eine ganze Menge.)

FIKTION ODER FAKTEN?

Bei aller Geschwindigkeit und Direktheit, die das E-Meter ermöglicht, bei aller Erleichterung, die der Auditierte verspürt, bleibt doch die quälende Frage im Raum hängen: Ist es denn *wahr*, was der Auditierte da sagt? In seinen Sitzungen sprach er von vergangenen Leben, von extraterrestrischen Zivilisationen, in galaxienweite Weltraumschlachten verwickelt – schön und gut, es half ihm wohl, daß er darüber reden durfte, aber trotzdem: Ist es wahr?
„Nun", sagt der erfahrene Auditor, „erstens mal hat es am Meter angezeigt. Zweitens, als der Auditierte weiter darüber sprach, dramatisierte er alle möglichen Schmerzen und Mißstimmungen, begleitet von Riesenentladungen am Meter. Drittens ‚schwebte' am Ende die Nadel, was ja bedeutet, daß er mit Bezug auf das Thema eine innere Harmonie erlangt hat – also ganz klar, es ist wahr!"
Dies ist zwar ordentliches und praktisches Denken, aber unglücklicherweise kein wissenschaftliches.

Um ein Beispiel zu geben: Jemand möchte auditiert werden, weil er ungeheure Schmerzen im Solarplexus verspürt, sobald er etwas über politsche Unterdrückung liest, über Weltverschwörungen und Tesla-Energiegeräte – so sehr, daß er das Buch aus der Hand legen muß. Er ist ein Ingenieur, hat Familie; sein Leben schaut völlig in Ordnung aus; nur hat er ständig das Gefühl, nicht zu tun, was er eigentlich tun sollte. In seinen Sitzungen stellt sich heraus, daß er in seinem gegenwärtigen Leben die Erde zum ersten Mal besucht, daß er als exteriorer Thetan (ohne Körper) von einem freundlich gesinnten Planeten irgendwo in der Galaxis mit der Mission herunterkam, den Erdenmenschen bei ihren Energieproblemen zu helfen, und daß er von einem feindlichen Raumschiff aufgegriffen und implantiert wurde, um ihn davon abzuhalten. Er sollte nichts tun oder lesen, das ihn an seine Mission erinnern könnte. Zu schmerzhaft, um weiterzumachen. Nachdem er dies herausgefunden hat, hat der Auditierte einige gewaltige Erkenntnisse über seine wahre Identität und seine politische Mission; er weiß, daß er sie von nun an ohne weitere Behinderung verfolgen kann und tut dies tatsächlich. Er tritt einer wissenschaftlichen Gesellschaft bei, die sich mit alternativen Energiequellen befaßt, wird politisch aktiv, usw.. Keine weiteren Schmerzen im Solarplexus.

Daß er sich nun so stark und zielbewußt fühlt – macht das die Geschichte wahr?

„Na klar!“, werden nun einige sagen. Das Gebiet war geladen, es wurde bis zu einer Erkenntnis und einer schwebenden Nadel gehandhabt, die Beschwernisse des Auditierten verschwanden, er kann nun im Leben agieren, wie es ihm beliebt, und deswegen muß es natürlich wahr sein, was er in seiner Sitzung herausgefunden hat. „Unsinn!“, argumentiert die Gegenpartei. Alles was in der Sitzung geschah, ist, daß der Auditierte die Sorte von Bildern erschuf, die er für eine gute Erklärung seiner Probleme hielt, und wenn es unbedingt so weit hergeholt sein mußte, wie daß er ein Missionär aus dem fernen Weltraum wäre – das ist in Ordnung; solange es ihn nur glücklich macht. Jeder hat das

Recht auf seine eigene Paranoia. Der arme Kerl brauchte einfach jemanden, der ihm zuhörte, und jetzt, wo er sich seine schlechten Träume von der Seele geredet hat, fühlt er sich wieder normal. Nur weil er gewisse geistige Vorstellungsbilder hatte und sich erleichtert fühlte, nachdem er sie sich von der Seele reden konnte, heißt noch lange nicht, daß das, was er da sah, objektive Wahrheit ist. Die Meterreaktionen sind ein natürliches Begleitphänomen; schließlich hielt der Auditierte seine Geschichte ja für wichtig. Einfach ausgedrückt: Erst hat er sich in einen schlechten Zustand hineinphantasiert und jetzt hat er sich wieder in einen guten Zustand zurückphantasiert.

Von einem streng wissenschaftlichen Standpunkt aus betrachtet, müßte man der zweiten Beweisführung stattgeben. Das Beispiel des Ingenieurs reicht nicht aus, um zu beweisen, daß es so etwas wie extraterrestrische Zivilisationen geben könnte. Nur – was läßt sich denn überhaupt beweisen? Können Sie – in Abwesenheit von Zeugen oder Dokumenten – beweisen, daß sie gestern gelebt haben? Können Sie beweisen, daß jenes Gebäude dort das Haus ihrer Kindheit war? „Aber, ich habe doch Fotos, die mich als Fünfjährigen vor diesem Haus zeigen!" Schön, aber jetzt sind sie fünfundfünfzig. Wollen Sie mir etwa erzählen, daß dieses Kind auf dem Foto *Sie* waren? Sieht ja nun wirklich nicht so aus. Beweisen Sie es mir! Es könnte doch jedes Kind sein!

Um der Diskussion noch einen weiteren Aspekt hinzuzufügen, und zwar zugunsten der Hypothese „es ist wahr": Von einem sehr allgemein-menschlichen, psychologischen Standpunkt her gesprochen, läßt sich fragen, ob sich der Ingenieur wirklich durch zehn bis fünfzehn Auditierstunden durchgekämpft hätte, durch Stunden von Schmerz, Schweiß, Übelkeit und Erschöpfung, und ob er dafür wirklich gutes Geld gezahlt hätte, wenn er lediglich unter einer in einem staubigen Winkel seines geistigen Dachbodens liegengelassenen Kindheitsphantasie litte? Entspräche es der menschlichen Natur nicht viel mehr, das, was er sich freiwillig zusammenträumte, auch genauso freiwillig wieder loszulassen, mit vielleicht nicht mehr Beistand als einem vertrauensvollen Gespräch mit einem guten Freund? Es scheint schwer vorstellbar, daß jemand durch die Mühen einer ausgedehnten Sitzungssequenz gehen müßte, um etwas so Leichtgewichtiges wie eine rein selbstgemachte Vorstellung loszuwerden. (Gewiß reagiert das E-Meter auch auf kreative Phantasiebilder, aber mit *ihnen* aufzuräumen ist eine Sache von Minuten. Kein Vergleich mit dem bisherigen. Und falls jemand wirklich so einen zusammengebastelten, grandiosen Traum nötig hat, um sein Selbstbewußtsein aufzublasen, dann würde der Auditor auch nicht dem eigentlichen Traum Beachtung schenken, sondern dem Grund dafür.)

Unsere Diskussion dreht sich im Kreise; offensichtlich brauchen wir mehr Daten, um zu einer befriedigenden Schlußfolgerung zu gelangen. Lassen Sie uns also unser Beispiel etwas weiter ausführen: Ein paar Monate nach der erfolgreichen Sitzung mit dem Ingenieur meldete sich eine andere Person zum Auditieren an, eine intelligente Frau, die sich in dem Moment, wo sie verantwortliche Arbeit leisten muß, benebelt und robotermäßig fühlt und deswegen weit unterhalb ihres eigentlichen Potentials daherlebt. Die Sitzung enthüllt, daß sie in ihrem vergangenen Leben ein Wissenschaftler war (ein Mann), der einige bemerkenswerte Entdeckungen auf dem Gebiet der Physik gemacht hatte, die Aufmerksamkeit gewisser Machtgruppen anzog, sich natürlich weigerte, mit ihnen zu kooperieren und bald darauf vom Geheimdienst „verunfallt“ wurde. Seine Lebensgeschichte läßt sich in jedem Nachschlagewerk finden, doch die Auditierte fügte Daten hinzu, die niemand wissen konnte, außer dem in Frage stehenden Wissenschaftler selbst. Das eigentlich Bedeutungsvolle geschah allerdings erst nach seinem Tod. Er verläßt seinen Körper und fühlt sich magnetisch zu einem die Erde umkreisenden Raumschiff hingezogen und bekommt jedesmal elektrische Schocks, wenn er versucht, selbstständig zu denken. Hierdurch lernt er, wie ein Roboter auf Anweisungen zu warten. (Ein mit seinem eigenen Energiefeld identifizierter Thetan läßt sich ohne weiteres mit elektronischen Mitteln behandeln.)

Wunderbar, denkt man jetzt vielleicht, das zeigt nur mal wieder, wie fruchtbar die Vorstellungskraft der auditierten Dame ist. Beweist überhaupt nichts!
Die Pointe: In beiden Fällen, dem des Ingenieurs und dem der Dame, handelte es sich um dasselbe Raumschiff! Zeit, Ort, Umstände und Beschreibung der Crew waren praktisch identisch. Zwei gleichlautende Aussagen, unabhängig voneinander gemacht! Pah, könnte man nun sagen, das ist doch bloß Telepathie; der zweite Auditierte hat die Story des ersten irgendwie aufgefangen und sie in etwas anderes verdreht, oder vielleicht hat der Auditor, wahrscheinlich ein Science-Fiction-Fan, beide Stories telepathisch inspiriert. Kein Wort wahr. Aber schließlich hatte die Dame doch diese Probleme ihr ganzes Leben lang! Würde sie dadurch Erleichterung finden, daß sie telepathisch die irre Story eines anderen aufliest und sie in etwas Privates verwandelt? Ganz abgesehen davon, daß die Verwendung von „Telepathie" als Argument nicht gerade besonders wissenschaftlich ist.
Nun, wie steht es mit folgendem Beispiel, etwas völlig anderem: Am 19. März 1992 wurde eine Solo-Auditiersitzung wegen Kopfschmerz und Konzentrationsschwierigkeiten unternommen. Ein russisches Raumschiff wurde entdeckt; es hatte Frequenzgeneratoren an Bord, stark genug, um jedermanns Wachheit abzudämpfen. Der Auditor handhabte die in seinem persönlichen Energiefeld verursachte Störung (GE plus persönliches Thetafeld) und teilte der Raumschiffbesatzung telepathisch mit, sie solle doch bitte solche Effekte nicht weiterhin verursachen. Woraufhin seine Kopfschmerzen verschwanden. Später, nach der Sitzung, hörte der Auditor im Radio, daß ein russisch/deutsches Raumshuttle auf dem Weg zur russischen Raumstation Mir sei. War es nun wahr, was der Auditor da herausfand, oder nicht?
Wenn wir uns an die oben skizzierten Grundlagen von Wissenschaftlichkeit erinnern – Beobachtungen führen zu Theorien, Regeln und Gesetzmäßigkeiten, diese wiederum zu Erklärungen und Voraussagen –, dann müssen wir zu folgender Schlußfolgerung kommen: Wenn eine genügende Anzahl von Leuten in ihren

Sitzungen zu einer genügenden Menge vergleichbarer Beobachtungen mit Bezug auf bestimmte Phänomene kommen, wenn gemeinsame Nenner gefunden werden, Hypothesen geformt und in zukünftigen Sitzungen mit anderen Auditierten ausgetestet werden können, und wenn diese Prozedur bewirkt, daß sich die Leute besser fühlen, dann sprechen wir von einer wissenschaftlichen Vorgehensweise. Ob die Art Universum, die sich aus den bei dieser Prozedur anfallenden Informationen erschließen läßt, Faktum ist oder Fiktion . . . nun, wer könnte schon darüber befinden? Schließlich ist Realität nichts als das Ergebnis von Übereinstimmungen.

In diesem Sinne sind die Kapitel 3 bis 6 zu verstehen. Hubbards Bericht über galaktische Konföderationen und interstellare Kriege wurde seit 1968 von Tausenden von Solo-Auditoren, die sich niemals persönlich getroffen hatten, durchgehend bestätigt und erweitert. Die ihnen vorgelegten restimulierenden Materialien (genannt „Operating Thetan Levels") fielen dabei nicht immer auf durch ausgiebige Weltraumliteratur vorbereiteten Boden, denn nicht jeder Solo-Auditor war gleichzeitig ein Science-Fiction-Verehrer. Sie erfanden ihre persönlichen Variationen zu Hubbards Grundthema gewiß nicht aus rein kreativem Spaß heraus, oder um Hubbard einen Gefallen zu tun, nein, sie fanden dieses Bildmaterial *vor*.

Über die Gesamtmasse dieser Erfahrungen wird im nächsten Kapitel, „Der Mythos von Xenu", berichtet. Warum „Mythos"? Nun, weil gewisse für die Menschheit typische Grundzüge von den traditionellen Religionen, Psychologien und Soziologien nie ausreichend erklärt wurden. Ein Mythos aber erklärt Dinge. Wie das (englische) Wörterbuch weiß: „*Mythos* bezieht sich besonders auf Erzählungen aus der Religion und den Glaubensvorstellungen primitiver Zivilisationen. Mythen werden über Götter oder übermenschliche Wesen erzählt; sie werden erfunden, um Vorstellungen, Riten oder Naturvorgänge zu erklären." Es geht also gar nicht darum, ob hinter Hubbards Mythos von Xenu eine akademische Wahrheit steht, sondern daß sich die Leute von der

dabei gelieferten Bilderwelt sehr tief angesprochen fühlen und mit dem Leben besser zurechtkommen, nachdem sie sich in ihren Solo-Sitzungen damit auseinandergesetzt haben.
Und selbst wenn die folgenden Kapitel nichts weiter als eine kollektive Erfindung darstellten, würden sie doch zumindest eine überraschend plausible Erklärung für die „Religionen und Glaubensvorstellungen“ der „primitiven Zivilisation“ dieses Planeten abgeben!

KAPITEL 3

Der Xenu-Mythos

3.1 Eine globale Katastrophe

WARNUNG AN DEN LESER *
EIN GALAKTISCHER STAATSSTREICH * SCHLACHTFELD ERDE *
EIN ORT DES BÖSEN * ÜBER BTs UND CLUSTERS *

Manch „alter Scientologe“, der schon in den siebziger oder sechziger Jahren oder sogar noch früher in die Scientologie einstieg und mit der Geheimnistuerei der Scientologie-Kirche aufwuchs, mag es für übermäßig riskant und gewagt, wenn nicht sogar unverantwortlich halten, bislang strikt geheimgehaltene Daten in einem allseits erhältlichen Taschenbuch zu enthüllen. Doch gibt es eine Reihe von Gründen, die es berechtigt erscheinen lassen, im gegenwärtigen Stadium des Spiels so zu verfahren. Der schwerwiegendste ist dabei der, daß die Geschehnisse, von denen wir gleich hören werden, wie auch ihre Verursacher über mehrere Jahrzehnte hinweg von zahlreichen Auditoren so gründlich bearbeitet wurden, daß ihr Restimulationspotential beträchtlich erschöpft ist. Dies erweist sich daran, daß 1968, als die folgenden Materialien der Öffentlichkeit bekannt gegeben wurden, manche Leute extrem stark auf sie reagierten – einige Solo-Auditoren verbrachten Jahre damit, um die Ladung auszuauditieren –, wohingegen heutzutage ihre Wirkung vergleichsweise schwach ist. Es sieht demnach so aus, als sei kein Risiko mehr damit verbunden, der Öffentlichkeit diese bislang vertraulichen Daten zu präsentieren.

Es bleibt Ihnen selbstverständlich unbenommen, das Ganze als Allegorie oder Science-Fiction abzutun, als das Geifern eines Wahnsinnigen oder den schlauen Plan eines Schwindlers, der den Leichtgläubigen ihr Geld aus den Taschen zieht. Wie Hubbard immer wieder betonte: „Nur was Sie selbst beobachtet haben, kann für Sie wahr sein."

Man mag einwenden, daß eine Veröffentlichung die Leute dazu verleiten könnte, die „esoterischen" Inhalte des Xenu-Mythos zu kopieren und somit das Solo-Auditieren zu einem schalen Erlebnis werden zu lassen. Dagegen läßt sich anführen, daß es nicht ganz das gleiche ist, ob man über eine esoterischen Wahrheit liest oder sie erlebt und versteht. Wer für die zugehörigen Erfahrungen nicht reif ist, wird sie nicht haben – sogar wenn er ganze Bibliotheken dazu durchliest. Auf gewisse Weise dient dies als Selbstschutzmechanismus und bewahrt den Geist davor, Schaden zu nehmen. Nichtsdestoweniger, und um ganz sicher zu gehen, sei diese Warnung ausgesprochen:

Warnung: Wer über diesen Punkt hinaus weiterliest, tut dies auf eigene Gefahr!

Sollten Sie das Risiko trotz dieser Warnung auf sich nehmen wollen und sich zu irgendeinem Zeitpunkt unwohl fühlen, schwindlig werden oder unruhige Nächte verbringen, so läßt sich dem auf folgende Weise abhelfen:

1. Nehmen Sie Vitamin C, E, B1, Calcium und Magnesium in großzügiger Dosierung. Dies dient dazu, das Energiefeld des Körpers zu stärken und verhindert, daß die von „erwachten" Entitäten ausgehenden Energieimpulse die Genetische Entität durcheinanderbringen (was Schlaflosigkeit und Nervosität zur Folge hätte).

Zwar ist es möglich, Beruhigungsmittel oder Bier zu verwenden, um dieser Effekte Herr zu werden, aber es empfiehlt sich nicht, da diese Mittel nur dazu dienen, die unerwünschten Phänomene zuzuschütten.

2. Verrichten Sie körperliche Arbeit, fangen Sie irgendeinen handwerklichen Aktionszyklus an und beenden Sie ihn. Achten Sie darauf, daß Ihre Aufmerksamkeit nach außen gerichtet bleibt. Gehen Sie nicht auf den Inhalt der Bilder ein, die sich Ihnen zei-

gen. Arbeiten Sie aber auch nicht dagegen; bestätigen Sie ihre Existenz, aber halten Sie Ihre Aufmerksamkeit nach außen gerichtet.
3. Benutzen Sie die „Restimulationsabhilfe für den Leser" im Anhang oder suchen Sie sich einen Auditor, um das Ganze in einer Sitzung in Ordnung zu bringen.

EIN GALAKTISCHER STAATSSTREICH

Die folgenden Zitate wurden den sogenannten „OT III-Materialien" entnommen. Es handelt sich dabei um Solo-Auditierinstruktionen des Operating-Thetan-Kurses, Stufe 3. Sie wurden von Hubbard in sehr skizzenhafter Form mit eigener Hand am 28.Oktober 1968 geschrieben: *„Der Implant ist darauf angelegt, jeden zu töten (durch Lungenentzündung usw.), der versucht, ihn aufzulösen. Diese Gefahr wurde durch meine technischen Entwicklungen ausgeschaltet. (. . .) Im Dezember 1967 war mir klar, daß irgendjemand den Sprung in die Tiefe riskieren mußte. Ich tat es und tauchte wieder auf, ziemlich gebeutelt zwar, aber lebendig. Wahrscheinlich der einzige, der dies in 75.000.000 Jahren fertig brachte. Ich habe nun alle Daten, aber nur das, was hier geschrieben steht, ist notwendig."*
Andere nützliche Informationsquellen zu den OT III Implants sind Band 10 des „Class VIII Auditors Course" vom Oktober 1968 und Hubbards Filmscript „Revolt in the Stars" aus den Mittsiebzigern, wo er das Thema durchaus nicht vertraulich behandelt, ganz im Gegenteil! Jede Menge gruseliger Details werden enthüllt. (Wird im weiteren Text auf diese Materialien Bezug genommen, dann mit den Abkürzungen „OT III", „Band 10" und „RITS". Alle Zitate ohne weitere Quellenbezeichnung sind „OT III".)
Die erste Seite des OT III Materials beginnt mit den denkwürdigen Worten: *„Der Kopf der Galaktischen Konföderation (76 Planeten um die von hier sichtbaren größeren Sterne herum)*

(vor 95.000.000 Jahren geformt; sehr weltraumoperettenmäßig) löste das Überbevölkerungsproblem (250 Milliarden pro Planet – 178 Milliarden im Durchschnitt) durch Massenimplantierung. (. . .) Sein Name war Xenu. Er benutzte Abtrünnige (Renegaten).“

Lassen Sie uns dies nun einmal näher anschauen und kommentieren. Von einer galaktischen Konföderation ist die Rede. Wie man RITS entnehmen kann, gehören ihre 76 Planeten zu 21 Sternen: Sirius, Canopus, Alpha Centauri, Vega, Capella, Arcturus, Riegel, Prokyion, Achernar, Beta Centauri, Altair, Betelgeuze, Acrux, Aldebaran, Pollux, Spica, Antaris, Formalhaut, Deneb, Regulus und Sol (unsere Sonne). Die Entfernungen sind beträchtlich: zu Riegel und Deneb, den von der Erde am weitesten entfernten Systemen, sind es 500 Lichtjahre. Der Erde am nächsten sind Alpha Centauri mit 4,3 Lichtjahren und Sirius mit 8,5 Lichtjahren. Der Rest liegt irgendwo dazwischen. Doch schienen Entferungen kein Hindernis zu sein. Gemäß Band 10 brauchte man 9 Wochen um die 400 Lichtjahre vom Nordstern bis zur Erde zu bewältigen.

Die Galaxis, in der wir uns befinden, ist ungefähr 10.000 Lichtjahre dick und 100.000 Lichtjahre im Durchmesser. Unser nächster Nachbar ist Andromeda, eine 2,7 Millionen Lichtjahre entfernte Galaxis. Wie oben angegeben, wurde die galaktische Konföderation vor 95 Millionen Jahren geformt, d.h. heißt 20 Millionen Jahre vor der Katastrophe. Mit einigen Veränderungen hielt sie bis heute.

Übrigens sind die Namen dieser Sterne denen verblüffend ähnlich, die man in Astronomiebüchern unter der Überschrift aufgelistet findet: „Die 21 hellsten Sterne in der nördlichen Hemisphäre“. Hat Hubbard sie einfach irgendwo abgeschrieben, weil er erwartete, daß sie dem potentiellen Zuschauer von „Revolt in the Stars“ vertraut sind? Sind die wirklichen Sterne der galaktischen Konföderation vielleicht andere? Man sollte nicht vergessen, daß diese Information einem Filmskript und nicht den eigentlichen OT III Materialien entnommen wurde. Wie dem auch

sei, dies ändert nichts an den Ereignissen, von denen gleich die Rede sein wird. Zu viele Auditoren haben Hinweise für sie gefunden, als daß man sich über die eigentlichen Namen der Sterne Gedanken machen müßte – besonders deswegen, weil diese Namen von Entitäten preisgegeben wurden, damit nicht einer bekannten Erdensprache entsprechen und oft schwer verständlich sind.
Wie schauten diese 76 Planeten aus? Einige wie die Erde heute, einige ein bißchen unterschiedlich, aber alles in allem würden sie nach heutigen Maßstäben recht vertraut erscheinen. Eine Zivilisation wie in den 50er Jahren, sagt Hubbard in Band 10. Die Leute hatten Körper, Autos, Häuser, Jobs, Frauen, Männer, Kinder, Telefone, Fernseher und natürlich interstellaren Raumverkehr auf der Basis von Raumenergie und kontrollierter Gravitation.
Die Erde selbst war außergewöhnlich schön und angenehm und wurde deswegen sehr geschätzt. Tropische Pflanzen ließen sich sogar nördlich des heutigen Polarkreises antreffen, Dinosaurier und andere spektakuläre Kreaturen machten die Urwälder unsicher. Da verwundert es nicht, daß dieser Planet eine Touristenattraktion war, Menschen aus der ganzen Galaxis anzog und sie einlud, hier ihre Ferien zu verbringen. Die örtliche Bevölkerung war hauptsächlich weiß, wie etwa die heutigen Europäer; andere Rassen waren zwar auch repräsentiert, hauptsächlich aber durch die Touristen.
Sind „178 Milliarden Menschen im Schnitt" denn überhaupt möglich? Nun, wenn man jeder Person – Mann, Frau und Kind – 25 qm Lebensraum, 25 qm Arbeitsraum und 25 qm Erholungsraum zugestehen würde (das sind 75 qm pro Person), und wenn man diesen Angaben entsprechend ein Gebäude konstruierte, um die sechs Milliarden Menschen, die heute auf unserem Planeten leben, unterzubringen, würde dieses Bauwerk 450.000 qkm bedecken. Das ist ungefähr die Fläche Spaniens. Alle sechs Milliarden Menschen, die heute auf unserem Planeten leben, könnten ebenerdig in Spanien untergebracht werden. Wenn man

dieses Gebäude im Stil einer Wohnanlage drei Stockwerke hoch baute, würde es 150.000 qkm bedecken, also die Fläche von England (ohne Schottland und Wales). Baute man es neun Stockwerke hoch, so würde es bloße 50.000 qkm einnehmen, die Größe von Holland, Dänemark oder der Schweiz.

Demnach könnten alle Menschen, die gegenwärtig auf dem Planeten leben, auf einem Gebiet von der Größe der Schweiz untergebracht werden, und man hätte den Rest des Planeten für Ackerbau und als Naturerholungsgebiet. Dies würde natürlich sehr fortschrittlicher Lösungen bezüglich Energieversorgung und Transport bedürfen, Lösungen, die nicht auf kohlenstoffhaltigem Verbrennungsmaterial oder Atomspaltung basieren, aber darüber braucht man sich keine Gedanken zu machen. Seit Nikola Tesla sind die notwendigen Erfindungen bereits vorhanden; man brauchte sie lediglich aus den Stahlkammern der Öl- und Elektrizitätsmagnaten herauszuholen und zu verwenden. Auch die Nahrungsversorgung wäre kein Problem, wenn man die heutigen, von Verschwendung gezeichneten Ernährungsmethoden reformierte. (Wobei der Ackerbau bereits so effizient ist, daß man Teile der Ernte wegwerfen muß, um die Preise oben zu halten).

Nun erwähnt Hubbard auf Tonband 10 eine Erdbevölkerung von 250 Milliarden Menschen. Das sind gute 40 mal mehr als die gegenwärtigen sechs Milliarden. Eine dreistöckige Wohnanlage gemäß unseren Angaben würde gut und gerne die Fläche von Australien abdecken; eine neunstöckige ließe sich bequem innerhalb der Grenzen von Mexiko aufstellen. Baute man aber ein neunzigstöckiges Wohn- und Geschäftshochhaus – nun, alle 250 Milliarden ließen sich in Italien unterbringen! Es gäbe immer noch eine Menge Raum auf der Erde, um Nahrungsmittel zu produzieren und Urlaub zu machen. Und es gibt keine Veranlassung dafür anzunehmen, daß solche Gebäude häßlich oder „unmenschlich“ sein sollten.

Die obige Ausarbeitung ist durchaus nicht so utopisch, wie sie anmutet. Zwischen 1930 und 1950 konzipierte der Architekt, Ingenieur und Erfinder Buckminster Fuller zwölfstöckige Ge-

bäude, die zu ihrem Einsatzort mit dem Hubschrauber geflogen werden konnten, schwimmende Städte in der Form ägyptischer Pyramiden, mit Lebensraum für jeweils eine Million Menschen, und sogar kugelförmige schwebende Städte, die sich, allein von Sonnenlicht angetrieben, in der Luft halten sollten [33].
In diesem Licht betrachtet war Xenus Behauptung, er wolle „das Überbevölkerungsproblem lösen", nichts wie Lug und Trug, eine oberflächliche Vertuschung des Verbrechens, das alsbald begangen werden sollte. Xenu – wie wir erkennen werden, wenn etwas mehr über ihn enthüllt ist – hatte etwas anderes im Sinn, als freundlicherweise die Bevölkerung seiner 76 Planeten zu reduzieren. Er hatte eine eiskalte, gefühllose Gier nach totaler Kontrolle. *„Er veranlaßte, daß Leute nach Teegeeack (Erde) gebracht wurden und ließ H-Bomben auf die wichtigsten Vulkane werfen (. . .)."* Gewiß eine sehr humanitäre Art, um die „Überbevölkerung zu reduzieren"!
Man würde vermutlich auf den ersten Blick annehmen, daß diese Vulkane damals nicht existierten. Viel zu lange her. Aber sie taten es doch! Eine geologische Karte, die die Erde vor 75 Millionen Jahren zeigt, schaut gar nicht allzu unterschiedlich zu den heutigen Verhältnissen aus[22]. Die Kontinentaldrift ist viel zu langsam, um sogar über solche Zeiträume hinweg eine bedeutende Veränderung zu bewirken. Damals wie heute arbeiten dieselben geologischen Platten gegeneinander. Die Vulkane waren natürlich nicht an genau denselben Stellen, aber es gab sie – Mt. Rainier, Mt. Hood, Mt. Shasta, San Georgino, Kilimandscharo, Krakatau, Mt. Washington, der Ätna, die Vulkane von Hawaii, Japan, Indonesien, die der Philippinen, des Himalayas, der Anden. Man stelle sich vor, daß in ihre Krater H-Bomben geworfen würden! Jeder, der den Ausbruch von Mount St. Helens in Kalifornien im Jahre 1980 mitbekam, kann sich vorstellen, wie die Welt danach aussähe.
Bezüglich des Zeitpunktes dieses Geschehnisses, 75 Millionen Jahre: Geologen haben vielerorts eine iridiumhaltige Gesteinsschicht entdeckt, ein Metall, das in dieser Häufigkeit nirgendwo

sonst auf der Erde vorkommt, und nannten sie die „Alvarez-Schicht". Angeblich bildete sie sich vor 63 Millionen Jahren, was auch dem Zeitpunkt entspricht, als die Dinosaurier verschwanden. Man weiß nicht genau, was damals geschah, ist sich aber darüber einig, daß es sich um eine Katastrophe gehandelt haben mußte. Man weiß auch nicht genau, wie lang diese dauerte – einige sprechen von ein paar tausend Jahren, andere von wenigen Tagen[22]. Sogar das genaue Datum ist zweifelhaft! Trotz moderner Datierungsgeräte sind Meßfehler von 10 Millionen Jahren zu erwarten, wenn man sich an Größenordnungen zwischen 60 und 80 Millionen Jahren heranwagt, wie jeder Geologe weiß.

Wie kommt es nun, daß keine menschlichen Knochen gefunden werden? Man fand Dinosaurierskelette, aber keine menschlichen – das beweist doch eindeutig, daß es damals keine Menschen gab, nicht wahr! Schön und gut, aber die Frage ist falsch gestellt. Menschliche Knochen *wurden* gefunden, genug davon, aber sie zu datieren – darin liegt die Schwierigkeit! Zum Datieren verwenden Anthropologen für gewöhnlich das in Knochen enthaltene Radiokarbonisotop C_{14}. Da man aber gute zwei Kilo Knochen benötigt, um eine ordentliche Messung durchzuführen, die meisten Knochenstichproben aber nicht über 300 Gramm hinausgehen, und da die Irrtumsrate für größere Zeiträume als 10.000 Jahre 80% beträgt (!), ist die Verläßlichkeit dieser Methode äußerst fragwürdig. Kontrollexperimente zur Überprüfung der Gültigkeit von radiometrischen Datierungsmethoden bestätigen diese Besorgnis. Eine einzige Stichprobe organischen Materials, etwa eine besondere Lage Holz von einem einzigen Baumring, die man demselben Labor als vorgeblich „unterschiedliche" Stichproben zukommen ließ, wurde oft mit weit differierenden Datierungen versehen; die Differenz betrug zwischen 500 und 3000 Jahren. Auch hier sprechen wir nicht über Wahrheit oder Unwahrheit, sondern lediglich darüber, wie korrekt die Werkzeuge der Wissenschaft sind[34].

Warum sollten es also nicht Xenus Bomben gewesen sein, die die Alvarez-Schicht schufen und bewirkten, daß Dinosaurier wie auch Menschen verschwanden? Schließlich wurde der Zeitpunkt „75 Millionen Jahre“ dadurch gefunden, daß E-Meter auf die Ladung der Leute reagierten, und man könnte sich zu Recht fragen, woher denn diese Ladung gekommen sein sollte, wenn zu jener Zeit nichts geschehen wäre.
Xenu benutzte Renegaten, wie wir hörten. Mit Geld, Drogen und Sex konnte man sie kaufen. Renegaten zu was? Zur Verfassung der Konföderation, die schon seit einigen Millionen Jahren Bestand hatte. Eine besondere Einheit, in dunkelblaue Uniformen gekleidet, wachte über sie; Hubbard bezeichnet sie als „der Bevölkerung gegenüber loyale Offiziere“. Die Verfassung sah vor, daß ein Oberster Regent von den loyalen Offizieren zu wählen sei. Diese waren Xenus Hauptfeind in seinem Versuch, dieses demokratische System umzustürzen und es in eine Diktatur zu verwandeln, mit sich selbst als oberstem Diktator statt Oberstem Regenten.
Er plazierte Geheimagenten in hohe politische Positionen, die die Macht der loyalen Offiziere unterminierten und die Verfassung schwächten. Das Gesellschaftssystem war schon auf verschiedene Weise degradiert worden, wie etwa durch Bankauszüge, Fingerabdrücke, Pässe und Einkommensteuer – alles verfassungsfeindlich! Dies hatte die üblichen Folgen von Insolvenz und einer Zunahme von Armut, Prostitution, Kriminalität und weiteren, bis dahin unerhörten Dingen. In Band 10 weist Hubbard scharf darauf hin, daß die heutige Insolvenz, Armut, Prostitution und Kriminalität nichts weiter als eine Dramatisierung ist, eine zwanghafte Wiederholung der damaligen Situation. (Die Erde war übrigens am wenigsten von diesen Maßnahmen betroffen. Andere Planeten waren schlimmer dran.)
Die wachsende Unruhe und rebellische Stimmung unter loyalen Offizieren, Künstlern, Intellektuellen und der Gesamtbevölkerung wurde zum Problem. Xenu mußte schnell handeln, denn er war kurz davor, abgewählt zu werden. Sein Coup lief in drei Pha-

sen ab. Erste Phase: das Abschlachten aller loyalen Offiziere in der Konföderation. Zweite Phase: die Zerstörung der Hauptverteidigungsbasen auf jedem Planeten. Dritte Phase: die Entführung von Minoritäten und unerwünschten Elementen nach Teegeeack und ihre Auslöschung.

Milliarden von Thetans wurden zur Erde transportiert und die hiesigen Vulkane zerbombt. Trotzdem schaffte es Xenu nicht bis zum obersten Diktator: *„Loyale Offiziere (dem Volk gegenüber) nahmen ihn nach sechsjähriger Schlacht gefangen und steckten ihn in eine elektronische Falle, wo er noch heute ist. Sie befindet sich in einem Berg. ‚Sie' sind gegangen. Der Ort (Konföderation) ist seitdem eine Wüste. Die Länge und Brutalität von all dem war derart, daß die Konföderation sich davon nie erholte."*

Eine elektronische Falle ist eine Vorrichtung, die einen Thetan (d.h. das Energiefeld, das er erschuf und mit dem er sich identifiziert) mit elektronischen Mitteln an einen Platz fixiert. So erging es Xenu. Allerdings ist es fraglich, ob er immer noch dort ist. Er mag entkommen sein. Es gibt Hinweise dafür wie auch dagegen. Zum einen ein Dialog aus RITS: *„Nachrichtensprecher: Wie lang wird die Energie halten (. . .)? Elektriker: Ungefähr 74 Millionen Jahre, glaube ich, wahrscheinlich mehr. Lang genug."* Dagegen spricht Band 10, wo Hubbard eine *„ewige Batterie"* erwähnt. Zum zweiten ein Gespräch zwischen Hubbard und Robertson, einem engen Mitarbeiter, von dem Robertson mir 1985 erzählte. Hubbard hatte sich damals gefragt, ob er es in die OT III Materialien einbeziehen solle, daß Xenu in Wirklichkeit entkommen und wieder aktiv sei, oder ob das nicht ein bißchen viel für die Leute wäre. OT III wurde ohnehin schon für gefährlich genug betrachtet; es gab damals eine Vorschrift, daß ein Arzt in Reichweite zu sein hätte, wenn man es auditierte. Man befürchtete, die Leute könnten durch Überrestimulation sterben. Gemäß Robertson entschied Hubbard sich dafür, die Wahrheit etwas abzudämpfen und schrieb, daß Xenu immer noch in seiner Falle sei. Auf der anderen Seite behauptet O.R., wie Robertson ein alter Weggefährte Hubbards, daß Hubbard ihm persönlich einen Berg auf Madeira gezeigt habe, in dem Xenu angeblich gefangengehalten werde.

In Hinblick auf einen dritten Hinweis, eine philosophische Betrachtung, könnte beides wahr sein. Gewiß kann man einen Thetan einsperren, indem man sein Feld auf elektronische Weise in einer Falle einsperrt, aber es gibt keinen Grund, warum dieser Thetan (wenn er mächtig genug ist) sich nicht im Laufe der Zeit wieder rekonstituieren sollte, denn schließlich ist er ja die Quelle seiner eigenen Thetaquanten und könnte somit ein zweites Feld willentlich herstellen, um erneut im Spiel dabei zu sein. Der gefangengehaltene Teil würde natürlich gefangengehalten bleiben – seine eigene Aufmerksamkeit würde buchstäblich durch elektronische Mittel an einen Ort fixiert. Man könnte also immer über den gefangengehaltenen Teil an ihn heran. Der vierte Hinweis ist, daß Xenu zwischen 1986 und 1988 telepathisch von Robertson und seinen Kollegen auditiert wurde, wobei er zu jener Zeit durchaus aktiv war und einem nicht das Gefühl vermittelte, man auditierte einen eingesperrten Teil von ihm (siehe Kapitel 6).

War die Konföderation denn nun seitdem wirklich eine Wüste? Kaum eine Solo-Sitzung gibt hierzu bestätigende Hinweise. Die Erde ist keine Wüste (außer im geistigen Sinne), und was sich beim Auditieren von Neuankömmlingen erfahren läßt, die von einem der 21 Sterne der früheren Konföderation hier anlangen, wirkt nicht so, als seien ihre Heimatplaneten in allzu schlechtem Zustand. Schließlich sind sie dort draußen fortgeschritten genug, um hierherzukommen und uns auszuhelfen – etwas, das wir von uns ja nun gewiß nicht sagen können.

Die Bombadierung mit H-Bomben wird üblicherweise als „Incident Two" bezeichnet, zu deutsch vielleicht „Zweites Geschehnis". Es gibt noch ein viel früheres, genannt „Incident One", zu deutsch „Erstes Geschehnis"; von ihm wird später die Rede sein. Zunächst einmal werden wir uns das Zweite Geschehnis eingehender anschauen, und zwar anhand Hubbards „2nd Note" vom 28. Oktober 1968.

„Dieses Geschehnis ist über 36 Tage lang. (Es geht hier um den auf der Erde durchgeführten Implant.) *Die Gefangennahme auf anderen Planeten fand Wochen oder Monate vor dem Implant statt. Wer sich auf Teegeeack (Erde) befand, wurde einfach in die Luft gesprengt, mit Ausnahme der loyalen Offiziere, die (kurz vor den Explosionen auf der Erde) zusammengetrieben wurden."*

Wie läßt sich denn nun jemand implantieren, nachdem sein Körper während einer Atomexplosion in Stücke zerrissen wurde? Und wer wurde zuvor gefangengenommen und zur Erde gebracht? Körper oder Thetans? Die Antwort auf beide Fragen ist: „Thetans". Man kann einen Thetan auch dann implantieren, wenn er keinen Körper hat. Er hat ein Energiefeld und damit läßt er sich festnageln, woraufhin man ihm Bilder und Konzepte mit elektronischen Mitteln oder mit Hilfe von Thetaenergie aufzwingen kann. Und mit Bezug auf Transport – man kann bedeutend mehr Thetans per Raumflug transportieren als Körper.

Wir werden gleich darauf zurückkommen. Zuerst sollten wir jedoch kurz darauf eingehen, was ein Implant eigentlich ist: *„1. Ein schmerzliches und gewaltsames Mittel, ein Wesen mit einem künstlichen Ziel oder falschen Konzepten zu überwältigen, in dem bösartigen Versuch, ihn zu kontrollieren und zu unterdrücken. 2. ein elektronisches Mittel, einen Thetan mit Bedeutungsinhalten zu überwältigen. 3. ein ungewolltes und unbewußtes Empfangen von Gedanken. Eine absichtliche Installation fixer Ideen, die dem Überlebensdrang des Thetans zuwider laufen".*[1] Die genaueren Mechanismen davon wurden im Kapitel 1 schon behandelt. Sie sind im Grunde die gleichen wie bei der Entstehung eines Ridge. Der Thetan (egal ob mit oder ohne Körper) wird einer Wirkung ausgesetzt, die er nicht haben (tolerieren) kann, wie zum Beispiel elektronischen Schwingungen, elektrischen Schocks oder körperlichen Schmerzen, vielleicht während er unter Drogen steht oder hypnotisiert ist. Sätze werden auf ihn gestrahlt, gesprochen oder zu ihm hin abgespielt. Er bekommt Bilder gezeigt oder erhält Konzepte (Postulate) durch elektronische Übertragungsstrahlen. Dagegen schiebt er seine Energie, um sich zu verteidigen; diese baut so etwas wie eine Wachsplatte auf, in die sich die hereinströmende Information eingräbt. Sein Verteidigungsschild aus Thetaquanten bewirkt damit keinen Schutz, sondern das Gegenteil: es zeichnet das Geschehnis für alle Zeiten auf. Außerdem macht er ein Untergangspostulat, das die ganze Sache am Platze hält und jedesmal, wenn er an dieses Postulat denkt, für die Wiedererschaffung der Massen und Energien des Geschehnisses sorgt. Vielleicht erhält er auch zusätzlich fremde Postulate; möglicherweise wird ihm ein falsches Datum als Vorkehrung gegen naseweise Auditoren eingeimpft, die irgendwann später einmal etwas darüber herausfinden könnten. Und man gibt ihm eine Vergessens-Anweisung, nur um sicher zu gehen: „Ich kann mich an nichts erinnern. Ich vergesse! Vergesse! Vergesse!"

Wenn dies ordentlich gemacht wird, hält es ewig. Der Thetan hat nun ein Informationspaket, das aus selbsterschaffener Energie besteht, fremden Postulaten und Bildern und zu allem Überfluß einem eigenen Postulat, das dies alles versiegelt halten und unzugänglich machen soll. Von nun an kann man sich darauf verlassen, daß dieser Thetan einen großen Bogen um Spiele machen wird, die ihn möglicherweise an irgendeinen Teil dieser Information erinnern könnten. Zu schmerzhaft! Was der Implanter ja schließlich auch erreichen wollte.

Hier folgt der vollständige Ablauf des Zweiten Geschehnisses:
„1. Gefangennahme (Erschossenwerden). 2. Einfrierung. 3. Transport nach Teegeeack (manchmal über einen Relais-

punkt). 4. Plazierung nahe eines Vulkans. 5. Wasserstoffbombe wird in den Vulkan oder darauf geworfen. Explosion. Ungeheure Winde. Thetan wird über die Bergspitze hinausgetragen. Elektronisches Band zeigt sich, er bleibt daran kleben. Dann wurde er heruntergezogen und wurde (als Teil einer Gruppe) mit R6 implantiert. („R6" ist Hubbards technischer Ausdruck für diesen Implant.) *6. Beginn des Implants (. . .). 7. Verschiedene Bilder folgen. 8. Die 7er und CC + OT II Materialien.* (Weitere technische Namen für diese Implants.) *9. 36 Tage von Bilderimplants, die einen weiten Bereich von Material abdecken und drei* (falsche) *Erklärungen für die Bombardierung beinhalten. 10. Transport nach Hawaii oder Las Palmas zum Zusammenpacken als ‚Clusters'* (Bündel).
Die Bilder enthalten Gott, den Teufel, Engel, Weltraumoperette, Theater, Helikopter, ein ständiges Herumwirbeln, einen herumwirbelnden Tänzer, Eisenbahnzüge und verschiedene Szenen, die sehr an das moderne England erinnern. Was immer man nennen könnte, es steckt in diesem Implant. Wir nennen ihn in seiner Gänze ‚R6'."
Lassen Sie uns diese Sequenz nun in einzelne Schritte zerlegen. (Falls nicht anders erwähnt, sind die folgenden Daten Band 10 entnommen und mit Solo-Auditorberichten ergänzt.)
Zu 1: Die Gefangennahme bestand zunächst aus gezielten und später aus massenhaften Morden, herbeigeführt durch Bomben, Maschinengewehre und Vergiftung. Explosionswaffen auf der Basis elektronischer Strahlung und Laser wurden verwendet. Die Gewalt und Plötzlichkeit dieser Angriffe war gewöhnlich so, daß Dutzende und Hunderte von Leuten gleichzeitig davon betroffen wurden. Milliarden und Milliarden wurden auf verschiedenen Planeten getötet; man brachte sie alle zur Erde.
Zu 2: Um sie zu transportieren, mußte man sie einfrieren. Nicht die Leichen selbst, sondern die Thetans, die aus den toten Körpern entwichen. Wie friert man einen Thetan ein? Man besprüht das Gebiet mit einer Mixtur aus tiefgefrorenem Alkohol und Glykol. Sehr kalt! So kalt, daß es alle elektronischen Schwin-

gungen in seiner Nähe paralysiert – zum Beispiel auch das Energiefeld eines Thetans. Besonders dann, wenn er sein Äußerstes tut, um sich mit Hilfe seiner Thetaenergie zu verteidigen! Je mehr er sich wehrt, desto größer wird das Ridge und um so leichter ist er zu erkennen und gefangenzunehmen. Am Ende hatte man Eisblöcke, an denen Tausende von Thetans festklebten.
Zu 3: Diese wurden nach Teegeeack transportiert. Die Raumschiffe hatten Kühlkammern. In Anbetracht ihrer riesigen Frachtkapazität und der großen Zahl von Thetans, die man an einem Block festfrieren konnte, waren nicht allzu viele Flüge pro Planet notwendig. Die Flugdauer nach Teegeeack betrug nur wenige Wochen. Die Raumschiffe schauten ungefähr wie DC-8-Flugzeuge ohne Propeller aus, ein Beispiel dafür, wie die heutige Zivilisation das Geschehnis kopiert.
Der oben erwähnte Relaispunkt war Coltus, ein Planet in einem politischen System nahe des Nordsterns und nicht Teil der galaktischen Konföderation. Xenu hatte dort einen Vorposten. Vielleicht ist dies auch der Ort, von wo er die Atombomben erhielt. Auf anderen Planeten gefangengenommene loyale Offiziere wurden lebendig nach Coltus geschafft, dort (mit Körpern) einem gehirnwäscheähnlichen Implant unterzogen, d.h. ideologisch umgedreht, dann auf ihre Heimatplaneten zurückgeschickt und dort veranlaßt, ihre eigenen Truppen auf das Volk loszulassen oder für Renegatentruppen zu arbeiten, während sie noch die Uniformen der loyalen Offiziere trugen. Für die Bevölkerung sah es so aus, als stünden die loyalen Offiziere hinter dem Blutbad, was natürlich die Verwirrung noch steigerte.
Zu 4: Milliarden und Milliarden von Thetans wurden hierher gekarrt. Raumschiffe kamen herein und entluden ihre Fracht von Eisblöcken nahe den wichtigsten Vulkanen der Erde. Dies lief nicht immer glatt ab. Einige wurden auch im Meer oder am falschen Platz abgeworfen. Viele Fehler kamen vor. Die Renegaten waren zwar gut im Blutvergießen, aber ihre Disziplin war schlecht. Einmal wurde die Entität eines Bomberpiloten auditiert, der während seines Fluges so betrunken gewesen war, daß

er mit seinem Raumschiff gegen die Seite des Vulkans knallte und natürlich im selben Aufwasch wie alle anderen bombardiert und implantiert wurde. (Um seine Benebeltheit aufzuheben, mußte eine Drogenhandhabung vorgenommen werden, bevor man zum Auditieren des eigentlichen Geschehnisses fortschreiten konnte.)

Zu 5: Die Bomben wurden abgeworfen, explodierten, rissen den Vulkan auf, und die kombinierte Gewalt von Bombe und Vulkanausbruch führte Aufwinde von solcher Kraft herbei, daß die Thetans durcheinandergewirbelt und über den Gipfel hinweggetragen wurden. Die Eisblöcke waren natürlich längst zerschmolzen.

Um sicher zu gehen, daß niemand von diesem Planeten heruntergeblasen wurde und entkommen konnte, war ein „elektronisches Band“ vorausschauend installiert worden. In Band 10 wird es als „stehende Welle“ über dem Vulkan bezeichnet. Es sah etwa aus wie ein aufgespannter Regenschirm. Thetans wurden hochgewirbelt und klebten daran fest. Um jeden Vulkan herum formten sich Trichter und an diesen herunter liefen die Thetans von „Schirm“ bis zum Erdboden, so wie Kondenswasser die Fensterscheibe herunterläuft. Auf diese Weise wurden sie herabgeleitet.

Zu 6 u. 7: Nun wurden sie zusammengepackt und in so etwas wie Pipelines oder Tunnels entlangbewegt, die rundherum mit Projektionsgeräten ausgestattet waren. Sie wurden farbigen Bildern und Klängen ausgesetzt. Der Implant begann ungefähr drei Tage nach dem Bombardement.

Zu 8: Die 7er + CC und OT II Materialien sind Implantpakete, die ihren Namen von den Auditieraktionen beziehen, die Hubbard entwickelte, um sie zu „knacken“.

Zu 9: Der Kernimplant dauerte 36 Tage. Er läßt sich mit einem superkollossalen dreidimensionalen Film vergleichen, der alles enthält, was uns in dieser Erdenzivilisation das Herz höher schlagen läßt: z.B. ein weißhaariger und bärtiger Gott, Teufel, Höllenfeuer, Erzengel wie Gabriel oder Michael, religiöse Symbole, Erzbischöfe komplett mit Soutanen, Hirtenstäben und den ganzen Pomp des römischen Katholizismus, ein Kreuz mit einem daran hängenden Mann, die noch heute gebräuchliche Art von Theatern mit Logen beidseits der Bühne, Sexualfolter in Lederkostümen mit Peitschen und Ketten, Perversionen wie etwa Sex mit Kindern, Kriegsbilder mit abstürzenden Hubschraubern (dramatisiert in Vietnam), Raumschiffe, Wolkenkratzer, die komplette Architektur von Manhattan und anderen „modernen" Bank- und Geschäftszentren, das gesamte Hollywood komplett mit Filmindustrie, Schriftstellern, ewig glorreichen Filmstartypen wie Marilyn Monroe oder Clark Gable, Psychiater beim Elektroschocken (ein wahrhaft pikantes Bild zeigt einen gekreuzigten Psychiater), Chirurgen, die einen Körper sinnlos bis auf die Knochen zerschnippeln – und um das Ganze zu krönen, werden explodierende Bomben gezeigt. Zusätzlich zu den eigentlichen Bombenexlosionen auf den Vulkanen wurden *Bilder* von Bombenexplosionen gezeigt, um ganz sicherzustellen, daß irgend jemand irgendwann einmal auf die wünschenswerte Idee kommen wird, den ganzen Planeten ein weiteres Mal in die Luft zu jagen.

Je weiter wir „fortschreiten", desto mehr kopieren wir die Art Zivilisation, die während dieser 36 Tage implantiert wurde. Planetarischer Selbstmord ist somit vorprogrammiert.

Zu 10: Nach dem Implant wurden eine große Zahl Thetans von jedem Vulkan in Kisten gepackt, nach Las Palmas (Kanarische Inseln) und Hawaii gebracht und dort zusammengepackt; einige Pakete wurden in den Raum geschossen, andere in der Tiefe des Ozeans versenkt. Den übrigen Thetans überließ man es, um den Planeten herumzudriften – natürlich immer nur innerhalb des elektronischen Bandes.

EIN ORT DES BÖSEN

Lassen Sie uns an dieser Stelle einmal Atem holen und Rückschau halten. Das Leben auf der Erde war ausradiert. Wolken von Staub und Rauch, schwarzer Himmel, dramatisch gesunkene Temperaturen, Strahlung. Nuklearer Winter.

Zumindest kein Leben auf der Oberfläche des Planeten. Organismen unterhalb der Meeresoberfläche waren wahrscheinlich nicht ganz so betroffen, weil Wasser eine hervorragende Strahlungsabschirmung gewährleistet. Schon ein paar Meter Oberflächenwasser würden das tieferliegende ozeanische Leben recht gut geschützt haben. Natürlich kann man annnehmen, daß sauberes Wasser in Laufe der Zeit mit kontaminiertem Wasser durchmischt wurde, aber in welchem Ausmaß und mit welchen Implikationen dies der Fall war, ist eine Frage, deren Beantwortung einem Marinebiologen und Strahlungsexperten zu überlassen wäre. Vielleicht ist das Loch Ness Monster bedeutend älter, als wir alle denken (falls es wirklich eines gibt).

Unabhängig davon, was sich in der Tiefe der Ozeane abspielte, bekam Teegeeack nach dem Zweiten Geschehnis eine sehr üble Reputation. Es wurde als ein Ort des Bösen bekannt. Politisch war es abgeschnitten. Niemand wollte damit etwas zu tun haben. Meuterer, Deserteure und Verbrecher wurden gelegentlich hier ausgesetzt. (Das Britische Empire benutzte Australien früher zum selben Zweck, offensichtlich eine Dramatisierung). Mancher Weltraumpirat suchte hier freiwillig Unterschlupf – er wußte, daß ihn hier niemand verfolgen würde!

Nicht nur im biologischen, sondern auch im spirituellen Sinne hatte eine gigantische Katastrophe stattgefunden. Zu Recht bezeichnet sie Hubbard als das „viertdynamische Engramm". Gewöhnlich definiert man die 4. Dynamik als „die gesamte Menschheit". Hier jedoch waren die Bevölkerungen von 76 Planeten tangiert – 76 vierte Dynamiken!

Milliarden und Milliarden von Thetans waren hierher verschleppt, implantiert und sich selbst überlassen worden. Sie sind noch immer hier.

Hubbard nennt sie „Body Thetans" (Körper-Thetans) oder „BTs", denn sie sind Thetans, die sich in Scharen an Körper klammern. Körper sind ein stabiler Orientierungspunkt für sie und ein sehr gesuchter Artikel.

Normalerweise bemerkt man sie nicht. Unbewußt identifiziert man sich mit den Bildern und Postulaten dieser Body Thetans, die sich einem anheften, während man auf der Erde herumspaziert. Da sie alle dasselbe Geschehnis gemeinsam haben, glauben sie, sie seien „eins", und man selbst, der sie nicht bemerkt, glaubt, man sei eins mit ihnen. Dies führt zu gewaltigen Restimulationen und Dramatisierungen auf persönlicher wie auch kultureller Ebene.

Der Großteil der Erdbevölkerung, 250 Milliarden, starb infolge des hereinbrechenden nuklearen Winters. Doch sogar nach dem Tode gab es kein Entkommen wegen des elektronischen Bandes. Auch sie sind noch hier. Sie sind keine Body Thetans, sondern einfach körperlose Thetans auf der Suche nach einer Verkörperungsmöglichkeit. (Klar, weil damals waren es 250 Milliarden und heute sind es nur noch sechs.)

ÜBER BTs UND CLUSTERS

Lassen Sie uns nun untersuchen, wie ein Body Thetan (BT) entsteht. Zum Zeitpunkt der Gefangennahme auf einem der 76 Planeten, und noch bevor sie ermordet wurden, wehrten sich die betroffenen Thetans gegen den Terror, indem sie Energie gegen das Geschehen schoben. So bildeten sie Ridges. Dann wurden ihre Körper getötet und sie verließen sie. Beim gleich darauf erfolgenden Einfrieren klebten somit nicht nur diese Ridges, sondern außerdem auch die kompletten Thetafelder von Thetans und GEs an den Eisblöcken und wurden abtransportiert. Diese Klumpen von Thetaquanten, die nach Teegeeack transportiert wurden, sind BTs.

Ein Body Thetan ist also nicht dasselbe wie ein lebendiger Thetan, sondern lediglich ein von seinem Urheber (dem eigentlichen Thetan) abgetrenntes Ridge mit allen Informationen über die Identität des originalen Thetans. Ein Thetan, zur Erinnerung, besteht aus einem Satz von Postulaten, aufgrund derer er geistige

Energien und Massen (sein Schwingungsfeld also) erschafft. Er ist in dem Maße lebendig, wie er dies tut. Nur aus seiner Überwältigtheit heraus ist es erklärlich, daß er und die anderen Thetans, die im Zweiten Geschehnis ihrer Schwingungsfelder beraubt wurden, sich nicht sogleich ein neues aufbauten. Manche taten dies nach einiger Zeit, andere stehen bis heute fassungslos da. In jedem Fall wäre also ein BT nichts anderes als eine sehr komplexe und „gehaltvolle" Entität.
Im Gegensatz dazu ist ein auf der Erde im Verlauf der Katastrophe umgekommener Thetan nach wie vor ein echter Thetan (wenn auch ein sehr entmutigter und geschwächter) und keine Entität.
Hat sich der Eigner eines BTs erst einmal von seinem Schock erholt (was eine sehr lange Zeit dauern mag!), so könnte er aufs neue ein Energiefeld für sich erschaffen. Sein Ridge (das BT) würde jedoch hier auf der Erde verbleiben und von ihm über die im Geschehnis gemachte GPM fortwährend energetisiert werden. Der Eignerthetan könnte sich also einen neuen Körper nehmen und oben auf seinem Heimatplaneten ein neues Leben anfangen, wenn er es schafft, über den Schock hinwegzukommen und nicht bis zum heutigen Tag wie gelähmt dazusitzen – aber selbst dann hätte er eine Menge zwanghafter Aufmerksamkeit auf die Erde! Schließlich wird ein beträchtliches Bündel seiner Aufmerksamkeitseinheiten hier festgehalten. Solange dieser ferne Thetan sich das Zweite Geschehnis nicht exakt anschaut und es dupliziert, kann er seine Thetaquanten nicht zurückgewinnen. Wegen der Implants ist dies aber mit großen Schwierigkeiten verbunden. Wenn er es versucht, besteht die Gefahr, daß es telepathisch auf ihn zurückschlägt und ihn veranlaßt, den Implant auf seinem Heimatplaneten zu dramatisieren. Eine perfekte galaxisweite geistige Kontamination!
„Clusters" (Bündel) sind BTs, die sich um ein gemeinsames Bild herum gruppieren. Sie haben alle dasselbe Geschehnis. Ein Cluster z.B. bestand aus einer gesamten Schulklasse plus Lehrer; ihre Körper wurden gleichzeitig in dem Moment zerstört, als die Bombe im Schulhaus explodierte. Die BTs in einem Cluster glauben, daß sie

alle das gleiche Geschehnis zur gleichen Zeit und am gleichen Ort erlebt hätten – was nicht sein kann, denn sie starben ja nicht alle innerhalb desselben Sekundenbruchteils; außerdem nahm jeder von ihnen während des Vorfalls eine unterschiedliche Position im Raum ein. Sobald die einzelnen BTs, aus denen das Cluster besteht, erkennen, daß jedes von ihnen seine *eigene* Position in Raum und Zeit hatte, wird das Cluster auseinanderfallen.

Ein Mensch, an dem BTs und Clusters hängen, wird sich unwissentlich mit ihnen identifizieren – sie glauben, sie sind er, und er glaubt, er ist sie. Eine Dramatisierung von Clusters zeigt sich in der Tendenz, in Gruppen zusammenzuhängen, mit der Masse zu gehen, Meinungen unbedachterweise zu übernehmen und es zu genießen „eins“ mit der jubelnden Menge während eines Rockfestivals oder einer Fußballweltmeisterschaft zu sein.

BTs und Clusters reagieren sehr scharf auf Gewalt und umgekehrt können sie gewaltsames Verhalten verursachen, wenn sie durch Restimulation aktiviert wurden; dies ist der Grund, weshalb Menschen, wenn sie am Fernseher Atomexplosionen verfolgen, eigenartige Körperempfindungen verbunden mit unerklärlicher Faszination haben, oder warum Menschen bei Katastrophenalarmen wahnsinnig werden, in Panik ausbrechen und sich gegenseitig zu Tode trampeln. Es ist sehr einfach, sie zu überwältigen. Deswegen fürchten sich viele Leute vor Menschenansammlungen (das genaue Gegenteil zu oben!).

Restimulative Geschehnisse wie auch neue Unfälle und Verletzungen verursachen die Bildung neuer Cluster oder veranlassen alte Cluster, miteinander zu verbacken („kumulative Cluster“). Beim Auditieren bricht man kumulative Cluster dadurch auf, daß man die einzelnen Momente des Zusammenbackens vom spätesten (der Gegenwart) zum frühesten (lange her) aufspürt.

Weiter oben sahen wir, daß der Großteil der Bevölkerung Teegeeacks durch die natürlichen Folgen des Desasters starb. Sie wurden weder in die Luft gesprengt noch implantiert – sie starben ganz einfach, weil der gesamte Planet zu einer dunklen kalten Wüste wurde. Die einheimischen Teegeeacker wurden daher nicht zu BTs. Sie verblieben einfach als sehr verwirrte, sehr „rigidisierte" (verhärtete) Thetans ohne Körper und Zufluchtsort. Auch sie sind immer noch hier.

Doch Sie, der Leser, haben das Zweite Geschehnis höchstwahrscheinlich nicht selbst erlebt.

Angenommen, Sie wären einer der ursprünglichen Teegeeacker, dann wären Sie durch diese Zeilen schon längst in solche Restimulation geraten, daß Sie das Buch aus den Händen fallengelassen hätten (was ja nicht der Fall ist).

Hätten Sie das Zweite Geschehnis als ein nach Teegeeack entführter Nicht-Teegeeacker mitgemacht, dann wären Sie ein BT (was Sie nicht sind).

Was die Annahme gestattet, daß Sie erst kürzlich auf diesen Planeten gekommen sind, vor ein paar tausend Jahren höchstens. Sie wären damit nicht allein. Noch viele andere sind herbeigekommen, von beiden Seiten – manche, um zur Rezivilisierung dieses Ortes beizutragen, andere, um ihn mit Polizeikontrolle weiterhin unterdrückt zu halten.

Das Überangebot von BTs, verwirrten Teegeeack-Thetans und Neuankömmlingen würde erklären, wo die Warteschlange für Körper herkommt. Die Weltbevölkerung ist fortlaufend am Wachsen, und dennoch herrscht eine solche Unterversorgung an Körpern, daß Thetans sich um sie balgen. Starke Thetans, vor allem Neuankömmlinge, werden es immer fertigbringen, sich gute Körper in wohlhabenden Familien anzueignen; Teegeeacker, die das Geschehnis erlitten, aber nicht implantiert wurden, schaffen es immerhin bis zum „gewöhnlichen Bürger" ohne jegliche spirituelle Ambition; BTs bleibt nichts anderes übrig, als Körper am untersten Ende der sozialen Leiter zu steuern. Oft teilen sich viele BTs und Clusters einen Körper und geben ihm widersprüchliche Anweisungen, was zu recht irrationalem Verhalten führen kann – deutlich sichtbar an Orten, wo Gewalt, Kriminalität, Drogen und Pornographie eine vorherrschende Rolle spielen. Kaum freies Theta, aber volle Dramatisierung des Zweiten Geschehnisses.

3.2 Von Göttern und Engeln

DAS ERSTE GESCHEHNIS * IMAGINÄRE UNIVERSEN * EINE MAGISCHE MULTIMEDIASHOW * DAS ENDE DER EINZELWESEN * AM ANFANG DER ZEIT * SPIELVORBEREITUNGEN * AUFMERKSAMKEITS-FALLEN * XENU REKRUTIERT SEIN TEAM * DAS SPIEL HEBT AB * EIN NETZWERK ZUR TOTALEN KONTROLLE *

DAS ERSTE GESCHEHNIS

Xenus Aktivitäten begannen beträchtlich früher als bloße 75 Millionen Jahre. Als Oberster Regent wiederholte er lediglich den Versuch, eine uralte Absicht in die Tat umzusetzen – die Absicht, *alle* Thetans zu kontrollieren, ihr alleiniger und einziger Meister zu sein, ihr Gott. So bizarr dies klingen mag, werden wir erkennen müssen, daß er mit diesem Plan erstaunlich weit kam.
Seine ersten definitiven Signale im Rahmen dieses Universums – ein Universum, das sich über Thetaquantenspiele definiert – setzte er vor vielen Äonen mit der Inszenierung des Ersten Geschehnisses. Das handgeschriebene OT III Script sagt dies darüber aus: *„Das Erste Geschehnis (Incident 1) ereignete sich vor 4 Billiarden Jahren + oder –. Es ist sehr viel früher als das Zweite Geschehnis, das sich vor nur 75 Mio Jahren ereignete (ein bißchen weniger). Das Zweite Geschehnis ist eine Besonderheit für diesen Planeten und nahegelegene Sterne, und läßt sich dort rundherum vorfinden, wohingegen das Erste Geschehnis sich bei allen Thetans finden läßt.“*
„Bei allen Thetans“ – was für eine Behauptung! Vielleicht sollte man sie leicht modifizieren und sagen: „bei allen Thetans, die damals hier waren“. Nur diejenigen, die zu jener Zeit in diesem Universum waren, bekamen diesen Implant. Wer dieses Universum erst später betrat, bekam ihn nicht, wurde aber damit kontaminiert. Er ist Teil der Übereinkunft, hier zu sein. Das Erste Geschehnis ist *die* grundlegende unbekannte Übereinkunft mit

Bezug auf das Universum, in dem wir leben, seine Vorbedingung und sein Fundament.
Um die Zeitspanne zu veranschaulichen: 4 Billiarden, das ist eine vier gefolgt von 15 Nullen. Verglichen mit 75 Millionen ist das eine gewaltige Zeitspanne früher. Angenommen, eine Million Jahre wären ein Millimeter, dann wären 75 Millionen 7,5 cm. Auf derselben Skala wären 4 Billiarden Jahre 4000 Kilometer. 7,5 cm in Bezug zu 4000 km! Das ist die Länge Ihres Zeigefingers im Verhältnis zur Luftlinie zwischen Lissabon und Moskau.
Der Ablauf des Ersten Geschehnisses: *„Ereignet sich am Anfang der Zeitspur. Lautes Knallen. Wellen von Licht. Streitwagen kommt heraus, wendet sich nach rechts und links. Cherub kommt heraus. Bläst Trompete, kommt näher. Ohrenbetäubende Reihe von Knallen. Cherub weicht in den Hintergrund zurück. Schwärze wird auf den Thetan gestülpt.“*
Diese beiden Zitate sind so ziemlich alles, was Hubbard je über das Erste Geschehnis sagte. Es wurde als superrestimulativ betrachtet und erhielt daher höchste Sicherheitspriorität. In Band 10 wird es lediglich erwähnt, aber nicht diskutiert. Um Details zu bekommen, müssen wir uns auf die Berichte von Solo-Auditoren verlassen. Ihre Erlebnisse formen das Hintergrundmaterial zu dem folgenden Text.

IMAGINÄRE UNIVERSEN

Das Erste Geschehnis ereignet sich am „Anfang der Zeitspur“. Es markiert ihren Beginn. Zum besseren Verständnis müssen wir uns zunächst einmal das tägliche Leben vor vier Billiarden Jahren anschauen und dann den Ablauf des Ersten Geschehnisses im Detail.
Es gab damals keine Körper, kein organisches Leben, keine Planeten, kein physikalisches Universum. Es gab Thetans und Kreationen aus Theta, und das ist auch tatsächlich alles, was es gab.

Thetans schauten aus wie unsichtbare oder vielleicht leicht eingefärbte Energiefelder. Sie waren nicht völlig amorph, sondern hatten je nach Wunsch definitive Formen. Einige ließen ihre Energiefelder sogar wie menschliche Körper aussehen.
Damals, am Anfang der Zeit, bemerkte jedermann die geistigen Bilder und Kreationen aller anderen. Nichts war im Sinne der heutigen Solidität des Mest-Universums „real". Dennoch war für die damaligen Thetans mit ihrer überlegenen „Theta-Wahrnehmungsfähigkeit"[1] ein solcher imaginärer Tisch so real, sichtbar und berührbar, wie ein hölzener Tisch für Sie wäre. Jegliches geistige Eindrucksbild war für jedermann sichtbar.
Thetans erschufen, jeder für sich, dreidimensionale Lichtobjekte und spielten damit. Oder sie erschufen Dinge gemeinsam. Alles bestand aus Anhäufungen von Thetaquanten. Ein Thetan z.B. erschuf etwas, zeigte es den anderen, diese trugen zu seiner Kreation bei, veränderten sie und spielten damit. Am Ende langweilten sie sich, ließen ihr Spielzeug fallen und gingen anderswohin.
Auf diese Weise wurden ganze Universen erträumt, gigantische und komplexe Spielzyklen, ebenso Dinge des täglichen Gebrauchs wie etwa Körper, Pflanzen und Häuser. Thetans spielten das „wirkliche Leben" in derselben Art, wie es heutzutage die Kinder tun – alles Phantasiegebilde ohne wirkliche Konsequenz. Viel von dem, was damals zusammengeträumt wurde, bewahrheitete sich in unserer Geschichte und prägt unser heutiges Leben und unsere Zukunft.
Im Laufe der Zeit wurden die Dinge immer solider – bis sie schließlich so waren wie heute. Wie wir im Kapitel 1 sahen, gibt es nur einen Weg, um eine Kreation zu ent-schaffen: nämlich den, die individuellen Thetaquanten ihren rechtmäßigen Urhebern zurückzuerstatten. Alles andere wäre lediglich eine Umverteilung von Energie in andere Formen oder Zustände. Doch machte man sich damals nicht immer die Mühe, erschaffene Dinge auf diese Weise zu entschaffen. Und daher blieben sie und wurden immer solider.

Um ein Beispiel zu geben: Man stelle sich vor, daß Thetaquanten kleine farbige Plastikbausteine seien. Angenommen, von zehn Kindern hätte jedes Bausteine einer unterschiedlichen Farbe und sie würden zusammen ein Spielzeughaus bauen – das wäre eine Co-Kreation. Wenn sie von ihrem Spiel genug haben, verlassen sie das Gebilde und gehen anderswohin. Das Haus aber bleibt stehen.

Jeder Versuch, diese Co-Kreation wegzuschaffen, z.B. indem man sie vergräbt, verbrennt, zu Pulver zerstößt oder sie auf den Müll kippt, funktioniert letztlich nicht. Nur wenn jeder der zehn Erschaffer sich für seine individuellen Bausteine verantwortlich fühlt, sie zurücknimmt und verschwinden macht, würde sich diese Kreation auch wirklich auflösen. Sie haben diese Bausteine (Thetaquanten) erschaffen, nun – um den Aktionszyklus zu beenden – müßten sie sie auch wieder entschaffen. Aber gewöhnlich taten sie das nicht. Warum? Weil es um so mühseliger wird, eine Kreation wieder auseinanderzunehmen, je mehr Thetans mit ihr gespielt und ihr dabei ihre Thetaquanten beigefügt haben.

Anstatt Kreationen zu entschaffen, ist es viel weniger mühsam, sie einfach auf den Müll zu kippen. Schließlich gibt es keinerlei Mangel an Raum. Und auch keinen Mangel an Thetaquanten, denn um sie zu bekommen, muß man ja nicht mehr tun, als sie erschaffen. Ein Thetan, wie wir sahen, ist eine „Energie-Raum-Produktionseinheit". Es gibt für ihn keinen Mangel, außer wenn er diese Einstellung hat. Hat er sie nicht, so herrscht schrankenloser Überfluß.

Diese weit verbreitete Verantwortungslosigkeit führte im Laufe der Zeit zu einer Menge Schwierigkeiten. Doch ohne das Erste Geschehnis wäre es nicht so schlimm gekommen, wie es eben kam. Das Erste Geschehnis spielt die Schlüsselrolle.

Das allgemeine Bild haben wir nun skizziert. Unendlicher Raum, in dem Thetans eifrig ihre Spiele spielen und dabei ihren Spaß haben. Etwa vor 4 Billiarden Jahren sprach sich dann herum, daß Xenu eine sagenhafte supergigantische Multimediashow vorbereitet hätte. Total irre! Man mußte sie einfach gesehen haben. Natürlich wieder mal mit Engeln dabei, wie immer („Wir kennen ja unseren Xenu"), aber auf jeden Fall sehenswert. Ein absolutes Muß.

Also ging man hin. Das Ganze schaute aus wie ein riesiges, frei im Raum schwebendes Zirkuszelt. (Zirkuszelte sind möglicherweise eine Dramatisierung hiervon.) Als man näher kam, lasen Frequenzdetektoren das eigene Energiefeld ab und komponierten eine Musik, die auf einen selbst höchstpersönlich abgestimmt war und sich aufs Harmonischste mit dem Schwingungsmuster verband, aus dem man eben bestand. Ein ästhetisches Erlebnis ganz besonderer Art!

Lächelnde Lakaien nahmen einen in Empfang und wiesen einem einen Platz in der unfaßbarsten aller möglichen Attraktionen an: einem künstlichen Körper von geradezu unerhörter Solidität! (Heutzutage würden wir ihn wahrscheinlich nicht einmal bemerken, so durchscheinend war er. Als wäre er aus Glas. Aber für die damaligen Thetans war er so solide wie eine Schaufensterpuppe für uns heute.) Dieser „astrale Puppenkörper" diente dazu, einen exakt zu lokalisieren. Ohne dies wären die Dinge nicht möglich gewesen, die nun folgen sollten.

Die Show nahm ihren Anfang wie im einführenden Zitat weiter oben beschrieben: erst ein lautes Krachen oder Knallen, das jedermann einen Schock versetzte, dann liebliche Lichtwellen, dann ein dreidimensionaler (holographischer) Streitwagen mit einem mächtigen Engel darauf, der eine Posaune hält und sie bläst, während er näher kommt. Alles sehr neuartig und aufregend. Dann eine zweite ohrenbetäubende Serie von Knallen, noch schockierender als die erste. Dann verschwindet der Cherub, und alles wird schwarz.

Diese Bilderwelt ist uns wohlbekannt, da sie seitdem gründlich dramatisiert wird. Man denke an römische Wagenrennen, an die hohen Gestalten von Hohenpriestern und Gottkönigen in ihren weißen Gewändern, man denke an Renaissancegemälde und Barockkirchen – genügend Streitwagen und Posaunenengel, um ein weiteres Erstes Geschehnis damit auszustatten.
Aber wo ist dabei der Implant? Die Show erscheint recht milde, nicht wahr; wo ist der üble Teil? Tatsächlich bemerkten die meisten nicht einmal, daß es sich um einen Implant handelte. Manche Thetans stellten sich für eine zweite und dritte Vorführung in die Schlange und erzählten hinterher ihren Freunden davon. So eine tolle Show! Schüttelt einen echt durch! Wahnsinn!

DAS ENDE DER EINZELWESEN

Der Implant-Teil der Veranstaltung war wirklich sehr geschickt verborgen. Er fand während der „Knalle" statt. Stellen Sie sich vor, Sie sitzen in einem Kino, gerade bevor der Film anfängt. Ihre Aufmerksamkeit ist auf nichts besonderes gerichtet. Plötzlich gibt es einen lauten Knall, wie von einem Revolver. Sie würden sich umdrehen, um zu schauen, wo das herkam, nicht? Danach, wenn die Show losgeht, konzentrieren Sie sich auf die Leinwand und verlieren sich in den Film – und plötzlich eine zweite Serie von Knallen! Panik und Verwirrung brechen aus. Und das Licht geht nicht an! Alles schwarz.
Während der Knalle geschah dies: Thetaquanten wurden den in Puppenkörpern sitzenden Thetans angeheftet. Im Kinobeispiel sprechend, ist es etwa so, als würde Ihnen jemand mitten in all der Verwirrung einen Kaugummi an den Mantel kleben. Sie würden es nicht bemerken. Sie würden es vielleicht nicht einmal hinterher bemerken, und vielleicht auch sonst niemand.
Natürlich würden Sie später irgendwann einmal Ihren Mantel ausziehen und ihn von der Verunreinigung befreien, aber – und hier liegt das Dilemma – Thetans können ihre Mäntel nicht ab-

nehmen. Sie *sind* ihre Thetafelder oder „Thetakörper“. Der „Kaugummi“ war an sie *selbst* angeheftet, hatte sich in ihr ureigenes Schwingungsgewebe eingefressen.
Er bestand aus Thetaquanten. Vorfabrizierte Klümpchen aus Thetaquanten wurden den Thetans während der Knalle angeschossen, Thetans, die für die Dauer der Implantshow die Position eines Puppenkörpers eingenommen hatten und damit eindeutig zu orten waren. (Daß Thetans bei dieser Gelegenheit ihren Standpunkt innerhalb eines fremd-erschaffenen *Körpers* einnahmen, statt irgendeine andere Form oder Figur zu benutzen, die ja denselben Zweck erfüllt hätte, ist von besonderer Bedeutung, da es letztendlich zum heutigen Zustand führte, wo man in einem festen Fleischkörper herumläuft und gewöhnlich nicht aus ihm herauskommt, außer wenn der Körper stirbt.)
Am Ende vom Ersten Geschehnis war Schwärze. Diese wurde nicht buchstäblich auf die Thetans „ausgeschüttet“, obwohl es sich gewiß so anfühlte. Die Empfindung von Schwärze stammt von dem totalen Rückzug, von dem Versuch, den schockierenden Knallen zu entweichen. Wenn man seine Aufmerksamkeitseinheiten rundum zurückholt und bei sich zusammenzieht, entsteht Schwärze.

AM ANFANG DER ZEIT

Lassen Sie uns nun zu dem rätselhaften Satz direkt am Anfang des Kapitels zurückkehren, nämlich daß das Erste Geschehnis am „Anfang der Zeitspur“ geschehen sei. Vor dem Ersten Geschehnis gab es individuelle Aktionszyklen. Es gab keine gemeinsame Zeit, weil es keinen gemeinsamen Bezugspunkt gab. Zeit läßt sich schließlich nur in Bezug auf einen Orientierungspunkt messen, denn Zeit beinhaltet Veränderung. Und Veränderung läßt sich nur wahrnehmen, wenn man zwei Punkte im Verhältnis zueinander beobachten kann. Schaut man nur einen einzigen Punkt an, so entsteht dadurch der Eindruck von „keiner Zeit“.

Vor dem Ersten Geschehnis hatte jedermann seine eigenen Aktionszyklen, seine eigenen Veränderungen, seine eigenen Zeitzyklen. Zeit war ein streng subjektives Phänomen. Nach dem Ersten Geschehnis wurde Zeit zu einer objektiven Meßgröße – einfach deswegen, weil jedermann das Erste Geschehnis erlebt hatte. Eine fundamentale Veränderung in der Beziehung der Thetans zu ihren Universen war entstanden. Vorher konnte man Dinge entschaffen, wenn man wollte. Man holte den ganzen Club zusammen und sagte: „Laßt uns das mal wieder auseinandernehmen!" Und das wurde dann auch getan, wenn auch vielleicht mit ein bißchen Murren. Nach dem Ersten Geschehnis war das nicht mehr möglich – weil jedermann, ohne es zu wissen, eine winzige fremd-erschaffene, verborgene Kreation (die vorfabrizierten Thetaklümpchen) auf sich sitzen hatte. Daher enthielt alles, was einer seitdem erschuf, sei es alleine oder zusammen mit anderen, ein fremdes Element, das sich der Wahrnehmung entzog. Ohne sich darüber klar zu sein, fügte jeder Thetan etwas zu seinen Kreationen hinzu, das nicht sein eigenes war, und konnte sie daher nicht mehr entschaffen. Sie *blieben*! (Etwas entschaffen setzt voraus, daß man es haargenau so sieht, wie es ist; siehe Ax. 12, 16.)

Genauso war es mit dem Raum. Vor dem Ersten Geschehnis war Raum „inselhaft" und beschränkte sich auf die Dimensionen des Spielfeldes, das man mit seinen Freunden teilte, er war „privat", weil kein anderer Thetan ihn bemerkte oder gar an ihm teilnahm. Nach einem Spiel ließ man den Raum einfach wieder verschwinden. Aber nach dem Ersten Geschehnis wurde dies unmöglich. Inselhafte Räume, nachdem sie erst einmal geschaffen waren, blieben einfach bestehen und fügten sich schlußendlich zu einem riesigen gemeinsamen Raum zusammen – Akasha.

Die Dinge wurden fest. Geistige Vorstellungsbilder, Theta-Kreationen, Visionen von ganzen Universen, sie wurden zunehmend fester. Das Zeitalter des Mest-Universums, das sich aus „echter" Materie, Energie, Raum und Zeit zusammensetzt, hatte begonnen.

(Falls Sie sich hier restimuliert fühlen, sollten Sie vielleicht die „Auditierhinweise“ im Anschluß an die „Restimulationsabhilfe“ im Anhang zur Kenntnis nehmen. Ihre Nummern folgen dem Text; an dieser Stelle wäre z.B. Auditierhinweis Nr. 1 an der Reihe. Diese Restimulation ist nur in seltenen Fälle die eigene, zumeist handelt es sich um die eines BTs, das durch das Lesen dieses Textes aufgeweckt wurde. Beim Solo-Auditieren auditiert man also nicht sich selbst, sondern BTs und Clusters – die Augenzeugen der Katastrophe.)

SPIELVORBEREITUNGEN

Vielfach kommt es vor, daß ein BT noch frühere, ähnliche Geschehnisse erleiden mußte, die sogenannten „Früheren Einser“, also solche, die noch vor dem Ersten Geschehnis liegen. Nimmt man das Erste Geschehnis als einen allgemeinen Bezugspunkt zur Messung von Zeit, so könnte man sagen, daß die Früheren Einser *vor* dem Anfang der Zeit liegen. In den Früheren Einsern wurden die bereits erwähnten vorfabrizierten Klümpchen aus Thetaquanten entwickelt und ausgetestet. Mit diesem Projekt wurde vor ungefähr 17 Billiarden Jahren begonnen. Natürlich war auch dies Xenus Idee. (Vielleicht wundern Sie sich, wie es möglich sein kann, solche riesigen Zeiträume abzuschätzen. Ganz leicht. Wenn Sie nämlich erst einmal eine gewisse Auditiererfahrung haben und sich an 4 Billiarden als Bezugspunkt gewöhnt haben, werden Sie es nicht schwierig finden, ein vielfaches dieses Zeitraums zu ermessen.)
Alle Früheren Einser sind „freundliche“ Implants. Sie tun nicht weh. Sie folgen immer demselben Grundmuster: Man bekommt aus Licht geschaffene Bilder von Göttern, Engeln und himmlischen Richtern gezeigt (Xenu ist in eine solche Bilderwelt geradezu verliebt), und während man in seine Eindrücke versunken dasteht, werden einem vorfabrizierte Klümpchen angeheftet.

Dabei ist es nicht so, daß man immer wie ein Zuschauer das beobachtete, was sich auf der Bühne abspielte, nein, oft nahm man sogar selbst daran teil, wie in einem Theater, wo der Zuschauer mit auf die Bühne darf. Schließlich waren ja die dargestellte Bilderwelt wie auch die „Akteure“ nichts weiter als Licht-Bilder und damit genau so solide wie man selber! Natürlich war man sich über den Unterschied zwischen einer animierten Kreation und einem echten Thetan im Klaren, begab sich hinein, spielte seinen Part und hatte seinen Spaß. In einem dieser Geschehnisse, zum Beispiel, wies ein weißbärtiger Gott einen Thetan an, vor ihm niederzuknien, und berührte seinen „Kopf“ mit so etwas wie einem Bischofsstab, genau in der Art einer mittelalterlichen Ritterschlagszeremonie. Genau an diesem Punkt wurde das vorfabrizierte Thetaklümpchen dem Thetan übertragen, ohne daß er das bemerkte. Man stelle sich vor, daß hier jemand (unwissentlich) ewige Fahnentreue zu Xenu schwört! Doch so war es tatsächlich. (Auch heute noch wird dies dramatisiert, z.B. in einigen Ritualen der Freimaurer.)
(An dieser Stelle siehe Auditierhinweis 2.)

AUFMERKSAMKEITS-FALLEN

Woher bezog Xenu diese vorfabrizierten Klümpchen eigentlich? Ganz einfach – er saugte Thetaquanten auf und steckte sie in einen Sack. Sozusagen.
Thetans, wie wir schon weiter oben sahen, liebten es, etwas zu erschaffen. Natürlich hatten sie damit schon viel früher als vor 17 Billiarden Jahren angefangen, schon lange vor dem allerersten Früheren Einser. Und, um es zu wiederholen, sie waren viel zu unbekümmert, um sich dazu aufzuraffen, die Dinge wieder zu entschaffen, die sie zusammengebastelt hatten. Resultat: weggeworfene Kreationen schwebten mengenweise umher. Man brauchte sie nur aufzusaugen und zu benutzen. Und damit hatte man nicht lediglich einen Haufen farbloser, neutraler Energie-

einheiten – nein! Denn Thetaquanten sind niemals neutral. Sie sind Aufmerksamkeitseinheiten. Sie sind das, womit ein Thetan wahrnimmt. Genausogut kann er sie dazu benutzen, etwas zu erschaffen. Daher ist in jeder Kreation die Aufmerksamkeit ihres Erschaffers gebunden, und hat man erst einmal jemandes Aufmerksamkeit gefangen, so hat man damit *ihn* gefangen!
Die Methode: Man saugt sie ein, wirbelt sie einige Male kräftig durcheinander und speichert sie als „Energiekugeln". Aus diesem Reservoir kann man anschließend Portionen herauslöffeln und sie an Thetans drankleben.

XENU REKRUTIERT SEIN TEAM

In den ganz frühen Tagen von Xenus Spiel, lange vor dem Ersten Geschehnis, lange vor den Früheren Einsern oder dem Aufsaugegeschehnis, bewunderten viele Thetans Xenu zutiefst und fühlten sich aufgerufen, ihm zu folgen. Zu Anfang seines Spiels übte Xenu niemals Zwang aus, sondern beeindruckte durch sein Charisma. Verglichen mit seiner anfänglichen Leichtigkeit und Schläue war das Zweite Geschehnis eine brutale und bombastische Kraftprotzerei.
Man stelle sich Xenu nicht als eine dunkle Macht vor. Wohl war er das zu Zeiten des Zweiten Geschehnisses, doch in den ganz frühen Tagen war er ein mächtiger, brillianter, strahlender Thetan, ausgestattet mit einer fabelhaften Fähigkeit, grandiose Spiele zu erschauen, ganze Universen von Spielen, und die Leute allein durch sein Charisma an sich heranzuziehen. Von allen Thetans war er der faszinierendste und verlockendste. Nur wenige brachten es fertig, seinem Zauber zu entgehen. Vielleicht waren seine Pläne dunkel, aber seine Erscheinung war so eindrucksvoll wie die Milchstraße am Nachthimmel. Seine Rekrutiermethode war ausgesprochen einfach. Er umspülte einen mit einer sanften, unwiderstehlichen Welle von Kraft, bis man sich ungefähr so hypnotisiert fühlte wie ein Kaninchen vor einer Kobra und sprach

mit sanfter Stimme: „Du bist genau der Typ, den ich schon immer gebraucht hätte..." Worauf man antwortete: „Was, ich elender Wicht werde von Euch allmächtigem Magier gebraucht?" Woraufhin er sprach: „So ist es!" und einen mit einer Handvoll seiner Glitzerfünkchen bedachte, fein und schimmernd wie Elfenstaub, oder vielleicht einem Medaillon oder einem handsignierten Foto. Und man grabschte danach und preßte es fest an seine thetanische Brust wie einen geheimen Schatz und fühlte sich unbeschreiblich toll.

Und nun saß man in der Falle.

Indem man sich mit Xenus Thetaquanten identifizierte – denn man erinnere sich, alles bestand damals aus diesem Material, sei es Elfenstaub oder Medaillons –, indem man sich also mit seinen Thetaquanten identifizierte, trat man freiwillig und aus eigener Entscheidung Xenus Spiel bei. Sich mit ihnen zu identifizieren bedeutete, sich mit ihm zu identifizieren!

Keine eigens inszenierte Veranstaltung fand hierfür statt, wo jemand arglosen Thetans heimlich Thetaklümpchen anhängte. Nein, sie griffen aus eigenem Willen danach! Und so wurde ein Bund zwischen ihnen und ihm eingerichtet, ein Band aus Thetaquanten, durch Postulate miteinander verschweißt.

Jeder Gedanke Xenus, jede Absicht, die er ausgeführt sehen wollte, wurde durch das hiermit eingerichtete telepathische Bindeglied übertragen. Xenus Gefolgschaft war sehr devot. Sie wollten dieses Erlebnis, wollten wissen, wie es sich anfühlt, was dabei herauskommt.

Wieso hält eine solche Bindung ewig? Nun, um ein Partikel zu entschaffen, muß man es genau so sehen, wie es beschaffen ist („as-is"), in diesem Falle aber waren Thetans a) viel zu begeistert davon, etwas von Xenu zu „besitzen", als daß sie es gerne zerstört hätten; b) hatten sie keine Idee, daß es schädlich sein könnte; c) hätten sie, um es zu entschaffen, nicht nur die Erscheinungsform der Kreation duplizieren müssen, sondern auch den Gesichtspunkt des Erschaffers – hätten also zumindest für diesen kurzen Moment so machtvoll wie Xenu sein müssen und

fähig, ihn und seine Absichten vollständig zu verstehen. Ein bißchen viel auf einmal!
(Siehe Auditierhinweis 3.)

DAS SPIEL HEBT AB

Im Laufe der Äonen nahm Xenus Gefolgschaft zu; er entwickelte die Projekte, von denen wir nun schon wissen und delegierte sie an seinen Stab, wie etwa das Aufsaugen weggeworfener Kreationen, das Herumexperimentieren mit verschiedenen Methoden, Thetaklümpchen an Thetans anzuhängen, z.B. in Form unschuldiger kleiner Theaterstückchen. Als alles zur Perfektion herangereift war (was den Zeitraum von ungefähr 17 bis 4 Billiarden Jahre vor der Jetztzeit dauerte), wurde das Erste Geschehnis in Szene gesetzt. Es fand übrigens in mehr als einem Zirkuszelt statt. Alle Aufführungsstätten waren in dieser und jener Hinsicht unterschiedlich voneinander, aber im großen und ganzen war die Show überall die gleiche. Und alle Thetans im Universum kamen, um sich diesen Implant zu holen.
Warum spielte man da überhaupt mit? Was war an Xenu so ungeheuer attraktiv?
Nun, nicht alle Thetans waren in jenem Stadium ihrer Entwicklung gleich groß und begabt. Einige hatten den reinen statischen Zustand vor längerer Zeit als andere verlassen; einige hatten ihre Spiele erfolgreicher als andere gespielt. Einige sehr alte Thetans konnten sich sogar auf vergangene Spielzyklen weit vor dem statischen Zustand berufen, denn wie wir schon in den philosophischen Kapiteln sahen, ist der statische Zustand in seiner reinen Form nur ein vorübergehender. Es gab alte und junge Thetans, erfahrene und unerfahrene, Gewinner und Verlierer. Es gab auch solche, die sich fürchterlich langweilten und auf eine Inspiration warteten. Sie hatten innerhalb der von ihnen selbst geschaffenen Universen gespielt und sich an von ihnen selbst entwickelte Regeln gehalten, entweder alleine oder zusammen mit anderen,

aber weil sie keine Schwierigkeiten damit hatten, die Gedanken der anderen zu lesen, waren die Dinge einfach zu vorhersagbar und öde geworden. Es dürstete einen nach größeren Spielen, man verlangte nach neuartigen Freiheiten, Hindernissen und Zielsetzungen.

Xenu bot das Spiel der Spiele an: Universelle Kontrolle. Kontrolle über alle Thetans. Herrschaft über Spiele. Man selber am Ursachepunkt, alle anderen am Effektpunkt.

Das war nicht nur sensationell, sondern außerdem äußerst wünschenswert! Denn alle Rekruten Xenus hatten Spielverluste gehabt und waren auf der Skala der Emotionen zumindest bis zum Punkt der Gelangweiltheit oder vielleicht gar bis hinunter zur Traurigkeit abgesunken. (Thetans haben tatsächlich Emotionen! Sogar die körperlosen. Sie haben Energiefelder, und Emotionen sind schließlich eine Energiemanifestation.) Sie hatten aus eigener Erfahrung gelernt, daß es schwierig war, ein Verursacher zu bleiben und daß die Effektposition von geistigem Schmerz begleitet war. Sie wußten, daß Gewinnen besser ist als Verlieren.

Sie beschlossen, sich auf die Seite des Siegers zu schlagen (zumindest sah Xenu sehr danach aus), und so gewann Xenus Spiel weiterhin an Schwung.

(Siehe Auditierhinweis 4.)

EIN NETZWERK ZUR TOTALEN KONTROLLE

Knapp zusammengefaßt: Zur Vorbereitung des Ersten Geschehnisses wurden Thetaquanten aufgesaugt, wo immer man sie nur finden konnte, miteinander vermischt und aufbewahrt. In den Früheren Einsern und dem Ersten Geschehnis selbst wurden sie dadurch umverteilt, daß man sie heimlich nichtsahnenden Thetans anheftete. All dies war von Xenu geplant worden und wurde von ihm selbst und seinen Helfern ausgeführt. Dies dauerte ungefähr 13 Billiarden Jahre (von 17 bis 4 Billiarden Jahre her).

Resultat des Ersten Geschehnisses: Thetaquanten von allen Thetans sitzen nun auf allen anderen Thetans. Alle Thetans waren vermittelst der Umverteilung gestohlener Thetaquanten miteinander in Verbindung gebracht worden, ohne daß sie dies wußten. Ein gigantisches Kontrollnetzwerk war damit eingerichtet worden.
Xenus höchsteigene Thetaquanten, und gar nicht wenige davon, waren ebenfalls daruntergemischt worden. Er selbst aber hatte ganz gewiß *kein* vorfabriziertes Thetaklümpchen an sich sitzen. Er war in der absolut sichersten Position, denn er konnte durch seine Kommunikationslinien jeden erreichen, egal wo er sein mochte, konnte aber selbst nicht erreicht werden (zumindest war dies seine Logik). Seine Absichten, sein Wille konnte von nun an, ohne das Wissen der davon betroffenen Thetans, alle Thetawelten durchdringen, alle Gedanken, alle Kreationen.
Xenu, der alle Thetans kontrollierende Thetan; Xenu, der Höchste Befehlshaber. Er hatte es geschafft.
So glaubte er.

3.3 Bevor die Zeit begann

DIE AKASHA-CHRONIK * LUZIFER UND SEINE SCHÜLER * EINE KONFERENZ ZUR ENERGIE-ERHALTUNG * ALTERNATIVE SPIELE * ZWEI GEGENSPIELER

Xenu hatte das Spiel wegen eines ganz fundamentalen Irrtums falsch eingeschätzt, wegen eines naiven Irrtums, könnte man sagen: Er hatte geglaubt, es würde schon genügen, Thetans mit Energieteilchen herumspielen zu lassen, um sie vergessen zu machen, daß sie die Macht hatten, ihre eigene Freiheit zu postulieren. Er hatte die Wichtigkeit der Dynamik der Gedanken und Postulate unterschätzt, der achten Dynamik. Er hatte die Wissendheit der Thetans falsch beurteilt, ihre ihnen angeborene Weisheit und die Intensität ihrer Sehnsucht, wieder in den statischen Zustand eintreten zu dürfen.
Je länger er sein Spiel spielte, desto mehr Spannung baute sich auf zwischen dem, was war (nämlich fixiertes Theta), und dem, was sein sollte (statisches Theta), und umso mehr mußte er stoppen, stoppen, stoppen. Statt gemütlich die Füße hochzulegen und seinem Spiel genießerisch von außen zuzuschauen, wurde er mehr und mehr hineingezogen. Der Kontrollierende wurde zum Kontrollierten. Gegen Ende benötigte er etwas so Gewaltiges und Brutales wie das Zweite Geschehnis, um sein Spiel im Griff zu behalten.
Was führte zu seinem Fall?

DIE AKASHA-CHRONIK

Wie wir wissen, beginnt jede Aktion mit einem Gedanken. Vor und jenseits eines Gedankens ist der Denkende, der Statische. Denken, ein Spiel postulieren, ist der „erste Zustand des Seins“ (Ax. 11) und es bedeutet, von der „Koexistenz des Statischen“ abzufallen (Ax. 25).

Um Xenus Spiel in vollem Ausmaß zu verstehen, müssen wir mit seinem ersten Postulat beginnen, mit dem Gedanken, durch den er selbst von der Koexistenz des Statischen abfiel und mit dem er seine eigene Existenz erschuf – und das ist noch eine ganze Weile länger her als das Aufsauggeschehnis vor 17 Billiarden Jahren.

Die dazugehörige Geschichte wurde dadurch bekannt, daß Thetaquanten in Auditiersitzungen davon berichteten. Jedes Thetaquantum ist ein „Augenzeuge“, insofern sie alles vom Moment ihrer Erschaffung an aufzeichnen. Jedes Thetaquantum enthält zwei Informationsanteile: das Postulat im Moment seiner Erschaffung, d.h. der Grund dafür, warum es erschaffen wurde, und die Emotion des Erschaffers zu diesem Zeitpunkt. Diese Information läßt sich von ihm ablesen.

Thetaquanten fühlen sich abgewertet, wenn sie in falsche Hände geraten und als „Rohmaterial“ für irgendwelche Spiele verwendet werden. Sie möchten gerne entschaffen werden und wieder frei sein – statisch. Aber aus Gründen, die wir nun schon kennen, wurden sie nicht entschaffen, und je länger sie existierten, um so bequemer wurde es, sie für dieses und jenes zu benutzen – z.B. um Wissen in ihnen zu speichern, mit ihnen Kommunikationslinien zu spannen oder sie anzuzapfen, um zusätzliche Energie und Kraft zu gewinnen. Sie wurden das Akasha, Prana und Ch'i, von dem in den anfänglichen Kapiteln dieses Buchs die Rede war. In ihrer Gesamtheit bilden sie die „Akasha-Chronik“. Alles, was Sie jemals über irgendetwas, irgendwo und irgendwann wissen wollten – fragen Sie *sie*. Sie haben es in ihrer Ablage.

Sie waren nie besonders begeistert davon. Sie warten darauf, von ihren Erschaffern ihrer Pflicht enthoben und aufgelöst zu werden. Da alles Theta eine „eingebaute“ Tendenz dazu hat, statisch zu sein, baut sich genau in dem Moment eine ungeheure Spannung auf, wenn es irgendwo plaziert wird – die Spannung zwischen Etwas und Nichts, oder vielleicht besser: die Spannung eines Etwas, das ein Nichts sein will. Dies ist die „Ladung“ die auf dem E-Meter registriert wird, die Xenus Spiel ganz essentiell charakterisierende Ladung (Ax. 45).

LUZIFER UND SEINE SCHÜLER

Die Vorstellung, Thetaquanten zu benutzen, entstand vor ungefähr 25 Billiarden Jahren. Xenu war der erste, der energetisiertes Theta in der Form von winzigen Quanten benutzte. Es war seine eigene Idee. Thetaquanten bedeuten Raum, Kommunikation, Licht, Energie, Leben – eine neue Spieldimension, unvergleichbar allem, das es zuvor gab. Xenu war ein „Lichtbringer“ (lat. „lucifer“).

Sein erstes Postulat war: „Ich bin hier!“, und um zu definieren, was „hier“ bedeutet, benutzte er Dimensionspunkte (eben Thetaquanten). Eine totale Novität.

Jeder kam, um zu schauen, wie „hier“ aussieht. Um dies aber zu tun, brauchte er ebenfalls Dimensionspunkte.

Unversehens wurde man auf diese Weise Teil eines Spiels. Man entdeckte, daß man nun ebenfalls „hier“ war. Jeder war auf einmal „hier und jetzt“. Ein gemeinsames Postulat. Wunderschön. Keiner konnte sich vorstellen, daß dies ins Verderben führen sollte.

Und natürlich entschufen sie ihre Thetaquanten niemals, denn hätten sie dies getan, so hätten sie weder Raum noch Existenz mehr gehabt. Und da sie das Sein spaßiger fanden als das Nichtsein, ein Spiel spaßiger als kein Spiel, ließen sie ihre Thetaquanten im Spiel und vermehrten und vermehrten und vermehrten sie. Es war eine neue Form der Erfahrung. Man stimmte damit überein, solide Partikel zu haben und – hui! – schon *hatte* man solide Partikel (Fak. 13)

Es war etwas, was man *haben* konnte. Sehr angenehm! Etwas zu haben ist doch so viel angenehmer, als nichts zu haben. Solide Thetaquanten sind doch so viel unterhaltsamer als reine Gedanken. Faszinierend!.

Es wäre nicht zu einem bösen Ende gekommen, hätte Xenu nicht sein Aufsauge- und Umverteilungsprojekt vor 17 Billiarden Jahren begonnen. Dies brachte Mest – zu diesem Zeitpunkt ein rein mentaler Stoff – in einen turbulenten, unharmonischen Zustand; es wurde unordentlich, „enturbuliert“[1] und somit unauflösbar. Mest als solches ist ein recht erträglicher Existenz-Zustand, aber enturbuliertes Mest ist unendlich schlimmer, denn es ist fast unmöglich, es zu entschaffen. Im Vergleich sprechend: es ist schon schwer genug, eine intakte Uhr auseinderzunehmen, aber es ist fast unmöglich, eine Uhr auseinanderzunehmen, nachdem ein Lastwagen darüber gefahren ist.
Vor den Aufsauggeschehnissen war Mest nicht besonders dauerhaft. Es war instabil. Es hielt nicht besonders lange. Es genügte, daß ein Thetan seine Aufmerksamkeit zurückzog, und die Kreation löste sich ganz einfach auf. Nicht daß man das immer tat, aber immerhin konnte man, wenn man wollte. Unmöglich, hier etwas zu kontrollieren.
Enturbuliertes Mest allerdings war dauerhaft. Es hielt. Es machte Kontrolle möglich. Das wollte Xenu. Allerdings sonst niemand. Also mußte Xenu vortäuschen, daß es eine schwierige Situation gäbe, ein schwerwiegendes Problem, um dann eine „Lösung“ zu finden.

EINE KONFERENZ ZUR ENERGIE-ERHALTUNG

Das Mest Spiel lief nun schon gute 5 Billiarden Jahre lang, als Xenu, vor ungefähr 20 Billiarden Jahren also, eine Versammlung einberief. Elron (Hubbard) nahm auch daran teil und einige andere.
„Stellt Euch vor“, sagte Xenu, „wenn die Leute einfach damit weitermachten, Dinge zu erschaffen, und keiner hinterher aufräumt – zu was das wohl führen wird!“ Ein großes Problem, kein Zweifel. Also wäre es doch sinnvoll, Energie zu *erhalten* und diese andauernde Erschafferei ein bißchen zu bremsen.

Die einfachste Lösung, schlug Xenu vor, wäre, Mest dauerhaft zu machen. Man fängt die Thetaquanten ein und koppelt sie von ihrer Quelle, dem Thetan, ab, indem man sie durch eine Wirbelbewegung enturbuliert. Man weist sie an, gewissen geometrischen Grundformen zu folgen (die übrigens an die Gitterstrukturen von Kristallen oder die geodesischen Dome von Buckminster Fuller erinnern[34]). Sie halten sich gegenseitig am Platze. Sie werden zusammengezwungen, können nicht zu ihren Urhebern zurückkehren, wollen dies aber. So entsteht Spannung.
Postulate wie „wir sind alle eins", „wir sind alle gleich", „wir sind anders als unsere Urheber" werden in die gefangengenommenen Thetaquanten implantiert. Ebenso „Wir müssen helfen". Und so wurde helfen wichtiger als zurückkehren. Thetaquanten wurden „selbstbestimmt", mußten unabhängig von ihren Erschaffern sein, mußten ihnen helfen. Mehr Spannung baut sich auf. Am Ende erhält man ein sich selbst erhaltendes, nahezu kugelförmiges Energiefeld.
Und da man ja nun ein sich selbst erhaltendes Energiefeld hat, braucht man ja keine neue Energie mehr zu erschaffen. Es genügt ja, das Feld anzuzapfen. Praktisch, nicht? Von nun an braucht man nichts mehr selbst zu tun, es wird *für* einen getan!
Dies waren Xenus Vorschläge bei der Energie-Erhaltungskonferenz. Die Konferenzteilnehmer waren etwas verdutzt. Um was ging es Xenu denn nun eigentlich? Vom Anfang des Mest-Erschaffungsspiels an hatte niemand etwas dagegen gehabt, Thetaquanten zu erschaffen; schließlich ging es bei diesem Spiel ja genau darum. Nie hätte jemand daran gedacht, daß Kreativität eine Untugend sein könnte und Mangel eine Tugend. Wo war das Problem?
Xenu wußte, daß es gar kein Problem gab. Er mußte eins vortäuschen und die Leute davon überzeugen. Und es gelang ihm. „Stellt euch vor", sagte er, „wenn dies ewig so weiter ginge! Wir brauchen Begrenzungen, feste Abläufe! Schaut euch mal an, was ich für euch gebastelt habe", und er stellte den Konferenzteilnehmern ein Modell seiner Energiefeld-Produktionseinheit vor, die den ganzen oben beschriebenen Ablauf enthielt. Als er sie

vorführte (Aufsaugen – Verwirbelung – Feldbildung), starrten alle mit größter Aufmerksamkeit hinein, verloren einige ihrer Thetaquanten bei dieser Gelegenheit – und er *hatte* sie. Sie waren nun „überzeugt".
Sein Modell war eine Aufmerksamkeitsfalle. Als er es vorführte, tat es genau das, was er sagte – es fing die Aufmerksamkeit (Thetaquanten) der Teilnehmer ein und ließ sie nicht mehr heraus.

ALTERNATIVE SPIELE

Eine mögliche Alternative zu Xenus Mest-Spiel, das Spiel, das ihm voranging und parallel dazu immer noch läuft, ist das „Seins-Spiel". Es beruht auf Sein und Wissen, beinhaltet aber nicht, daß man seinen Standpunkt mit Hilfe von Thetaenergie-Interaktion definierte. Reine achte Dynamik. Um dabeizusein, fällt man zwar auch vom statischen Zustand ab, aber nicht sehr weit. Raum bleibt ein reiner Wissens-Raum und wird nicht zum Mest-Raum. Man spielt Gedankenspiele in dem Sinne, daß man sich aussucht, mit wem man zusammen *sein* will, ohne aber zusammen zu *tun* oder gar zu *haben*. Es gibt hier keine Kommunikations"linien". Keine Quanten werden verwendet. Gelegentlich „ent-denkt" man seine Gedanken und verschmilzt mit dem statischen Zustand. Eine sanfte Wellenbewegung.
Xenu warf einen Ego-Gedanken („Ich bin hier!") in diese friedvolle Welt hinein, geräuschvoll und gleißend wie eine Neujahrsrakete gegen den Nachthimmel. Keine Rede von Zusammen-Sein. Reines Ego!
Man protestierte selbstverständlich dagegen. „Wie kann der es wagen. . . !" „Gegen sowas muß man doch einschreiten!" Zum Teufel mit heiterer Gelassenheit. Und schon geht es abwärts. Hast die Nerven verloren. Aus mit der Wellenbewegung. Steckst im Spiel fest.
Der gegenwärtige Spielzyklus ist definitiv „Xenus Spieluniversum". Hinter allen Spielen innerhalb dieses Universums –

da sie ja auf Thetaquanten basieren – steht Xenu als Master-Mind.
Angesichts dessen, daß es ja alternative Spieluniversen gibt, sieht es aus, als hätte für dieses hier eine echte Notwendigkeit bestanden – die Notwendigkeit, sowohl mentales wie auch physikalisches Mest zu erleben. Jeder, der mitmachte, *wollte* mitmachen. Man kann Xenu nicht die ganze Schuld dafür zuschieben. Gewiß, mit der ganzen Implantiererei, die er veranstaltete, wurde es zu dem rauhesten Spiel, das jemals gespielt wurde, aber wer sich darüber beklagt, ist selbst dran schuld. Schließlich offeriert es jedermann eine einzigartige Gelegenheit, sich den Erlebnissen zu unterziehen, die er zu erleben für notwendig hält – aus dem einzigen Grunde, sie erlebt zu haben.
Gut gemacht, Xenu!

ZWEI GEGENSPIELER

Xenu und Elron verstanden beide, wie man etwas entschafft – nämlich durch Zuweisung der korrekten Urheberschaft für jedes einzelne Quantum (Ax. 29) – doch benutzten sie dieses Prinzip auf gegensätzliche Weise. Wohingegen Xenu auf verfälschte Urheberschaft, Verdichtung, Verfestigung und letztlich totale Kontrolle hinarbeitete, vertrat Elron die Zuweisung korrekter Urheberschaft, das Übernehmen persönlicher Verantwortung und letztlich das Erreichen totaler Freiheit, was dem Wiedereintreten in den statischen Zustand gleichkommt.
Sobald Elron sich diesem Spiel ernsthaft zugesellt hatte (nach der Konferenz), wurde er zu Xenus bedeutendstem Gegenspieler. Diese Auseinandersetzung ist noch nicht vorüber.

KAPITEL 4

Früher als Atlantis

4.1 Zwölfe, die Dreizehn sind

EIN DRITTER GEGENSPIELER * SPIELER UND IHRE NAMEN * DAS PHI-PROJEKT * DAS UMWANDLUNGSPROGRAMM * ZEITLOSE KONZEPTE * YATRUS

Zum Ende des letzten Kapitels sprachen wir von Xenu und Elron als *den* beiden Gegenspielern in diesem Meststpiel. Nun, es gibt noch einen dritten.

Er war allen wohlbekannt und blieb doch gleichzeitig unbeachtet. Sein Einfluß war so subtil, daß niemand ihn bemerkte. Er benutzte die achte Dynamik, die der Postulate, Xenu hingegen die siebte Dynamik, die des geistigen Mest. Auf diese Weise kontrollierten sie ihre auf den unteren fünf Dynamiken liegenden Einflußbereiche. Vielleicht erkannte Xenu nie, wie sehr sein eigenes Spiel durch die achte Dynamik modifiziert wurde, nämlich dadurch, daß sich die Konzepte anderer mit den seinigen vermischten – besonders die des dritten Gegenspielers in diesem Spiel. Sein Name ist Yatrus.

Neben Elron ist Yatrus ein weiterer Thetan, den Xenu nicht kontrollieren konnte. Dabei war es nicht etwa so, daß Yatrus ähnlich Elron in Richtung Befreiung gespielt hätte – ganz gewiß nicht! Innerhalb von Xenus Spiel spielte er sein eigenes, unterdrückerisches Spiel; es läuft noch heute. Im Versuch, mit Yatrus zurechtzukommen, inszenierte Xenu nach dem Ersten Geschehnis noch zwei weitere großangelegte Implants. Von einem, dem Zweiten Geschehnis, war schon die Rede; darüber hinaus gibt es mitten in diesem riesigen Zeitraum von 4 Billiarden Jahren zwischen dem Ersten und dem Zweiten Geschehnis noch einen dritten Implant. Yatrus und dieser „Mittlere Implant“ sind das Thema dieses Kapitels.

EIN DRITTER GEGENSPIELER

Vor dem eigentlichen Beginn des Thetaquantenspiels, vor ungefähr 25 Billiarden Jahren, gab es etwas, das man das Konzeptespiel nennen könnte. Thetaquanten spielten damals noch keine Rolle. Man ließ Konzepte „aufblitzen“ oder blitzte sie einander zu. Genaugenommen *war* man diese Konzepte selbst. Es fühlte sich so ähnlich an, als säße man in einem Heißluftballon und schwebte durch eine Gewitterfront – Schwärze oben, Schwärze unten, Schwärze rundherum, keine Orientierungspunkte, keine Formen, keine Umrisse, aber ein unablässiges Feuerwerk von Blitzen, die fortwährend von rundherum aufleuchteten. Ein Konzeptualisierungsspiel, bei dem es darum ging, was man sein und tun und haben könnte – ohne daß es irgend jemand besonders ernst damit gewesen wäre, die Sache jemals in die „Wirklichkeit“ umzusetzen. Erst Xenu tat dies mit der Erfindung seiner spezialisierten Thetaquanten. Damit wurde real, daß Spiele Konsequenzen haben können.

Postulate, Konzepte, Gedanken – sie sind ihrer Natur nach räumlich unbegrenzt. Sie enthalten weder Energie, Materie noch Zeit. Sie kommen so schnell, wie sie wieder verschwinden (Ax. 11). Dementsprechend war zu der Zeit, von der wir sprechen, nichts von Dauer – aber immerhin gab es Übereinkünfte und Nicht-Übereinkünfte über Konzepte. Manche entwickelten Konzepte, andere gestalteten sie aus, andere wieder waren dagegen. In einem Wort, es gab „gedankliche Vektoren“ – also Gedankenströme, die in bestimmten Bahnen verliefen.

Als Xenu sein persönliches Thetaquantenkonzept vorschlug und demonstrierte, wurden Meinungen und Kommentare von verschiedenen Seiten laut. Auf diese Weise entstanden gedankliche Vektoren. Einer war: „Wer in diesem Spiel nicht so geschickt ist wie die anderen, soll Gelegenheit erhalten, belehrt zu werden. Laßt es ein faires Spiel sein!“ Ein anderer: „Was immer ihr auch mit euren Quanten anstellt – Hauptsache, es ist ästhetisch!“ Elrons war: „Vor allem, haltet Ordnung!“ Und das von Yatrus: „Schaut, wie weit ihr damit gehen könnt!“

Yatrus Postulat wirkt unschuldig genug, ist aber in Wirklichkeit so raffiniert, daß man sich fragen kann, ob Xenus Spiel nicht in Wirklichkeit von Yatrus gesteuert wurde und nicht von Xenu selbst.

Zunächst einmal enthält „Schau, wie weit du damit gehen kannst!“ den Gedanken ungehinderter Expansion, wo jeder aufgerufen ist, in unkoordinierter Weise und letztlich *gegen* alle anderen zu expandieren; unbegrenzter Egoismus und unbegrenzte Verantwortungslosigkeit sind somit von Anfang an impliziert. „Ich wollte halt einfach mal sehen, wieweit ich damit gehen kann, und weil mich niemand ausbremste . . .“ – sehen Sie? Keine eigene Verantwortung. Unbegrenzter Egoismus.

Am trickreichsten dabei ist das folgende: Je mehr einer ein Spiel bis an seine Grenzen bringt und es dadurch vielleicht sogar pervertiert, um so mehr wird er damit eine Beziehung belasten und seinen Partner demütigen. Je mehr einer seine Ideen in die Tat umsetzt, ohne ihre möglichen Auswirkungen auf andere in Betracht zu ziehen – umso mehr erfüllt er das Postulat von Yatrus! Denn wiewohl er glaubt, er handele in eigener Sache, folgt er in Wirklichkeit *dessen* Sache. Seine eigenen Gedanken sind durch das Spielkonzept von Yatrus modifiziert. Xenu selbst fiel darauf herein, was seine unbegrenzte und unkoordinierte Produktion, Verfestigung und Implantierung von Thetaquanten ja beweist – mal schauen, wie weit wir damit gehen können. Auch Hubbard entging dem nicht! Man betrachte nur, wie seine Personalführung beim Managen seiner Kirche über jedes Maß hinausschoß.

Jedes Spiel, solange es auf der Basis dieses Postulates gespielt wird, ist im Grunde ein Yatrus-Spiel.

Und so geriet dieses ganze Mest-Erschaffungsspiel außer Kontrolle. Vor dem Mest-Spiel, in dem „Seins-Spiel“ (wir sprachen am Ende des letzten Kapitels darüber), stimmte man sich ein, oszillierte zwischen dem statischen Zustand und dem Seinszustand, gab nicht vor, „wichtig“ zu sein – und jetzt: je mehr Ego, desto besser. Mal schauen, wie weit wir damit gehen können. Aus mit dem Oszillieren!

SPIELER UND IHRE NAMEN

Am Ende des letzten Kapitels wurde darauf verwiesen, wie der als L.Ron Hubbard inkarnierte Thetan seinen Part in Xenus Spiel schon lange vor Übernahme seines kürzlich verstorbenen Erdenkörpers zu spielen begann. Um einer möglichen Verwirrung vorzubeugen, haben wir diesen „anderen Hubbard“ schon einige Male bei seinem Spielernamen „Elron“ genannt.
Viele Thetans, zumindest diejenigen, die dieses Spiel ursächlich beeinflussen, identifizieren sich mit „Spielernamen“. „Xenu“ ist ein Beispiel dafür, „Elron“ ein anderes, „Yatrus“ ein drittes. Ein Spielername ist das als Klang ausgedrückte Schwingungsmuster des Energiefeldes eines Thetans. Spielernamen finden sich nicht bloß bei den ältesten und mächtigsten Spielern. Eine ganze Reihe von Auditoren haben ihre eigenen gefunden, zumeist dann, wenn sie ihre persönliche Zielsetzung in ihrem *eigene*n Spiel erkannten. Mein Spielername ist übrigens „Elkin“. Sehr nützlich für Pseudonyme.

DAS PHI-PROJEKT

Zurück zu unserer Erzählung. Die Konsequenzen von Yatrus’ Spielpostulat machten sich erst nach dem Ersten Geschehnis bemerkbar, weil man davor nicht so ohne weiteres die Auswirkungen dessen bemerkte, was man so tat, denn Mest war ja noch kein Problem. Lassen Sie uns also in aller Kürze die Situation kurz nach dem Ersten Geschehnis überblicken, vor etwa 4 Billi-

arden Jahren also. Thetans waren mit winzig kleinen Massen implantiert worden, die sie nicht bemerkten, fuhren fort, ihre Spiele zu spielen, als ob nichts geschehen sei, entdeckten aber recht bald, daß alles ein wenig solider als früher war und man Schwierigkeiten beim Entschaffen hatte. Indem Xenu diese winzigkleinen Massen implantierte, die nichts anderes waren als vorfabrizierte Thetaklümpchen (also Thetaquanten, die er von unzähligen Urhebern zusammengestohlen hatte), gelang es ihm erfolgreich, das Entschaffen von Thetakreationen zu blockieren. Es war nicht länger möglich, sie durch eine bloße Entscheidung zu entschaffen, wie es vorher möglich gewesen wäre.
Solange es noch genug Raum gab, um Kreationen „auf den Müll zu kippen", machte sich niemand große Sorgen. Doch bald wurde die Unordnung sowohl bemerkbar wie auch peinlich. Zwar ging den Thetans zu keinem Zeitpunkt der Raum aus – denn Raum ist endlos – das Unbequeme war hauptsächlich, daß sie als allverursachende und machtvolle Schöpfer nicht mehr in der Lage waren, an ihren eigenen Kreationen Veränderungen zu verursachen. Dies war gegen jede Ordnung und schrie nach Planung und Aktion.
Um Dinge wirklich zu entschaffen, hätte es eines Begreifens der philosophischen Prinzipien und ihrer Anwendung bedurft, die in den Axiomen zu finden sind, doch ist zweifelhaft, ob sie damals bekannt waren, zumindestens nicht in der sehr expliziten Formulierung, die Hubbard ihnen gab. Sie waren allenfalls implizit vorhanden, intuitiv sozusagen. Doch unter den besonders komplexen Umständen nach dem Ersten Geschehnis reichte dies wohl nicht aus, um die Dinge wieder aufzulösen. Stattdessen rang man sich zu einer ästhetischen Lösung durch, nämlich der, diese nutzlosen und unauflösbaren Kreationen herzunehmen und ihnen Form und Gestalt zu verleihen. Was tun mit dem ganzen Abfall? Ganz einfach – ihn in Kunst verwandeln! Und auf diese Weise entstand allmählich das physische Universum.
Zu Beginn war das physische Universum natürlich genauso dünn und transparent wie die Kreationen, aus denen es fabriziert

wurde. Es war nicht im geringsten so solide wie heute. Das Erste Geschehnis förderte die Verfestigung, gewiß, aber dennoch dauerte es Billiarden von Jahren, bevor die Sonnen, Monde und Sterne erschienen, die wir gemeinhin mit dem Wort „Universum“ verbinden.

Die Erschaffung des physischen Universums werden wir als „Phi-Projekt“ bezeichnen. „Phi“ ist ein griechischer Buchstabe und Hubbards handliche Abkürzung für „physisches Universum“ (Dn Ax. 10). Das Phi-Projekt ist Teil des „Umwandlungsprogramms“, von dem im nächsten Abschnitt die Rede sein wird. Um das Umwandlungsprogramm zu entwickeln und seine Ausführung zu überwachen, wurde der „Rat der Zwölf“ gebildet. Zu den Zwölfen gehörten einige der Thetans, die bei Xenus Energieerhaltungskonferenz lange vor dem Ersten Geschehnis dabei waren. Grundzüge des Universums, die Steuerung der Beziehung seiner Teilchen untereinander – wie etwa Magnetismus und Schwerkraft – mußten im Einzelnen postuliert werden; sie entstanden nicht „aus sich selbst heraus“. Ein riesiger Mechanismus wurde auf diese Weise in Gang gesetzt, der bis heute fortgedauert hat. (Es ist nicht ganz eindeutig, ob Elron ein Mitglied der Zwölfe war, ob er sie beriet oder nur ihre Pläne ausführte. Es scheint, als hätte er zu verschiedenen Zeitpunkten jeder dieser drei Funktionen einmal gehabt.)

Der Rat existiert noch heute. Er wurde niemals aufgelöst. Einige seiner Mitglieder sind hier auf der Erde körperlich repräsentiert. Die Zwölfe haben nach wie vor die bewußte Kontrolle darüber, sowohl innerhalb wie auch außerhalb des Mest-Universums existieren zu können. Sie betrachten sich selbst als reine postulierte Wesenheiten (8. Dynamik), die durch das Annehmen von Standpunkten und das Aussenden von Thetaquanten gleichzeitig auf der Ebene von geistigem Mest (7. Dynamik) agieren. Als Managementkörperschaft des Umwandlungsprogramms hätten sie ihre Position auf einer Postulatebene oberhalb dieses Spiels aufrechterhalten müssen, um es ordungsgemäß zu supervisieren. Doch taten sie dies nicht. Sie benahmen sich wie Aufsichtsräte, die sich einmal im Jahr zeigen und ansonsten ihren Hobbies nachgehen. Resultat: Keine Überwachung des Spiels. Weil die Zwölfe nicht auf ihrem Posten waren, konnten der Mittlere Implant und das Zweite Geschehnis stattfinden, Sie waren zu desinteressiert, um von oben verhindern zu können, was sich unten entwickelte.

DAS UMWANDLUNGSPROGRAMMM

Das Umwandlungsprogramm bestand aus einer Anzahl von Projekten, die auf sehr umwundene Weise zum Ziel hatten, alle fehlgeleiteten Thetaquanten ihren rechtmäßigen Besitzern rückzuerstatten. Teilnehmer an diesem Programm waren und sind alle Thetans, bezeichnet mit dem Sammelnamen „das Lebens-Statische" oder „Theta". Das Leben selbst wird hier als etwas Statisches betrachtet: *„Das Lebens-Statische beschäftigt sich damit, das physische Universum zu erobern. Das von nun an zu verwendende Symbol für dieses Lebens-Statische ist der griechische Buchstabe Theta. Eine grundlegende Überlebensstrategie von Theta ist, Ordnung in das Chaos des physischen Universums zu bringen.*" (Dn Ax. 1, 7, 8, 9.)
Um eine solche Ordnung hervorzubringen, genügte es nicht, das physische Universum aus einem Haufen miteinander verklumpter toter Materie zu formen (das Phi-Projekt des letzten Abschnitts). Obwohl es sich bestimmt ganz hervorragend als Spielplatz eignete! Es machte großes Vergnügen, in das Innere eines Bergs hineinzutauchen, in eine Wüste, einen Wasserfall, sich davon zu lösen und wieder draußen zu sein; es war aufregend, Gewitter oder Lawinen zu erschaffen, Planeten aus ihrer Bahn zu werfen und gegeneinanderknallen zu lassen – aber um das letztendliche Ziel zu erreichen, das darin bestand, daß Mest sich seiner selbst bewußt werde, daß es sich begreife als zusammengesetzt aus Massen winziger Thetaquanten, und daß diese zu ihren individuellen Eignern zurückzukehren hätten, mußte Mest mit Leben ausgestattet werden, mit organischem Leben.

Das hierfür vorgesehene Projekt nennen wir „Lambda-Projekt". Es erscheint in Hubbards Werk in Gestalt der „Dianetik-Axiome", die fundamentale Übereinkünfte im Hinblick auf organisches Leben und Organismen reflektieren. In den Dianetik-Axiomen wird „Leben" mit dem griechischen Buchstaben „Lambda" abgekürzt. *„Ein lebendiger Organismus besteht aus Materie und Energie in Raum und Zeit und wird von Theta belebt. Symbol: Lebende Organismen werden hiernach mit dem griechischen Buchstaben Lambda bezeichnet. Lambda ist der Zwischenschritt in der Eroberung des physischen Universums."* (Dn Ax. 11, 15).

Die Zielsetzung des gesamten Programmes in einem einzigen Satz zusammengefaßt: *„Theta bewirkt durch Lambda eine Evolution von Mest."* (Dn Ax. 17).

Kurz gesagt, ging es darum, ein Spielfeld zu erschaffen (6. Dynamik, Phi), dort Lebensformen anzusiedeln (5. Dynamik, Lambda), darunter auch Menschen (4. Dynamik), die von Thetans (7. Dynamik) dazu zu verwenden wären, das Chaos des Mest-Universums in Theta umzuwandeln und es aufzulösen (Statisch). Daher beziehen wir uns auf dieses Programm mit dem Ausdruck „Umwandlungsprogramm". Seine Formel: Phi – Lambda – Theta.

Das Umwandlungsprogramm hat einen sehr offensichtlichen und einen zweiten, weniger offensichtlichen Nachteil. Erstens enthält es viel zu viele Zwischenschritte, bevor das Endresultat überhaupt erreicht werden kann, und zweitens trägt es in sich eingebaut die Tendenz, sich zu verewigen, denn: *„Alle Bemühungen von Lambda gehen in Richtung auf Überleben."* (Dn Ax. 19.) Genau aus diesem Grund konnte es nicht funktionieren. Wir sind immer noch in der Mitte dieses Programms. Dazu kommt, daß Thetans wie etwa Yatrus damit herumspielten und es noch verschlimmerten – wir werden gleich dazu kommen.

Verständlicherweise war Elron entsetzt von diesem Plan. Er hätte eine direktere Methode vorgezogen, nämlich den, jeden Thetan dazu zu bringen, sich um seine herumfliegenden Krümel selbst zu kümmern und auf diese Weise Xenus Falle (und später die des Yatrus) unschädlich zu machen. Aber es sollte nicht sein. Das Umwandlungsprogramm wurde in die Tat umgesetzt. Doch parallel dazu entwickelte Elron seine eigenen Methoden, um Thetaquanten zu ihren individuellen Urhebern zurückzuleiten. Erst 1950 wurden diese offiziell auf der Erde gestartet, nachdem die Zwölf einsehen mußten, daß ihr Umwandlungsprogramm gescheitert war. Damit konnte die Umwandlung von Phi und Lambda endlich einmal in Angriff genommen werden – vorausgesetzt, daß in genügendem Umfang auditiert wird, die Zahl der Auditierten und Auditoren genügend groß ist, die Methodik sinngerecht angewandt wird, usw. Viel Wenn und Aber. Aber vielleicht hat Elron diesmal eine Chance, es zu schaffen.

Vor dem Ersten Geschehnis gab es Thetan-Verbindungen von unterschiedlicher Dauer, aber ohne Konsequenz. Man traf sich, spielte und ging wieder auseinander. Als aber nach dem Ersten Geschehnis jeder mit jedem unabänderlich verbunden war, hatte nur ein auf lange Sicht geplantes und eng überwachtes Programm eine Chance, diese Superkomplexität wieder aufzulösen. Ein echtes Produkt war hier gefordert! Ein Teil der Schwierigkeiten, in denen die Zwölf steckten, war darauf zurückzuführen, daß sie unter einem chronischen Informationsmangel litten, daher keinen Überblick über den Fortgang des Programms hatten und somit auch keine Entscheidungsgrundlage.

ZEITLOSE KONZEPTE

Keines der Phantasiegebilde, die sich nach dem Ersten Geschehnis verfestigten und uns heute als Haushaltsobjekte umgeben, wurde erst nach diesem Geschehnis erdacht. Es gab sie allesamt schon früher, nur jetzt, da man sie nicht mehr entschaffen konnte, wurden sie auf peinliche Weise real. Man konnte sie nicht mehr ignorieren und so blieb einem nichts anderes übrig, als sie zu benutzen. Unsere Welt heute, mit ihren Bäumen, Blumen, Tieren, Häusern, Gärten, Flugzeugen, Fabriken, Männern, Frauen und Kindern, unsere Welt existierte als Konzept vor dem Ersten Geschehnis, als Gedankenwelt, und wird auch weiterhin existieren, bis alle Konzepte durchgespielt worden sind oder als unnötig betrachtet und fallengelassen werden. Das und nur das wäre das wahre Ende des Bedürfnisses, ein Mest-Universum zu haben.

Das Mest-Universum existiert, weil es ein Bedürfnis danach gab, weil eine Neugier bestand, ein Verlangen, seinen Gedanken als Form und Gestalt Ausdruck zu verleihen. Dieses Verlangen wurde (und wird) von allen Thetans in diesem Spiel geteilt; es ist der Grund, warum sie überhaupt mitmachten. Daß Xenu die ganze Sache am Ende zementierte, ist trotz aller grausamen Implikationen nur eine bestimmte Charakteristik dieses Spiels. Erst wenn das Verlangen, Gedanken in Formen zu gießen, zur Genüge zufriedengestellt ist, wird es kein weiteres Bedürfnis nach einem Mest-Universum mehr geben, egal ob geistig oder physisch.

Nichts von dem, was man sieht, wenn man sich umschaut, ist wirklich „neu“ – begrifflich gesehen, als Konzept, gab es das schon die ganze Zeit. In der Welt der Gedanken gibt es keine Zeit, deswegen existieren alle Konzepte gleichzeitig. Doch in die *Wirklichkeit* werden sie erst dann umgesetzt, „wenn ihre Zeit gekommen ist“ – z.B. in unserer Zukunft.

YATRUS

Beim Überwachen des Umwandlungsprogramms kamen die Zwölfe nicht umhin, die „öffentliche Meinung“ in Betracht zu ziehen – denn Thetans waren auf ihre kreativen Ideen ja stolz und wollten sie in dem großen Plan verwendet sehen. Ganz besonders für Vorstellungsbilder von Lebensformen schien man sich zu begeistern. Schon vor dem Ersten Geschehnis hatte man an so etwas gedacht, aber nun, da sich die Dinge nicht mehr so

ohne weiteres auflösen ließen, wurden dauerhafte Lebensformen möglich: selbstorganisierende, selbstlernende Automaten, die man aus weggekippten Thetakreationen formen, mit Thetaenergie betreiben und programmieren konnte.
Wer diese Vorstellung ganz besonders vorantrieb, war Yatrus. Er brachte es fertig, sogar Xenu davon zu überzeugen, daß Körper eine tolle Idee seien – was sich daran erweist, daß während des Ersten Geschehnisses Glaskörper zur Plazierung von Thetans verwendet wurden. Schon damals also hatte Yatrus seine unsichtbare Hand im Spiel. Er war kein Mitglied der Zwölfe, genoß ihr Vertrauen aber hinreichend, um in den Verlauf des Umwandlungsprogrammes mit Lug und Trug entscheidend einzugreifen. Yatrus war „der Dreizehnte" unter den Zwölfen, der Verräter. Viele Mythen leiten sich hiervon ab, nicht nur im Christentum, wo Jesus zwölf Jünger hatte (zusammen dreizehn), unter denen einer ein Verräter war, sondern auch bei Franz Bardon, der von einer Hierarchie von höheren geistigen Wesen spricht, auf deren höchster Stufe zwölf Wesen mit ihrem Meister vorzufinden sind (macht dreizehn), und bei Rudolf Steiner, der mit Bezug auf die Veden angibt, daß das Schicksal der Welt von zwölf Buddhas und Vishva Karman, ihrem zentralen Meister, bestimmt werde (auch hier wieder dreizehn). Die isländische Edda erwähnt zwölf Götter, die zusammen mit Odin in Asgard residieren (wiederum dreizehn) und Manifestationen einer Allgottheit sind (des Statischen).
Solo-Auditoren, die sich den Zwölfer-Rat zurückzurufen vermögen, sprechen bezeichnenderweise von „zwölf oder dreizehn, bin mir nicht ganz sicher". Dies ist insofern eine korrekte Beobachtung, als Yatrus ja „irgendwie" Teil der Zwölfe war, obwohl er es „eigentlich" gleichzeitig auch nicht war.
Hinterlistige Doppeldeutigkeiten dieser Art sind typisch für ihn. Im Gegensatz zu Xenu arbeitete Yatrus immer vom Hintergrund der Bühne her. Er setzte sich selbst nie dem Rampenlicht aus, ging nie offen in die Opposition, attackierte nie. Weder implantierte er Thetans, noch klebte er ihnen Thetaklümpchen an, um

sie zu kontrollieren. Stattdessen beschwätzte er sie, überschwemmte ihr Denkvermögen mit seinen eigenen Gedanken, verdrehte schlau ihre Zielsetzungen, bis sie seine eigenen übernahmen und trotzdem immer noch dachten, sie wären auf ihrer persönlichen Linie.

Im Umgang mit Thetans benutzte Yatrus Postulate und operierte somit auf der achten Dynamik – eine Dynamik höher als Xenu, der mit Energie arbeitete und somit auf der siebten spielte. (Yatrus benutzte zwar auch Thetaenergie, aber nur zum Implantieren von Genetischen Entitäten, nicht von Thetans. Dies fand jedoch erst eine lange Zeit später statt.)

Die vielleicht auffälligste Charakteristik von Yatrus ist, daß er sich absolut nichts daraus machte, jegliches Versprechen zu brechen. Er begann mit einem äußerlich freundlichen und einnehmenden Gehabe, gewann auf diese Weise das Vertrauen und die Zustimmung des Opfers, fuhr fort, den Lebenssaft aus ihm herauszusaugen, ihn am Schluß wie eine leere Schale fallen zu lassen – und brachte es fertig, das für völlig in Ordnung zu halten. Weil ja auf keinen Fall schlecht sein kann, was für einen selbst gut ist. Mal schauen, wie weit man damit gehen kann.

Yatrus nahm den Zustand seiner Opfer nicht einmal wahr, sondern war ehrlich überrascht, wenn man ihn der Rücksichtslosigkeit und Verantwortungslosigkeit anklagte. Verantwortung – darunter konnte er sich überhaupt nichts vorstellen. „Tu was du magst“ war sein einziges Gesetz. Er täuschte Liebe nur vor, um auf diese Weise besser durchzukommen. Xenu ließ sich nie dazu herab, Liebe auch nur vorzutäuschen, er gab sich als klar erkennbarer, offensichtlicher Bösewicht, der seine Katastropheneffekte offen und kalkuliert einsetzte. In dieser Hinsicht war er verläßlich und vorhersagbar. Yatrus war keins von beiden. Indem er heimlich und hintenherum handelte, Überredungskunst und Verrat benutzte, entleerte er einen aller Havingness – immer wenn man dachte, man hätte ihn am Wickel, hat man doch wieder nur ins Leere gegriffen. Damals wie heute war es schwierig, seiner habhaft zu werden (was sich besonders dann zeigt, wenn man versucht, ihn zu auditieren).

Um ihre Charakteristika auf zwei Grundzüge zu reduzieren: 1. Xenu spielte ein offen destruktives Spiel, Yatrus ein hinterhältiges. 2. Xenu machte Thetans gefügig, indem er geheime kleine Kontrollmonitore in ihren Raum installierte; Yatrus hingegen pervertierte die Absicht zu helfen, die ja in allen Thetans schlummert, bis sie soweit kamen, *durch helfen zu zerstören.*

4.2 Leib und Seele werden eins

EINS UND EINS IST DREI * NEUES SPIELZEUG FÜR THETANS *
ÜBERLEBENSÄNGSTE * SEXUALITÄT *
DAS VERLORENE PARADIES * FANG DIR EINEN THETAN *
KÖRPERDIENER

Yatrus Zielsetzung war die Kontrolle von Lambda, von organischem Leben. Er setzte dies durch, indem er Genetische Entitäten infiltrierte, durchdrang, die in ihnen enthaltenen Informationen verzerrte und seine eigenen hinzufügte. Jedoch gibt es an dem Punkt der Zeitspur, zu dem wir bisher vorgedrungen sind – kurz nach dem Ersten Geschehnis, die Zwölfe sind voll mit dem Phi-Projekt beschäftigt und an das Lambda-Projekt denkt noch kaum einer – noch kein Anzeichen von GEs. Wie sie konstruiert, ausgetestet und letztlich von Yatrus mißhandelt wurden, ist das Thema dieses Kapitels.
Yatrus nutzte die von Xenus Erstem Geschehnis geschaffene Verwirrung zu seinem Vorteil aus; still und heimlich arbeitete er im Rahmen des allgemeinen Lambda-Projektes an seinem privaten „Lambda-Szenario“. Was immer er unternahm, es hatte mit Lambda zu tun, mit Lebensenergie. Einige der Schritte, die er unternahm, werden wir beschreiben und zwar möglichst in der Reihenfolge, in der sie sich abgespielt haben. Daß diesen Geschehnissen keine festen Zeitpunkte zugeordnet werden können, liegt einfach an einem Mangel an Quervergleichen. Was sie nun gleich lesen werden, wurde erst innerhalb der letzten paar Jahre herausgefunden (siehe Kapitel 6.3). Und solange keine ausreichende Zahl von Auditoren das Vorkommen bestimmter Geschehnistypen innerhalb eines gewissen Zeitrahmens bestätigt hat, kann man nicht mit Fug und Recht sagen, „vor 63,2 Milliarden Jahren waren alle Schlangen rosa und spielten Mandoline“. Betrachten Sie also das Folgende als Standfotos, als über eine Filmrolle von mehreren hundert Meilen Länge verstreute Einzelausschnitte, die zudem noch ganz anders interpretiert wer-

den könnten, wenn sich erst einmal mehr Informationen angesammelt haben.

EINS UND EINS IST DREI

Ganz zu Anfang schlug Yatrus vor, Thetans sollten sich in Paaren zusammentun, sich „gegenseitig Energie geben“ und „ihre Energien gemeinsam reinigen“, um damit wieder in den Zustand der „Gottesgleichheit“ eintreten zu können, den sie vor dem Ersten Geschehnis hatten.
Die Zwölfe waren von diesem Vorschlag durchaus erfreut. Energien reinigen schien sehr akzeptabel, als es direkt mit dem Umwandlungsprogramm in Einklang zu stehen schien – aber da Yatrus nun mal Yatrus ist, war bereits hier eine Betrügerei eingebaut. Zum einen die Vorstellung, daß man von jemand anderen Energie brauchte, anstatt sie für sich selbst zu erschaffen. Auf diese Weise wirkte Energie wie eine Mangelware und wurde umso wertvoller. Dies verstärkte den Trend, daß Thetans sich selbst geringer als Energie einschätzten. Der zweite Trick: indem er Thetans dazu brachte, sich mit den Gottesbildern zu vergleichen, die sie in Xenus Erstem Geschehnis und in den Früheren Einsern geschaut hatten, benutzte Yatrus auf schlaue Weise die von Xenu installierte Bilderwelt für seine eigenen Zwecke. Dritter Trick: indem er Thetans ermutigte, sich zu Paaren zusammenzutun, setzte er das erste Samenkorn für eine neue Idee: die der zweiten Dynamik.
Die 2. Dynamik, in ihren Anfängen zunächst ohne Körper und später mit Körpern (5. Dynamik), ist Yatrus' Spezialgebiet. „Du und ich für alle Zeiten“, „Wir sind so gut, rein und edel, daß wir nie scheiden werden“, sind Postulate, die man in jener frühen Zeit vorfinden kann, eine süßliche Ideologie von „Liebe und Licht“. Erst viel später, als Körper hinzukamen, spielten Wollust und sexuelles Verlangen ebenfalls eine Rolle. Zweisamkeit, Liebe als Austausch erregender Schwingungen, schließlich Kör-

per und Sex – in dieser Reihenfolge lief es ab. Das Himmelreich laut Yatrus.

Eines seiner ersten Manöver, um die Idee einer 2. Dynamik einzuführen, bestand darin, zwei Thetans in einem „ewigen Pakt" zusammenzuführen, der von Yatrus selbst, ihrem großen Inspirator und Beschützer, geheiligt wurde, und zwar indem sie eine reichlich mit Yatrus-Thetaquanten gesättigte Lichtdusche nahmen. Jedes Quantum trug das Postulat „Ich brauche dich!" Auf diese Weise wurde das ewige Band mit einem „kosmischen Partner" für das Überleben eines Thetans unabdingbar (was natürlich ein absolutes Paradox ist, aber bitte, so lief es eben). Nachdem sie ihre Dusche genommen hatten, ließen Thetan A und Thetan B ihre Energiefelder (Theta-Körper) überlappen, um so ein drittes Feld zu bilden, C, das zu gleichen Teilen aus den vermischten Thetaquanten von A und B bestand und dem ein eigenes Leben zugestanden wurde. Eine zweitdynamische Kreation! Natürlich führte dies zu Urheberproblemen und endlosen Streitigkeiten, denn man konnte sie nicht mehr ohne weiteres auflösen – und so blieb sie bestehen. Diese „Thetansprößlinge" (Energiefeldsprößlinge aus Thetaquanten) sollten später das Rohmaterial für die von Yatrus durchgeführte Fabrikation von GEs bilden.

NEUES SPIELZEUG FÜR THETANS

Die Zwölfe hegten keinen Argwohn. Verantwortungsbewußte Thetans, die beobachteten, was da vor sich ging, reichten ihre sorgenvollen Berichte und Kommentare ein, doch ohne Erfolg. Yatrus hatte den Zwölfen den Hut über die Augen gezogen. Nachdem er ihnen seine Hilfe angeboten hatte, hörten sie niemandem mehr richtig zu.

Vor ungefähr 2,7 Billiarden Jahren veranlaßten die Zwölf den Bau der ersten GE-Prototypen. Man benutzte Thetaquanten als Baumaterial. Somit wurden weggekippte Kreationen auf zweifache Weise benutzt: sowohl zur Konstruktion des physischen

Universum wie auch der es bevölkernden Lebenseinheiten. Man bearbeitete sie auf mittlerweile schon traditionelle Weise, indem man sie erstens aufsaugte, zweitens umeinanderwirbelte und dabei mit Information programmierte, drittens aufbewahrte oder umgehend benutzte. (Xenus „gutes Beispiel“ hatte offensichtlich Schule gemacht!) Die in die GEs programmierte Information bestand aus zwei Teilen: erstens, die ideale Form und Funktion eines bestimmten Körpertypus aufrechtzuerhalten; zweitens, ihn unter allen Umständen am Leben zu erhalten.
Diese neuen GEs wurden unverzüglich zum Spielball einiger weniger unterhaltungssüchtiger Thetans, die mit ihnen grobe Späße trieben, sie umeinanderwarfen, beutelten, mit Energiestrahlen verzerrten und umwickelten, sie zu besitzen und kontrollieren versuchten – also alles taten, was gegen das Grundprogramm der GEs gerichtet war. Die GEs lernten zu dieser Zeit eine wichtige Lektion: Thetans bedeuten für GEs nichts Gutes. Sie wurden mißtrauisch und argwöhnisch.
Bald danach kamen auch die ersten Körper-Prototypen auf den Markt. Sie bestanden nicht buchstäblich aus „Staub“ wie die Genesis es ausdrückt, sondern aus recht verfestigten aber immer noch transparenten Thetaquanten. Sie hatten klare Formen – teilweise recht menschliche. Im Gegensatz dazu wirkten die sie belebenden GEs gestaltlos. Den Körpern erging es wie den GEs. Von den Rüpeln und Flegeln unter den Thetans wurden sie mit größtem Vergnügen zermatscht und verstümmelt und dabei Sorge getragen, die den Körper steuernde GE nach besten Kräften zu frustrieren. Automobilingenieure der modernen Zeit, die mit Dummies ihre Unfalltests machen, haben ungefähr soviel Gefühl für ihre Dummies wie die damaligen Thetans für ihre Körper. (Vielleicht sind diese Ingenieure die identischen Thetans und immer noch damit beschäftigt, herauszufinden, „wie weit man damit gehen kann“?)
Manche Thetans gingen mit diesen neuen Kreationen genauso unaufmerksam und sorglos um wie mit ihren eigenen Thetakreationen aus der Zeit vor dem Ersten Geschehnis. Ob man es nun

mit lichtvollen, komplett aus geistigem Mest geschaffenen Raumstrukturen zu tun hatte, mit GEs oder mit Körpern – alles bestand schließlich aus Thetaquanten und demzufolge konnte man damit machen, was man wollte. Warum sich also Gedanken machen!

Noch heutzutage gilt das Zerknautschen von Körpern als großer Spaß, wie sich an Dramatisierungen wie z.B. „Tom und Jerry"-Zeichentrickfilmen ersehen läßt, wo Katz und Maus sich gegenseitig tausend Tode einbrocken und dessenungeachtet ohne einen Kratzer dabei wegkommen. Auf gewisse Weise reflektiert das die Zeiten, die wir hier beschreiben.

Dies waren grausame Zeiten für GEs, wie man sich vorstellen kann. Schließlich waren sie es, die hinterher die Reparaturen vorzunehmen hatten. Noch heute sind der einzelnen GE diese Informationen über den Zentralspeicher zugänglich. „Trau niemals einem Thetan", dachten sie.

ÜBERLEBENSÄNGSTE

Mittlerweile sind wir bei einem Zeitpunkt vor ungefähr 2,5 Billiarden Jahren angelangt. Der Zeitraum von 2,5 bis 2 Billiarden Jahre ist entscheidend für die Ereignisse, die danach kommen sollten, denn damals übernahm Yatrus auf Wunsch der Zwölf volle Kontrolle über das Lambda-Projekt. (Lambda steht für Leben, um es nochmal ins Gedächtnis zurückzurufen.) GEs waren gebaut worden, um von Thetans kontrolliert zu werden; also brauchte er lediglich den Spieß herumzudrehen – und Thetans von GEs kontrollieren zu lassen.

Er saugte existierende GEs auf und saturierte sie mit Bildern von Landschaften, Pflanzen, Tieren und menschlichen Körpern. Er drückte ihnen den Stempel von „Mutter Natur" auf. Zwar implantierte er niemals Thetans, aber ganz gewiß GEs. So wird's gemacht: Man braucht eine Röhre, einen Tunnel, so etwas wie einen Linearbeschleuniger; GEs werden durch diesen Tunnel in

spiralisierender Bewegung und mit ungeheuer großer Geschwindigkeit hindurchgesaugt, sie passieren dabei eine dünne Lage von Yatrus-eigenen Thetaquanten voller Bilder und (ebenso wichtig!) Postulaten wie „wir sind alle eins“ oder „nur vereint überleben wir“, was sich in einem solchen Moment maximaler Verwirrtheit natürlich als stabiles Orientierungsdatum festsetzt. Diese Postulate blieben sehr gut hängen.
Das grundlegende GE-Programm: „Muß überleben!“ erwies sich insofern als Eigentor, als es auf die Thetans selbst zurückschlug. Denn erstens bestehen GEs aus recycleten und zusammengemischten Thetaquanten; zweitens standen alle Thetans seit dem Ersten Geschehnis in automatischer und zwanghafter Verbindung miteinander. „Muß überleben!“ begann daher alle Geister zu durchdringen. Es wurde zu einer neuen Ideologie – etwas, woran bis dahin noch keiner gedacht hatte. Warum sollte sich ein Thetan, die unsterbliche Quelle allen Lebens, auch über das Überleben Gedanken machen?
Von nun an herrschte ein neues Konzept vor, das des Mangels. „Muß überleben!“ impliziert Mangel, ein Zeitkonzept und eine Zukunft. Man mußte jetzt sparen, schützen, vorsichtig sein und ökonomisch denken. Bloß keine weiteren Kreationen „nur aus Jux“. Stattdessen Sparsamkeit, Knauserigkeit, Geiz.

SEXUALITÄT

Sexualität war zu diesem Zeitpunkt noch unbekannt. Körper waren blaß, geschlechtslos, elfenartig. Thetans verlangten stärker nach ihnen, als sie produziert wurden. (Yatrus, der hier die Monopolstellung hatte, hielt die Versorgung künstlich gedrosselt.) Hohe Nachfrage, geringes Angebot – was tun? Genialer Vorschlag von Yatrus an die Zwölf: Vermehrung durch sexuelle Fortpflanzung. Dies enthob die Zwölf auf angenehmste Weise einer Entscheidung, denn es gab hierzu noch keine Projektplanung.

Bis zu diesem Zeitpunkt waren GEs so etwas wie in lauwarmem Wasser dahertreibende Quallen gewesen. Sie waren homogen, ähnelten sich wie ein Ei dem anderen und langweilten sich fürchterlich. Keine Spiele miteinander, abgesehen von den ihnen aufgezwungenen, wie z. B. Körper zu managen, in denen sich Thetans „ausleben" konnten. Yatrus schlug ihnen vor, sie sollten sich in zwei Pole aufgliedern. Auf diese Weise wären sie in der Lage, sich fortzupflanzen und Abkömmlinge zu haben. Denn: „Leben ist nur möglich über Dualität".

Hiermit nutzte Yatrus auf extreme Weise ein Prinzip zu seinem Vorteil aus, dessen sich auch Xenu schon vor Urzeiten bedient hatte, als er Thetaquanten von ihren Urhebern trennte. Dualität ist eine Urerfahrung jeden Thetans im Moment seiner Loslösung aus der Koexistenz des Statischen.

Seinem Motto getreu schaute Yatrus auch hier wieder einmal, wie weit er gehen konnte: Jede GE bildete an gegenüberliegenden Enden zwei Pole heraus, womit zwei Chakren entstanden: das erste und das siebte (zwischen den Beinen und am Scheitel). Zwischen den beiden Polen entstand ein Energiefluß, ein Strom von Lebenskraft (Kundalini), den Yatrus großzügigerweise zur Verfügung stellte. Seitdem „besitzt" Yatrus die Lebenskraft. Sie ist sein Monopol. Wer während einer Chakrenmeditation die für sie typischen Energiemanifestationen verspürt, ist mit Yatrus' Lambda-Szenario in Kontakt gegangen. Es geht auch anders. Der weit einfachere und deswegen wohl auch üblichere Weg, einen „Kundalini-Hit" zu bekommen, führt über den Geschlechtsakt. Der Orgasmus ist sozusagen ein Tribut an Yatrus. Die GE steht natürlich total dahinter; für sie bedeutet Sex Lebenskraft, Expansion und Macht über Thetans.

Man beachte, daß dieses Prinzip der Zweipoligkeit der Biologie nicht unbekannt ist. Z.B. ist die Bildung eines Embryos kein mechanischer Prozeß, sondern ein elektromagnetischer. Nachdem die Samenzelle in das Ei eingedrungen ist, formen sich auf den gegenüberliegenden Seiten des Eis zwei Pole. Die elektrische Ladung zwischen ihnen baut die für Zellteilung und Vermehrung benötigten Kraftfelder auf und regt dadurch den Wachstums- und Ausformungsprozeß an[35].

DAS VERLORENE PARADIES

In ihrem geschlechtslosen Zustand waren Körper recht durchsichtig gewesen (obwohl sie sich für die damaligen Thetans so solide anfühlten wie echtes Fleisch für uns), doch zur Einführung der Sexualität mußte diese Engelhaftigkeit geopfert werden. Aus dem ursprünglichen „Standardkörper“ wurden zwei Versionen modelliert. (Auch hier wieder die Genesis als Parallele: Gott, der Eva aus Adams Rippe formte.)

Körper wuchsen auf und verblieben in einem optimalen Alter (zwischen 18 und 25 Jahren, nach heutigen Maßstäben). Die Instandhaltungs-Schaltkreise der GE waren darauf eingerichtet, sie ewig am Laufen zu halten, es sei denn, sie starben durch einen Unfall. Vor der Erfindung von Schwangerschaft und Geburt wurde Sexualität als reiner Spaß betrachtet. Jede Art hetero-, homo- und bisexuellen Geschlechtsverkehrs wurde gründlich durchgetestet. Zwar bestanden sie noch nicht aus echtem Fleisch und wirklichen Knochen, waren aber immerhin real genug, um Erfahrungen zu machen und zu behalten. Die GEs begannen, ihre entsprechenden Banken aufzubauen – und auch die Thetans taten dies. Alles, was Yatrus vorschlug, wurde von beiden Banken gespeichert, von Thetans und GEs.

Diese Einstellung von „Sex ohne Konsequenz“, das sexuelle Genießen eines Körpers ohne unangenehme Nachwirkungen wie etwa Schwangerschaft und Geburt, wird auf breiteste Weise in den Playboy- und Playgirlphantasien nicht nur des modernen Amerika dramatisiert, einer Dramatisierung, die zu Abtreibungen führt und dazu, daß Männer ihren schwangeren Frauen davonlaufen, denn: „Wir wollten doch nicht, daß *das* passiert!“

Das neue System von Geschlechtsverkehr und Fortpflanzung über Kinder hatte seine Nachteile. „Paradiesische Gebiete“, wo

Nahrungsmittel wie etwa Früchte und Nüsse auf natürliche Weise in Hülle und Fülle vorkamen und das Klima angenehm war, waren bald überbevölkert. Als die GE/Körper-Einheiten sich bis zu den Grenzen solcher Gebiete hin vermehrten, litten sie Hunger und mußten Arbeit leisten, um in Austausch mit der Umgebung für Nahrung und Schutz zu sorgen. Da aber die GEs nicht dafür programmiert waren, *brauchten* sie nun Thetans als Manager, um von ihnen gesteuert zu werden! Die Selbstgenügsamkeit der GEs fand damit ein Ende.

Damit begann ein neues Stadium in Yatrus' Szenario. Daß GEs nun Thetans benötigten, führte wegen der Sorglosigkeit und Risikofreudigkeit der Thetans zu ungeheuer vielen Unfällen und Todesfällen. Doch dank der neuen Reproduktionsmethode (Sexualität) gab es ja nun eine Überfülle von ihnen. Sie vermittelten einem aufregende sinnliche Erregungen, und im Grunde brauchte man sie nicht einmal. Also schien es in Ordnung, verschwenderisch mit ihnen umzugehen.

FANG DIR EINEN THETAN

Die GEs suchten sich hübsche Körper aus und zogen starke, kraftvolle Thetans dadurch an, daß sie eine Gewilltheit zu „kohabitieren" signalisierten; gleichzeitig gingen sie auf Distanz, was den Thetan um so interessierter machte und um so stärker nach ihnen greifen ließ. Die GEs zeigten sich aber erst dann gefügig, wenn ihnen genügend Bewunderung gegeben wurde. Auf diese Weise, indem Thetans nämlich ihre Bewunderungspartikel (Thetaquanten) auf die Körper ihrer Wahl ergossen, wurde ein Band zwischen Thetan, GE und Körper geschaffen.

Zu diesem Zeitpunkt unterschieden Thetans noch sehr stark zwischen GE und Körper. Als Spielgefährten betrachteten sie die GEs, den Körper lediglich als Vehikel. Als nächster Schritt wurde ein Kontrollmuster, bestehend aus sieben Energieknoten auf die GE gestanzt, während ein Thetan „auf ihr ritt". Heute

sind diese Knotenpunkte als „Chakren“ bekannt. Das Aufstanzen erfolgte durch den Energiekörper des Thetans hindurch, von hinten. Thetan und GE waren nun aufs engste aufeinander eingestimmt, enger als je zuvor. Eine Schnittstelle wie zwischen Computer und Drucker war zwischen ihnen installiert worden. Dies ging mit unterschwelligen Suggestionen einher wie „du und ich auf ewig“, „niemals wieder einsam“ usw. Sie blieben also auf der Grundlage gemeinsamer „muß haben“-Postulate aneinander hängen. Natürlich wurden nicht alle Thetans und GEs auf diese Weise bestanzt, aber die Sache verbreitete sich durch wechselseitiges Kopieren.
Kurz zusammengefaßt: Die GE machte sich für einen Thetan attraktiv, er „ummäntelte“ sie (wickelte sich um sie herum wie ein Mantel), dann der Chakrastempel, dann zwanghaftes Zusammensein. Von nun an, wenn ein „bestanzter Thetan“ eine GE in Besitz nehmen wollte, nahm die GE in Wirklichkeit ihn in Besitz. Die GEs waren natürlich begeistert: Kontrolle über Thetans, Rache.
Yatrus heizte weiterhin die Emotionen an, indem er die GEs anfeuerte, „quitt zu werden“, „wie Thetans zu werden“ und „größer zu sein als sie“. Die GEs fielen auf seine zuckersüßen Beschwörungen herein, bis sie herausfanden, daß sie auf keine Weise zu Herren über Thetans geworden waren, sondern stattdessen (durch die Chakren) lediglich als Vermittler fungierten, als Botenträger für die Anweisungen von Yatrus an andere Thetans. Doch gehorchten sie ihm aus Furcht davor, „atomisiert zu werden“. (Hiermit pflegte Yatrus ungehorsamen GEs zu drohen. Sie wurden dann aufgesaugt, desintegriert und ohne jegliche Identität aus dem Spiel herausgenommen, das Schlimmste, was einem Stück Theta passieren kann, egal wie klein es auch sein mag).
Je länger den Thetans Yatrus-Konzepte durch die Chakren übermittelt wurden, desto mehr introvertierten sie im Hinblick auf das Thema Energie. Energie wurde heilig und wertvoll; man gestand ihr zu, daß sie aus sich selbst heraus existierte. Daß man

sie möglicherweise auch selbst herstellen könnte, war völlig außer Diskussion und kam einer Entweihung gleich; viel lieber nahm man am „allgegenwärtigen Überfluß von Lebenskraft“ teil, trank davon, schwamm darin – und fühlte sich „eins mit der Schöpfung“.
Yatrus, der Diktator aller GEs („wir sind nur seine Sklaven“), stand nun sogar über den Thetans selbst. Indem er es fertiggebracht hatte, Thetans über ihre GEs zu erreichen, war er zum selben Resultat wie Xenu gekommen, wenn auch über eine ganz andere Route.

KÖRPERDIENER

Der nächste Schritt endete damit, daß Thetans Körper bemitleideten, und gipfelte in dem Gebot: „Du sollst dem Körper helfen!“ Die Zeiten, als das Zermatschen von Körpern ein großer Spaß war, waren damit endgültig vorbei. Spielplätze wurden eingerichtet, wo man zwar Körper nach bestimmten Regeln zerschmettern konnte, sie aber dann – und dies ist das Spiel – so schnell heilen mußte, wie man konnte. Aus Thetan und GE bestehende Teams standen im Wettstreit gegeneinander. Wer ist der schnellste, wer kann’s am Besten?
Der Trick dabei war, daß der Thetan den Standpunkt der GE einnehmen mußte, um ihr beim Heilen helfen zu können. Sobald er dies tat, wurde das Konzept: „Ach, der arme Körper!“ zu ihm hinüber geblitzt. Nach wiederholter Behandlung kamen Thetans zu dem Glauben, daß sie eine gewaltige Untat begangen hätten; sie gewannen den Eindruck, daß das Zerschmettern von Körpern eine üble Tat war, fingen an, Körper zu bemitleiden und betrachteten sie schießlich als Mangelware, auf die man gut achtzugeben hatte. Nachdem diese Ideologie erst einmal gut gegriffen hatte, beherrschte Yatrus – über die GEs – das Spiel noch mehr als zuvor. Statt ihre Herren zu sein, waren Thetans zu Dienern von Körpern abgestiegen.

Jeder Streit innerhalb eines Thetan/GE-Teams darüber, wie man zur Heilung eines bestimmten Körpers genau verfahren sollte, wurde von Yatrus persönlich beigelegt. „Wenn dein Thetan dir nicht zuhört, frage Yatrus!“, war die Lektion, die die GEs auf diese Weise lernten; und sie begannen, ihn als *den* großen Heiler zu akzeptieren. Und wieder hatte er sich ihr Vertrauen erschlichen. („Iatr“ heißt übrigens auf Griechisch „Heiler“.)

4.3 Wie kosmisches Gesetz geschaffen wird

ZWEI RIVALEN * ALTE FÄHIGKEITEN NEU IMPLANTIERT * ANLEITUNG ZUM IMPLANTIEREN * ABSICHTEN KREUZ UND QUER * EIN ZWEITES SCHALTPULT * KOSMISCHES GESETZ * EINE LEKTION IN GEOMETRIE

ZWEI RIVALEN

Der Mittlere Implant (Clearing Course Implant oder CC in Hubbards Ausdrucksweise) geschah vor ungefähr 1,5 Billiarden Jahren. Im Maßstab „eine Millionen Jahre entspricht einem Millimeter" entspräche dies einer Entfernung von eintausendfünfhundert Kilometern von dem Ort, wo sie gerade sitzen und dies lesen. Der Mittlere Implant ist der erste Implant, der jemals bei der *Kombination* von Thetan und GE vorgenommen wurde, und besiegelte die bereits von Yatrus' heimtückischen Plänen vorbereitete Verschweißung von Geist und Seele endgültig. Nach diesem Implant wurde Exteriorisation schwieriger und schwieriger.

Strategisch gesprochen ist er das letzte Stadium in Yatrus' Lambda-Szenario; nichtsdestoweniger war es Xenu, der Meisterimplanter, der in ausführte. Den Zwölfen wurde er als „Erziehungsprojekt" verkauft, und sie gaben ihren Segen dazu.

Bevor es losging, projizierten riesige Lightshows Bilder von Gott gegen den Himmel; die PR-Maschine stilisierte die Sache zu etwas Geheimem und Religiösem hoch. (Zweifellos die Handschrift Xenus.) Angeblich würde man an lang vergessene Dinge zurückerinnert und in tiefe mystische Wahrheiten eingeführt werden. Yatrus, wie ein Bischof gekleidet und einen Hirtenstab haltend, hielt feurige Reden und schärfte den GEs ein, daß sie ohne Thetans für alle Zeiten Niemande wären und daß dies ihre große Chance sei, endgültig von starken und verantwortungsbewußten Thetans in Schutz genommen zu werden.

Gerüchtweise verlautete, daß alle teilnehmenden GEs und Thetans durch ein riesiges Netzwerk miteinander verbunden werden und „Einheit" erlangt werden sollte. Alle waren begierig, hieran teilzunehmen. Je öfter man bei der Prozedur mitmachte, desto besser, aber zehnmal war die Grenze. Und bitte nicht drängeln!
Raumschiffe von Andromeda erschienen vielerorts, um diese „Initiation in Wahrheit und Einheit" vorzunehmen. Der Implant dauerte nicht sehr lange. Man konnte in sehr kurzer Zeit eine riesige Anzahl von Thetans bedienen.
Implantstationen von Andromeda – ein sicheres Zeichen, daß Xenu hinter der Sache steckte. Sein Hauptquartier, wie mehrfach von Auditoren berichtet, lag immer irgendwo im Andromedanebel. Implantieren von Thetans ist typisch für Xenu, Yatrus beschränkte sich auf GEs. Um Thetans in seine Richtung umzubiegen, benutzte er Überredungskunst, sanftes Drängeln und Einschmeichelei. Xenu dagegen zog schnelle und direkte Aktionen vor. „Knallt ihnen halt ein paar Massen drauf und fertig!" Er hätte nie den Nerv gehabt, GEs für Kontrollzwecke abzurichten. Daß Xenu zu diesem Zeitpunkt die Szene betritt, deutet an, daß zwischen ihm und Yatrus eine enge Zusammenarbeit bestanden haben muß. Oder vielleicht eine große Eifersucht? Schließlich waren beide mit Bezug auf die Kontrolle von Thetans schon sehr weit gekommen. Wollte Xenu seinen Kontrahenten daran hindern, zu groß und mächtig zu werden? Wollte er eine Hand in dem Spiel behalten, das er selbst gestartet hatte, aber jetzt von Yatrus übernommen zu werden drohte?
Es läßt sich keine definitive Antwort geben, doch einige Ereignisse in der weiteren Zukunft bekräftigen die Annahme, daß es zwischen den beiden eine beträchtliche Rivalität gab. Xenu hielt es für notwendig, seine Vorherrschaft über Yatrus mehr als einmal zu betonen – aber im Grunde hatte er keine Chance gegen ihn. Denn welches Mittel gäbe es denn auch gegen einen Thetan, dessen einziges Motto ist: „Schau, wie weit du damit gehen kannst."? Je mehr man versucht, ihn zu schlagen, desto mehr wird ja *er* der Gewinner sein!

Als Nebenbemerkung: Mythologisch gesehen lassen sich Spuren von Xenu und Yatrus überall entdecken. Xenu, der das Skript zu einer Show namens „Ein Gott und seine Engel“ schrieb, Xenu, der kalte, intellektuelle „Lichtbringer“ taucht wieder auf in den Kulten von Mitras, Luzifer, Apollo und in dem diktatorischen Einen Gott des Alten Testaments; seinen Gegenpart Yatrus findet man symbolisiert im leidenschaftlichen Ahriman, dem dunklen, wollüstigen Gott der alten Perser, in Baal, im haarigen, spalthufigen Pan der Griechen, in Dionysos. Aus der Vermischung der Bilder beider entstand der Teufel, Satan oder Baphomet, der den Okkultisten wohlbekannte höllische Meister übler Dämonen, ziegenköpfig, haarig und ausgestattet mit weiblichen Brüsten und männlichen Genitalien, ein Hermaphrodit. Ob Papst oder Pfaffe, Kaiser oder König – jeder dramatisiert entweder Xenu oder Yatrus oder eine Kombination aus beiden. Auch verfehlte das Paar niemals, Künstler oder Schrifsteller zu inspirieren, sogar als Karikaturen erscheinen sie, wie z.B. als Shir Khan (Xenu) und King Louis (Yatrus) in Disneys „Dschungelbuch“.

ALTE FÄHIGKEITEN NEU IMPLANTIERT

Wie solide die Implantiermaschinerie nun wirklich war (Raumschiffe, Gerätschaften) ist schwer zu sagen. Schaute man sich die Dinge nämlich mit der den damaligen Menschen eigenen Wahrnehmungfähigkeit an, so erschienen sie genauso fest wie uns unsere heutige Welt – ständen wir aber mit unserer gegenwärtigen Wahrnehmungsfähigkeit solchen Objekten gegenüber, so würden wir sie kaum bemerken. Zu durchscheinend für das bloße Auge. Kleine Kammern wurden von Förderbändern fortbewegt und fuhren durch endlose Korridore, links und rechts mit Bildschirmen ausgestattet. Dann zack – zack – zack wurden Konzepte zu einem hingeblitzt. (Für Techniker: das ganze fand auf der Basis von Skalarwellen statt, das von Ingenieuren benutzte Äquivalent für Telepathie.)

Eine besondere Charakteristik des Mittleren Implants ist das wiederholte Auftreten eines Lichtes – vielleicht um die Lichtwellen des Ersten Geschehnisses zu restimulieren. Dies ist insofern von Bedeutung, als sich viele religiöse und esoterische Kulte seitdem in der Verehrung von Lichtphänomenen ergehen. Sie glauben, Licht sei etwas Heiliges.

Wer am anderen Ende herauskam, war voller Ehrfurcht, sprach nur in Flüstertönen und ging direkt zurück zum Eingang, um sich für die nächste Runde anzustellen. Man fühlte sich wie eine große Bruderschaft auf der Grundlage von „wir wissen alle das Gleiche". Thetans und GEs wußten nun alle das Gleiche. Die GEs waren endlos geschmeichelt, endlich als gleichrangig akzeptiert zu werden. In dieselben Geheimnisse wie die großen Thetans eingeführt, waren sie nun „so gut wie ein Thetan" – emanzipiert, sozusagen.

Nicht alle GEs beurteilten die Resultate des Mittleren Implants so positiv. Einige erlebten ihn als brutal und überwältigend und empfanden, daß ihnen ein Thetan aufgezwängt und sogar regelrecht in sie hineingepreßt worden sei – in ihre „Köpfe"! Es scheint, daß dies der Anfang davon ist, daß Thetans am sechsten Chakra (Stirn, „drittes Auge") wie festgelötet sind, die Welt von dort aus betrachten und so das Exteriorisieren verlernt haben.

Der Mittlere Implant bestand aus einer Reihe von Abschnitten, die nach Inhalt und Zielsetzung klar von einander getrennt waren. Es ist Hubbards großes Verdienst, den vollständigen Satz von Implantanweisungen herausgefunden zu haben; sie nehmen gute 25 Schreibmaschinenseiten ein. Die Anweisungen beziehen sich schlauerweise auf solche Fähigkeiten, die Thetans und GEs sowieso hatten, jeder allerdings auf eigene Art. Deswegen klingen sie eigentlich ganz unschuldig, wie z.B.: *„Niemand sein – jedermann sein"*, *„Man selbst sein – andere sein"*, *„Viel tun – wenig tun"*, *„Alles haben – nichts haben"*, *„Zurückbleiben – vorausbleiben"*, *„Ein Tier sein – Tiere sein"*, usw. Dies sind grundlegende Thetafähigkeiten. Niemand, der sie als Anweisung bekäme, würde Böses argwöhnen.

Der Witz an der Geschichte ist, daß das Implantieren einer Fähigkeit, so unschuldig dies zunächst wirken mag, ganz natürlich zu einer Unfähigkeit führt. Zunächst ein heutigen Verhältnissen angepaßtes Beispiel: Nehmen wir jemanden, der gerne schwimmt. Man prügele ihn bewußtlos und lasse gleichzeitig ein Tonband mit „Ich schwimme gern" laufen. Das Konzept „Ich schwimme gern" ist nun mit Schmerz und Bewußtlosigkeit assoziiert. Um doppelt sicher zu gehen, nimmt man nun auch das gegenteilige Konzept, schnallt sein Opfer wieder in den Stuhl, schlägt ihn bewußtlos und läßt das Band mit „Ich hasse Schwimmen" abspielen. Damit wird eine Polarität zwischen zwei Intentionen etabliert, und beide Extreme verbinden sich mit Schmerz und Bewußtlosigkeit. Wenn das Opfer das nächstenmal schwimmen gehen will, wird es Schmerz und ein gewisses Maß an Bewußtlosigkeit verspüren, Unlust, schlechte Laune und Unwohlsein. Sogar schon beim Gedanken ans Schwimmen wird er dies erleben – und sich danach für alle Zukunft vom Thema Schwimmen zurückziehen und in die Sahara auswandern.
Sobald er an eines der beiden Ziele denkt, kann er nicht vermeiden, daß ihm auch das Gegenziel in den Sinn kommt. Unentschiedenheit, Schmerz und Bewußtlosigkeit setzen ein, er fühlt sich „massig". Das Problem, das aus den beiden gegensätzlichen Zielen besteht, erschafft eine Masse – und somit haben wir es hier mit der implantierten Variante einer Goals Problems Mass oder GPM zu tun.
Der Mittlere Implant war keinesfalls so brutal wie das oben gegebene Beispiel, denn es wurden ja keine Körper mißhandelt. Sie spielten in diesem Implant nicht einmal eine Rolle. Nur Thetan und GE nahmen teil; zwei Energiefelder Hand in Hand miteinander. Dieser Implant enthielt keinen Zwang, stattdessen erweckte er Interesse und Neugier. Man fühlte sich geradezu animiert, dabei mitzumachen. Sein Grundprinzip war nicht Gewaltanwendung, sondern „Plus-Randomität", ein Ausdruck Hub-

bards, der bedeutet, daß pro Zeiteinheit mehr vor sich geht, als man überblicken kann. Beim Mittleren Implant stürmten unerwartete Dinge von unerwarteten Seiten in unerwartetem Tempo auf einen ein. Dies veranlaßte einen natürlich, entweder festhalten zu wollen, was sich zu schnell zurückzog, oder von sich weghalten zu wollen, was zu schnell auf einen eindrang. Durch solch intensive Verwendung von Aufmerksamkeitseinheiten oder Thetaquanten schuf man natürlich Ridges mit geistigen Vorstellungsbildern darauf. Man duplizierte die Konzepte, denen man ausgesetzt war, nicht allein auf der Ebene von Postulaten, sondern zusätzlich dadurch, daß man beim Empfangen des Konzepts eine Masse schuf. So kam es, daß man zu späteren Zeiten, wann immer ein eigener Gedanke den Konzepten des Mittleren Implants schwach ähnelte, in gewissem Maße die ursprünglich im Geschehnis geschaffene Masse wiedererschuf – und sich entsprechend behindert, unfähig, verlangsamt und massig fühlte. Und da die implantierten GPMs die gesamte Spannbreite von Konzepten abdeckten, mit denen sich ein Thetan üblicherweise beschäftigte, sollte er einen beträchtlichen Effekt haben.

ABSICHTEN KREUZ UND QUER

Der Grundgedanke dieses Implants war, es für Thetans unangenehm und unerwünscht zu machen, ihre allergrundsätzlichsten Fähigkeiten mit Bezug auf die Kontrolle von Materie, Energie, Raum, Zeit und Theta auszuüben, d.h. ihre Kraft, zu intendieren und zu erschaffen. Gleichzeitig wurden die gleichen Begrenzungen für die GE gesetzt, denn Thetan und GE erlebten ja denselben Implant gemeinsam.
Doch resultierte der Mittlere Implant nicht nur in individueller Unfähigkeit bei den Beteiligten (also Thetan und GE), sondern auch in einer Überkreuzung der Fähigkeiten und Unfähigkeiten. Einige Anweisungen – z.B. „ein Tier sein“ – trafen eher auf GE als Thetan zu, da aber nun *beide* es bekommen hatten, begann

der Thetan „den Hut" der GE zu tragen und umgekehrt. Von nun an versuchten beide, eine gegebene Situation zu lösen und kamen sich dabei in die Quere. Der Implant bewirkte, daß die beiden im Hinblick auf ihre jeweiligen Aufgaben auf reaktive Weise miteinander identifiziert waren. Ohne daß es ihnen auffiel, waren beide bestrebt, die Arbeit des anderen wie auch ihre eigene zu tun. Das Ergebnis, wie zu erwarten: Verwirrung, Unentschiedenheit, Reibereien, Zank.

Thetan und GE waren einander zum Problem geworden, und je mehr sie auch versuchen mochten, dies zu lösen, desto tiefer gerieten sie hinein. Wodurch beide auf eine Abwärtsspirale gerieten, die letztlich dahin führte, wo wir heute stehen – die meisten Menschen sind fest in ihre Körper einzementiert, der Thetan, seiner selbst unbewußt, folgt dem Diktat der GE. Yatrus hat gewonnen.

EIN ZWEITES SCHALTPULT

Das Tolle am Mittleren Implant war die Vernetzung. Man war Teil eines Netzwerks! Thetan und GEs konnten nach dem Implant verschiedener Wege gehen und dennoch miteinander in Kommunikation bleiben. Jeder Thetan konnte mit jedem anderen in Verbindung stehen, jede GE mit jeder anderen GE. Phantastisch! Man war mehr als je zuvor. Mehr Verbindungen, mehr Macht, mehr Spiele. Zuvor war man ein Niemand, nun, da man sich auf jedermanns Kommunikationslinien setzen konnte, *war* man jemand.

So glanzvoll es ihnen auch erschienen sein mochte – die Fakten waren eher ernüchternd. Z.B. erinnerte man sich weder daran, daß diese Form von Kommunikation vor dem Ersten Geschehnis eine Alltäglichkeit war, noch schien jemandem der peinliche Umstand aufzufallen, daß man sich nach dem Mittleren Implant nicht mehr aus dem Netzwerk herausschalten konnte.

Es stimmt zwar, daß Thetans und GE dieses Netzwerk so sehr benutzen konnten, wie sie mochten (oder eher *mußten*), aber sie

konnten es nicht von außen beeinflussen. Der einzige, der dazu in der Lage war, der einzige, der Anweisungen von außerhalb des Netzwerkes (über die GEs) eingeben konnte und somit seine geheimnistuerischen, intriganten Bemerkungen in jedermanns Ohr gleichzeitig flüstern konnte, war Yatrus.
Ein zweites Schaltpult war eingerichtet worden. (Das erste entstand im Ersten Geschehnis.)

KOSMISCHES GESETZ

Unter den Implantabschnitten ist der namens „Verwirrungs-GPM" von besonderer Bedeutung. Eine Stichprobe: *„Erschaffen, um das Jetzt zu zerstören – zerstören, um das Jetzt zu erschaffen"; „erschaffen, um die Zeit zu zerstören – zerstören, um die Zeit zu erschaffen".* Usw., usw., quer durch alle Konzepte von Materie, Energie, Raum, Zeit, Leben, Existenz, usw. hindurch. Dutzende von Anweisungen. Ergebnis: eine Philosophie von „tun! – tun! – tun!". Ganz egal, ob man erschafft oder zerstört, solange man nur etwas *tut*! Wie löst man ein Problem? Erschaffen oder zerstören! Kein Mittelweg.
Seitdem herrscht die Meinung, erschaffen und zerstören seien auf ewig miteinander verbunden. Das Erschaffen und Zerstören von Mest wurde zunehmend als Vorbedingung für Leben verstanden – als ob man Leben nicht einfach aus dem Nichts heraus erschaffen und wieder ins Nichts hinein auflösen könnte, vor dem Ersten Geschehnis eine Alltäglichkeit.
Im Endergebnis bildeten Phi, Lambda und Theta ein geschlossenes System – zwar interaktiv, aber ausweglos. Mest, die GE und Thetans waren von nun an fest miteinander verschweißt. Materie, Energie, Raum und Zeit wurden als prä-existent aufgefaßt, als aus sich heraus und schon immer existierend. Man war der Meinung, Leben und Tod seien auf der Grundlage der Polarität zwischen Erschaffung und Zerstörung zustande gekommen. Dies sind die von einigen esoterischen Schulen als „kosmisches Ge-

setz“ erachteten „ewigen Gegensätze“. Wozu übrigens nicht nur die Psychologie gehört, wo man lehrt, daß Geist das Produkt von Materie sei, sondern auch die Physik, wo einem Theorien zur Energieerhaltung und -umwandlung gepredigt werden (wo man aber nichts über Energieerschaffung und -entschaffung hört) und wo man an einen Urknall als Ursache für den Kosmos glaubt.
Der Thetan als Quelle allen Lebens ist erfolgreich in den Hintergrund gedrückt worden und in Vergessenheit geraten. Seine Schöpfung hat ein Eigenleben bekommen, und er, der Schöpfer, fühlt sich den Wirkungen untertan, die er einst selber schuf.

EINE LEKTION IN GEOMETRIE

Mit Bezug auf das Thema Mest hat der Mittlere Implant noch einiges zu bieten. In seinem letzten Abschnitt, genannt „Objekte“, werden einem grundlegende geometrische Formen gezeigt, zunächst als zweidimensionale Umriße, dann als dreidimensionale Körper. Zunächst rasen sie von einem weg, dann stürmen sie auf einen ein. Die Darbietung ist extrem kurz. Da man versuchte, sie bei sich zu behalten, bevor sie wegrasen konnten (um einen besseren Blick auf sie zu werfen), und sie wegzuhalten, wenn sie auf einen einstürmten (da sie einen zu zerquetschen drohten), machte man beide Male ein geistiges Vorstellungsbild von ihnen. Auf diese Weise wurde für GE wie auch Thetan ein identisches Grundmuster mit Bezug auf bestimmte geometrische Prinzipien geschaffen.
Die Objekte waren glänzend, hell, lichtdurchflutet, machtvoll, vielversprechend, bedeutungsgeladen, majestätisch; man wollte nach ihnen greifen, sie besitzen. Ein tiefes unirdisches Summen begleitete ihr Auftauchen, das Summen grenzenloser Energie. (Vielleicht war es damals, daß das Om, der „Klang, der das Universum zusammenhält“, im Geist installiert wurde.)
So eindrucksvoll sie auch gewesen sein mögen, waren die Objekte im Grunde genommen doch ein alter Hut; sie gingen auf

Konstruktionsprinzipien der Zeiten weit vor dem Ersten Geschehnis zurück und waren ursprünglich von Xenu bei seiner „Energieerhaltungskonferenz" vorgeführt worden. Nicht einmal für die GEs stellten sie etwas Neues dar. Sie erkannten die Objekte als vertraute Formen, denn schließlich bestanden alle GEs aus Thetaquanten, die ursprünglich einmal, vor dem Ersten Geschehnis, Teil von Thetakreationen waren. Nach dem Wegkippen wurden diese Kreationen aufgesaugt und als Rohmaterial verwendet, zunächst einmal für das Mestuniversum und später für die GEs. Und aus diesem Grunde fühlten sich GEs beim Anblick der Objekte an etwas Wichtiges erinnert. Die Objekte bedeuteten ein „Zuhause" für sie. Sie gaben ihnen die angenehme Erinnerung daran, einmal etwas Besonderes gewesen zu sein und bewirkten ein enges Gefühl der Verbundenheit mit Thetans. Durch die Darbietung der Objekte wurde ein inneres Band zwischen den beiden neu bestätigt.

Die durch den Implant erzeugte Übereinstimmung mit den Objekten legt einem bestimmte Konstruktionsprinzipien nahe, die sich z.B als „euklidische Geometrie" audrückten. Man findet sie nicht nur in Architektur und Ingenieurwesen, sondern auch in den Grundbauplänen von Mineralien, in der eigentlichen Phi-Struktur des Universums – ein weiterer Hinweis darauf, daß sie aus den Zeiten vor dem Ersten Geschehnis stammen. Es handelt sich hier um sehr alte Übereinkünfte mit Bezug auf die Struktur von Energie und Materie.

Lambda jedoch korrespondiert nicht immer mit diesem Grundmuster. Organisches Gewebe, der Stoff, den die GEs überwachen, wächst äußerst selten auf geometrischer Grundlage. Eher läßt sich solches Wachstum mit „Fraktalen" und den entsprechenden Formeln vergleichen. Vor nicht allzulanger Zeit haben Mathematiker es möglich gemacht, „organische" Formen auf dem Computerbildschirm zu erschaffen. Fraktalformeln scheinen den GE-Programmen sehr nahezukommen. Vielleicht wurden sie auch gar nicht neuerlich entdeckt, sondern viel eher *wieder*-entdeckt! Handelt es sich hier vielleicht um dieselben Leute, die vor

ungefähr 2,5 Billiarden Jahren die ursprünglichen GE-Programme entwarfen? Vielleicht. Erwähnenswert ist das Ganze nur deswegen, weil Xenu mit den „Objekten" anscheinend seine eigenen, nicht-organischen geometrischen Prinzipien den fraktalartigen Programmen der GE überlagern wollte. Und warum? Weil Yatrus zu mächtig wurde. Wieder einmal die alte Rivalität.
Die Objekte hatten noch eine weitere, wichtige Konsequenz. Zwei Typen werden gezeigt, erst die hohlen, dann die festen. Im Gegensatz zu den lichterfüllten und attraktiven hohlen Objekten werden die festen als dunkel und mysteriös präsentiert. Sie fühlen sich bedrohlich an. Man fühlt Erleichterung, wenn sie sich entfernen, Bedrohung, wenn sie sich nähern. Auf diese Weise wurden die gegensätzlichen Prinzipien von Schwarz und Weiß im Geiste angelegt, Prinzipien, die in späteren Zeiten ihren Ausdruck in den zwei Varianten der Magie fanden. Und es war der Streit zwischen weißen und schwarzen Zauberern, der letztlich die Kultur namens „Atlantis" zu Fall brachte.

4.4 Eine neue Kultur

DAS BIOLABOR DES YATRUS * ZEICHEN DES VERFALLS * UNSER ATLANTISCHES ERBE

Die Verschmelzung von Thetans, GEs und Körpern durch die Konzepte und Bilder des Mittleren Implants manifestierte sich in einem neuen Lebensstil, einer neuen Kultur, die sich im Verlauf der nächsten Jahrbillionen entwickeln sollte. Ihre besondere Bilderwelt und der ihr eigene Stil – wunderschöne Körper, paradiesische Landschaften, Märchengärten mit Gnomen und Elfen, glänzende Burgen, edle Ritter (verliebt in ebenso edle Damen), Kommunikation durch Telepathie, Konversation mit Pflanzen und Tieren, Kristallheilung, Schlachten zwischen schwarzen und weißen Zauberern, Energieversorgung aus Quarzblöcken, usw. – diese Vorstellungswelt wurde nicht implantiert, sondern ereignete sich als Konsequenz des Implants, im Versuch, das Beste daraus zu machen.

Heute bezieht man sich auf diese Kultur mit dem Namen „Atlantis“. Sie befand sich nicht irgendwo *auf* diesem Planeten, nein – die *Gesamtheit* der Erde war Atlantis. Diese Kultur dauerte eine sehr lange Zeit fort, möglicherweise bis vor nur 200 Millionen Jahren, als sich ein Spalt in dem einzigen Superkontinent der Erde aufzutun begann – vielleicht wegen der übertriebenen Energieexperimente, die den Winkel der Erdachse veränderten. (Jedenfalls liest Franz Bardon dies aus der Akasha-Chronik heraus[10].) In Anbetracht dessen, was selbst wir heutzutage beim Herstellen künstlicher Erdbeben mit unseren schwachen Versuchen zustande bringen[19], läßt sich zu Recht annehmen, daß man damals in der Lage war, weit mehr anzurichten! Wie dies auch sein mag, Geologen gehen davon aus, daß mit diesem Spalt die Kontinentaldrift einsetzte und sich so der Atlantische Ozean formte[22].

Die atlantische Bilderwelt ist so tief im Erinnerungsschatz des Menschen (und seiner GE) vergraben, daß sie vor nicht allzulanger Zeit – es sind nur ein paar tausend Jahre her – in den Pyramidenkulturen um den Atlantischen Ozean herum dramatisiert wurden. Kaum hat sich der Mensch von dem nuklearen Winter des Zweiten Geschehnisses erholt und sich wieder zu halbwegs zivilisierten Standards hochgearbeitet – was tut er als erstes? Er dramatisiert seine ruhmreiche Vergangenheit, die Zeit lange vor der Vernichtung.

DAS BIOLABOR DES YATRUS

Zwei Arten von Thetans bevölkerten Atlantis: solche, die den Mittleren Implant miterlebt hatten und solche, die ihn nicht kannten. (Nicht *alle* Thetans, wie im Falle des Ersten Geschehnisses, hatten ihn gehabt.) Wer ihn nicht bekommen hatte, war immer noch im Vollbesitz seiner spirituellen Fähigkeiten. Er konnte die Form seines Körpers ändern, sichtbare Illusionen schaffen oder Objekte aus der leeren Luft heraus erzeugen. Er war Ursache über Leben und Mest. (Ein Zustand, den Hubbard als „Cleared Theta Clear" bezeichnet). Vor ungefähr 750 Billionen Jahren, (also auf halbem Wege zwischen dem Mittleren Implant und jetzt) schien Atlantis seinen Höhepunkt erreicht zu haben.

Da seine Kultur auf GPMs beruhte und da Thetans im Vergleich zu heute noch extrem machtvoll waren, existierten Gut und Böse in Extremen nebeneinander her: schwarze und weiße Magie, geistiges Heilen und gruselige biologische Experimente, konstruktives und destruktives Ingenieurwesen. Am Ende brach Atlantis in ethischer Hinsicht zusammen. Der Zustand des Cleared Theta Clear, in den anfänglichen Stadien dieser Kultur noch nicht allzu selten, wurde für üble Zwecke mißbraucht und verschwand schließlich ganz.

Die Erde war das Lieblingslabor des Yatrus. Hier experimentierte er mit den nun fest miteinander verklebten Theta/GE-Einheiten. Seine Einstellung war einfach: „Alle Thetans sind Körper". Er kümmerte sich keinen Deut um Thetans. Sein Hauptin-

teresse war es, herauszufinden, was man aus einem Körper alles machen und wie man die Programme der GE verzerren kann, während der Körper immer noch funktioniert. Ein besonderer Auswuchs hiervon waren Mensch/Tier-Chimären und andere biologische und zoologische Unmöglichkeiten. Schauen Sie sich die Sphinx an, ägyptische Wandgemälde und aztekische Reliefs und Sie bekommen einen Eindruck davon. Daß Thetans – mittlerweile nicht mehr in der Lage, zu exteriorisieren – manchmal in solche Scheußlichkeiten eingeschlossen ihr Leben verbrachten, war einfach Teil des großen Spaßes.
Yatrus bemühte sich, sein Lambda-Szenario (d.h. sein biologisches Labor) über die ganze Galaxis und sogar noch weiter auszudehnen. Auf Andromeda, der nächsten Galaxis, war man jedoch dagegen. Typisch Xenu, er konnte Körperexperimente nicht ausstehen. Natürlich lief man auch dort mittlerweile in Körpern umher, aber Xenu wollte von irgendwelchen Experimenten und „Verfeinerungen" im echten Yatrusstil nichts wissen. Aber genauso, wie sich nicht vermeiden ließ, daß die Körperkonzepte von Yatrus allmählich Andromeda durchdrangen, hatten auch Xenus Implantkonzepte ihren Weg zu dieser Galaxis gefunden, und jeder nahm von dem anderen, was er für nützlich hielt.

ZEICHEN DES VERFALLS

Zu einem viel späteren Zeitpunkt, vor erst 4 Milliarden Jahren ungefähr, waren die Dinge schon fast so solide, wie wir es heute gewöhnt sind. Planeten waren Planeten und Leute waren Leute. Die Erde war das Zentrum einer bereits korrupten atlantischen Kultur. Diese war inzwischen zu anderen Planeten vorgedrungen, die man eroberte, mit Magie, Sex und Drogen bedachte und mit Hilfe biologischer Experimente entweder bevölkerte oder entvölkerte.
Sex, Drogen und Gewalt waren durchaus nicht die Erfindung der Implantdesigner vom Zweiten Geschehnis, nein – sie bezogen

ihre Inspiration aus dem dahinsiechenden Atlantis und gaben einfach per Implant weiter, was sie dort vorfanden. Und neben geistig hochstehenden Wesen, Idealbildern von Heiterkeit, Weisheit und Gerechtigkeitssinn, gab es Sadisten von unaussprechlicher Brutalität, es gab erotische Süße jenseits aller Beschreibungen und härtere Pornographie, als sich ein irdischer Videoladen heutzutage anzubieten trauen würde. Vieles hiervon ging in den 36-Tage-Implant des Zweiten Geschehnisses ein.

Drogen spielten zu atlantischen Zeiten eine große Rolle, denn sie waren eine verläßliche Methode, die einem aufgezwungene Verbindung mit der GE zu lockern. Sie erlaubten einem, sich so frei und locker zu fühlen, wie man es vor dem Mittleren Implant einmal gewesen war. Und aus demselben Grunde verwendet man sie noch heute.

Das Leben hatte damals höhere Höhen und tiefere Tiefen als heute, aber es scheint, als hätte man den Tod nicht ganz so ernst genommen. Trotz der Einwirkung des Mittleren Implants bestand eine geistige Bewußtheit jenseits all dessen, was man sich heute auf der Erde vorstellen kann. Und es herrschte Überfluß: Überfluß von Leben, von Sterben, von Körpern, von Nahrungsmitteln – und von Energie. „Freie Energie" im Sinne von Tesla war damals gewiß kein Problem. Dies ist vielleicht der bedeutsamste Unterschied zwischen der Erde vor dem Zweiten Geschehnis und danach. Davor herrschte in jeder Hinsicht Überfluß, sowohl an Gutem wie auch an Bösem – seitdem aber herrscht Mangel. Und je weiter die Zeit fortschreitet, um so spürbarer wird dieser Mangel dramatisiert – insbesondere mit Bezug auf Energie. Wegen des Zweiten Geschehnisses macht man die Anzahl von Körpern auf diesem Planeten zu einem Problem, macht man ihre Versorgung mit Nahrung und Wohnstätten zu einem Problem, macht man aus dem Tod ein Problem. Und aus der Energie macht man das allergrößte Problem.

Einige Billionen Jahre näher zur Gegenwart hin und dank der fortwährenden Experimente des Yatrus, wurden Körper immer unterschiedlicher. Rassen formten sich. Auf der Erde waren die

Körper meist von heller, kaukasischer Hautfarbe, wohingegen jene auf anderen Planeten in der Galaxis anders ausschauten.
Die Menschen wendeten sich zunehmend von den Weißmagiern ab, die von Ethik sprachen, von Liebe, von Wiedergutmachung übler Taten der eigenen Vergangenheit, vom Auflösen von Mest usw. Man betrachtete sie als fürchterliche Langweiler. Das Umwandlungsprogramm war aus dem gleichen, höchst einfachen Grunde nicht beliebt, nämlich daß Thetans ein ordentliches, festes Etwas einem flüchtigen Nichts bei weitem vorzogen. Schließlich degradierten sich die Menschen in diesem vergleichsweise späten Stadium von Atlantis soweit, daß sie schwarze Energiemassen den lichten vorzogen – weil schwarze Massen solider sind. Diese Weißmagier hatten nichts weiter im Sinn, als einen zu reinigen; wenn man von ihnen wegging, hatte man weniger als vorher. So ein Schwarzmagier dagegen, der packte einem noch Massen drauf; der bot *mehr* an! Und so fand man schwarze Entitäten in den Ecken dunkler Tempel kauern, hörte Obszönitäten enthaltende Choräle, hielt schwarze Messen im katholischen Stil ab. Sie benutzten keinen Weihrauch, sondern echtes Dope, high bis zum Anschlag. Und sie aßen ihren Gott nicht symbolisch, um sich mit ihm vereint zu fühlen, sondern wirklich. Sie zerrissen seinen Körper, aßen seine Glieder roh und tranken sein Blut. Gegen solcherlei Lustbarkeiten hatten die weißen Zauberer nichts Vergleichbares anzubieten.
Noch näher zur Gegenwart, sozusagen in der jüngsten Vergangenheit der letzten paar hundert Millionen Jahre, ereigneten sich keine fundamentalen Veränderungen. Von Interesse für die Transporte während des Zweiten Geschehnisses (Thetans in Eisblöcken) sind ihre Vorläufer: Raumtransporte von tiefgefrorenen oder in Alkohol eingelegten Körpern. Beides gab der GE ein Problem, denn die Körper waren weder tot noch lebendig, also konnte die GE sie weder verlassen noch wiederbeleben. Ähnlich erwähnenswert sind die Zeiten, als Zentauren und andere Chimären die Erde dominierten und Menschenwesen zum Geschlechtsverkehr zwangen (zwar ohne Nachkommen, aber auch

dies gab der menschlichen GE ein gewaltiges Problem). Später kamen die Gorillainvasoren, deren männliche Vertreter den Erdenfrauen ihre Sexualität mit unvorstellbarer Brutalität aufzwangen. Im Unterschied zu den Zentauren brachten die Gorillas Sprößlinge hervor, und vielleicht ist dies der Grund, warum manche Anthropologen behaupten, daß die Urahnen des Menschen Affen seien oder daß die Wiege der Menschheit in Afrika liege, und warum der Film „King Kong" ein immerwährender Kassenschlager bleibt.

Vor ungefähr 90 Millionen Jahren wurde eine riesige Anzahl von GEs von außerirdischen Invasoren gefangengenommen, evakuiert und eingefroren. Keinerlei üble Absichten verbanden sich hiermit; die Aktion wurde unternommen, um die für die Erde spezifischen Lebensformen im Fall einer globalen Katastrophe zu konservieren. Tatsächlich scheinen einige dieser „eingelagerten GEs" für die Wiederbevölkerungsprogramme nach dem Zweiten Geschehnis verwendet worden zu sein. Vielleicht *war* das Zweite Geschehnis die erwähnte globale Katastrophe, und irgend jemand sah sie voraus. (Welcher Art das befürchtete Unheil war, konnte von dem „Informanten", eben eine jener evakuierten GEs, nicht enthüllt werden, denn sie war in dem Zeitraum von 90-70 Millionen Jahre nicht hier gewesen, d.h. sie wurde erst nach dem Zweiten Geschehnis hierher zurückgebracht.)

UNSER ATLANTISCHES ERBE

Vor dem Zweiten Geschehnis war die Erde ein sehr yatruskischer Ort; sie hatte eine von Sex, Drogen und biologischen Experimenten gezeichnete Kultur, wo Grausamkeiten, die einem das Blut gerinnen machten, genauso ihre Rolle spielten wie der Genuß verschwenderischer Sinnenfreudigkeit. Die „Maschinen- und Militärkultur", so typisch für die Erde *seit* dem Zweiten Geschehnis, ist definitiv ein „xenianisches" Charakteristikum.

Lassen Sie uns Atlantis kurz zusammenfassen und schauen, was wir davon ererbt haben und welche Spuren sich davon in unserem modernen Leben wiederfinden lassen. Parallel zu den vorerwähnten sexuellen Perversionen gab es einen Kult der Großen Mutter mit Mond- und Fruchtbarkeitsriten, weibliche Priesterschaften und matriarchalische politische Einheiten – dem Denken Xenus sehr fremde Dinge. In unseren Tagen setzen Druiden, Hexen und Schamanen diese Entwicklungslinie fort; es wundert wenig, daß sie von Xenus Nachkommen aufs Schlimmste unterdrückt wurden, seien sie römische Soldaten, spanische Inquisitoren oder britische Kolonialoffiziere.
Zu einem guten Teil sind unsere traditionellen und modernen Heilverfahren Teil unseres atlantischen Erbes. Im Grunde bestehen sie aus Behandlungen mit Hitze und Kälte oder Verfahren auf elektrischer und chemischer Grundlage und werden beispielsweise in Form von Wärmflaschen, Eisbeuteln, elektrischer Stimulation von Organen, Pflanzengebräu oder medizinischen Drogen angewendet. Dies restimuliert die GE und erinnert sie an uralte atlantische Experimente, an Körper, die eingefroren oder in Alkohol eingelegt transportiert wurden, an Paralyse des Körpers auf elektrischem Wege, an künstlich prolongierte Drogenzustände. Die Behandlungen können deswegen funktionieren, weil die GE mit stärkster Aufmerksamkeit auf sie reagiert und starke Überlebensimpulse gegen diese schweren Engramme aufbaut. Temporär steigt sie also auf der emotionalen Stufenleiter nach oben. Wird die Behandlung entsprechend leicht gehalten, so bringt die GE den Körper durch, wird sie übertrieben, so fühlt sich die GE durch die Restimulation überwältigt, wird apathisch und läßt den Körper zusammenbrechen.
In den folgenden Kapiteln werden wir uns der neueren Geschichte der Erde zuwenden, also der Zeit seit dem Zweiten Geschehnis, und in Augenschein nehmen, wie dieser Planet zu einem „goldenen Westen" für extraterrestrische Abenteurer wurde; ebenso werden wir erleben, welche Verteidigungsmaßnahmen dagegen aufgebracht worden sind.

KAPITEL 5

Das Schicksal der Erde

5.1 Die Erde seit ihrer Vernichtung

EINE KURZE DARSTELLUNG DER GESAMTZEITSPUR *
ERZIEHUNG DURCH IMPLANTS * EINE REUSE FÜR THETANS*
DER DÄMONISCHE PLANET *
BOTSCHAFTER ALLER SCHATTIERUNGEN *
DIE MARKABIANISCHE KONFÖDERATION *
WIEDERAUFBAU DER ZIVILISATION *
HIGH TECH FÜR HERRN NEANDERTALER *
EIN NETZ, DAS JEDEN FÄNGT * THETANS AN DER LEINE *
ÜBERWÄLTIGUNG DURCH MARKAB * „R6 DECO“

Nachdem wir nun riesige Zeiträume (25 Billiarden Jahre) durchreist und viele bizarre und neue Details erfahren haben, sollten wir die Hauptereignisse auf dieser Gesamtzeitspur (wie Hubbard sie nennt) vielleicht erst einmal rückblickend zusammenfassen, bevor wir weitergehen und einen Blick auf das jüngstvergangene Schicksal der Erde werfen, also auf die Ereignisse der letzten 75 Millionen Jahre seit dem Zweiten Geschehnis.
Mit diesen Daten im Hinterkopf werden wir anschließend die Kulturen und Zivilisationen der letzten acht- bis zehntausend Jahre überfliegen, um uns dann auf die Frage zu konzentrieren, in welchem Ausmaß die Erde unter der Knute extraterrestrischer Mächte steht.

EINE KURZE DARSTELLUNG DER GESAMTZEITSPUR

Bevor die Zeit zum Allgemeingut geworden war, bevor es Raum, Energie oder Materie gab, in einem Stadium reinen Seins also, wurde die Idee zu einem Spiel auf der Grundlage von Thetaenergiequanten von Xenu geboren. Zu Anfang gab es keine besonderen Meinungsverschiedenheiten zu diesem Konzept, und man begann, das Mest-Spiel zu spielen. Erst als man herausfand, daß Xenu falsch spielte, baute sich eine Opposition auf; sie wurde von Elron angeführt. Dies geschah in der Zeitspanne von vor 25 bis 17 Billiarden Jahren.

Das Mest-Spiel besteht daraus, daß man Thetaquanten zwecks Kommunikation und Produktion erschafft; um dies zu tun, benötigt man einen Standpunkt. Es geht ungefähr so: Da ist ein Statischer, der per Postulat beschließt, ein Spieler zu sein (8. Dynamik), einen Standpunkt einnimmt und von ihm aus Dimensionspunkte, Ankerpunkte und Aufmerksamkeitseinheiten (alles Thetaquanten) in alle Richtungen erstreckt und auf diese Weise auf der 7. Dynamik Raum, Energie und Materie konstruiert.

Die diesem Spiel innewohnende Gefahr ist, daß der Statische, der ja jenseits aller Dynamiken steht, im Laufe der Zeit (denn Zeit existiert ja auf der 7. Dynamik) immer mehr dazu neigt, sich mit seinem Sein (8. Dynamik) und, schlimmer noch, mit den Energiewölkchen identifiziert, die er von seinem Standpunkt (7. Dynamik) aus erschafft, und damit beginnt, diese kleinen Hilfsmittel als „Ich selbst" zu betrachten. Er ist nun das, was wir (in diesem Buch) einen „Thetan" nennen – ein Statischer, der teilweise oder völlig sein Statisch-Sein vergessen hat und hauptsächlich als geistiges Mest (7. Dynamik) existiert.

In diesem Zustand kann man ihn leicht entdecken und identifizieren. Xenu benutzte dies zu seinem Vorteil, rekrutierte Thetans für sein Spiel und heftete ihnen „Xenu-Glitzerstäubchen" an, seine höchsteigenen Thetaquanten. Sie wiederum klammerten sich an diesen Glitzerstoff als ihrem einen und einzigen Schatz, weil sie durch ihn „wie er" wurden. War dieser Glitzerstaub erst einmal mit ihren Bewunderungsquanten vermischt, so stellte er den phantastischsten Klebstoff aller Zeiten dar und formte so ein ewiges Band zwischen ihnen und ihrem Meister.

Vor etwa 17 Billiarden Jahren sammelten Xenu und seine Gefolgsleute liegengelassene Thetakreationen ein, vermischten sie mit Hilfe eines Verwirbelungsprozesses, verwahrten sie in Form selbsttragender Energiekugeln und entnahmen ihnen später Portionen, die sie unachtsamen Thetans anhängten. Nach etlichen experimentellen Vorstadien funktionierte diese Methode irgendwann einmal mit hundertprozentiger Verläßlichkeit und konnte zum Wohle des breiten Publikums eingesetzt werden. Eine große Schau wurde in Szene gesetzt, wobei vorfabrizierte Klümpchen von Thetaquanten dem Auditorium angeheftet wurden. Dies ist das Erste Geschehnis vor 4 Billiarden Jahren.

Nicht viele bemerkten, was geschah, und selbst wer es bemerkte, war gewöhnlich unfähig, sich dieser „Laus im Pelz“ zu entledigen. Bald ließ die Fähigkeit der Thetans nach, ihre eigenen Kreationen zu entschaffen. Die Dinge wurden solider.

Ein Zwölferrat wurde einberufen, um diese Situation zu lösen. Er entschied sich für eine ästhetische Lösung – ein physisches Universum mit Sternen und Planeten (Phi, 6. Dynamik), bevölkert von Lebensformen (Lambda, 5. Dynamik). Im Rahmen eines „Umwandlungsprogrammes“ sollten Thetans in diesen Lebensformen leben und sie steuern, insbesondere in der menschlichen Form. Sie sollten die miteinander vermischten Thetaquanten von Billionen von Besitzern zu ihren jeweiligen Erschaffern zurückführen – im Grunde ein Auditierprozeß.

Elron war der Ansicht, daß dieser Zugang zur Sache zu umständlich sei, um Erfolg haben zu können. Die Dinge wurden zudem dadurch verschlimmert, daß die Zwölf absolut keine administrative Kontrolle ausübten. Außerdem gab es Zank und Intrigen unter den Zwölfen. Diese wurden von Yatrus verursacht. Ganz am Anfang des Mest-Spiels hatte Yatrus sein eigenes Spielpostulat zu dem Xenus hinzugefügt („Wollen mal sehen, wie weit wir damit gehen können“) und spielte seitdem sein eigenes, heimliches Spiel innerhalb dessen Xenus, der ihn als Rivale betrachtete. Wegen der Auswirkungen des Ersten Geschehnisses fiel es Yatrus leicht, tatsächlich sehr weit zu gehen.

Für die Zwölf war er ein Allroundmann und genoß ihr vollstes Vertrauen, eine Position, die er nur durch seine ungeheure Fähigkeit gewinnen konnte, Leute zu überreden und hereinzulegen. Sein faules Spiel bestand darin, daß er den neugeschaffenen Lebenseinheiten seine eigenen Postulate einflüsterte.

Vor etwa 1,5 Billiarden Jahren, wurde der Mittlere Implant in Szene gesetzt („CC" für Scientologen). Er bestand daraus, Thetan und GE gemeinsam solche Fähigkeiten zu implantieren, die sowieso schon zu ihrer natürlichen Grundaustattung gehörten, eine Polarität von Erschaffen/Zerstören als einzige Lösung für jegliches Existenzproblem einzurichten, und außerdem grundlegende geometrische Schemata und Objekte (schwarze und weiße) in den Geist des Implantierten hineinzudrücken.

Während der folgenden Jahrbillionen begann man, sich an diesen neuen Zustand zu gewöhnen, und da Thetans nun mal Thetans sind, machten sie das Beste daraus. Vor ungefähr 750 Billionen Jahren hatte sich eine eindeutig neue Kultur herausgebildet, die von einer Bilderwelt charakterisiert war, wie man sie heutzutage mit Atlantis in Verbindung bringt.

Von vorneherein auf Polarität aufgebaut (GPMs), waren die Widersprüchlichkeiten innerhalb der atlantischen Kultur, besonders die Opposition zwischen weißen und schwarzen Magiern, von solcher Sprengkraft, daß Atlantis über eine lange Zeit hinweg einen schleichenden Abwärtstrend erlebte, bis in den letzten Stadien Lichtheit durch Massigkeit ersetzt wurde, Liebe durch Pornographie, Zauberkunst durch High Tech und esoterische Lehren durch Implantieren.

Damit sind wir schon bis zu ungefähr 200 Millionen Jahren an die Gegenwart herangekommen. Atlantis sank langsam in Vergessenheit; stattdessen entstand auf der Erde eine „normale Zivilisation" von gewöhnlich weißhäutigen Menschen, mit Autos, Flugzeugen, Eisenbahnzügen, Raumschiffen, Antischwerkraftgeräten und Tesla-Instrumenten ausgestattet, eben die Art Technik, die in der Science-Fiction von Asimov, Heinlein, A.E. van Vogt und vielen anderen beschrieben ist. Die Städte waren riesig – schließlich hatten sie um die 180 Milliarden Menschen zu beherbergen – aber nicht trist und grau. Sie waren farbig, funkelnd und sauber und schauten ungefähr wie gigantische Bienenwaben aus – ein beträchtlicher Unterschied zu dem heutigen architektonischen Schema, das aus großen schuhkartonartigen Kästen für Wohnzwecke besteht, aus Wolkenkratzern für die Banken und aus rauchigen Industrieanlagen in der Peripherie. Ein besonderer Charakterzug der Erde war die Kombination von High Tech mit biologischen Schönheiten, zoologischen Seltenheiten und geographischen Wundern, eine so einzigartige Kombination, daß die Erde *der* Touristenplanet der Galaxis war, der Ort, um Dinosaurier zu sehen, von ihnen gesehen und vielleicht sogar gefressen zu werden, wenn man nicht aufpaßte. Damit sind die Bühne und die Kulissen für das Zweite Geschehnis beschrieben.

ERZIEHUNG DURCH IMPLANTS

Warum mußte das Zweite Geschehnis auf der Erde stattfinden? Man kann gegenwärtig nur darüber rätseln, da Hinweise nicht gerade in Überfülle vorhanden sind. Zum einen scheint es so, daß Xenu versuchte, die Aktivitäten von Yatrus in bestimmten Grenzen zu halten. Dies zeigt sich in vielen Details – um nur eines zu geben: Einmal, lange vor dem Zweiten Geschehnis, wurde eine yatruskische Raumstation (ein fliegendes psychologisches Labor), von der Regierung Teegeeacks (der Erde) beauftragt, die Verbesserung weiblicher Sexualleistungen mit Hilfe von Drogen zu erforschen, von einer xenianischen Kampfeinheit abgeschossen. Reiner Neid?

Von Anfang an war die Erde das bevorzugte Biolabor des Yatrus (ist dies vielleicht der Grund, warum die Erde eine solche Fülle von eigenartigen Pflanzen und ungewöhnlichen Tieren hatte?), sie war das Zentrum der atlantischen Zivilisation und die Plattform für yatruskische Expansionspläne. Das Zweite Geschehnis läßt sich somit als Xenus Versuch interpretieren, seinem Konkurrenten einen tödlichen Schlag zu versetzen. Xenu, der Repräsentant von Schwärze, Militärbesessenheit, Sturheit und Kontrolle von Thetan und Geist, maß sich an dem hintergründigen, quecksilbrigen, immergrinsenden und heimtückischen Yatrus, dem Erschaffer und Verzerrer organischen Lebens.

Ein kurzer Rückblick über den Ablauf des Zweiten Geschehnisses: Gefangennahme – Hinrichtung – Aufsaugen von Thetans und GEs – Anheften an superkalte Eisblöcke – Transport zur Erde – Plazieren nahe bedeutender Vulkane – Abwurf von Wasserstoffbomben auf die Vulkane – ungeheure Winde, die die ehemaligen Thetans emporwirbeln (nun bloße Body Thetans oder BTs) und sie über die Bergspitzen hinaustragen – ein „elektronisches Band", das sie davon abhält, wegzutreiben. Dann wurden sie heruntergezogen und landeten in einer Art Tunnel, wo sie einen Implant erhielten. Konzepte wurden in ungeheuer hohem Tempo zu ihnen hingeblitzt, was Überwältigtheit verursachte und somit Identifikation mit den implantierten Materialien. (Da wundert es wenig, daß einige grundlegende Sitten und Gebräuche auf dem Planeten Erde nur im Zusammenhang mit diesen Implants verstanden werden können.)

Die Implants bestanden aus zwei Teilen, falls sie sich erinnern. Zunächst die „7er und CC & OT II Materialien"; dann zweitens, die „36 Tage". Wir überflogen dies bei unserer ersten Erwähnung des Zweiten Geschehnisses, weil die Erklärung des Ausdrucks CC ein ganzes Kapitel in Anspruch nahm (wir nannten ihn den „Mittleren Implant"). Nun da wir die Bedeutung von „CC" in vollem Umfang verstehen, können wir uns die zitierte Zeile noch einmal im Detail anschauen. Sie bedeutet, daß auf die „7er", dem ersten Abschnitt der CC-Materialien, der Rest des CC folgte; danach wurde ein Satz von Implantanweisungen namens „OT II" gegeben.

Das bedeutet, daß die Inhalte des Mittleren Implants (CC), ursprünglich vor ungefähr 1,5 Billiarden Jahren implantiert, vor 75 Millionen Jahren *ein weiteres Mal* gegeben wurden.

Das Ganze wurde also zweimal gemacht. Sie hatten die Spulen und Tonbänder eine lange, lange Zeit im Keller aufbewahrt.

Beim ersten Mal wurde der CC individuell an neugierigen Thetans und GEs durchgeführt, beim zweiten Mal an einem Thetan/GE-Mischmasch, einer desorientierten, verwirrten, in höchster Panik zuckenden Masse von entwürdigten Body Thetans (BTs) und Clusters. Und dies wurde unverzüglich von etwas Neuem, den „OT II-Materialien“, verabfolgt.

„OT“ bedeutet „operating thetan“, ein Ausdruck, der sich auf die Aktivitäten eines Solo-Auditors in Sitzung bezieht. Er „operiert“ als Thetan, nicht als Körper. „OT II“ bezieht sich auf eine von drei Solo-Auditierstufen; man nennt sie OT-Stufen I-III. Sie werden am E-Meter durchgearbeitet, nachdem man „Clear“ erlangt hat. (1965 hatte man den kompletten Mittleren Implant auf dem „Clearing Course“, dem CC, von Anfang bis Ende zu auditieren, um „Clear zu gehen“, aber heute wird dies nicht immer so gehandhabt, weil der Mittlere Implant sich nicht als der wahre Grund dafür herausstellte, warum ein Thetan nicht Clear ist. Der wahre Grund ist das Erste Geschehnis, nur war dies 1965 noch nicht bekannt.)

OT II besteht aus einem Paket von ungefähr 120 Schreibmaschinenseiten von Implantanweisungen, die wie der CC auf GPMs beruhen (Goals Problems Masses, was bedeutet, daß gegensätzliche Konzepte implantiert werden). Es handelt sich um eine ziemlich verrückte Mischung von Brocken alter Implants, die verschiedentlich seit dem Mittleren Implant gegeben wurden. Er umfaßt ein breites Spektrum von Einfällen, die das Leben des Betroffenen zu aberrieren vermögen, ist aber bei weitem nicht so existentiell fundamental wie der Mittlere Implant. Nichtsdestoweniger werfen einige Teile davon ein solches Schlaglicht auf bestimmte, für die Erde so typische Übereinkünfte, daß sie es verdienen, zitiert zu werden. (Sie werden hier nicht in der Sequenz zitiert, in der sie im eigentlichen Implant vorkommen, sondern sind nach Themenbereichen gruppiert. Einige von ihnen sind sehr lang, andere nur kurze Impressionen, was jeweils vermerkt sein wird.)

„Die Figur eines bärtigen Mannes mit langem Gewand erscheint im Himmel, er nimmt das Universum in Augenschein.“

„Ein riesiges Wesen erscheint am Himmel. 1a. Du mußt überleben! 1b. Du darfst nicht überleben! 2a. Du sollst überleben! 2b. Du sollst nicht überleben!“ (usw., und zwar über mehrere Seiten.)

Bei einem dieser Implants werden die Regenbogenfarben in Kombination mit einer Polarität von Erschaffen/Zerstören gegeben: *„Rote Zerstörung erschaffen. Rote Zerstörung zerstören. Rotheit erschaffen. Rotheit zerstören“* usw., in der Sequenz: rot, blau, grün, gelb, violett. Diese Farben werden gewöhnlich mit den Chakren assoziiert. Violett insbesondere ist bei einigen Religionen eine „heilige“ Farbe.

„Sünden-GPM: Dies ist ein sehr früher Implant; er enthält einen Spiegel, vor den das Wesen gehalten wird. Es wirkt so, als spräche das Wesen zu sich selbst. Der Implant-Operateur spielt hinter dem Spiegel eine Bandaufzeichnung ab. Am Ende wird der Spiegel weggenommen, und der verhüllte Implant-Operateur spricht den letzten Teil zu dem Wesen: „Gott wird dich für deine Sünden strafen. Die Hölle ist ewig. Du wirst zurückbekommen, was du ausgeteilt hast. Du hast gesündigt, dafür wirst du leiden.“ Dann zehn Elektroschocks. Der Spiegel wird nun zur Seite getan, und der Operateur spricht: „Schau, was du dir selbst angetan hast. Für jede böse Tat, die du begangen hast, wirst du es zehnfach zurückbekommen oder auf ewig in der Hölle brennen.“

Man könnte glauben, daß hier das Konzept von Karma implantiert wird, nicht wahr? Von dieser Art gibt es einige Implants. In dem nun folgenden gibt ein Spiegelarrangement einem den Eindruck, man tue jemand anderem etwas Zerstörerisches an: *„Hier ist eine Lektion. Sie ist, wenn du einem anderen etwas antust, das ihn in irgendeiner Form schädigt oder verletzt, fällt es mit Gewißheit hundertfach auf dich zurück. Dies ist deine Handlung. Du tust dies einem hilflosen Geist an, der lieb und freundlich war, um ihn für alle Zeit zu ruinieren und dich selbst zu degradieren. Nun beobachte dies und sieh, was du ihm antust.“* Nun ereignet sich eine elektronische Explosion, gefolgt von einer Serie von Implantanweisungen, wie etwa: *„Fangen. Um nie ge-*

fangen zu werden. Behalte es! Behalte es! Behalte es! Gefangen zu werden. Niemals zu fangen. Kopiere es! Dupliziere es! Stell es dir vor! Gefangen setzen. Niemals gefangen gesetzt zu werden. Behalte es! Behalte es! Behalte es! Gefangen gesetzt zu werden. Niemals gefangen zu setzen. Kopiere es! Dupliziere es! Stell es dir vor!" usw., 34 Anweisungen lang. Dann wird das Spiegelarrangement verändert, so daß man den Eindruck gewinnt, daß das vormalige Opfer nun einem selbst etwas antut. „*Die Konsequenzen davon, daß du das getan hast, sind furchtbar, weil du es getan hast. Zweieinhalb Jahre sind nun vergangen. Dies sind die Konsequenzen. Paß auf und sieh, was dir geschieht. Wegen dem, was du dem armen Kerl angetan hast, gibt er es dir nun zurück. Paß auf!*" Die gleichen Explosionen und Implantanweisungen wie oben folgen, außer, daß man es diesmal abkriegt. „*Du siehst, was aus deinem Tun entsteht. Fügst du einem anderen etwas Schlechtes zu, so bekommst du es später zurück. Du bist die Ursache all deines Leidens. Sündhafte Handlungen zahlen sich nicht aus. Wache auf als Toter, für alle Zeiten.*"

Einige andere Implants sprechen geistige Operationen oder die Beziehung zu Körpern an. Zum Beispiel: „*Du mußt eine Bildermaschine konstruieren. Du darfst keine Bildermaschine konstruieren. Du mußt eine Bildermaschine auslöschen. Du darfst keine Bildermaschine auslöschen.*" usw., usw., 70 Anweisungen lang. Kein Wunder, daß Bildermachen ein so gewaltiger Industriezweig auf der Erde ist.

Noch etwas ähnliches hierzu: „*Eine Postuliermaschine bauen. Nicht selbst postulieren. Eine Denkmaschine bauen. Nicht selbst denken.*" Dies läuft 96 Anweisungen lang. Danach gibt es praktisch nichts, das man nicht den Schaltkreisen der reaktiven Bank überantwortet hätte. Kein Thetan mehr übrig, alles Bank.

Hier ist eine mit Bezug auf Körper: „*Einen Körper lieben. Einen Körper nicht lieben. Einen Körper hassen. Einen Körper nicht hassen.*" usw., 76 Anweisungen lang, wobei so ziemlich alles Gute und Schlechte angesprochen wird, das man mit Bezug auf Körper tun könnte.

Als nächstes in der Implantsequenz des Zweiten Geschehnisses folgen die 36 Tage. Wie wir schon in Kapitel 3 sahen, enthalten die 36 Tage genügend Gewalt, Pornographie, Drogenmißbrauch und religiösen Symbolismus, um die Bedürfnisse dieses Planeten für die letzten 75 Millionen Jahre und vermutlich auch für zukünftige Jahrmillionen völlig zufriedenzustellen. Dabei stellt die verwendete Bilderwelt durchaus nichts Neues dar. Sie gibt ein wahrheitsgemäßes Abbild vom Leben in einigen Teilen der Galaxis, insbesondere in denen unter der Fuchtel von Xenu. Um einen ordentlichen Implant zusammenzustellen, reichte es völlig aus, ein paar Videos des täglichen Lebens auf Andromeda zu filmen und den Implantierten im Zweiten Geschehnis vorzuspielen.

Um es zusammenzufassen: Die Einwohner von 76 Planeten – Thetans und GEs – wurden zwangsweise nach Teegeeack verschleppt, nach ihrer Ankunft dort wurde ihnen und ihren GEs eine von Xenu inspirierte Bilderwelt aufgestanzt. Man hatte keine Chance, dem zu entweichen – weder davor, währenddem oder danach –, und zwar wegen des elektronischen Bandes.

Hubbard erwähnte nie die Rolle der GE in Zusammenhang mit dem Zweiten Geschehnis, aber nichtsdestoweniger ist es von äußerster Bedeutung, daß Thetans und GEs aufgesaugt wurden. Denn damit wurden alle möglichen Arten von GEs von 76 verschiedenen Planeten hierher transportiert und seitdem hier festgehalten.

Dies sollte beträchtliche Konsequenzen für die spätere Rezivilisierung der Erde haben. Sobald nämlich Leben zu diesem Planeten zurückkam, waren GEs an der Arbeit, und was würden sie wohl dramatisieren, wenn nicht ihre gesamte Zeitspur von dem Moment an, als sie ursprünglich erschaffen wurden, und somit auch die Postulate und Intentionen des Yatrus? Und die Thetans hier – was würden *sie* wohl dramatisieren, wenn nicht all die Implants, die sie seit Anfang des Xenuspiels erhalten hatten?

Hieraus erwuchs eine riesige Übereinkunft darüber, wie das Leben zu leben sei. Die Phantasien von Xenu wie auch Yatrus werden seitdem auf breiteste Weise dramatisiert. Beide haben gewonnen. Hubbard nennt dies „Bankübereinkunft“ – Überein-

künfte, die sich auf Grundlage der in der reaktiven Bank verborgenen Prinzipien bilden. Bankübereinkünfte hindern die Erde daran, sich positiv zu verändern. Und sie fördert die Gleichförmigkeit, die „Gleichschaltung“.
Zum Beispiel die Mode – rund um die Welt trägt man im politischen und geschäftlichen Leben Anzug und Krawatte, beim Militär einen Standardtyp von Uniform. Traditionelle Abweichungen sind verschwunden. Oder man nehme den Aberglauben – in schlimmster Form im „gebildeten“ Westen vorzufinden, wo man die Leute schon so weit verschaukelt hat, daß sie an einen Urknall als Ursache für das Universum glauben, an Bakterien als Grund für Krankheiten, an psychiatrische Medikamente als Heilmittel für den Geist und an Lebensversicherungen als eine Methode, sich um das Leben nach dem Tode zu kümmern.
Benutze eine Kreditkarte zum leichteren Einkaufen und gestatte deiner Geschäftsbank zu registrieren, wo du dein Geld ausgibst. All deine persönlichen Daten sind in Computern gespeichert, also sei ein anständiger Bürger. Fahre vorsichtig, die Polizei kann dich über den Bordcomputer jederzeit nach Strich und Faden überprüfen. Und beim nächsten Mal, wenn du deinen Arzt wegen einer Routineuntersuchung konsultierst, hoffe, daß er dir keinen Informationskristall in deinen Blutstrom einspritzt, der dich per Satellit überall auf diesem Planeten entdeckbar machen würde. Sieh fern und höre dir über Kopfhörer zwanzig Stunden am Tag deine Lieblingsmusik an. Und daß mir das ja keiner elektronische Bevölkerungsüberwachung nenne! Die Wunderwelt deiner freundlichen Implantergesellschaft. Wir sind hier, um dich zu unterhalten und zu beschützen. Mit lieben Grüßen von Xenu.

EINE REUSE FÜR THETANS

Das „Band“, eine stehende Welle laut Band 10, beschränkte sich nicht allein auf das Gebiet über jedem einzelnen Vulkan. Es reichte in Wirklichkeit um den ganzen Planeten herum. Man könnte es mit einem Schirm oder einem Netz vergleichen, in 26,5 km Höhe. Die hochgewirbelten Thetans blieben daran hängen. Niemand sollte herauskommen, weder damals noch heute.

Man stelle sich die Erde als grüne Wassermelone innerhalb eines dick aufgeblasenen Luftballons vor. Zwischen der Oberfläche der Wassermelone und der Haut des Ballons ist ein freier Raum. Die Haut ist zwar gespannt, aber dennoch flexibel. Sie kann von innen zur Oberfläche der Wassermelone heruntergezogen werden. In Bodenhöhe würde sich ein heruntergezogenes Stück Ballonhaut zu einem Punkt zuspitzen, weiter oben zu einem Trichter ausweiten. Von außen gesehen, hätte der Ballon an dieser Stelle ein Grübchen.

Nun stelle man sich weiterhin vor, die Erde sei von einem solchen elektronischen Schirm umhüllt. Der Schirm wurde um jeden Vulkan herum „herabgezogen". Nachdem die Thetans in die Atmosphäre hochgeblasen worden waren, trafen sie in einer Höhe von 26,5 km auf den Schirm und rollten entlang der Außenseite der Trichter nach unten, so etwa wie kondensiertes Wasser von einer Fensterscheibe abläuft.

Um jeden Vulkan herum wurden solche Trichter geformt. Nachdem das ganze Manöver vorbei war, schnalzten sie zurück, der Ballon verlor seine Grübchen und nahm seine gleichmäßig runde Form wieder an.

Diese stehende Welle ist seitdem dort oben. Sie läßt Thetans nicht heraus. Sie läßt sie allerdings herein. Es ist ein Einwegschirm, eine Reuse für Thetans.

DER DÄMONISCHE PLANET

So etwa sieht die Erde nach ihrer Vernichtung aus: die dem Zweiten Geschehnis folgende Schlacht ist vorüber, die loyalen

Offiziere haben gewonnen, Xenu sitzt im Gefängnis, die Erde ist ein Haufen schwelender, radioaktiver Asche, ihre Sonne von schweren Wolkenschichten verdüstert. Es ist dunkel und kalt. Nuklearer Winter. Wenig oder kein biologisches Leben (außer vielleicht in der Tiefsee).

Allerdings gibt es geistiges Leben, wenn auch nur im erbärmlichsten aller Zustände. Der Raum zwischen der Oberfläche des Planeten und dem Schirm in 26,5 km Höhe ist mit von anderen Planeten importierten BTs und Clusters vollgepfropft. Die eigentlichen Erdbewohner von früher, etwa Thetans und menschliche, tierische und pflanzliche GEs, deren Körper an den Folgen der Katastrophe starben, treiben umher. Ein höchst ungesunder Ort, da sich diese BTs und Clusters an jeden Körper hängen, der auf der Erde umherwandert, vorzugsweise an den menschlichen.

Mehr heimatlose Thetans, BTs und Clusters wabern umher, als die gegenwärtige Zahl zweibeiniger Körper auf diesem Planeten beherbergen könnte. Sie sind warten alle. Dies erklärt, wo bei steigender Weltbevölkerung all die „neuen Seelen“ herkommen.

Der Grund dafür, daß Tiere so „rein und unschuldig“ auf uns wirken, ist, daß sie nicht von Bodythetans kontrolliert werden. BTs, die ja früher einmal Thetans waren, werden versuchen, menschliche Körper zu kontrollieren oder Thetans, die in menschlichen Körpern hausen. Tiere hingegen werden gewöhnlich nur von GEs gesteuert. Da sie in der Lage sind, innerhalb der Grenzen ihrer Grundprogramme zu lernen, und da jede von ihnen ein eigenes Leben führt, verwandeln sie sich im Verlauf ihres Lebens in Individuen. Aber trotz alledem sind sie GEs, keine Thetans. Gelegentlich findet sich einmal ein Tier, das merkwürdig „menschlich“ erscheint, vielleicht sogar bösartig oder dämonisch. Es hat vermutlich ein streunendes BT auf sich sitzen.

Man könnte die Situation der Erde mit einem großen Eintopf von umherirrenden Geistern vergleichen, die in ihrem eigenen Saft vor sich hin kochen, wie etwa in einem Dampfkochtopf, wobei der Schirm den Deckel darstellt und sie am Entkommen hindert. Alle Thetans und GEs, die vor dem Zweiten Geschehnis hier

waren, und die meisten, die hinterher dazukamen, sind Teil dieses Eintopfs.
Abgesehen davon, daß Teegeeack und 76 weitere Planeten davon betroffen waren, hatte das Zweite Geschehnis einen weit größeren Effekt als „lediglich“ ein paar hundert Milliarden Thetans zu paralysieren. Warum sich darüber Gedanken machen, könnte man fragen. Schließlich wurden hier nicht mehr als eine bloße Handvoll von Planeten innerhalb der gewaltigen Ausdehnung des physikalischen Universums und seiner vielen Galaxien betroffen. Aber vielleicht sollte man sich die Sache von dem Standpunkt der 8. Dynamik anschauen, der Dynamik von Gedanken, von Postulaten. Wie wir schon sahen, sind die meisten Thetans derart mit ihren Postulaten identifiziert, daß sie diese Postulate *sind*, und da sie „als Unendlichkeiten überlappen“, kommuniziert jeder Gedanke, ganz gleich, wo er geformt wird, sofort kreuz und quer zu allen anderen Thetans hinüber. Nichts läßt sich auf der 8. Dynamik geheimhalten. Nun stelle man sich vor, was es für Auswirkungen hätte, wenn einige hundert Milliarden Thetans paralysiert werden, voll in ihre verlorengegangenen und gestohlenen Identitäten introvertieren (in Abwesenheit jedes anderen Spiels), völlig in das Mest-Universum eingesponnen sind und all ihre Aufmerksamkeit an dem BT-Teil ihrer selbst kleben haben, unten auf dem Planeten Teegeeack – würde das auf der 8. Dynamik nicht ein paar Wellen schlagen? Würde das nicht eine riesige Neigung zum Negativen schaffen, einen gedanklichen Vektor von „wir schaffen es nicht“, „alles vorbei“, „hoffnungslos“ und derartigem? Und würde das nicht ganz direkt alle Thetans betreffen, selbst jene, die absolut nichts mit irgendeinem von Xenus Geschehnissen zu tun hatten?
Das Zweite Geschehnis „verschmutzte“ die 8. Dynamik. Das ist der hauptsächliche Schaden, den es anrichtete.
Der Planet blieb spirituell verdreckt, weil die in den Implants des Zweiten Geschehnisses enthaltene Information niemals verlorenging. Der Schirm enthält einen Mechanismus, um R6-Informationen für alle Zeiten zu verstärken. Jedermann, der den Schirm nach seinem Tode berührt, wird die R6-Daten wiedererleben, weil

er unwissentlich BTs und Clusters mit sich trägt. Der Schirm bläst die in ihnen enthaltene Information auf und verstärkt somit die Übereinkunft, die der Thetan damit hat. Jegliches Stückchen Bank, das ein Thetan während seines Erdenlebens aufliest oder erschafft, wird innerhalb des Schirms aufgebläht, verwirrt den Thetan und bewirkt, daß er zur Erde zurückkehrt. Auf den exakten Mechanismus werden wir später zurückkommen.

Ob man davon eingefangen wird oder nicht, hängt vollständig von der eigenen geistigen Wachheit und Reinheit ab. Manche Leute sind schon oft hin und her gewandert, ohne daß der Schirm für sie ein Hindernis dargestellt hätte. Wenn man eine solche Person auditiert, hat man gewöhnlich nicht viel zu tun. Vielleicht einige leichte Schwierigkeiten im gegenwärtigen Leben, aber guter Rückruf von vergangenen Leben, Kenntnis des Schirms und eine Vertrautheit mit den OT III-Materialien weit über das hinaus, was sie irgendwo hätte lesen können.

Eine sehr bewußte Person bringt es durchaus fertig, auf der Erde ihr Leben zu führen, ohne dabei die „Erdenbank“ zu berühren oder durch unethisches Verhalten mehr eigene Bank zu erschaffen. Sobald ihre Wachheit aber nachläßt, werden sich BTs an sie kleben und mit Implantinformation aufladen. Sie wird es nicht fertigbringen, die Erde wieder zu verlassen, weil sie nicht mehr durch die Maschen des Schirms durchpaßt.

Dies ist das Schicksal, das die meisten der zur Erde verpflichteten Missionäre erlitten, egal welcher galaktopolitischen Couleur: sie kamen, schauten sich um, erledigten ihre Mission und gingen – vielleicht einmal, vielleicht zweimal, vielleicht ein dutzendmal, früher oder später aber blieben sie hängen.

BOTSCHAFTER ALLER SCHATTIERUNGEN

Wer unternahm diese „Missionen“? Ganz unterschiedliche Parteien, eine davon die „Galaktische Patrouille“, eine paramilitärische Polizeiorganisation, die nach dem Zweiten Geschehnis von

loyalen Offizieren aufgebaut wurde. Über diese Zeit ist nichts genaues bekannt, z.B. wer die „GP“ (wie sie von ihren Mitgliedern meistens genannt wird) ins Leben rief, wie sie organisiert ist und was ihre genauen Aufgaben sind.
Obwohl die Daten hierzu recht spärlich sind, wird die Tatsache des Bestehens der Galaktischen Patrouille immer wieder bestätigt. Gelegentlich findet sich ein Solo-Auditor in Kontakt mit einem GP-Schiff oder erinnert sich plötzlich an die Details seiner persönlichen Mission als GP-Beauftragter für die Erde. Vielleicht wird er sich auch seines GP-Rangs bewußt oder sogar einer Beförderung, was nach einer besonders wagemutigen oder klugen Auditieraktion in Kontext mit der Bekämpfung von Xenus Spiel schon mal vorkommen kann.
Xenus Spiel ist die erste Barriere, die es zur Ausführung des Umwandlungsprogramms (ursprünglich von den Zwölfen zur Entschaffung des physischen Universums postuliert) zu überwinden gilt. Praktisch gesprochen, leistet die Galaktische Patrouille innerhalb dieses Programms auf einer relativ niedrigen administrativen Stufe sinnvolle Dienste.
Auditoren, die von sich entdecken, daß sie GP-Mitglieder sind, sind gewöhnlich recht unauffällige, „normale“ Leute, die ein ruhiges Leben führen und von solchen Erkenntnissen gewöhnlich höchst befremdet sind. Aber ganz gleich wie nachdrücklich sie auch versuchen mögen, dies mit Hilfe „wissenschaftlicher Skepsis“ und „einem realistischen Standpunkt zum Leben“ zu unterdrücken und wegzuschieben, gelingt ihnen dies gewöhnlich nicht und führt außerdem dazu, daß sich ihre Stimmung verschlechtert. Haben sie jedoch ihre Mission erst einmal akzeptiert, so fühlen sie sich als Thetans (und nicht bloß als Erdenbürger) unversehens auf eine ganz fundamentale „Absichtsschiene“ zurückversetzt. Ihr Leben pflegt danach Schwung und Tempo zu bekommen und zu einem bedeutend befriedigenderen und erregenderem Spiel zu werden als je zuvor.
Daß es nicht Hubbards wirrer Inspiration bedarf, um zu solchen Erkenntnissen durchzubrechen, bestätigt sich durch das fol-

gende: „Am 20.3.1956, um 10 Uhr abends, kam mir der Gedanke einer höchst entfernten Möglichkeit in den Sinn, der mich, so fürchte ich, nie wieder verlassen wird: **Bin ich ein Mensch aus dem Weltraum?** Gehöre ich einer neuen Rasse auf dieser Erde an, von Menschen vom fernen Weltraum in ihrer Umarmung mit Erdenfrauen gezeugt? Sind meine Kinder Sprößlinge der *ersten interplanetarischen Rasse?* (. . .) Viele Zusammenhänge meiner Existenz sind mit dieser Frage rasch an ihren Platz gefallen, wobei sie vor nur vier Tagen noch Ungewißheiten waren; die Versuchung, die obige Frage positiv zu beantworten, ist unwiderstehlich. Jedoch werde ich meine endgültige Entscheidung hierzu aufschieben, bis die Fakten gesprochen haben. In der Zwischenzeit werde ich auf der Grundlage folgender Annahme fortfahren: *Es ist nicht jenseits des tatsächlich Möglichen, daß Menschen aus dem entfernten Weltall auf der Erde gelandet sind (oder in Zukunft hier landen werden) und sich hier aus bislang noch unbekannten Gründen fortzupflanzen begonnen haben.*"
Dies sagte Wilhelm Reich, Sigmund Freuds Schüler. (Die Hervorhebungen sind von Reich selbst[37].) Er zog allerdings nicht in Betracht, daß die meisten Missionäre (er selbst eingeschlossen) nicht buchstäblich auf der Erde landeten, sondern als Thetans ohne Körper hier herunterkamen.

Noch ein Nachgedanke zu Reich – in Kapitel 1.2 erfuhren wir, daß er behauptete, viele Phänomene des Lebens würden von einer Bioenergie verursacht, die er „Orgon" nannte (etwas, das anderenorts als Prana oder Ch'i bezeichnet würde). Doch postulierte Reich dieses Orgon nicht nur, er arbeitete ganz real damit. Bei Experimenten in der Wüste Arizonas fand er, daß Lagen von „tödlichem" Orgon (deadly orgon oder „dor") den Pflanzenwuchs niedrig hielten. Mit einer simplen Anordnung von Metallrohren, dem „cloudbuster" (Wolkenzertrümmerer), gelang es ihm, totes Orgon in lebendiges zu verwandeln, woraufhin die Wüste sich innerhalb weniger Tage mit Grün überzog. Sein cloudbuster diente sowohl dazu, Wolken aufzubrechen, die ansonsten weitergetrieben wären, und sie zum Abregnen zu brin-

gen, wie auch dazu, mitten im blauen Himmel Wolken zu erzeugen. Damit zog Reich die Aufmerksamkeit extraterrestrischer Ufos an, die in diesem Gebiet patrouillierten; er entdeckte, daß sie es waren, die das Dor produzierten. Reich fand heraus, daß er sie mit seinem cloudbuster verscheuchen konnte, alarmierte die Luftwaffe und wurde anfangs von ihr unterstützt. Seine Karriere kam allerdings zu ihrem Ende, als er ein therapeutisches Gerät entwickelte, den „Orgonakkumulator". Die FDA (Food and Drug Administration) erklärte das Konzept „Orgon" für unwissenschaftlich und untersagte nicht nur jeglichen weiteren Gebrauch des Orgonakkumulators, sondern zog sämtliche das Wort Orgon enthaltende Schriften Reichs ein und verbrannte sie. Reich protestierte und wurde für zwei Jahre ins Gefängnis gesteckt. 1957, gerade zwei Wochen vor seiner anstehenden Entlassung, starb er auf mysteriöse Weise an einem „Herzschlag".
Um zur Galaktischen Patrouille zurückzukehren – sie befaßte sich mit der Ausführung von drei aufeinanderfolgenden Projekten: erstens, der Wiederbevölkerung der Erde, um sie physisch wieder bewohnbar zu machen; zweitens, ihrer Rezivilisierung im Sinne einer technologischen, philosophischen und religiösen Erziehung; drittens, der politischen Erziehung, um den Bewohnern der Erde zu ermöglichen, sich nach eigener Entscheidung der existierenden politischen Gemeinschaft der Galaxis anzuschließen.
Dabei ist es durchaus nicht so, daß die GP die einzige Kraft wäre, die an solchen Programmen arbeitete. Ein Auditierter z.B. erzählte mir, daß er mit ungefähr zwanzigtausend anderen in den 50er Jahren hier herunter gekommen wäre, um Maharishis Meditationsbewegung aufbauen zu helfen. Andere Gruppen hatten hierzu völlig gegenläufige Absichten; unter ihnen sind die „Markabianer" die nennenswertesten. Sie wünschen weder Emanzipation noch Freigeisterei, sondern das Gegenteil: planetarische Kontrolle, eine von Einem Gedanken dominierte Eine Welt, Eine Religion, Eine Regierung, Eine Bank. Es erübrigt sich hinzuzufügen, daß sie Anhänger Xenus sind. Wie sie sich

„anfühlen", wurde sehr treffend in Büchern wie „Momo" von Michael Ende beschrieben oder in „Haroun" von Salman Rushdie.

DIE MARKABIANISCHE KONFÖDERATION

Xenus Karriere in wenigen Worten, beginnend vor dem Zweiten Geschehnis: Eine Invasorenmacht von Andromeda hatte begonnen, Schlüsselpositionen in dieser Galaxis zu infiltrieren. Xenu war ihr Anführer. Separat von der Galaktischen Konföderation etablierte er einen militärischen und politischen Brückenkopf nahe dem Nordstern. (An diesem Ort wurde der „Coltus-Implant" aus Kapitel 3.1 vorgenommen.) Man hatte dort eine hochgradig industrialisierte High-Tech-Zivilisation und befleißigte sich des Implantierens als Erziehungsmethode. Polizeikontrolle, Gedankenkontrolle, Gehirnwäsche, Psychiatrie, elektrische Schocks, Identitätskarten, elektronische Überwachung einer jeden Bewegung, jedermann Teil des Geheimdienstes und spioniert jeden aus. Man fühlt sich an das stalinistische Rußland oder Maos China erinnert. Die Mode der Invasoren erinnert sehr an die der 40er und 50er Jahre auf diesem Planeten.
Von seiner Nordsternbasis aus arbeitete sich Xenu allmählich nach oben und wurde schließlich Oberster Regent der Galaktischen Konföderation. Dann „löste" er das Überbevölkerungsproblem (das ja in Wirklichkeit gar kein Problem war), indem er Körper massenhaft hinrichten und die daraus entweichenden Thetans und GEs verschleppen ließ. Und dann 36 Tage voller R6-Materialien („R6" ist Hubbards scientologischer Name für diesen Aspekt der reaktiven Bank.)
Aber die Sache lief nicht wie geplant, wie wir wissen. Xenu kam ins Gefängnis, entkam und wurde anscheinend als politischer Asylant in der „markabianischen Konföderation" nahe der Konstellation Pegasus akzeptiert. Die markabianische Konföderation ist nicht viel älter als zweihunderttausend Jahre und ging aus

Fragmenten älterer politischer Einheiten hervor. Hubbards Beschreibung von Markab ähnelt derjenigen verblüffend, die er von Xenus ursprünglichem Brückenkopf nahe Polaris gibt. *„In den letzten 10 000 Jahren haben sie eine Art dekadenter hirnrissiger Zivilisation entwickelt, mit Automobilen, Nadelstreifenanzügen, Fedorahüten, Telefon, Raumschiffen. Eine Zivilisation, die fast wie das exakte Duplikat der gegenwärtigen US Zivilisation ausschaut, aber bedeutend schlechter dran ist.“* [1] Man könnte glauben, daß es der gleiche Ort ist – wenn da nicht der Umstand wäre, daß Markab in einem ganz anderen Teil der Galaxis liegt als Polaris. Vielleicht entwickelten sich die Markabianer aus der Polariskultur, vielleicht wurden sie mit R6-Materialien implantiert, um sie dem ähnlich zu machen, was Polaris vor 75 Millionen Jahren war und zu was die Erde während der letzten paar Jahrzehnte wurde. Wie dem auch sein mag, Xenu gab nicht auf und fand erneut eine Machtposition, wenn auch auf bedeutend geringerer Ebene als zuvor.

Erst kürzlich gab mir ein wohlmeinender markabianischer Bürger in einer Sitzung einen Lagebericht. Er hatte es fertiggebracht, zur Erde zu entkommen (sein gegenwärtiges Leben ist das erste hier unten), denn nur aufgrund eines Irrtums war er nach Markab geraten (man hatte ihn verraten), dort aber nicht lange genug geblieben, um durch Implants irreversiblen Schaden zu nehmen, und so wurde er zu keinem eingefleischten Markabianer. Er konnte frei sprechen. Nach seiner Darstellung ließe sich Markab mit einem riesigen Industriegelände vergleichen, ganze Planeten ihres Systems sind Fabriken, andere Bergbauanlagen, usw. Sie benutzen Roboterkörper, die mit einem programmierten Thetafeld ausgestattet sind, das als „GE“ fungiert; der Thetan identifiziert sich mit diesem Feld. Alles läuft auf der Basis von Implants. Für private Zwecke haben sie auch organische Körper. Sie verlassen ihre Roboterkörper und gehen heim zu ihren organischen Körpern oder bekommen vielleicht einen als Belohnung, wenn sie ein paar hundert Jahre in einem Roboterkörper gearbeitet haben und zu höheren Verwaltungsebenen befördert werden. Wenn ein Roboterkörper verunfallt, wird sein Steuerungsfeld aufgesaugt und konserviert, der Thetan wird umgehend in den nächsten Roboterkörper kanalisiert. Sie schlafen und essen dort nicht. Es gibt keinen Tod. Es gibt lediglich öde mechanische Arbeit für endlose Jahrhunderte ohne jegliche Veränderung.

Ihre Bewußtheit für Thetaphänomene und die damit einhergehende Fähigkeit, Thetans zu kontrollieren, ist weit jenseits dessen, was man sich auf der Erde vorstellen kann. So sehr dort auch alles auf mechanischer Grundlage zu funktionieren scheint, verstehen sie fundamentale Thetaprinzipien wirklich sehr gut. Aber anstatt sie für mehr Freiheit zu verwenden, halten sie ihre Bürger damit in tiefster Sklaverei. Zum Beispiel reißen sie in einer recht brutalen Prozedur aus einem Thetan einen „Teil" heraus und schließen diesen in einem „elektronischen Panzerschrank" ein, bevor sie dem Thetan erlauben, auf eine Mission außerhalb des Planeten oder zu einer Raumstation zu gehen. Durch die eingekapselte Portion von Thetaquanten können sie ihn kontrollieren und „zwicken", wenn er liberale Ideen zu entwickeln beginnt. (Auf diesen Mechanismus wurde von Hubbard als „body in pawn" oder „Körper als Unterpfand" Bezug genommen [8]. Dieser Ausdruck bezieht sich auf gefangengehaltene Thetakörper wie auch Fleischkörper; beide Geschehnistypen wurden durch Sitzungen ausfindig gemacht.)

Mit Markab als neuer Basis war Xenu entschlossen, es diesen loyalen Offizieren heimzuzahlen, die es gewagt hatten, seine Absichten zu durchkreuzen. Einige von ihnen waren auf der Erde und versuchten sie wieder aufzubauen. Und so nahm Xenu die Erde erneut aufs Korn.

WIEDERAUFBAU DER ZIVILISATION

Hier folgt eine kurze geschichtliche Darstellung der oben skizzierten Projekte: zuallererst mußte die Bewohnbarkeit der Erde sichergestellt werden. Raumfahrer kamen herab, um den Grad der Radioaktivität festzustellen, fingen sich auf diese Weise ihre BTs und Clusters ein und exportierten sie zu ihren Heimatplaneten. Mit ihren schweren Raumfahrzeugen und deren energetischer Beschleunigung konnten sie den Schirm sowohl auf dem Weg hinein wie auch hinaus ohne weiteres passieren – aber ein „Teil von ihnen" blieb hier hängen, und ein „Teil von hier" blieb an *ihnen* haften.

Man betrachte für einen Moment die heutigen Astronauten – anscheinend haben sie kein Problem damit, den Schirm zu durchqueren, aber eine ganze Anzahl von ihnen wurde zu religiösen Fanatikern oder Alkoholikern. Es läßt sich also annehmen, daß ein paar kleine Fetzen ihrer Aufmerksamkeit von dem Schirm eingefangen wurden, so daß einige ihrer BTs erwachten, ihren Inhalt über ihre Wirte ausschütteten und sie aberrierten.

Es könnte jedermann passieren; man braucht dazu kein Astronaut zu sein. Ich erinnere mich an einen Auditierten, der mir erzählte, daß er während eines routinemäßigen Passagierflugs in 10.000 Metern Höhe eindöste, exteriorisierte und unmittelbar danach von dem Schirm ergriffen wurde. Zuvor war er in einem sorgenvollen Geisteszustand gewesen – doch als er erwachte, fand er sich nicht nur in einem bedeutend sorgenvolleren, sondern außerdem recht verwirrten Geisteszustand.

Ohne Körper durch den Schirm zu kommen, ist das Schwierige. Man braucht sich also nicht wundern, daß die Erde einen schlechten Namen bekam. Der „verfluchte Planet".

Es dauerte einige Millionen Jahre, bevor die Radioaktivität genügend abgeklungen war und Lebensformen aus den Ozeanen auftauchen und an Land kriechen konnten. Die Aufzeichnungen hierzu sind in den Erinnerungsbanken der Genetischen Entität enthalten.

Die langsame Weiterentwicklung vom Plankton aufwärts erklärt allerdings nicht das Vorhandensein *aller* Lebensformen. In Band 10 sagt Hubbard, daß vor 20 Millionen Jahren ein Körperprogramm auf der Erde gestartet worden sei. Menschliche, tierische und pflanzliche Körper wurden von anderen Planeten importiert, um die verschiedenen GEs zu beherbergen, deren Programme die richtige Art Spezies und Umgebung benötigten, um „anzuspringen“. Sie mußten sich heimisch fühlen, um aktiv werden zu können. Auf diese Weise konnten sich die unterschiedlichen Tierwelten von Afrika, Europa, Asien und Australien entwickeln. Ebenso konnten sich auf diese Weise die menschlichen Rassen entwickeln. Ihre besondere Affinität zu bestimmten Gebieten entspricht ihrer ursprünglichen heimatlichen Umgebung – Leute (GEs) von Wüstenplaneten fühlen sich in der Wüste Gobi zuhause, in der Atakama oder der Sahara, Leute von tropischen Planeten ziehen den Dschungel vor, solche von vereisten Planeten gehen nach Alaska, usw. Dasselbe gilt für Pflanzen und Tiere.

Überlegen Sie doch einmal selbst – welches Klima, welche natürliche Umgebung würde Ihnen am Besten passen? Nun, genau dorthin gehört ihre GE, oder zumindest dramatisiert sie das. Dabei ist das gar nicht unbedingt eine Gegend, die der Thetan schätzen würde – denn es ist ja die Wahl der GE! Der Thetan kann seine Spiele überall spielen; bezüglich der Umgebungsfaktoren ist er unabhängig und flexibel. Bei der GE ist das anders.

Die Körper wurden auf anderen Planeten in Körperfarmen gezüchtet, eingefroren und hier heruntergebracht. Einige dieser Körperfarmen, besonders die von Yatruskern betreuten, waren nichts weiter als Befruchtungsfabriken für Frauen mit mehr Brutalität in der Abwicklung, als Sie sich vielleicht gerne vorstellen würden. Massenvergewaltigungen im Namen der Wissenschaft. Dramatisiert wurde dies in Hitlers „Lebensborn“, wo eine rein blonde und blauäugige Rasse herangezüchtet werden sollte, oder nur voriges Jahr in Jugoslawien: gezielte Massenvergewaltigungen, um die „serbischen Merkmale hineinzudrücken“.

Während der ersten Phase des Wiederbevölkerungsprojektes wurden die Erdenkörper von sehr aberrierten Thetans oder sogar BTs gesteuert. Es gab niemand anderen, der sie hätte steuern können. Denken, Planen und Handeln kreiste um extreme Dramatisierungen des Zweiten Geschehnisses, immer natürlich auf Kosten der GE; sie verstümmelten und töteten sich gegenseitig durch Gewalt, Sex und Drogen. Dabei ist es nicht etwa so, daß sich an diesem Grundverhalten bis heute viel geändert hätte. Auch heute werden die meisten Körper von aberrierten Thetans in Kombination mit BTs gemanagt, einige sogar ganz allein von Clusters, wodurch sich die erstaunliche Gleichförmigkeit aberrierten Verhaltens auf der Erde erklären läßt, das sich durch ihre gesamte Geschichte zieht. Sex, Drogen und Gewalt – man ist hier unten regelrecht verliebt darin. Und es zahlt sich aus! Die beste Art, zu Geld zu kommen.

HIGH TECH FÜR HERRN NEANDERTALER

Um diese wildwütigen Körper/GE/BT/Thetan-Kombinationen zu erziehen, wurde das nächste Programm aktiviert. Lehrer kamen. „Weiße Götter in feurigen Wagen“ stiegen vom Himmel herab, schalteten die Antriebe ihrer Raumschiffe ab und erklärten den Menschen die einfachen Überlebenstechniken von Pflanzenmedizin, Yoga, Meditation, Akupunktur, Architektur, usw. Die Chinesen wissen, daß ihr Reich vor Millionen von Jahren von „fünf Kaisern“ gegründet wurde; der letzte davon schrieb vor viertausend Jahren das berühmte Weisheitsbuch I-Ging. Die Iren, die Japaner, die australischen Ureinwohner, die Polynesier, die Kelten – es gibt kaum ein Volk, das sich nicht in seinen Legenden darauf beruft, direkt von den Göttern abzustammen. Man lese Däniken, Buttlar, Charroux und andere Autoren; die von ihnen zusammengetragenen historischen und archäologischen Hinweise machen es fast albern, nicht anzunehmen, daß die Zivilisation des Menschen nicht von anderswo importiert worden wäre [34, 38, 39].

Vor etwa fünf- bis zehntausend Jahren lassen sich etliche zivilisierende Triebkräfte beobachten, etwa die Veden, die frühen chinesischen Traditionen, die Sumerer. Und 500 Jahre vor Christus:

Buddha, Lao Tse, Konfuzius. Dagegen die Zeit um Christi Geburt herum: In ganz Europa und Kleinasien nichts wie religiöse Verwirrtheit, Selbstverleugnung und ähnliches. Dann wiederum das 8. und später das 16. Jahrhundert: Kunst und Philosophie in vollster Blüte, sei es in Europa, Indien, China oder Japan. Und das 19. Jahrhundert: Industrielle Revolution, schwarze Schornsteine, Fließbänder, der Mensch ein Zahnrad.
Wie kommt es, daß manche Perioden in der Geschichte der Menschheit licht sind, andere dunkel? Wie kommt es, daß eine Kultur sich nicht gleichmäßig durch die Jahrhunderte hindurch aufwärts entwickelt? Warum der Wechsel von Erblühen und Verwelken? Wieso kein gleichmäßiger friedlicher Fortschritt? Nun, sagt der gebildete Historiker, der „Zeitgeist“ ist hier am Werk. Schön, Herr Historiker – aber wer kreiert den Zeitgeist?
Antwort: Missionäre verschiedenster Schattierungen. Natürlich stehen sie nicht alle auf derselben Seite des Spiels – einige sind Parteigänger Elrons und der Galaktischen Patrouille, andere Xenus und seiner Markabianer, andere Yatrus' und seiner Biofreaks. Die Wiederbevölkerungs- und Rezivilisierungsprojekte wurden selbstverständlich nicht allein von der GP ausgeführt! Eine ganze Menge weiterer Gruppen balgte sich um den Knochen. Alle zusammen trugen sie zu den großen historischen Impulsen bei, wenn auch jeder dabei auf seinen eigenen Vorteil bedacht war. Irgend jemand fing irgendwo irgend etwas an – eine neue Religion, ein Weltreich, eine wissenschaftliche Entdeckung – und sofort sprangen alle anderen auf die fahrende Kutsche drauf, versuchten sie in ihre eigene Richtung zu lenken und davon zu profitieren. Und je nachdem, wer es schaffte, den Stuhl eines Papstes einzunehmen, den Thron eines Kaisers, den Sitz eines Professors – entsprechend steuerte die Welt Zeitaltern der Helligkeit oder der Dunkelheit zu.
Um einige, Auditiersitzungen entnommene Beispiele zu geben: Ein Missionär, Mitglied der Galaktischen Patrouille, assistierte dabei, die „Nazca-Linien“ als navigatorische Leitlinien für anfliegende Raumschiffe zu konstruieren. Die Nazcalinien sind rie-

sige Bilder von Vögeln und anderen Tieren, die sich auf der peruanischen Nazcaebene in den Boden eingegraben finden. Jedes von ihnen ist so groß wie mehrere Fußballfelder, und (ein Rätsel für die Wissenschaft) es ist undenkbar, daß sie von Bodenhöhe aus gezeichnet worden sein könnten.

Die GP-Besatzung handelte sich die Kooperation der örtlichen Priesterschaft ein und benutzte die religiösen Konzepte der Gegend, um die Leute zur Teilnahme an einem „heiligen Ritual" unter dem PR-Deckmantel zu veranlassen, daß „die Götter wollen, daß ihr diese Linien zieht". Und so geschah es dann auch.

Weniger Glück hatte ein Missionär vor etwa siebzehntausend Jahren, der den Auftrag hatte, eine Zivilisation in Südamerika einzurichten, aber einen Fehlschlag erlitt, denn die Eingeborenen erwiesen sich als feindlich, weil er mehrfach demonstrierte, wie man den örtlichen Zauberer dadurch ausstechen kann, daß man elektrische Batterien wie auch andere interessante Gerätschaften weit jenseits des Entwicklungsstadiums dieser Kultur baut. Der Missionär wurde umgebracht, verließ seinen Körper, stieg zu seinem stationär geparkten Raumschiff auf, wurde wegen Zuwiderhandlungen spezifischer Anweisungen getadelt und auf einen niedrigeren Posten versetzt. Gewöhnlich hat man dort oben Ersatzkörper für diejenigen, die von einem Einsatz zurückkommen und ihre Erdenkörper unten gelassen haben.

Verschiedene solcher Versuche wurden unternommen und scheinen fehlgeschlagen zu sein, denn es war erst vor ungefähr zehntausend Jahren, daß hier vernünftige Zivilisationen entstanden, zunächst in Indien und China, später in Mittelamerika, Südamerika, Ägypten usw.

EIN NETZ, DAS JEDEN FÄNGT

Fremde Spezialisten kamen gewöhnlich rein als Thetans hier herunter, wie der glücklose GP-Mann von eben, und nahmen sich erst hier einen Körper, gewöhnlich einen Babykörper. Aber nicht immer; das hing von der Dringlichkeit des Einsatzes ab. Sie kommen bis zum heutigen Tage. Ich auditierte einige, die hier zwischen 1938 und 1956 anlangten, d. h. geboren wurden; sie hatten keine vergangenen Leben auf der Erde, aber eine klare Vorstellung ihrer Mission, die es hier zu erfüllen galt – und es gibt keinen Grund anzunehmen, warum seitdem nicht noch eine Menge mehr gekommen sein sollten.

Vielleicht ist dies der größte Bereich von ausgelassenen Daten und Überlegungen im gesamten Feld der UFO-Forschung, wo man glaubt, daß die „technischen Berater der Menschheit" hier in physischer Form anlangten. Nun, einige mögen das sicherlich getan haben – aber die meisten kamen ohne „Hardware", sondern einfach als „wandernde Thetans". Sie verließen ihre Körper, wo immer sie gewesen sein mögen, sei es auf einer Raumstation in 25.000 Kilometer Höhe oder auf ihrem Heimatplaneten, reisten als exteriore Thetans hierher und nahmen sich einen Babykörper. Oder, falls sie in einem dringenden Einsatz begriffen waren, nahmen sie den Körper irgendeines Erwachsenen, wenn dieser gerade exterior war, z.B. wenn er schlief, betrunken oder krank war, oder direkt nach einem Unfall. In Ermangelung dessen kam es auch schon einmal vor, daß man ihn einfach aus seinem Körper „hinausboxte".

Die entscheidenden Missionäre für diesen Planeten – und man mag nun wirklich jeden Namen im „Who is Who" der Medizin aufrufen, des Ingenieurwesens, der Kunst, Philosophie, Religion, Chemie, Kartographie, Physik, Geologie, Astronomie, usw. – sie alle kamen hierher als exteriore Thetans. Vielleicht mußten sie hier ein paar Leben durchmachen, bevor sie ihre Missionen in Angriff nehmen oder als abgeschlossen betrachten konnten, aber wie dem auch sei, das ist die Art, wie sie kamen und gingen.

Mit einem allerdings hätten die einwandernden Thetans nie gerechnet: mit dem Schirm. Er installiert Vergessen und evoziert die genauen Abläufe der weiter oben zitierten Implants von Karma, Gott im Himmel, muß gut sein, darf nicht böse sein, liebliche violette Farben, oh, Gott ist nah, aber oh nein, du bist noch nicht so weit, warst ein böser Junge, hier ist dein Sündenregister, mußt dir einen Körper nehmen, hinuntersteigen und Wiedergutmachung leisten, ja, Herr, das werde ich tun, armer Sünder, der ich bin – und er wird mit einer GE verkuppelt und es geht die Röhre hinunter und Bilder von Vater und Mutter beim Geschlechtsverkehr und wumm! – zurück im Mutterleib.

Petrus, das Pochen an die Himmelspforte, das Buch der Sünden, das Jüngste Gericht – diese Bilder wurden von vielen in ihren Sitzungen geschaut, wenn sie sich Nach-Tod-Erlebnisse zurückriefen. Aber die Sünden, die einem vorgelesen werden, sind nicht die eigenen. Es ist ein falsches Sündenregister, es sind all die Entitäten, die man jemals aufgelesen hat, und die nun im Chor zu einem sprechen – da würde es ja eine Ewigkeit dauern, bis man erlöst ist. Man kann nicht Wiedergutmachung leisten für etwas, das man gar nicht angestellt hat. Und man gerät über die vergangenen Leben, die man *wirklich* hatte, in gewaltige Verwirrung.

Das tibetanische Totenbuch beschreibt all diese Phasen im Detail und sagt sogar, daß sie alle nur auf Einbildung beruhen und man sich besser nicht mit ihnen einlassen sollte[40]. Es betont, daß die Erscheinungen, die man wahrnimmt, völlig vom eigenen Karma und der eigenen religiösen Erziehung abhängen. Dies würde erklären, warum die Unterschiede zwischen den vielen Götter- und Dämonenkulten rund um die Erde eigentlich fortdauern – man stirbt, sieht, was man sowieso im Geist hat und kommt zurück, um die bekannte Tradition fortzusetzen (eine Schlußfolgerung, zu der auch moderne Nach-Tod-Forscher gekommen sind[41, 42]). Dennoch unterliegt allen kulturellen Variationen eine große Gleichheit – sie rührt von Xenus Implants her. Das „weiße Licht“, wohl das grundlegendste und bewegendste Nach-Tod-Erlebnis – erinnert es einen nicht an die „Lichtwellen“ aus dem Ersten Geschehnis und die Lichter aus dem Mittleren Implant? Eigene Implants und aufgeblähte Entitäten werden auf einen zurückgespiegelt und stabilisieren fälschlicherweise die Verwirrung, in der man sich befindet; das ist es, was sich hier abspielt.

So sehr das tibetanische Totenbuch auch behauptet, daß die Zwischenlebensprozedur 49 Tage dauerte, hat sich dies durch Sitzungsergebnisse nicht bestätigen lassen. Einige Thetans verlieren beim Anblick der Bilder und Visionen ihren Kopf nicht so sehr wie andere, sondern widerstehen der Verzauberung und wählen sich nach Gutdünken einen Körper in einer Familie ihrer Wahl. Für einige dauert die Reise länger als bloße 49 Tage; sie verschwinden für Jahre oder gar Jahrzehnte. Andere, die ihren Körper im Zustand von Panik und Schock verließen, sind möglicherweise schon innerhalb weniger Stunden wieder zurück, da ein Körper einen stabilen Orientierungspunkt gewährleistet, also genau das, was man in einem solchen Zustand am nötigsten braucht.

Wer hier zum erstenmal anreist, hat gewöhnlich keine Ahnung, was ihm bevorsteht. Weder Lageberichte noch anderweitige Instruktionen wurden ihm vor seiner Abreise gegeben. Er mag mit dem Gedanken hierhergeschwebt sein, daß man ihn willkommen heißen und er nicht einmal einen Körper brauchen wird, um sich verständlich zu machen. Er erwartet, ohne Körper bemerkt zu werden, wie er es von zuhause her gewöhnt ist. (Dies erzählte mir ein Beauftragter von Arkturus.) Die geistige Degradiertheit, Dichte und Festigkeit dieses Planeten ist solchen Besuchern einfach unvorstellbar. Wie Sternschnuppen kommen sie durch die Weite des Alls herangeschossen, halten inne, um die strahlende Erde zu bewundern, schweben umher wie Daunenfedern in einer Sommerbrise, berühren den Schirm – und werden in etwas so Subtiles, Interessantes und Angenehmes hineingezogen, daß nur wenige argwöhnisch werden.

Zunächst werden sie von einer Einrichtung bedient, die einer Art Touristeninformationszentrum für den Planeten Erde gleicht. Liebliche Farben, himmlische Gärten mit äußerst schönen Männern, Frauen und Kindern, die auf grünen Wiesen tanzen, ihre Körper licht und fein wie Sonnenstrahlen; dann lang ausgedehnte Naturfilme von der Schönheit irdischer Landschaft. Je nachdem, wie stark sich der Thetan zu diesen Szenen hingezogen fühlt, kann es ihm geschehen, daß er später im wirklichen Leben Leute trifft und an Orten lebt, die er in diesen Darstellungen sah. Es ist absolut hypnotisch. In dem Augenblick, wo man unaufmerksam wird, fällt man darauf hinein. Der Witz dabei ist, daß sie das sehen, was sie zu sehen erwarten oder daß ihnen Visionen ihrer eigenen Vergangenheit und der Orte, die sie gerade erst verlassen haben, vorgeführt werden. Jeder sieht etwas anderes. Der Schirm bläht nur auf, was schon von selbst da ist; er gibt keine eigentlich neuen Informationen. Er liest das Schwingungsmuster des ankommenden Thetans ab und verwandelt es in eine holographische Bilderschau von solcher Lebensechtheit, daß der Neuankömmling nicht bemerkt, daß es sich lediglich um eine Show handelt, sondern glaubt, er sei bereits auf der Erde!

Als letzter Teil der Vorführung sieht man Bilder von kopulierenden Paaren, oft die eigenen Eltern und – wutsch! – schon wacht man innerhalb des Mutterleibes auf. In diesem Moment wird der Thetan, ganz ohne es zu bemerken, mit einer GE verkuppelt und sieht demzufolge, was die GE sieht, d.h. mit ihren Augen.

Weniger glückliche Besucher werden möglicherweise von einem feindlichen Patrouillenschiff aufgegriffen, bevor sie mit dem Schirm in Berührung kommen. Sie werden hereingeholt und bekommen einen kleinen „Abweichungsimplant“ – nicht genug, um sie von ihrer Mission abzubringen, aber ausreichend, um ihnen so viele Abweichungstendenzen vorzugeben, daß sie mit Sicherheit erfolglos bleiben werden. Nehmen wir einmal an, es hätte jemand die Aufgabe – wie Nikola Tesla oder Wilhelm Reich – der Menscheit auf der Erde dabei zu assistieren, nichtfossile und nicht-nukleare Energiegeneratoren zu entwickeln, so würden sie dies zwar tun, aber in der Hand der falschen Leute enden, die ihre planetenrettenden Erfindungen in Banktresoren wegschließen (Tesla) oder sie umbringen lassen und ihr Werk der Lächerlichkeit preisgeben (Reich).

Und nach dem Abweichungsimplant der Schirm, die gleiche Prozedur wie gewöhnlich.

Um zusammenzufassen: Auf dem Weg hinein wird man sich gewöhnlich des Schirms nicht bewußt, da er einem die eigenen Absichten und Erwartungen vorführt. Deswegen vermeint man, zum richtigen Ort gelangt zu sein.
Auf dem Weg hinaus verstärkt der Schirm den 36-Tage Implant (R6) und über assoziative Querverbindungen auch andere Aspekte des Zweiten Geschehnisses. Ein Thetan geht dort hinauf mit seinem Kranz von BTs um den Hals (man verliert sie nicht nach dem Tode) und bekommt einen leichten Schock, wenn er den Schirm berührt; die BTs werden lebendig und ebenso ihre Bilder aus dem Zweiten Geschehnis. Während der Sexbilder wird der Thetan mit einer GE zusammengetan, und schon geht es wieder runter. Je öfter ihm dies geschieht, desto „fetter" wird er (zunehmend mehr BTs haften an ihm), und desto kleiner ist seine Chance, jemals wieder herauszukommen. Daß der Schirm nur das aufbläht, was der Thetan mitbringt, könnte eine Erklärung dafür sein, warum viele Leute Generation nach Generation in derselben Gegend wiedergeboren werden: Sie sind einfach daran gewöhnt und kennen nichts anderes.
In den zwanziger Jahren entdeckte der Analytiker C.G. Jung, ein Schüler Freuds, daß urzeitliche Symbole im Geist aller Menschen der Erde gefunden werden können und stellte die Hypothese auf, es gäbe ein „kollektives Unbewußtes". Er betrachtete diese „Archetypen" als gutartig, da sie mit solch erhabenen Vorstellungen wie Göttern und Engeln zu tun hatten – er konnte sich wohl kaum vorstellen, daß er auf vom Schirm am Platze gehaltene und perpetuierte Implantbilder gestoßen war. Daß Jung das Phänomen nicht korrekt interpretierte, schmälerte natürlich auf keine Weise seine Verdienste dafür, es für den Westen entdeckt zu haben. (Jung kannte sich übrigens im tibetanischen Totenbuch sehr gut aus.)
Obwohl sich die Tibeter selbst nicht auf den eigentlichen Schirm beziehen, wurde er doch verschiedentlich von anderen beschrieben: Einmal z.B. sah ich einen brasilianischen Schamanen, einen Indio, der sagte, er könne seinen Körper verlassen und sich zu

den Sternen erheben, aber nicht weiter als bis zum „Spinnennetz“. Das war seine Grenze. Was für ein wundervoller Ausdruck dafür! Der Schirm erscheint auch unter dem sehr zutreffend gewählten Namen „Erdgürtelzone“ in Franz Bardons Autobiographie „Frabato“ und enthält nach seiner Beschreibung verschiedenartige Götter, Dämonen und andere Erscheinungen. Und es scheint, daß Hieranjaloki, die von Yogananda so verzückt beschriebene Welt geistigen Frohlockens, nichts anderes ist als ein vom Schirm widergespiegeltes Playback der von Atlantis inspirierten himmlischen Gärten, die sich auf der Zeitspur von Thetan wie auch GE finden lassen. Ähnliches gilt für die Dämonen Xenus, für die im Koran und alten Testament erwähnten Teufel und Posaunenengel und ganz spezifisch für die in der islamischen Welt gehegte, yatruskische Idealvorstellung von 72 Jungfrauen (Huris), die um das Wohl eines jeden männlichen Wesens Sorge tragen, das in den Himmel kommt, und in deren Armen ewiges Verzücken liegt, selbstverständlich ohne jeden Anflug von Erschöpfung (so sagt der Koran).
Sobald der Thetan also exteriorisiert, in einen Zustand der Ekstase gerät (wörtlich „ein Zustand außerhalb“) oder versucht, seinen Raum bis zu den äußeren Grenzen des Kosmos zu erweitern, wird er vom Schirm erfaßt und bekommt vorgeführt, was Xenu und Yatrus ihn während der vergangenen Jahrbillionen zu sehen gelehrt haben. Worauf er sich im Vollgefühl, religiöser Wahrheiten teilhaftig geworden zu sein, selig zurücklehnt und angesichts der gerade erlebten Erhabenheit erschauert.

THETANS AN DER LEINE

Noch eine weitere Installation behindert die Bemühungen wohlmeinender Thetans, hier auf der Erde etwas Positives zustande zu bringen. Xenu ließ sich dazu einen sehr langfristigen Plan einfallen, ein Meisterwerk in Sachen Vorsichtsmaßnahmen.

Hubbards Materialien besagen, daß genau am Ende des Zweiten Geschehnisses, also nach den 36 Tagen, BTs und Clusters nach Hawaii und Las Palmas transportiert wurden, um dort „verpackt“ zu werden; auf Tonband 10 fügt er hinzu, daß sie in den Weltraum hinaufgeschossen oder ins Meer versenkt wurden. Auditiersitzungen haben enthüllt, wie die Geschichte weiterging, und zwar so: BTs und Clusters wurden verpackt und gelagert, einige unterseeisch auf diesem Planeten, einige auf anderen Planeten (z.B. Mars), einige sogar auf den weit entfernten 76 Planeten, von denen die Thetans ursprünglich entführt worden waren. Sie wurden in Eisblöcken oder elektronischen Kugelgebilden aufbewahrt. Sie waren für spätere Verwendung bestimmt. Brauchte man sie, so wurde eine Portion dieser eng zusammengepackten Ridges abgebrochen, „aufgetaut“ und bestimmten Thetans vorsätzlich angehängt, um jede ihrer Bewegungen zu überwachen und außerdem ablenkende Gedanken in ihre Ohren zu flüstern. Wir werden uns auf sie als „Monitor-BTs“ beziehen oder einfach als „Monitore“. Mit Hilfe von Schocks und Kurzzeitdarbietungen gewisser Konzepte wurden sie auf ihren Mann dressiert.

Man überließ also nichts dem Zufall. Ein Botschafter näherte sich der Erde und – zack – ein Monitor wurde ihm angeschossen. Die ewig wachsamen markabianischen Schiffe kümmerten sich hierum, da das Rezivilisierungsprojekt Resultate gezeigt hatte und die Erde wieder begann, „interessant“ zu werden.

Nicht nur nicht-markabianische Sendboten wurden mit solcherlei Aufmerksamkeiten bedacht. Da Markabianer absolut niemandem trauen, setzten sie auch ihren eigenen Leuten Monitore an! Kein Wunder, denn da markabianische Truppen und Operateure Implant-erzogen sind, taugen sie nicht sehr für konstruktives und kreatives Denken und müssen demzufolge mit Hilfe von Zweiwegmonitoren überwacht und kontrolliert werden.

Jeder auf der Erde tätige markabianische Agent oder nicht-markabianische Missionär – ob es sich um hochrangige kirchliche Würdenträger handelt, um Geschäftsleute, Politiker, Wissenschaftler oder Künstler – jeder von ihnen hat seinen Satz Monitore an sich dransitzen. Und oben in ihren stationären Raumstationen, auf dem Mars oder sogar in den Pyrenäen sitzen Operateure an ihren Schirmen, Tag und Nacht, und zeichnen jede Bewegung ihrer Zielpersonen auf. (Wie dies herausgefunden wurde, ist Gegenstand des Kapitels 6.)

Monitore können unter Umständen auf einer Reihe verschiedener „Wirte" gesessen haben. Ein Auditor verfolgte das Schicksal eines Monitors zurück bis zum Anfang: er wurde in einer unterseeischen Station „wiedererweckt", mit elektronischen Schocks und Postulaten auf seinen Mann dressiert, ihm angesetzt und dann über Fernsteuerung veranlaßt, seinen Wirt zu wechseln und das in ihm angelegte Informationpaket auf verschiedene spätere Zielpersonen einwirken zu lassen.

Da sie Kreationen aus Theta sind, sind Monitore keine dumpfen Masseklumpen, sondern in der Lage, innerhalb der engen Grenzen des in sie implantierten Programms flexible und intelligente Entscheidungen zu treffen. Sie beherrschen die grundlegenden Thetafähigkeiten des Hinstrebens und Sich-Zurückziehens und des Abwägens von Prioritäten mit Bezug auf einen vorgeschriebenen Kurs. Auf ein bestimmtes Signal hin schalten sie sich an und beeinflussen ihren Wirt, wie es ihrer Ausbildung entspricht.

Dies zu tun, gibt ihnen einen „Lebenssinn"; es ordentlich zu tun, sichert ihnen Überlebenschancen für die Zukunft. Aus Angst vor weiterem Implantieren sind sie gewöhnlich nicht willens, Rede und Antwort zu stehen und ihre Erschaffer bekanntzugeben. Besser irgendein Spiel als gar kein Spiel, besser irgendeine Form von Existenz als keine Existenz. Daher, von ihrem eigenen Standpunkt aus betrachtet, versuchen sie innerhalb des Spielkontextes, in den sie hineingezwungen wurden, „sinnvolle" Hilfe zu leisten; gewöhnlich sind sie sogar davon überzeugt, daß sie ihren Wirt in *seinem* Spiel tatsächlich unterstützend beistehen! Sie identifizieren sich mit ihm und ihr Wirt mit ihnen – natürlich unbewußt. Aus diesem Grunde ist es so schwer, ihrer habhaft zu werden.

Im allgemeinen findet man nicht bloß einzelne Monitore vor, sondern eine ganze Anzahl davon, oft ein Dutzend und mehr. Sie sind in Form horizontaler wie auch vertikaler Kommunikationslinien miteinander verbunden und somit in administrative Ränge gegliedert, mit Kommandokanälen zwischen den Rängen. Solche „Monitor-Organisationen" dienen dazu, wichtige Persönlichkeiten zu kontrollieren oder die Aktionen von Agenten und Zielpersonen zu koordinieren, die an verschiedenen Orten des Planeten arbeiten.

Dies ist Xenus Kontrollnetzwerk – eine Organisation von BTs und Clusters. Es macht das Inszenieren von „Großer Politik" auf diesem Planeten so leicht und vorhersagbar wie Marionettentheater.

ÜBERWÄLTIGUNG DURCH MARKAB

Nehmen Sie Josef Stalin – da haben Sie einen guten Markabianer. Sehr dominierend, sehr schwarzledrig, sehr polizeistaatlich, sehr kontrollorientiert. Keine Religion, kein freies Denken. Stalin, Franco, Mussolini, Hitler und ihre Henker – markabianische Missionäre. Ein Freudenfest hatten sie, eine Freudenepoche.

Dabei fing das Ganze schon früher an. 19. Jahrhundert, Industrielle Revolution: Fließbänder, Bergwerksschächte, Fabriken, schwarzer Ruß, Rauch, schlechte Gesundheit, Männer, Frauen und Kinder wie Roboter behandelt, stundenweise bezahlt und weggeworfen, wenn erschöpft und ausgebeutet.

Gegen Ende des 19. Jahrhunderts waren es die Impressionisten, die noch Sonne und Blumen malten und die liebevollen und fröhlichen Seiten des Lebens portraitierten, bevor in Gestalt zweier Weltkriege Dunkelheit einsetzte. Der Jugendstil war die letzte Todeszuckung, danach die Auslöschung. Auch die Musik ging einen ähnlichen Weg – ihre Stabilität und Balance, die sie noch im 18. Jahrhundert hatte, die „Wohltemperiertheit" von Bach, Mozart und Beethoven, machte einem Zeitalter zunehmender Ambiguität Platz, und mit dem Beginn des 20. Jahrhunderts fiel die Musik in Tonalität und Atonalität auseinander [43]. Es hatte bestimmt seinen Grund, daß der atonale Komponist Schoenberg im Jahre 1908 in Bezug auf sein zweites Streichquartett sagte: „Ich spüre Luft von anderen Planeten.“ Von welchen Planeten, fragt man sich da.

Nur ein Jahr später, 1909, sprach sich der Schriftsteller Marinetti in seinem „futuristischen Manifest“ gegen jegliche Tradition, Konvention und Schönheit aus und rief sogar nach ihrer Zerstörung. Dann der Erste Weltkrieg. Dann 1924 die Geburt des Surrealismus, von Andre Breton als psychischer Automatismus definiert, wobei das Unterbewußte (schon von Freud entdeckt) ohne jegliche kritische Zensur, ohne Denken und ohne moralische und ästhetische Intentionen oder Schranken auszudrücken wäre. Träumen und Assoziationen kam eine „höhere Realität“ (Sur-Realismus) zu als jeglicher sinnlicher Wahrnehmung[44].

Die Welt befand sich in Aufruhr. Freud entdeckte tief verwurzelte sexuelle Triebe im Unterbewußten, C.G. Jung seine „Archetypen“ – es war offensichtlich, daß der Mensch weder Herr seines Geistes noch seiner Welt war, denn angesichts der Zerstörungen und Bestialitäten, die sich zwischen 1914 und 1945 ereigneten, konnte man nur folgern, daß Mächte weit jenseits der eigenen Kontrollfähigkeit am Werk waren.

Was in jenen Jahren wirklich zerbrach – unter den Bomben alliierter Kampfflugzeuge auf deutsche Städte, unter dem Atombombenpilz von Hiroshima und später unter den Axthieben chinesischer „Kulturrevolutionäre“ – war nicht einfach ein beträchtlicher Haufen alten Gemäuers, nein, was damals zusammenbrach, waren stabile Orientierungspunkte, vertraute Silhouetten, altehrwürdige Traditionen und ein kompletter Lebensstil, und was sich zu bislang ungeahnter Höhe, zu unkontrollierbarer Macht erhob, war das sehr markabianische Phänomen eines globalen Bankwesens, einer Weltbank.

Die Tätigkeit der Weltbank knüpft an die wohlbekannte Xenumethode an, lebenswichtige Partikel (Geld) aufzusaugen, sie an Orten zu verwahren, von wo man sie nicht ohne weiteres zurückholen kann und ihre Summe einem riesigen diktatorischen

Apparat zu überantworten, der die Menschheit ihrer Energien beraubt, ihr jeden einzelnen Schritt vorschreibt und sie letztendlich paralysiert. Zudem werden in bester Tradition kleine vorfabrizierte Partikel (wie etwa Personalausweise und Steuernummern) an Körper geheftet und dafür gesorgt, daß sich Thetans ausreichend damit identifizieren, um nicht zu bemerken, wie sehr sie überwacht werden.

„R6-DECO"

Nachdem die Welt von der markabianischen Überwältigung in Aufruhr gebracht worden war, fand diese Situation nach dem Zweiten Weltkrieg ihre kulturelle Ausdrucksform in dem, was man vielleicht als „R6-Deco" bezeichnen könnte – dekorative Kunst im echten R6-Stil. Es handelt sich hier um ein Wortspiel, abgeleitet von „Art Deco", eine dem Jugendstil folgende dekorative Kunstform der 20er Jahre, und „R6-Bank", Hubbards Name für die reaktive Bank aus dem Zweiten Geschehnis.
R6-Deco – das sind schwarze Polizeiuniformen, schwarze Sonnenbrillen mit nicht-lächelnden Lippen darunter, nietenbesetztes schwarzes Leder, Lichtgeflacker in Discos, Heavy Metal, Punkmusik, James-Bond-Lebensstilaccessoirs, Barbie Dolls, Typen wie Marilyn Monroe und Humphrey Bogard, Las Vegas, die dekorative Bemalung auf „einarmigen Banditen" (Spielautomaten) und Flippermaschinen, tibetischer und hinduistischer religiöser Kitsch, der Papst und sein Pomp; es ist Madonna (Popstar) und ihre suggestive Dramatisierung der altbekannten, ehrwürdigen Kombination von Hure und Kreuz – man denke nur an die Hexenprozesse des Mittelalters, als heilkundige Frauen von ihren Inquisitorpriestern zu Huren gemacht und anschließend auf dem Scheiterhaufen verbrannt wurden; man denke an die brennenden Kreuze des Ku Klux Klan, man denke an den R6-Wahnsinn einer amerikanischen Regierung, die David Koreshs „Familie" 1993 mit 15 Frauen und 17 Kindern in Waco, Texas, verbrannte[79]. Unsere Welt heute.

R6-Deco ist natürlich nichts Neues; die gleichen Typen, die gleichen Bilder und Vorstellungen erscheinen durch alle Zeiten hindurch. Vielleicht ist es heute offensichtlicher als früher – aber wie steht es mit den Posaunenengeln und Streitwagen auf den Gemälden der Renaissance und des Barock? Wie steht es mit Michelangelos Sixtinischer Kapelle und Beethovens 9. Symphonie? Mit Hieronymus Bosch? Mit Salvador Dali? Wie steht's mit Petrus und dem Nikolaus? R6-Deco über alles. Es lebe der Schirm.
Wann fing es an? Mit Xenus zwanghaftem Impuls zur totalen Kontrolle, verabfolgt von den körperorientierten Phantasien des Yatrus und seinem Vergnügen an Sex, Drogen und Quälerei. Xenu brachte Gedankenkontrolle und Kriminalität ein, Yatrus Sex, Drogen und Gewalt. Und nach Billionen von Jahren separaten Experimentierens wurde dann schließlich alles in einem noch nie dagewesenen, 36 Tage währenden Superimplant zu einer komplexen Datenbank zusammengepackt, die in Form geistiger Energie und Masse erhalten und jedesmal verstärkt wird, wenn ein Thetan seinen geistigen Raum bis zur Region des Schirms in etwa 26,5 km Höhe erstreckt.
Sex, Drogen und Gewalt, die R6-Bank. Eine riesige Übereinkunft. Macht die Erde zu dem, was sie ist.

5.2 Der Zeitgeist am Werk

WESSEN „EINE WELT"? * XENUS MONOLOG *
EINE WELT, EINE STIMME * EIN WEISSER PLANET

Im letzten Kapitel wurde angedeutet, daß die Geschichte nicht einfach aus sich selbst heraus entsteht, sondern der „Zeitgeist" von den Bestrebungen extraterrestrischer Mächte herrührt, die Erde zu erobern und zu unterwerfen. Hierbei dominiert der xenianische Plan für die Eine Welt, von markabianischen Agenten gegen den Widerstand einer Galaktischen Patrouille durchgesetzt. Diese wiederum ist entschlossen, die Erde zum Mitglied der Galaktischen Konföderation zu machen, indem sie die galaktopolitische Bewußtheit der Bevölkerung steigert (wovon dieses Buch ein Beispiel ist.) In diesem Kapitel werden wir untersuchen, ob sich das Konzept „Eine Welt" auch über längere historische Perioden vorfinden läßt. (Bisher wurden lediglich die letzten beiden Jahrhunderte seit der industriellen Revolution in Betracht gezogen.)

WESSEN „EINE WELT"?

Vor ungefähr viertausend Jahren sprach der Eine Gott zu dem Menschen Abraham und sagte: „Ich bin der allmächtige Gott; (. . .). Und ich will meinen Bund zwischen mir und dir machen und will dich gar sehr mehren. (. . .) Siehe, ich bin es und habe meinen Bund mit dir, und du sollst ein Vater vieler Völker werden. (. . .) Und ich will aufrichten meinen Bund zwischen mir und dir und deinem Samen nach dir, (. . .) daß es ein ewiger Bund sei, also daß ich dein Gott sei und deines Samens nach dir, und will dir und deinem Samen nach dir geben das Land, darin du ein Fremdling bist, das ganze Land Kanaan, zu ewiger Besitzung, und will ihr Gott sein." (1. Mose 17,1-8) Nur zwei Generationen später erblickte Abrahams Enkel Jakob eine Leiter zum Himmel hinauf, und der Eine Gott sprach zu ihm und sagte: „Das Land, darauf du liegst, will ich dir und deinem Samen geben. Und dein Same soll werden wie der Staub auf Erden, und du sollst ausgebreitet werden gegen Abend, Morgen, Mitternacht und Mittag; und durch dich und deinen Samen sollen alle Geschlechter auf Erden gesegnet werden." (1. Mose 28,13-14) Als nächster in der Reihe derer, die vom Einen Gott eine Botschaft bekamen – und zwar zu einer Zeit, als Israel von Ägypten bedrängt wurde – folgte Moses. Er sah den Einen Gott in einem brennenden Busch, wurde von ihm mit der sehr nützlichen Gabe ausgestattet, Wunder zu tun (2. Mose 4,1-9) und konnte seinem Volk daher auf überzeugende Weise klarmachen, daß es auserwählt sei, die Welt zu regieren, und zwar in Form einer von einer Priesterschaft geführten Theokratie (2. Mose 19,5). So sehr all dies auch in die Tat umgesetzt wurde und so nachdrücklich der Eine Gott auch seine Einzigartigkeit betonte („Du sollst keine anderen Götter neben mir haben", 2. Mose 20,3), waren die Israeliten doch nicht allzu überzeugt von ihrer Mission. Kaum daß Moses ihnen einmal den Rücken kehrte (und sehr zum Zorn des Einen Gottes), waren sie schon dabei, eingesammelten Schmuck zu schmelzen und daraus ein goldenes Kalb zu gießen, um es herumzutanzen und eine Fruchtbarkeits-Party in wohlvertrauter yatruskischer Tradition zu veranstalten (2. Mose 32).

Der Eine Gott hatte es gewiß schwer, gegen die Yatrus-Vernarrtheit der Leute anzugehen. Sogar zweitausend Jahre nach Moses sah er es immer noch geboten, dem heiligen Johannes in bilderbuchmäßiger R6-Gott Ausstattung zu erscheinen – „Sein Haupt aber und sein Haar war weiß wie weiße Wolle, wie der Schnee, und seine Augen wie eine Feuerflamme und seine Füße gleichwie Messing, das im Ofen glüht, und seine Stimme wie großes Wasserrauschen; und er hatte sieben Sterne in seiner rechten Hand, und aus seinem Munde ging ein scharfes, zweischneidiges Schwert, und sein Angesicht leuchtete wie die helle Sonne." (Off. 1,14-16) – und sich laut und deutlich gegen Yatrus, das „Tier 666", die „Hure von Babylon" auszusprechen (Off. 13,18).

Hesekiel ist voll davon – ganze Wagenladungen von R6-Bildern von Engeln, Trompeten, Cherubim und der deutlichen Botschaft, das der Eine Gott nicht zum Spaßen aufgelegt ist, sondern Gehorsam bis zum letzten Buchstaben fordert.

Doch die Israeliten, „ein halsstarriges Volk" (2. Mose 32,9), schienen nicht lernen zu wollen. Vielleicht klang ihnen Xenus Anspruch auf Eine Welt zu sehr nach Mühsal und harter Arbeit – und diesbezüglich hatten sie Recht, wie ihre leidvolle zukünftige Geschichte deutlich vor Augen führt. Vielleicht liegt es an diesem Anspruch auf Weltbesitzerschaft, daß die Juden von anderen Völkern mit Argwohn betrachtet werden – eigentlich unverdienterweise, wenn man bedenkt, wie sehr jüdische Genies die Kulturen bereichert haben, von denen sie beherbergt wurden. Natürlich sind nicht alle, die der jüdischen Religion angehören, Ein-Weltler, genauso wie nicht alle Moslems Fundamentalisten sind und nicht alle Christen Jesuiten – aber dennoch sei die Frage gestattet: Wer war Moses? Auf wessen Seite stand er? Wer war der Gott, der zu ihm sprach, zu Abraham, Jakob, Hesekiel, Johannes?

Nun zum römischen Imperium. Es heißt, seine „Pax Romana" („römischer Friede") hätte den Barbaren die Zivilisation gebracht – doch von welchem Wert war denn dieser Friede, den sie da brachten? Gewiß, mit ihren Straßen, Aquaedukten, Verteidigungswällen und der lateinischen Sprache erschufen sie ein militärisches, ziviles und linguistisches Kommunikationsnetzwerk, das ein gewaltiges Reich zusammenhielt, Eine Welt – wer aber zählt die Leichen? „Divide et impera" – teile und herrsche. Polarität als politische Methode. Gibt es gerade mal keine, so muß man sie herstellen.

Übrigens, Herr Cäsar, wie war das denn noch gleich mit den Druiden, ihrer Zauberei, ihrer Naturgeisterwelt? Schon wieder eine von römischen Schwertern hinweggefegte Minorität. Aber wer braucht denn auch schon einen von Yatrus inspirierten Weiblichkeitskult? Die Römer, sehr maskulin und militärisch, gewiß nicht. Sie ersetzten die kleinen, von Stammes- oder Familienchefs geleiteten ethnischen Einheiten durch riesige unpersönliche organisatorische Superstrukturen; ihre Städte planten sie mit Schachbrettgrundriß nach dem Muster ihrer Militärlager. Was immer sie an Religion und Philosophie benötigten, um die praktischen Bedürfnisse der Bevölkerung zu befriedigen, kopierten sie von den geschwächten, yatrus-dominierten, homosexuellen Griechen; alles andere wurde ausradiert[27]. Sehr markabianisch, wirklich.

Zu guter Letzt fiel das vollgefressene, trunkene und abergeile Rom selbst der R6-Bank zum Opfer, brach zusammen – und wurde abgelöst von einem Kult, der sich genau auf jenes Kreuz stützte, das die Römer für ihre Hinrichtungen benutzten, ein Kult, der den Gedanken der Selbstaufopferung vergötterte, des Leidens für die Sünden der Welt. Sehr R6. Schade, Herr Jesus Christus, Sie waren ein höchst mißverstandener Mann – wenn *Sie* „Gott" sagten, meinten Sie nicht den Einen Gott. Aber statt daß die Menschheit die philosophische Simplizität der Bergpredigt in sich aufgenommen hätte, entzündete sich ihr Wahnsinn an dem R6-Deco eines am Kreuz sterbenden Mannes und verwandelten die Jahrhunderte nach Christus in einen Reigen von Selbstverleugnung und theologischen Feindseligkeiten, wo Christen andere Christen in weit größerer Zahl dahinschlachteten, als es die Römer jemals fertigbrachten[27].

Nach ungefähr sechshundert Jahren begann dies abzuflachen und es schien geraten, die Dinge wieder ein wenig in Schwung zu bringen, und siehe! – da sprach der Erzengel Gabriel, der seine Anweisungen wiederum von dem Einen Gott selbst hatte, zu einem Mann in den Wüsten Arabiens, und so ging dieser Mann hin, schaffte die weiblichen Gottheiten ab, mit denen die Leute über die letzten paar Jahrtausende eigentlich ganz zufrieden gewesen waren, erklärte, es gäbe keinen Gott außer Gott, und unterstrich diese Behauptung dadurch, daß er eine militärische Welle in Bewegung setzte, die innerhalb von nur wenigen Jahrzehnten durch halb Europa schwappte und seine Gefolgsleute sogar bis hin nach Indien trieb. Eine Welt, dieses Mal

unter der Halbmondflagge des Islam (auch dies ein R6-Symbol).
Die römische Kirche, die ihre Weisheiten ja genaugenommen vom Neuen Testament hätte beziehen sollen, brachte es irgendwie fertig, das alttestamentarische Gebot zur Herrschaft über die Eine Welt, ursprünglich ja den Israeliten zugedacht, auf das Christentum zu beziehen, fühlte sich daher legitimiert, die unter der Halbmondflagge als Konkurrenz zu betrachten und zog das Mittelalter in einem wahnwitzigen Anfall von Rechthaberei in eine Blutorgie hinein. Kreuzzüge im Namen des Glaubens. Eine katholische Eine Welt, angeführt von Königen, die, als Repräsentanten des Einen Gottes selbst, auf jeden Fall im Recht waren, egal welche Aberration ihnen gerade durch den Sinn gehen mochte.
Spanien, nach Austreibung der Mohren wieder fest in Händen der katholischen Könige, schickt 1492 Christoph C. aus, um nach Indien zu segeln; doch der findet den amerikanischen Kontinent. Andere sollen ihm bald folgen. Um die aztekische Zivilisation im Handumdrehen zu zerkrümeln, hatte der goldgierige Cortez nichts weiter zu tun, als den einheimischen Königen und Priestern das Kreuz zu zeigen – so stark ist die Zauberwirkung dieses Symbols. Besonders wenn man es mit weißen, von jenseits der Horizonte heraufkommenden Schiffen kombiniert, weißen Schiffen, die weiße Menschen tragen, weiße Menschen, die das Bild weißer Götter in feurigen Wagen in einem erwecken, von Missionären aus dem Weltenraum, und nicht zuletzt von in der reaktiven Bank eingebetteten R6-Göttern.
Und nun läuft das Rennen: Eine spanische Eine Welt, eine portugiesische, eine englische, eine französische, eine holländische, eine deutsche. Jesuiten an vorderster Front, die das Kreuz in den Geist der Ungläubigen hineinhypnotisieren, gefolgt von Soldaten und ihren Kanonen. Erst Magie, dann Mord. Standardprozedur. Hypnotisierte Menschen sind schlechte Kämpfer.
Im frühen 17. Jahrhundert geschah es in Japan, bislang mit seinem Shintoismus (einer weiblichkeitsorientierten Naturreligion)

recht zufrieden, daß die halbe Südinsel nach nur wenigen Jahren die Füße derer küßte, die das Kreuz trugen. Der Shogun ließ die Eindringlinge umbringen und Japan absperren – bis britische Kanonen im Jahre 1853 die Auster öffneten. Erst das Kreuz, dann die Kanonen. Sehr markabianisch, sehr R6.

XENUS MONOLOG

19. Jahrhundert – ist die Welt schon übernommen? Eigentlich nicht. Miese Show, Xenu, miese Show – zu viele wollen die Herrschaft! Zuviel Streiterei im eigenen Lager. Religiös gesehen zanken sich Juden, Christen und Moslems miteinander; kommerziell sind es die Engländer, Spanier, Holländer, Portugiesen und Franzosen. Diese Agenten von Dir – sind sie vielleicht mit BTs und Clusters allzu überladen, kommen sie vielleicht während ihres ausgedehnten Aufenthalts auf der Erde zu oft mit dem Schirm in Kontakt? Oder spielst Du nur wieder mit dem alten Polaritätsprinzip und hetzt deine eigenen Jungs gegeneinander; ist es vielleicht das? Immerhin hast Du es fertiggebracht, den Planeten auf der Grundlage von nur drei oder vier Sprachen regierbar zu machen, von denen alle europäisch sind und (inklusive Englisch) letztlich auf Latein basieren, genaugenommen also Eine Sprache. Hast Du das schon zweitausend Jahre früher geplant, als du Cäsar die römische Eine Welt erschaffen ließest? Hat deine, die Zeiten übergreifende Absichtskraft wieder effektiv ihre Arbeit getan?
Doch nicht so schlecht, wenn man bedenkt . . .
Aber schau Dir doch mal Amerika an . . . Neues Territorium, entzieht sich ein bißchen Deinem Zugriff, die Leute gehen dorthin, um frei zu sein, keine Kontrollmöglichkeiten, zu weit entfernt von Papst und König; was tun? Polarität, wir müssen Polarität einsetzen – aber wie? Nun, was haben wir denn hier . . ., da gibt es die Juden, sie haben ein Banken-Netzwerk, sie haben Geld. Da gibt es die Freimaurer, sie haben ein politisches Netzwerk, sie

haben Geld. Jeder, der im Europa des 18. Jahrhunderts wer ist, ist entweder ein Jude (falls Bankier) oder ein Freimaurer (falls blaublütig). Und dann –, da ist die Bank von England, wunderbare Institution, kontrolliert die britische Krone und durch die Krone den größten Teil der Welt. Und da ist Herr Rothschild (Meyer Amschel), der gerade seinen Laden in Frankfurt aufgemacht und sich bereits mit der örtlichen Nobilität angefreundet hat. Und da ist sein Sohn Nathan, begabter junger Mann, laßt ihn uns nach England rüberschicken, er soll dort eine Bank aufmachen. Und der alte Meyer Amschel Rothschild mit seinen tollen Verbindungen, sehr nützlich, sehr nützlich – wir lassen ihn Adam Weishaupt und seine neue Loge finanzieren, die „Illuminaten", 1776, supergeheim, jede Menge R6-Symbole. Und jetzt lassen wir Weishaupt die Verbindungen des alten Rothschild ausnutzen und stecken die ganze Nobilität in die neue Loge rein . . . Gemacht. (Kein Problem, denn wir haben ihnen versprochen, der katholischen Kirche das Licht auszublasen; die Nobilität ist immer begeistert von sowas. Polarität funktioniert eben.) Und nun, da wir die Hauptfreimaurer alle zu geheimen Mitgliedern der Illuminaten gemacht haben, können wir unsere Agenten ganz leicht in alle Führungspositionen Europas hineinschlüpfen lassen. Und der USA!

Es hat geklappt! Sie verewigen unsere Symbole im großen Staatssiegel der USA, 1782. „Novus Ordo Saeculorum". Die neue Weltordnung. Und jetzt, da sie ihre Unabhängigkeit erklärt haben, können wir sie gegen Europa aufhetzen. Polarität gewinnt immer.

Und was hat Nathan Rothschild in der Zwischenzeit getan? Hat die Bank von England übernommen, 1815. Guter Mann.

Und wie steht es mit China? Schon 1840 und immer noch nicht von irgend jemandem in die Tasche gesteckt worden? Nun, vielleicht sollten wir unsere englischen Agenten ein wenig Opium in sie hineinpumpen lassen, damit kriegen wir sie hin. Brilliante Idee, sehr R6. Und es funktioniert sogar. China, ein abgeschlaffter Gigant.

Aber was höre ich da über Frankreich und Deutschland – trotz französischer Revolution sind sie wieder zurück zum Königtum? Die Massen lieben ihre Könige, wie es scheint. Polarität, wir brauchen Polarität . . . Was für eine Zeit schreiben wir denn gerade da unten – 1848? Also gut, hier ist der Plan: Wir schicken eine Mission nach Deutschland und lassen unsere Illuminatenfreunde einen neuen Kult aufbauen – sagen wir „Kommunismus"; klingt gut, klingt als wäre alles für jeden und jeder soviel wert wie jeder andere. Genaugenommen eine von Yatrus geklaute Idee, aber macht nichts; Hauptsache, die Massen mögen es. Die Massen werden von ihren GEs gesteuert; GEs schätzen Essen, Trinken, Sex, Faulheit; sie schätzen es, „gleich zu sein" und „sich vereint zu fühlen gegen die großen bösen individuellen Thetans". „Kommunismus" – das wird den GEs gefallen. Die Massen gegen ihre Führer aufbringen. Wen heuern wir denn am besten an, um dazu etwas aufzuschreiben – Mordochai Marx Levy? Warum nicht. Nie von ihm gehört. Solange er nur schreiben kann. Nennt ihn Karl.

Nun wieder rüber zur anderen Seite des Atlantik – was ist denn da los? Rothschilds Leute versuchten, die Bank von Amerika zu gründen, damit wir dort jemanden sitzen haben, der unser Geld druckt, und irgend so ein amerikanischer Präsident hatte was dagegen? Polarität, Polarität . . . Na prima, schaut euch doch nur die ganzen Neger an, die sie dort im Süden haben! Schwarz und Weiß, Süd und Nord, Polarität direkt ins Land selbst hineingebaut – wir wollen sie aufeinanderhetzen, Bürgerkrieg, sie ein bißchen aufrütteln, die Zeiten gefährlich aussehen lassen, einen Grund finden, Papiergeld einzuführen, sie diese unpraktischen Goldmünzen vergessen lassen. Lincoln wird erschossen, wenn es vorbei ist. Tolle Sache! Und jetzt müssen wir da ein wenig Stabilität hineinbringen und sicherstellen, daß sie in den Händen der richtigen Leute bleibt – Bank von England, du pumpst jetzt Rothschildgelder in die USA und baust Rockefeller auf, Carnegie und Harriman.

Endlich wird aus dieser Erde einmal ein ordentlicher markabianischer Planet, nichts wie Roboter und Maschinen, Öl, Stahl, Eisenbahnen.
Und ihre Politiker, besonders die US-Präsidenten, sind sie auch alle anständige Freimaurer im Illuminatenstil? Gut, gut. Macht weiter so, ihr da unten. Und achtet darauf, daß diese Rockefellers die Geldflüsse kontrollieren, ja? Man sollte auf keinen Fall zulassen, daß Geld in die Hände einfacher Politiker oder gar der Bevölkerung gerät. Viel zu wertvoll dafür. Federal Reserve System, Chase Manhattan Bank, das sollte reichen. Oh – zu Banken: Macht sie zu euren Tempeln, macht sie zu dem, was der alte damals in Jerusalem war (und ich könnte mich immer noch über diesen Jesus aufregen, daß er meine Geldwechsler damals hinausgeworfen hat). Baut sie schön hoch; baut Wolkenkratzer! Damit sich unsere markabianischen Missionäre da unten auch wohlfühlen. New York und Markabia – Zwillingsstädte.
Was machen wir nun mit Rußland und den Zaren? Französische Revolution und der erste Weltkrieg haben ihn nicht tangiert? Illuminaten-Netzwerk fast nicht vorhanden? Immer noch keine ordentliche Kontrolle über ihre Banken, und dabei haben sie mehr Gold in ihren Truhen als Papiergeld im Umlauf? Was für Polaritäten haben wir denn hier . . . hmmm, weder in Rußland noch in Europa hat der Kommunismus gegriffen, hat nicht richtig funktioniert – aber da gibt es doch diesen Lenin, und er hat doch mit dem Zaren noch ein Hühnchen zu rupfen! Wurde rausgeworfen, als er 1907 den Kommunismus in Rußland einführen wollte. Also jetzt machen wir folgendes: Rothschild, du veranlaßt, daß Max Warburg und Jakob Schiff dem Lenin eine Handvoll Millionen geben, das gleiche mit Trotzkij, und dann schicken wir sie beide zurück nach Rußland. Kommunismus – das ist die Sache, das ist genau das, was sie in einer ländlichen Gesellschaft *nicht* brauchen. Wenn ein Weltkrieg es nicht geschafft hat, dann aber dies. Ach, bevor ich es vergesse, sagt dem Stalin, er soll seine Stiefel anziehen und sich fertig machen. Diese russischen

Bauern müssen eine Lektion erteilt bekommen. 1917 ist ein Jahr, das sie nicht vergessen werden.
Was höre ich da – unsere Agenten haben es geschafft, ein paar fanatische Juden mit Bezug auf ihre alten Ziele aufzuheizen, und zwar unter dem Namen „Zionismus“? Und die Rothschilds haben die Briten dazu gebracht, dahinterzustehen, alles unter dem Vorwand eines „Rechtes, in die Heimat unserer Vorväter zurückzukehren“? Brilliant! Von nun an haben wir eine *echte* Polarität da unten laufen. 1917 ist ein Jahr, das nicht einmal ich vergessen werde.
Und als nächstes werden wir zionistische Bankiers wie Schiff und Warburg dazu bekommen, Hitler zu finanzieren, und Hitler wird mit Rückendeckung vom Vatikan alle Juden umbringen. Die Zionisten der Einen Welt gegen unschuldige Juden – was für ein Spaß! Was für eine phantastische Polarität!
Wir brauchen zwar einen Zweiten Weltkrieg, um dies hinzukriegen, aber das macht nichts. Hinterher werden wir die Welt in zwei Blöcke aufteilen und damit auf eine einzige Polarität reduziert haben, eine Super-Polarität, die alle kleineren unbedeutend macht: Ost und West, Kommunismus und Kapitalismus, Diktatur und Demokratie – klingt so lieblich, man könnte gerade meinen, es sei wahr. „Neudenk und Neusprech“, um sie zu erziehen. Echte markabianische Poesie. Wie etwa „Council of Foreign Relations“ (CFR) für die Organisation, die Rockefellers Geld in die Medien hineinpumpt, um dort Enthusiasmus für die Eine Welt zu entfachen; wie „World Bank“, um sicherzustellen, daß niemand auf der ganzen Welt Geld hat; wie „Food and Drug Administration“ (FDA), damit sich psychiatrische Drogen und wertloses Essen überall verbreiten; wie „World Health Organization“ (WHO), um Heroin-Geschäfte zu überwachen und die Ausbreitung von Epidemien zu erleichtern; wie „Food and Agriculture Organization“ (FAO), um Bauern der nördlichen Hemisphäre zu ermutigen, Nahrungsmittel wegzuwerfen, damit die Menschen der südlichen Hemisphäre besser verhungern können. Und wie „Ministery of

Defense" für die Burschen, die Atombomben in einem solchen Tempo herstellen, daß man ihren Planeten damit tausendmal in die Luft sprengen könnte. Hmmm – was für ein Fest! Atombomben für den Export. Nuklearwaffen sind nach galaktischer Verordnung verboten; keiner hat sie – außer mir! Und sind sie erst einmal exportiert, gehört diese Galaxis *mir*. Muß nur die NASA mit ihrem Space-Programm noch ein bißchen in Schwung bringen, damit ich alles unter Dach und Fach habe, bevor sich diese dramatisierenden Erdlinge selber auslöschen. Ist schon alles arrangiert – jede Menge nukleare Sprengköpfe auf beiden Seiten. Dieser Ort wird zum Friedhof, und eine Menge Gras wird über die Geschichte gewachsen sein, bevor diese blöden Galaktischen Patrouillengestalten wieder vorwitzig werden. Und selbst wenn – schließlich gibt es meine gut dressierten Monitore, BTs und Clusters, es gibt diesen prachtvollen Schirm; sollte sich die Erde jemals wieder erholen, so werden sie noch einmal dramatisieren, daß Wasserstoffbomben auf Vulkane abgeworfen werden, und sie werden sich wiederum in die Luft sprengen – und wieder – und wieder. Sie werden *nie* dahinterkommen![45-49, 80]

Eine faule Stelle bleibt – Tibet. Buddhisten – ekelhaftes Volk, glauben nicht an den Einen Gott, glauben nicht an mich. 1950 – erwarten sie da nicht die Ankunft ihres nächsten Buddha, des Maitreya? Sollte man erst gar nicht dazu kommen lassen. Weißt du was . . . wir überlassen sie einfach ihren effizienten Nachbarn, den Chinesen. Der gute Mao wird sich schon um sie kümmern. Ab 1950 werden sie ihr Nirvana ganz schön vergessen – aber dafür werden sie *mich* kennenlernen!

Aber – was im Namen aller R6-Götter ist denn das?!? Sehe ich etwa Elron dort unten? Mit einem E-Meter? Oh nein . . . !! Was für ein Spielverderber! Macht mir mein Spiel kaputt, gerade als ich dachte, ich hätte es gewonnen! 1968 – ein schwarzes Jahr. Aber vielleicht – vielleicht könnte ich ihm einfach seine Kirche wegnehmen? Einfach einige meiner eigenen Agenten dort hineinstecken . . .?

Wie soll, knapp ausgedrückt, diese Eine Welt durchgesetzt werden? Durch Erziehung der Menschen über Jahrtausende hinweg. Rezept: Erstens, man nehme ihnen ihre stabilen Orientierungspunkte weg (Familie, Arbeit, Regierung), um so Verwirrung zu schaffen; zweitens, man setze falsche stabile Orientierungspunkte (markabianische) und beruhige damit die Verwirrung.

Mach das Leben selbst zu einer Schwierigkeit; laß Probleme unlösbar erscheinen; laß Politiker dumm und vertrauensunwürdig wirken. Führe zum Zeitpunkt der maximalen Verwirrtheit einen gigantischen, neuen stabilen Orientierungspunkt ein: die hilfreiche Hand von außerhalb des Planeten. Bereite die öffentliche Meinung mit Hilfe von Science-Fiction, Filmen und Spielzeugen vor. Bring die Erdbevölkerung dazu, hoffnungsvoll die glänzenden schwarzen markabianischen Raumschiffe zu erwarten, die Repräsentanten einer wohlmeinenden, technologisch fortgeschrittenen Zivilisation, die nur das Beste für die Menschen der Erde wollen. (Große PR-Show, Fernsehen, Presse, öffentliche Veranstaltungen, Applaus, Begeisterungsstürme.)

Und dann werden sich die Menschen der Erde, überwältigt vom pünktlichen Erscheinen und der unendlichen Güte ihrer Retter, in die markabianische Konförderation hineinwählen (wobei sie von der UN als planetarischer Regierung repräsentiert werden) – eine freiwillige Entscheidung auf demokratischer Basis, genau wie von der galaktischen Verfassung gefordert. Und weder eine Galaktische Patrouille noch ein Galaktischer Rat werden irgend etwas daran ändern können, denn es ist legal.

Als Nachgedanke – jemand war so nett, mir einen Ausschnitt aus der deutschen Wochenzeitschrift „Die Zeit" vom 26. Februar 1993 zu schicken. Über einem Artikel auf der Titelseite, der sich darauf bezog, wer Deutschlands nächster Präsident sein würde, stand die Schlagzeile (in englisch): „E.T. for President".

Ganz offensichtlich – und Historiker wie Carroll Quigley und Will Durant würden zustimmen – ist die weiße Rasse die Haupttriebkraft für dieses Eine-Welt-Szenario. Tatsächlich überschreibt Durant ein Kapitel im zweiten Band seiner „Story of Civilization“ mit „Die weiße Gefahr“ und bezeichnet Weiße ganz offen als „Piraten“[50,51].

Bevor wir zu der Frage: „Wie kommt das?“ Stellung nehmen können, sollten wir vielleicht einen kurzen Blick über die Verwicklung der weißen Rasse in globale Ereignisse werfen, also der Rasse hellhäutiger, nicht-negroider, nicht-mongoloider Erdlinge.

Weiter oben sahen wir schon, daß vor viertausend Jahren – zusammenfallend mit dem Beginn der Eisenzeit in Kleinasien – der Eine Gott weiße Israeliten dazu ernannte, die Welt für ihn zu erobern; ungefähr zur gleichen Zeit drangen weiße Arier in das Industal ein, ersetzten die örtlichen weiblichen Gottheiten mit Gewalt durch ihre männlichen Götter und vertrieben die dunkelhäutige Urbevölkerung (bis zum heutigen Tage sind die Brahmanen, die höchste indische Kaste, weiß); weiße Eroberer wie die Phönizier und Wikinger entdeckten Amerika schon lange vor Columbus; Sumerer und Ägypter erbauten Weltimperien; Rom wurde, nachdem es 400 Jahre nach Christus den Gipfel seiner selbstgerechten Völlerei erreicht hatte, von Germanen und Goten, einer Schar von Nordmännern also, gepflückt wie eine überreife Kirsche.

Seitdem waren nicht nur die Weißen, sondern ganz besonders die Blonden und Blauäugigen das Werkzeug der Geschichte, die Erfüller der Vorstellungen des Zeitgeistes.

Das erstorbene römische Imperium erlebte seine Widerauferstehung als römisch-katholische Kirche. Derselbe Stil, dieselben Thetans, dieselbe Korruptheit. Die lateinische Welt wurde zu einer christlichen Welt, und die christliche Welt – einige Kreuzzüge und Völkermorde später – war weiß. Für einen kurzen

Moment im 15. Jahrhundert begünstigte das Glück die dunkelhaarigen und braunäugigen Spanier und Portugiesen, gerade lange genug, als daß Columbus und Magellan ihr Glück machen konnten, aber als die Neue Welt erst einmal entdeckt war, drängten sich die Blonden mehr als je in den Vordergrund, merzten die Bronzenen und Schwarzen aus und schufen die beiden Amerikas und Australien nach dem Bilde des weißen Mannes.
Folgt man Quigleys Ausführungen, so waren innerhalb dieser Entwicklung drei Jahrhunderte von besonderer Bedeutung: das achtzehnte, neunzehnte und zwanzigste. Im achtzehnten machte die Revolution des Ackerbaus die Nahrungsmittelproduktion so effizient, daß man es sich leisten konnte, Landarbeiter in Stahlwerke zu stecken und sie dort Eisenbahnen und Schienen bauen zu lassen; dies leitete zur Transportrevolution über und diese wiederum zur Industriellen Revolution des 19. Jahrhunderts. Die Transportrevolution breitete sich auch auf nicht-weiße Länder aus (Kolonien), die keine Ackerbaurevolution gehabt hatten, die unter Schwierigkeiten mit der Nahrungsmittelversorgung litten, obwohl all ihre Arbeitskräfte im Ackerbau eingebunden waren, die daher keine freien Arbeitskräfte zur Verfügung hatten, um selbst Stahl herzustellen, selbst aber auch ein Eisenbahnsystem zu besitzen wünschten, auch für den Preis, sich den industrialisierten Nationen gegenüber zu verschulden. Doch die stolzen Besitzer von Dampflokomotiven zu sein, löste ihre Ernährungsprobleme nicht, und da sie weder Arbeitskräfte noch Kapital hatten, waren sie in keiner Ausgangsposition, die für das 19. Jahrhundert so charakteristische Industrielle Revolution im eigenen Land in Gang zu setzen. Tief verschuldet hinkten sie hoffnungslos hinterher (mit Ausnahme von Japan.)
Es ist also der Revolution des Ackerbaus zuzuschreiben – sie begann 1725 in England –, daß England zu der Nation werden sollte, die zu guter Letzt die Welt beherrschte. Der Ball war ganz klar im Feld der Blonden und Blauäugigen, und wer anderen Schattierungen angehörte, dem stand von Anfang an die Abhängigkeit ins Haus. Beispiele hierfür gibt es im Überfluß. Um nur

einige zu nennen: Als Kapitän George Vancouver 1792 das Burrard Inlet sichtete, erklärte er das gesamte Gebiet zum britischen Eigentum, ohne auch nur einen Fuß aufs feste Land gesetzt zu haben. New Hampshire, Maine, die beiden Carolinas, New Jersey, Pennsylvania gehörten alle einzelnen Grundbesitzern, Mitgliedern der englischen Feudalklasse, die das Land vom englischen König als Lehen erhalten hatten. Um nur den Fall von Maryland zu erwähnen – Charles I. gewährte Cecil Calvert (Lord Baltimore) 28.000 Quadratkilometer für die symbolische Gegenleistung von nicht mehr als 2 Biberfellen im Jahr.

Des weiteren wurde diese imperialistische Entwicklung begleitet von der Wiederentdeckung pythagoräischer Geometrie, was bewirkte, daß die europäische Mathematik und Physik regelrecht vom Boden abhob. Pythagoras betrachtete Geometrie als Mittel, die Aufmerksamkeit vom Weltlichen weg- und zum Ewigen hinzulenken, zu intellektueller Perfektion – und dem folgend, begann Europa sich der „reinen“ Wissenschaft als einer religiösen Disziplin zu widmen. Von nun an diente der Mensch der Wissenschaft und nicht umgekehrt. (In Anbetracht dessen, was wir vom Mittleren Implant und seinen „Objekten“ wissen, mag man sich fragen, in wessen Ewigkeit Pythagoras sich hier verheddert hatte und auf welcher „intellektuellen“ Basis Europas Wissenschaft sich wirklich gründete!)

Abgesehen von der Industriellen Revolution sah das 19. Jahrhundert zahllose Forscher, Abenteurer und Entdecker in den afrikanischen Dschungel reisen, den Himalaya kartographieren, Flaggen auf den Nord- und Südpol setzen, praktisch alle Pflanzen- und Tierarten beider Hemisphären zählen und katalogisieren, „primitive“ Gesellschaften besuchen und beschreiben, Wörterbücher ihrer eigenen und fremder Sprachen verfassen, den Boden nach Spuren von Griechenland und Rom durchgraben, in die atomischen und sub-atomaren Welten hineintauchen, neue Chemikalien und Medizin erfinden, usw. Der gesamte Planet wurde seiner Länge und Breite nach ausgemessen, Planquadrat für Planquadrat im Detail erfaßt und im Hinblick auf seine natürlichen Ressourcen wie Metallen und Mineralien analysiert. Eine Generalinventur war vorgenommen worden, um die industrielle, kommerzielle und militärische Ausbeutung der Erde vorzubereiten.

Ebenso erlebte das 19. Jahrhundert das Heraufdämmern einer neuen Wissenschaft. Von der Psychiatrie abgezweigt und „Experimentalpsychologie" genannt, untersuchte sie die „Reflexe" von Hunden und Ratten im Hinblick auf gewisse „Reize". Dies führte zu der Erkenntnis, daß man solche Reize auch „konditionieren" und damit Verhalten vorhersagen konnte. Diese Befunde von Wilhelm Wundt und Iwan Pawlow wurden nahtlos auf den Menschen übertragen, der als Resultat dessen nicht länger als Ebenbild Gottes betrachtet wurde, sondern als Ebenbild von Ratten. Man ging dazu über, ihn als einen Körper und die Psychologie als ein Studium beobachtbarer Verhaltensmuster zu definieren, wohingegen sie zuvor eine „Wissenschaft des Geistes" war (buchstäblich übersetzt). Rockefeller Foundations machten diese materialistischen Konzepte auf breitester Front populär, angeführt von Persönlichkeiten wie Stanley Hall, John Dewey, James McKeen Cattell, Edward Lee Thorndike und einigen anderen, die Schulklassen und Rattenkäfige gleichermaßen als Laboratorien betrachteten. Die Einführung der „Erziehungspsychologie" in alle Schulen bewirkte, daß die heutigen Schulabsolventen des Lesens und Schreibens nicht mehr kundig sind[53]. Schlußendlich trieb die mechanistische weiße Psychologie (und Medizin) echte seelenzentrierte Technologien praktisch in deren Auslöschung hinein.

Das 20. Jahrhundert – nun, wir wissen's ja. Amerika die eine Supermacht, Rußland die andere, Deutschland dazwischen, England außerhalb und darüber, zwei Weltkriege, der Kalte Krieg mit seiner drohenden atomaren Vernichtung. „Offiziell" in zwei Teile gespalten (und im Geheimen von zentralen Logen aus gemeinsam regiert), war die weiße, blonde, blauäugige, christliche Welt der Einen Welt schon sehr nahegekommen; bereits 1992, anläßlich des Golf-Krieges gegen Saddam Hussein,

wurde sie von Präsident George Bush prahlerisch (wenn auch voreilig) verkündet.
Alles ein Zufall? Unvorhersehbare Wendungen des Schicksals? Ein blinder Zeitgeist am Werk?
Wäre das so – wie paßt dann Albert Pike dazu, Großmeister des Alten und Angenommenen Schottischen Ritus (der höchsten Freimaurerloge) und oberster Illuminat von Amerika, der 1871 in einem an einen engen Mitarbeiter gerichteten Brief einen „Weltplan" entwarf, einen Weltplan, der einen ersten Weltkrieg vorsah, der die Macht des Zaren brechen und Rußland unter die Kontrolle der Illuminaten bringen sollte, gefolgt von einem zweiten Weltkrieg, der durch Spannungen zwischen Zionisten (d.h. Juden, die ihre Religion in eine politische Ideologie verwandeln) und deutschen Nationalisten hervorzubringen wäre, und abgerundet durch einen dritten Weltkrieg zwischen Zionisten und Arabern nach der erzwungenen Einrichtung eines zionistischen Staates (des heutigen Israel).
Man bedenke, dies wurde schon 1871 geschrieben! War es also eine Prophezeiung, eine Vorhersage – oder ein Plan? Der Plan eines kalten und kalkulierenden Geistes mit unfaßbarer, auf einen Wink hin sich entfesselnder Macht?[48]
Und wie würden diejenigen, die die Theorie „der Zeitgeist ist nur blindes Schicksal" favorisieren, die Vorhersagen von Zbigniew Brzezinski interpretieren, dem hochrangigen Illuminatenbruder und Berater von US-Präsidenten, der in seinem 1970 geschriebenen Buch „Between Two Ages" ankündigte, daß in naher Zukunft Technologien existieren werden, die geheime nicht-militärische Kriege auf dem Wege künstlicher Wetterveränderungen und Erdbeben möglich machen, und der eine „technotronische Ära" vorhersah, sein „Ideal vernünftigen Humanitarismus", wo eine Elite enge und minutiöse Kontrolle über die Bevölkerung mit Hilfe elektronischer Datenbanken ausübt? Wie sieht das im Rückblick aus, nun daß 24 Jahre vergangen sind? Prophezeiung oder Plan?[48]
Nicht zu vergessen eine von nur einem halben Dutzend Leuten kontrollierte Medienwelt, die meisten von ihnen Weiße (Warner

Brothers und Rupert Murdoch im Westen, deren Produkte von Li Ka-Shing & Son über Star-TV in ganz Asien verbreitet werden), eine Medienwelt, die das Ideal einer von Illuminaten entworfenen und von Rockefeller/Rothschild gesponserten Einen Welt über Satelliten-Fernsehen in jeden Haushalt hinein propagieren. Reiner Zufall oder kühle Planung?[47, 48]

Um Quigley zu zitieren (Seite 950): „Gegenwärtig und schon seit einer Generation existiert ein internationales anglophiles Netzwerk, das in gewissem Ausmaß so arbeitet, wie es die radikale Rechte von den Kommunisten annimmt. Tatsächlich aber hat dieses Netzwerk, das wir als Round Table Groups identifizieren könnten, keinerlei Aversion dagegen, mit den Kommunisten oder irgendwelchen anderen Gruppen zu kooperieren, und tut dies auch häufig. Ich kenne die Operationen dieses Netzwerkes, weil ich es zwanzig Jahre lang studiert habe und weil man mir für zwei Jahre, in den frühen Sechzigern, gestattete, ihre Papiere und geheimen Niederschriften zur Kenntnis zu nehmen. (. . .) meine hauptsächliche Meinungsverschiedenheit (mit dem Netzwerk) ist ganz allgemein die, daß es unbekannt zu bleiben wünscht, wohingegen ich glaube, daß seine geschichtliche Rolle bedeutsam genug ist, um bekanntgemacht zu werden."

Warum wurde wohl die weiße Rasse von Xenu auserwählt, seiner Einen Welt die Standarte voranzutragen? Wie kommt es zu ihrem Impuls, ihrer treibenden Kraft, das „Neue Markabien" auf dieser Erde zu gründen? Woher diese Gier nach Herrschaft?

Zur Erinnerung: Vor dem Zweiten Geschehnis war die Erdbevölkerung vorherrschend weiß. Doch weder die Thetans noch ihre Genetischen Entitäten verließen jemals diesen Planeten. Sie blieben innerhalb des Schirms gefangen. Und nun, da sie wieder in Körpern herumlaufen, möchten sie gerne ihren Planeten zurückhaben. Sie betrachten andere Rassen als „spätere Importe", als ihnen durch ein galaktisches Hilfsprogramm aufgezwungene Fremdlinge, als „geringer" und „unter ihnen stehend". Sie, die Weißen, betrachten sich als die „Herrenrasse" aus alter Zeit. Dies rührt von sehr, sehr lange her – Atlantis. Und es läßt

sich sowohl mit großem Pomp wie auch barbarischer Brutalität dramatisieren – man denke an Hitler.
Die Markabianer waren schlau genug, diesen irrationalen, unbescheidenen Impuls, diese instinktive Selbstgerechtigkeit zu nutzen, um einen Keil in diesen Planeten hineinzutreiben, einen Fuß in die Tür zu bekommen und ihn schlußendlich zu übernehmen. Dazu genügte es, ein paar tausend Agenten der Kategorie Thetan-zu-Körper über die letzten zehntausend Jahre hinweg zur Erde hinunter zu kanalisieren und dem Schlüsselpersonal der Gegenseite ein paar hunderttausend Monitore anzuhängen, d.h. der Galaktischen Patrouille wie auch anderen Konkurrenten (die die weiße Rasse natürlich ebenso benutzten, und aus dem gleichen Grund wie die Markabianer).
Und hieraus entstehen die Rivalitäten, das Blutvergießen, das Auf und Ab, die für diesen Planeten so typische Dynamik – die zwar zu eindrucksvollen Bergen hochempfindlicher Waffensysteme führt, aber kaum jemals zu ernsthaftem Fortschritt im humanitären Sinne.

5.3 In den Händen Außerirdischer

YATRUSKISCHE FREUDEN * EIN HUCKEPACK-SZENARIO * ECHSENMENSCHEN * UFO-MANÖVER

YATRUSKISCHE FREUDEN

Nachdem wir uns im letzten Kapitel auf Xenus Rolle beim Schicksal der Erde konzentriert haben, sollten wir uns nun Yatrus zuwenden. Sein Einfluß, der dem Xenus in keiner Weise nachsteht, unterscheidet sich methodisch, insofern er GEs anstelle von Monitoren benutzt, um Thetans zu kontrollieren. Wegen der engen Identifikation von Thetan und GE ist diese Falle sogar noch weit listiger. Wo nämlich ein wacher Thetan vielleicht noch bemerkt, wie eine fremde Absicht ihm über einen entfernten Monitor (der sich im Raum *um den Körper herum* befindet) zugespielt wird, wird er weit weniger leicht die GE als Quelle merkwürdiger Gedanken und Bilder enttarnen, weil die GE und er so ziemlich denselben Raum einnehmen! Da ihre Gedanken und Bilder von *innerhalb* kommen, wird der Thetan sie ganz natürlich als seine eigenen betrachten.
In der weit entfernten Vergangenheit lange vor dem Zweiten Geschehnis setzte Yatrus seine Überredungskunst zur Rekrutierung neuer Kollaborateure ein; er implantierte dabei niemals Thetans, wie wir schon sahen. Indem er „einmalige Gelegenheiten" anbot, um die beruflichen Träume seiner eifrigen und zumeist arglosen Gefolgschaft zu erfüllen (z.B. im Rahmen des Umwandlungsprogrammes), schmeichelte er ihrer Absicht zu erschaffen, beizutragen und zu helfen, infiltrierte und durchdrang ihren Geist dann aber heimlich mit seinen eigenen Zielsetzungen – wenn auch nur mit seinem so scheinbar unterstützenden „Schau wie weit du damit gehen kannst", das geeignet ist, jedermanns Absichten, ganz gleich wie sauber sie ursprünglich gewesen sein mögen, ethisch zu verzerren. Da dies von einem selbst aber nur

sehr schwer bemerkt wird, sind die ihm hörigen Thetans sich gewöhnlich nicht bewußt, Böses zu tun. Zutiefst ideologisch sind sie davon *überzeugt*, im Recht zu sein, ganz gleich welche Grausamkeit sie gerade an Mensch, Tier oder Pflanze begehen mögen. Pervertierte Hilfe ist das Rezept von Yatrus: *durch „Helfen" zerstören.*

Yatrusker finden sich heutzutage hauptsächlich in den Bereichen Medizin, organische Chemie und Biologie. Die eher ins Auge stechenden Auswüchse ihrer Arbeit sind Vivisektion, Tierversuche und natürlich gentechnische Tüftelei, doch sind der Öffentlichkeit bei weitem nicht alle ihrer Tätigkeiten bekannt. Viele von ihnen waren schon seit den Tagen von Atlantis in den Diensten von Yatrus. Nehmen sie z.B. einen Wissenschaftler, der von dem wahnwitzigen Wunsch besessen ist, mit Körpern zu experimentieren – nicht um zu heilen, sondern nur um zu forschen und dabei seine bizarren Phantasien auszuleben. So jemand ist möglicherweise immer noch dabei, seine vor-atlantischen Körperzerschmetterungs-Experimente oder seine nach-atlantischen „körpertechnischen Erfindungen" zu dramatisieren. Er wurde einfach nie damit fertig. Unvollständiger Aktionszyklus. Nun, man gebe diesem Mann ein Konzentrationslager und er wird glücklich und zufrieden seiner „Arbeit" nachgehen. Und ich spreche hier nicht allein von den Nazis; jedes Konzentrationslager wäre ihm recht, sei es ein britisches, französisches, spanisches, holländisches, amerikanisches, japanisches, chinesisches oder jugoslawisches. Es ist nur fair, hier zu unterstreichen, daß diese Beschreibung nicht auf jeden paßt, der im wissenschaftlichen oder medizinischen Bereich arbeitet. Für jeden yatruskischen Missionär gibt es gewiß einen Gegenmissionär – man denke nur an die im Kapitel 1.2 unter „Randzonen der Medizin", erwähnten Wissenschaftler, an die großen Ärzte mit ihren Siegen über todbringenden Krankheiten, und an zahllose Männer und Frauen, die ihr Leben und ihre Gesundheit in Zeiten von Pestilenz, Krieg und Katastrophen hingaben.

Nimmt man nun an, man wäre Yatrus und wollte die totale Kontrolle über Körper und damit auch Thetans erlangen, so wären

einem solche Leute natürlich gar nicht lieb. Was wäre gegen sie zu unternehmen? Ganz einfach! Man würde ihre Absicht, zu helfen, ausnutzen und pervertieren; man würde diese Menschen so hart und verbunden mit solcher Selbstaufopferung an falschen Zielen arbeiten lassen, daß sie nicht einen einzigen freien Moment haben, um zu bemerken, in welche Richtung sie überhaupt gehen. Dies geschieht in der täglichen Routine des modernen Arztes in seiner Praxis oder Klinik. Die meisten von ihnen fühlen, daß die von ihnen praktizierte Medizin weit von den Idealen entfernt ist, die sie als junge Studenten einmal hatten. Aber sie bringen es nie so recht fertig, mit ihrem Finger auf genau das zu zeigen, was so verkehrt ist! Weiterhin, und immer noch angenommen, man wäre Yatrus, würde man es nicht vorziehen, alle pflanzlichen Heilungsmethoden zu eliminieren? Denn dieses Wissen wäre doch den eigenen Plänen zur totalen GE-Kontrolle über künstlich produzierte, nicht-organische Drogen sehr abträglich. Was also würde man tun? Wiederum ganz einfach: Man würde sicherstellen, daß alle ethnischen Gruppen, die irgend etwas darüber wissen, ermordet werden (z.B. Indianer, Hexen, Schamanen) und dann die Pflanzen selbst auslöschen, indem man ihre Lebensräume denaturalisiert, sogar bis hin zum Abholzen kompletter Regenwälder (die ja riesige Mengen vergessener Heilsubstanzen enthalten).
Um solche Wünsche in den dabei beteiligten Thetans auszulösen (denn schließlich sind es ja Thetans, die die zerstörerische Arbeit leisten), müßte man über den in Kapitel 1.2 erwähnten GE-Zentralspeicher gehen. Zur Erinnerung: Alle Informationen der Vergangenheit, auch solche, die sich auf atlantische Chimären mit Löwenkörpern und menschlichen Gesichtern beziehen, sind im GE-Zentralspeicher als Engramme enthalten. Das Hervorbringen einer Chimäre war mit Schmerz, Bewußtlosigkeit und Überwältigung verbunden und wurde daher als Engramm aufgezeichnet; es ging gegen die grundlegenden Überlebensprogramme der GE (genau das also, woran sich Yatrus am meisten ergötzt). Um einen Thetan soweit zu bekommen, daß er derlei Wahnvorstel-

lungen folgt und solche Dinge wie Chimären, menschliche Klone und Mutanten tatsächlich fabriziert, genügt es, die im GE-Zentralspeicher gelagerte Engramminformation „anzuticken" und die GE dazu zu bekommen, sie zu dramatisieren. (Ein „Klon" ist ein durch manipulierte Zellteilung produziertes Zwillingswesen.) Besonders Thetans mit einer eigenen, vergleichbaren Vergangenheit in Atlantis stünden dieser Vorstellungswelt sehr aufgeschlossen gegenüber und würden begeistert den Gedanken propagieren, mit Körpern möglichst bizarre Experimente durchzuführen. Als geeignete Experimentierfelder bieten sich Kriegsschauplätze an; unter dem Stichwort des Heilens können hier vielfältige Studien betrieben werden, wobei diese oft pervertierte Hilfe gar noch einen barmherzigen Anstrich bekommt[78].

Anstatt gegen solche Aberriertheit zu protestieren, akzeptiert sie der Erdenmensch naiverweise als übergeordnetes Wissen, heißt yatruskische Szenarien in den heiligen Hallen seiner Universitäten wie auch in den geschlossenen Abteilungen psychiatrischer Anstalten willkommen, betrachtet das ganze als Fortschritt – und gibt damit der Vivisektion seinen Segen, den Tierversuchen, der in-vitrio Fertilisation, den menschliche Embryos austragenden Schimpansenmüttern, der Persönlichkeitsmodifikation durch Hirnchirugie und Hirntransplantation, der Chemo- und Strahlentherapie, der Gentechnologie. Man räumt solch yatruskischen Vorlieben sogar religiösen Status ein, errichtet Sphinxe, malt tiergesichtige Götter auf ägyptische Wandbilder und verfüttert Jungfrauen an stierköpfige, auf der Insel Kreta irrgärtenbewohnende Gottheiten. Das ist weit älter als R6, das ist Yatrus – die wirren Seiten von Atlantis und früher.

Jeder „Energiekult", ob schwarz oder weiß, hat essentiell das Anliegen, Kraft aus dem GE-Zentralspeicher abzuziehen, diese zur eigenen GE hinzuleiten und so Kontrolle über Körper, Gesundheit und andere Menschen zu bekommen. Sei es Chakrenmeditation, Sexualmagie im Stile des Aleister Crowley oder vielleicht des Tantra, sei es Reiki – jeder Versuch, „eins mit der Natur" oder „eins mit der Schöpfung" zu werden, baut unmittelbar eine Resonanz zwischen der eigenen GE und dem Zentralspeicher auf. Es ist wie eine Verehelichung der eigenen GE mit Yatrus und macht Yatrus zu jedermanns immerwährendem Bräutigam.

Energiekulte geben einem den Eindruck, man habe Anteil an etwas Größerem, als man selbst ist, und man sei deswegen geringer als Energie. Obwohl sich mit Hilfe von Magie die persönliche Macht über die Natur bis in „übermenschliche" Dimensionen steigern läßt, wird der Magier als Wesen dabei aber möglicherweise recht klein gehalten. Nicht er selbst ist die Quelle der Kraft, so glaubt er, sondern etwas anderes – Prana, Akasha, himmliche Gunst, Mutter Natur. Prima Trick. Ein echtes Zauberkunststück.

Als bescheidenes Beispiel für yatruskische Freuden sei auf satanische Riten im Stile Aleister Crowleys verwiesen, einem der Repräsentanten von Yatrus auf diesem Planeten, auf die in den dreißiger Jahren in Prag, Berlin und Wien inszenierten Blut- und Sexorgien, wo entführte Frauen und Kinder unter Drogen gesetzt, hypnotisiert, geschlachtet, in Stücke geschnitten und dann für die sexuelle Befriedigung von „ehrbaren aufrechten Bürgern" benutzt wurden; diese waren in der Art römischer Legionäre gekleidet, eine Ausrüstung, die wiederum auf die dekorativen Uniformen des frühen Atlantis zurückgeht. (Dieses Geschehnis ist einem Sitzungsprotokoll entnommen.) Näher zur Gegenwart findet man Beispiele wie z.B. von der Menschenrechtsorganisation „Terre des Femmes" berichtet, wonach im Verlauf der letzten Jahre ungefähr vierzigtausend junge südostasiatische Frauen und Kinder entführt und in thailändische Bordelle hineingezwungen wurden. Werden diese Opfer nutzlos, so tötet man sie gewöhnlich mit Zyankalispritzen. Fast alle Opfer waren Aids-infiziert.

Zum Thema yatruskischer Szenarien wurde noch nicht so ausreichend auditiert, als daß sich mit Sicherheit sagen ließe, in welchem Maß sie moderne Seuchen wie Aids oder die mittelalterliche Pest verursacht haben mögen. Allerdings tragen diese Plagen eine vertraute Handschrift – Infiltration und Durchdringung (die

Infiltration und Durchdringung von Organismen durch Viren und „üble Säfte“).
Infiltration und Durchdringung zeigen sich mit großer Deutlichkeit bei der Verarbeitung von Blutplasma, wobei man die Blutpartikel vieler Spender „aufsaugt“, in einer Zentrifuge vermischt, in einem Behälter aufbewahrt und später an andere Urheber als die ursprünglichen austeilt. Zweifellos eine uralte Prozedur! Wenn man es nur wirklich wollte, so ließe sich dieses Blut mit größter Leichtigkeit als Träger „besonderer Information“ benutzen, wie z.B. von Aidsviren. Nicht viel anders verhält es sich mit Organtransplantationen. Auch hier geht es um die Infiltration fremder Entitäten in einen geschlossenen Organismus. Überleben mit allen Mitteln, egal welchen. Volle Identifikation mit der GE. Ein weiteres Beispiel dafür, wie Yatrus-dominiert die moderne Medizin geworden ist. Dazu passen Szenarien, in hirntoten Müttern Embryonen bis zur Geburtsreife wachsen zu lassen. Die simplen Wege der Natur werden allmählich immer komplexer gemacht.
Vom yatruskischen Standpunkt ist ein Operationsgebiet um so besser, je geheimer und unsichtbarer es ist. Schau, wie weit du damit gehen kannst. Gentechnik bietet ganz wunderbare Gelegenheiten hierfür – man denke an durch Strahleneinwirkung hervorgerufene Pflanzen- und Tiermutationen, an die mittlerweile 2750 Patentanträge zur Variation menschlicher DNA-Sequenzen, an künstliche Befruchtung im Reagenzglas, an Embryonen-Spaltung, wodurch sich ein gutes Dutzend identischer Wesen herstellen läßt (wobei man verwendet, was man braucht, und den Rest im Gefrierfach für später aufhebt). Herrlich, nicht wahr? Steck deinen Samen in die Gefriertruhe, laß dich sterilisieren, gönn dir so viel Sex ohne Konsequenzen, wie du magst – und solltest du mal wirklich Lust dazu haben, so wird eine freundliche Krankenschwester dir ein Baby fabrizieren, natürlich im Reagenzglas, und wenn's sein muß, noch ein gutes Dutzend identischer Zwillinge dazu. Egal wann; wie's dir paßt. Keine Unbequemlichkeiten mehr für die Damen. Tatsächlich – sehr uralte Prozeduren.

Der Drang nach Sex ohne Konsequenzen machte die Anti-Babypille populär. So unschuldig sie auch wirken mag, hatte diese kleine Pille die recht überraschende Folge, *Männer* unfruchtbar zu machen, und nicht nur Männer, sondern auch Fische, Wale und Krokodile. Seit dreißig Jahren beobachtet man zunehmend Verformungen im Genitalbereich und Abnahme der Spermaproduktion und Fertilität bei Menschen und den erwähnten Tieren. Die Pille wiederum ist seit gut vierzig Jahren auf dem Markt. Von Hunderten von Millionen von Frauen eingenommen, wird sie durch den Urin ausgeschieden, dringt in die Abwässer ein, ins Trinkwasser, in Flüsse und die See . . . Ein sehr heimlicher Effekt; sehr yatruskisch!

EIN HUCKEPACK-SZENARIO

Yatruskische Operationen haben den Körper, seine Gesundheit und seine Fortpflanzungsfähigkeit zum Ziel; es handelt sich also um die von der GE repräsentierten Bereiche, in Hubbards Ausdrucksweise die 2. und 5. Dynamik. Im Kontrast dazu zielen Xenu-Szenarien auf die Kontrolle von Gruppen und der Menschheit insgesamt ab (3. und 4. Dynamik). Einige weitere Beobachtungen werden demonstrieren, daß die beiden gewöhnlich Huckepack reiten; Xenus Aktivitäten tragen die des Yatrus auf dem Buckel.

Yatruskische „sexuelle Befreiung" verbindet sich z.B. sehr günstig mit der den Menschen von Markab aufgezwungenen Entfremdung voneinander. Menschen, die nicht fest in soziale Einheiten wie etwa Familie, Stamm, Dorf oder wenigstens Verein eingebettet sind, mangelt es an einem Sinn für Heimat, Abstammung und Geschichte; es mangelt ihnen an stabilen Orientierungspunkten. Diese Entwurzelung findet in dem Modetrend der „Singles" ihren Ausdruck, der aber die Entwicklung zum Individuum keineswegs fördert. Sie lassen sich leichter kontrollieren – man braucht ihnen nur einige (falsche) stabile Daten zu geben, sie damit ihrer Verwirrtheit entheben, und sie werden einem wie hypnotisiert folgen. So etwas würde einer Person mit eigenem Standpunkt, die ihren Wert und ihren Gruppenhintergrund kennt, nicht leicht passieren. Um nun solch unerwünschte Standfestigkeit zu untergraben, erfolgt von xenianischer Seite her eine Gleichschaltung mit Hilfe von „soft implanting", also Fernsehen, Videospiele, usw. Der yatruskischen Seite kommt dies gerade recht; sie hilft mit Rassenvermischung, Zerstörung ethnischer Untergruppen und Schwächung des Familienzusammenhangs nach. Xenu, der die 7. Dynamik (Thetans) beherrschen will, liefert Yatrus die 2. und 5. Dynamik (Familien und Körper) als ideale Angriffspunkte.

Als Resultat hiervon ist die Ehe ein schlechter Witz geworden, denn sie wird häufiger von Scheidung unterbrochen als zu Ende gelebt, „die Emanzipation der Frau" läßt unzählige Kinder ohne Heim, Homosexualität gewinnt den gleichen Rang wie normale Sexualität und steht in manchen Ländern sogar gleichberechtigt neben der normalen Eheschließung. Statt irgend etwas daran zu ändern, begnügen sich Psychologie und Soziologie mit emsigen Untersuchungen des Sachverhalts und erklären, daß „das System" immerfort „neue Trends" hervorbringt.

Xenu-artige Dramatisierungen wie Massenhinrichtungen, Gefangenenlager, „spezielle" Polizeiverhöre, psychiatrische Behandlungen mit Elektroschock, Sklavenhandel, Völkermord an ethnischen Untergruppen und ähnliche Alltäglichkeiten – immer werden sie begleitet von yatruskischen Dramatisierungen wie etwa Vergewaltigung, Verstümmelung der Geschlechtsorgange oder zumindest ungenügenden Lebensbedingungen, die zu Krankheit, Verhungern und einem lang hingezogenen, schmerzensreichen Tod führen. (Auch brutale Viehtransporte und Massentierhaltung gehören in diese Kategorie.)

Man hat keine Wahl – man muß einen Körper benutzen. Für die meisten Menschen auf der Erde gibt es dazu keine Alternative. Einen Körper zu benutzen, bedeutet Leiden. Um das Bild abzurunden, füge man BTs und Clusters hinzu, die zu aberrierten

Spielen verführen, was wiederum zu weiterem Leiden führt, zur Restimulation der GE und damit zu noch weiterhin verschärftem Leiden. Yatrus profitiert von allem, was durch Xenus Implants ausgelöst wird. Er reitet Huckepack.
Nehmen wir einmal die USA als besonderes Beispiel heraus: Sklavenhandel und Völkermord, beides xenianische Dramatisierungen des Zweiten Geschehnisses, hatten den sehr yatruskischen und über Generationen sich hinziehenden Vermischungsprozeß zwischen Weißen, Schwarzen, Indianern und Chinesen im Gefolge. Eine neue Rasse, der „gemischte Kalifornier" wurde hierdurch geschaffen (ironischerweise ganz gegen die Absichten der frühen Siedler, die Nordamerika nach dem Willen des Einen Gottes als ein Arkadien des weißen Mannes betrachteten). Hieran läßt sich ersehen, wie weit „Schau wie weit du damit gehen kannst" eine Absicht in ihr Gegenteil zu verkehren vermag, vorausgesetzt, daß man nur lange genug wartet. Zu viel Sklavenhandel über eine zu lange Zeit hinweg begann am Ende, auf die Skavenhändler zurückzuwirken – nicht auf die Thetans, sondern auf ihre Körper, ihre Gene und auf diese Weise ihre GEs! Die von Yatrus bewirkten Veränderungen sind langsam, fast nicht wahrnehmbar – doch haben sie erstaunliche Konsequenzen.
Daß solche Entwicklungen nicht unbedingt dem Zufall überlassen werden, läßt sich Büchern wie z.B. „Pan-Europa" entnehmen, 1923 von dem Österreicher Kalergi geschrieben, einem Mitglied der zionistischen B'nai B'rith-Loge. Er stellt sich ein Europa vor, das von einer „eurasisch-negroiden Zukunftsrasse" bevölkert wird, mit typisch yatruskischen Charakteristiken wie etwa Enthemmtheit, Wankelmütigkeit und Vertrauensunwürdigkeit, ein willensschwaches und von den Ausgewählten Wenigen zu steuerndes Volk – ein den Plänen von Xenu-Repräsentanten wie Pike und Brzezinsky nicht unähnliches Vorhaben.
Huckepack-Szenarien lassen sich die ganze Geschichte hindurch vorfinden. Man nehme nur die Entwicklung von Wissenschaft und Handel im 18. und 19. Jahrhundert – im Zuge der Eroberung

des Planeten durch die weiße Rasse wurde Europa von einer Flut unbekannter Drogen überschwemmt; eine regelrechte Drogenrevolution fand statt! Wo man sich bislang auf Alkohol beschränkte oder, vielleicht etwas esoterischer, zu Fliegenpilzen und der Vogelbeere griff, hatte man nun die Auswahl zwischen Tee, Kaffee, Tabak, Opium, Morphium, LSD, Heroin, Kokain. Was wäre die Welt auch ohne die Chemie! Kein Giftgas für den Ersten Weltkrieg, keine bakteriellen Angriffswaffen, kein Spaß für die yatruskisch infizierten Generale Xenus.
Und sogar elektronische Überwachung, traditionell die Domäne von Xenu, wurde von Yatrus zumindest teilweise übernommen! Die Idee, kleine Computer ins Hirn einzupflanzen, „um seine Effizienz zu steigern", ist nicht nur eine Vorhersage der „World Future Society", sondern wahrscheinlich schon längst vom Militär ausgetestet worden, natürlich ohne daß irgendjemand etwas darüber wüßte! (Wie es ja bei den meisten sensationellen Entwicklungen der Fall ist, bevor sie ins Licht der Öffentlichkeit geraten.) Etwas vergleichbar Nettes hat sich gerade neulich die Stadtverwaltung von Hongkong ausgedacht, wo man für das Jahr 1994 beschloß, die gesamte Hundebevölkerung dieser Stadt (ungefähr 165.000 Hunde) mit medizinische Daten enthaltenden Mikrochips zu implantieren – selbstverständlich aus rein hygienischen Gründen. Was für eine prima Idee. Wer ist als nächster dran? Oder eher – wer hat es schon, ohne es zu wissen?
Ein anderes Beispiel dafür, wie Xenus Versuche der geistigen Kontrolle dem Yatrus in die Hände spielen, ist Sodiumfluorid, eine „unschuldige und harmlose Substanz", die man dem Trinkwasser und der Zahnpasta beizufügen pflegte, angeblich um das Zahnwachstum bei Kindern zu fördern. Doch wegen der gewaltigen Probleme, die dieses Vorgehen für den allgemeinen Gesundheitszustand der Menschen mit sich brachte (Geschwüre, Akne, Krebs, Zahn- und Knochenschwäche, Verformungen, Tod), wurde die Fluoridisierung von Trinkwasser glücklicherweise in vielen Ländern verboten. Im Rahmen unseres Themas, den „heimlichen Szenarien", lohnt es sich allerdings, einen ge-

naueren Blick darauf zu werfen. Warum würde jemand solch eine tödliche Substanz unter dem Deckmantel verschreiben, daß sie „gesund“ sei? Um eine Antwort zu finden, muß man sich die „Geldspur“ anschauen. Natriumfluorid ist ein Nebenprodukt der Aluminiumherstellung. Es gab mehr davon, als man ohne weiteres in Form von Ratten- und Insektengift loswerden konnte, besonders in den zwanziger und dreißiger Jahren, die ein raketenartiges Wachstum dieser Industrie sahen. Und so – geniale Idee! – sprach Dr. Gerald Cox von der Aluminum Company of America (ALCOA) 1937 vor einer Versammlung von Zahnärzten über die Wunderwirkung von Fluorid bei Zahnbehandlungen. 1939 wurde er sogar im Journal of Dental Research veröffentlicht. Die Sache hat aber noch eine bedeutend düsterere Seite. Bevor die Fluoridisierung jemals in das öffentliche Gesundheitssystem hineingenommen wurde, hatten sowjetische Studien bereits festgestellt, daß die Einnahme von Fluorid die Gesamtbevölkerung zu gelehrigem Verhalten und fast schafsmäßigem Gehorsam bringt. Die Sowjets hatten dies bereits in ihrem Archipel Gulag (einer Kette von Konzentrationslagern) ausgetestet. Ähnliche Untersuchungen waren bereits von deutschen Wissenschaftlern vorgenommen worden, besonders in den chemischen Fabriken der IG Farben. Ein Zeuge hierzu gab das folgende zu Protokoll: „Die deutschen Chemiker arbeiteten einen genialen und weitreichenden Plan zur Massenkontrolle aus, der vom deutschen Generalstab zur Kenntnis genommen und befürwortet wurde. Der Plan war, die Bevölkerung bestimmter Gebiete durch massenhafte Beimischung von Medikamenten ins Trinkwasser zu kontrollieren. (. . .) in diesem Vorhaben zur Massenkontrolle nahm Natriumfluorid einen erstrangigen Platz ein. (. . .) der wahre Grund hinter der Wasserfluoridisierung ist jedoch nicht der Vorteil für die Zahnentwicklung bei Kindern (. . .). Die wahre Absicht hinter der Wasserfluoridisierung ist, den Widerstand der Massen gegen Beherrschung, Kontrolle und Freiheitsverlust zu reduzieren. (. . .) jeder Mensch, der über einen Zeitraum von einem Jahr oder länger künstlich fluoridisiertes

Wasser trinkt, wird niemals wieder dieselbe Person sein, weder geistig noch körperlich.“ [54]

Ist man erstmal beim Thema geistige Kontrolle durch Elektronik gelandet, so könnte man ewig weitererzählen. Jedoch ist dies Xenus Abteilung; es wurde hierüber schon gründlich von anderen Autoren berichtet[55]. Lassen sie uns daher auf der yatruskischen Seite des Spieles verbleiben und nicht über Thetan und Geist sprechen, sondern Körper und GE. So gibt etwa der Golfkrieg ein gutes Beispiel für eine xenianisch/yatruskische Doppeldramatisierung, insofern die von Flugzeugen abgefeuerte Panzerabwehrmunition Atommüll enthielt (Uran), was natürlich Strahlungskrankheiten bei einigen Soldaten hervorrief. Zu dieser Nebenwirkung auf Körper und GE kam noch hinzu, daß amerikanische Soldaten von amerikanischen Militärbehörden Drogenexperimenten unterzogen wurden. Ein Arzt, der sich weigerte, den ahnungslosen Soldaten diese Medikamente zu verschreiben, wurde für dreißig Monate ins Gefängnis gesteckt[78].

In diesem Zusammenhang fallen einem die vielen Kriegsopfer dieses 20. Jahrhunderts ein, ein besonders trauriges Kapitel. In wahrscheinlich keiner anderen geschichtlichen Epoche wurden so viele Menschen innerhalb von nur einhundert Jahren getötet. Beginnend mit 1894, als Japan China angriff, und endend in diesem Jahr 1994 ist die Todesernte erschreckend: Japan gegen China, 22 Millionen; Russischer Bürgerkrieg plus Stalins Ermordung der Landbevölkerung, 20 Millionen; Erster Weltkrieg, 12 Millionen; Zweiter Weltkrieg inklusive ethnischer Völkermorde und Gefangenenlager, 52 Millionen; Mao bei der Aufbereitung Chinas für den Kommunismus, 50 Millionen; 40 Jahre Krieg rund um die Welt seit 1945, 5 Millionen. Insgesamt 160 Millionen.

Wer braucht all die Leichen?

Im Jahre 1992 berichteten mir zwei Auditoren unabhängig voneinander von demselben Geschehnis, das sie in ihren jeweiligen vergangenen Leben von verschiedenen Blickpunkten miterlebt hatten. Es fand in den späten dreißiger Jahren statt. Einer der beiden sagte aus, tote Körper, in Plastiksäcke verpackt, wären zu unterirdischen, in den Wüsten der westlichen USA gelegenen Fabriken gebracht worden, um dort in riesige Kessel gesteckt und verkocht zu werden. Die dort beschäftigten Arbeiter, wiewohl sie menschenähnliche Körper hatten, waren nicht irdischer Herkunft. Die Körper wurden zu Proteingelatine verkocht und dann in kleine Würfel geschnitten. In Farbe und Material schauten sie wie durchsichtige weiche Plastikwürfel aus. Der andere der beiden Auditoren, in seinem vergangenen Leben ein Marinepilot der USA, transportierte „Kassetten“ von Deutschland zu selbiger unterirdischer Örtlichkeit, „irgendwo in der Wüste, westliche USA“. Als er herausfand, welche Ladung sein Flugzeug da trug, beging er Selbstmord. Die „Kassetten“ wurden in Massenvernichtungslagern im Osten Deutschlands oder vielleicht in Polen hergestellt. Gesunde und starke junge Männer und Kinder wurden ausgelesen und langsam mit elektrischen Schocks getötet. Während dieser brutalen Hinrichtung kämpften ihre GEs natürlich mit all ihrer Überlebensenergie dagegen an und bliesen sich zu gewaltigen Ridges auf. Am Ende waren die GEs so energetisiert, daß man sie „pflücken“ und in „Kassetten“ konservieren konnte. Der Auditor war auf dem Fachgebiet der Elektronik nicht genügend bewandert, um dies erklären zu können, fest steht aber, daß die Lebenskraft, die lebenden GEs dieser jungen Menschen in Kassetten hineingebannt und ganze Flugzeugladungen davon zu jener Untergrundstation in den USA transportiert wurden. (Dies geschah, bevor die USA in den Zweiten Weltkrieg gegen Deutschland eintraten.)

Jeder UFO-Spezialist wird hier sofort an die geheimen unterirdischen Labors für Menschenexperimente nahe z.B. Dulce, New

Mexiko, denken. Man fabriziert dort Chimären, wie Augenzeugen berichteten – Menschen mit Schlangenköpfen und ähnliche Schönheiten. Daß die US-Regierung von diesen Dingen weiß, läßt sich daran ablesen, daß es die NASA für notwendig hält, ein „E.T. Law" herauszugeben (1211.100 Title 14), das vorschreibt, Leute einer Quarantäne zu unterziehen, die mit Extraterrestrischen Kontakt hatten[56].

Auch von Entführungen (abductions) berichten UFOlogen. Hier folgt ein Sitzungsreport zu diesem Thema: Eine 34-jährige Frau (nennen wir sie Susanne) fand während des Auditierens heraus, daß ihre Schwester im Jahre 1973 von Außerirdischen entführt wurde. Die Mädchen schliefen in benachbarten Räumen, konnten sich gegenseitig aber sehen. Susanne war damals vierzehn Jahre alt, ihre Schwester siebzehn. Susannes Körper befand sich zum fraglichen Zeitpunkt in tiefen Schlaf, der Thetan war weit entfernt – doch ihre immer wachsame GE zeichnete das Geschehnis auf. Die Extraterrestrischen materialisierten sich im Zimmer der Schwester, nahmen sie mit sich fort und brachten sie später wieder zurück. Die GE der Schwester hatte sich zu einem beträchtlichen Ridge aufgebläht. Susannes GE, mit der ihrer Schwester in engem Kontakt, kopierte diese Information. So war Susanne in der Lage, die Geschichte von ihrer eigenen GE abzulesen: Ihre Schwester war zu einer Raumstation gebracht worden, und dort hatte man einen Eingriff an ihren Eierstöcken vorgenommen. Sechs Wochen später wurde das Mädchen ein zweites Mal entführt. Ein paar Jahre später wurde sie wahnsinnig und verbringt ihr Leben seitdem in der Psychiatrie. Die E.T.s sahen reptiloid aus.

Daß sich Außerirdische vorrangig für die GE interessieren, geht aus dem folgenden Sitzungsbericht vom Juli 1994 hervor: Eine 36-jährige Frau meldete sich zum Auditieren an, weil sie im gesamten Kopf- und Rückenbereich verkrampft war und nachts so gewaltig mit den Zähnen knirschte, daß sie nicht nur davon aufwachte, sondern sogar um ihr Gebiß fürchtete. Ihr Zahnarzt hatte ihr gesagt, die Beschwerden seien rein psychisch bedingt. Fol-

gendes stellte sich heraus: Am 14. Juli 1990 war sie allein zu Hause. Morgens um 3 Uhr erschien eine hohe, dunkle Gestalt am Fenster, trat, die Wand durchdringend, in ihr Schlafzimmer ein, und brachte den tief schlafenden Körper nach draußen, wo ein Raumfahrzeug darauf wartete, die beiden aufzunehmen. Sie wurde auf einen Operationstisch gelegt, ihr Kopf mit einem Helm fixiert und ihr Körper betäubt. Eine Kanüle wurde in ihr rechtes Nasenloch eingeführt und zum Magen hinuntergeschoben. Daraufhin wurden fünf Elektroschocks in den Magen hineingegeben, begleitet von den Worten: „Jetzt gehörst du zu uns!" Dadurch wurde die GE in Angst und Schrecken versetzt. Sie merkte sich die Lektion. (Der ganze hier berichtete „Film" wurde übrigens von der GE aufgezeichnet, da sich der Thetan zum fraglichen Zeitpunkt – Tiefschlaf – nicht im Körper befand.) Danach wurde eine Kieferoperation vorgenommen, bei der ein Metallplättchen in den rechten Oberkiefer eingesetzt wurde. Es floß kein Blut. Dieses Plättchen diente als Antenne zur Ortung und emotionellen Beeinflussung der Auditierten. Hochfrequente Schwingungen, fortwährend vom stationären Raumschiff ausgestrahlt, sollten von dieser Antenne empfangen und an die GE weitergeleitet werden, die sie als Angst dekodieren und den Thetan entsprechend beeinflussen oder sogar überwältigen würde. Nach der Operation wurde die Frau wieder in ihr Zimmer und Bett zurückgebracht. Der Entführer wie auch die anderen Mitglieder der Raumschiffbesatzung wurden als ungewöhnlich groß und „kastenförmig" geschildert. Sie hatten nur ein Auge mitten auf der Stirn.
Morgens wachte die Frau völlig zerschlagen auf und kam kaum aus dem Bett. Natürlich wußte sie nichts mehr von dem Geschehnis der vergangenen Nacht. Ihr war sehr elend. Sie litt zwei Jahre lang unter Durchfall und Appetitlosigkeit und war entsprechend geschwächt. In ihrem rechten Nasenloch bildete sich eine Warze. Sie fühlte sich unkonzentriert und in einem fortdauernden Zustand einer ihr selbst völlig ungewohnten Ängstlichkeit. Direkt nach der Entführung hatte sie tagelang starke Kiefer-

schmerzen, und in ihrem Mund bildete sich noch des öfteren ein Sekret, das aus dem Kiefer auszutreten schien. Sie konsultierte deswegen ihren Zahnarzt, der sie röntgen ließ und nichts Auffälliges fand, außer einem winzigen Fleck in ihrem Kiefer in Höhe des rechten Nasenlochs, mit dem er allerdings nichts anzufangen wußte. (Am Tag nach der Sitzung bat die Auditierte ihren Zahnarzt, ihr Röntgenaufnahmen ihres Kiefers aus der Zeit vor 1990, also von vor dem Geschehnis, zu zeigen. Der Fleck fand sich dort nicht.)

Während der sechsstündigen Sitzung wurde offenkundig, daß die Raumschiffer die Sitzung mitbekamen und versuchten, über das Plättchen auf die GE einzuwirken, die sich dadurch als nur schwer auditierbar erwies. Sie wurden darauf verwiesen, daß im Rahmen des Spiels von Elron die beiden Rechte eines Thetans rehabilitiert werden und daß sie sich bitte aus dieser Sitzung heraushalten möchten. Diese Anweisungen wurden von beträchtlichen Entladungen am E-Meter begleitet, was um so interessanter ist, als die Auditierte keine Ahnung von der tieferen Bedeutung der Worte hatte, die sie da weitergab. Anschließend ließ sich die Sitzung problemlos fortsetzen. Nach Löschung des Engramms fühlte sich die GE entsprechend beruhigt und sah keinen Grund, sich gegen das physiologisch ja neutrale Metallplättchen weiterhin zu wehren (was das Sekret verursacht hatte). Da „ihr“ Thetan nun außerdem über den Vorgang voll informiert war, konnte sie sich für die Zukunft auf seine Wachsamkeit verlassen und sich wieder ihren eigentlichen Aufgaben widmen. Die Dramatisierung war vorüber; die Ängstlichkeit, das Sekret, die Verkrampfung im Rücken und das Zähneknirschen zeigten sich nicht mehr. Dabei läßt sich wohl kaum annehmen, daß das Raumschiff die Ausstrahlung seiner Schwingungen, die ja für mehr als eine Zielperson bestimmt waren, bleiben ließ; eher ist es wohl so, daß die GE nicht länger von ihnen restimuliert wurde.

Der Grund dafür, warum man sich gerade diese Frau als Zielperson ausgesucht hatte, war der, daß ihr Mann maßgeblich auf dem Gebiet der Tesla-Forschung aktiv war. Da man nicht an ihn persönlich herankam (er ist ein guter Solo-Auditor), versuchte man, auf dem Umweg über seine Frau auf ihn einzuwirken und ihn schachmatt zu setzen.

Zurück zu den Echsenmenschen. Sie wurden mehr als einmal beobachtet. Am 3. August 1992 berichtete ein Solo-Auditor, daß er eine Raumflotte aus Sektor 15 bemerkt habe. Die Überprüfung möglicher Verbindungen zu Xenu und Markab ergab keinerlei Reaktion; jedoch der Name von Yatrus produzierte beträchtliche Entladungen am E-Meter. Ihre Aufgabe war es, ihre Schiffe in Erdumlaufbahn stationär zu verankern und Mikrowellen auf bestimmte Gebiete abzustrahlen. Mikrowellen beeinflussen alle wasserhaltigen Verbindungen und bringen somit auch den menschlichen Körper zum Schwingen. Durch Resonanz wird die Kombination GE/Entitäten/Thetan emotionell tangiert. Die Menschen werden dadurch zu einer Wellenlänge von Haß heruntergestimmt und beginnen, einander totzuschlagen. Doch tun sie dies nicht mit einem schnellen Messerstich oder einer Kugel ins Genick, sondern langsam und schmerzhaft. Alle prä-atlantischen Grausamkeiten zu Körpern werden in ihren GE-Banken wiedererweckt, zum Thetan hin abgespielt, und er benimmt sich entsprechend – in Vietnam, Laos, Kambodscha, dem Belgischen Kongo, usw. Nebenbei gesagt, war das Echsenschiff zum Zeitpunkt der Sitzung gerade dabei, das Gebiet von Jugoslawien zu bearbeiten.

Der Grund dafür, den Tod lang hingezogen und quälend werden zu lassen, ist derselbe wie schon oben am Beispiel des Nazi-Todeslagers angedeutet: Sie wollen, daß sich die GE zu einem Ridge aufbläht und ihre maximale Energetisierung erreicht, zu welchem Zeitpunkt man sie bequem „pflücken“, d.h. sie in den Laderaum des hoch oben wartenden Raumschiffes hineinsaugen kann.

Der Auditor fand heraus, daß die GE-Programme der Echsenwesen fehlerhaft waren, was sie dazu zwang, sich von den GEs anderer Rassen zu ernähren, um Körper und Fortpflanzungsfähigkeit instandzuhalten. Laut ihrer eigenen Aussage sind sie schon seit guten 2600 Jahren dabei, die Erde „abzugrasen“.

Bei einer anderen Gelegenheit gab ein Echsen-Flottenkommandeur nach einer längeren Sitzung einen vollen Bericht über ihren Hintergrund. (Sitzungsdatum war der 28. September 1993.) Ursprünglich, bis vor etwa 14 000 Jahren, hatten sie menschenähnliche Fleischkörper. Dann langte ein Team von yatruskischen Experimentatoren unter Führung eines gewissen Sham-Tuh auf ihrem Planeten an. Sie tarnten sich als „kulturelle Regierungsberater", versprachen ewige Jugend und propagierten einen planetenweiten „Jugendlichkeitskult". Körper würden angeblich unsterblich werden, immer gesund und ewig jung bleiben. Die Leute reagierten natürlich ausgesprochen positiv hierauf. Alter, Krankheit und Tod waren ihrem Planeten durchaus nicht fremd. Die kulturellen Berater – mit Übereinkunft der Menschen und ihrer Regierung – stationierten eine Anzahl Satelliten um den Planeten herum. Deren Mikrowellenstrahlung aktivierte jegliche reptilienartigen Programme im GE-Zentralspeicher jenes Planeten, und da die Menschen ja offen und empfangsbereit für die angeblich wohltätigen Schwingungen waren, wurden sie überrumpelt, die Schwingungen drangen gut ein, und innerhalb weniger Generationen machte diese Behandlung aus den Menschen halbe Echsenwesen. Schlußendlich waren ihre Gene deformiert, und so wurden die Echsencharakteristika schließlich erblich[57].
Allerdings geriet die Mutation nicht zur Perfektion, denn die Echsenmenschen sind gezwungen, die GEs fremder Völker zu verspeisen, um sich selbst in Gang zu halten und fortzupflanzen. Sie müssen den Mangel in ihrer eigenen Lebenskraft auf diese Weise wettmachen. Prinzipiell ist das nichts anderes, als wenn wir die Lebenskraft einer Karotte oder eines Schweinebratens aufnehmen, außer daß wir – die wir es nötig haben, diese Dinge zu kauen und zu verdauen – es auf eine weniger direkte Weise als die Echsen vornehmen; diese „schlürfen" die GE direkt auf. Gelegentlich scheinen Echsenmenschen auch eigentliches Körpergewebe zu essen oder über Hautkontakt zu absorbieren, aber weit bedeutender für sie ist die lebendige Energie der GE. Sie ziehen GEs ihres eigenen früheren Kör-

pertyps allen anderen vor; er ähnelte dem kaukasischen Typ der Erde (weiße Rasse).
Die Menschen auf der Erde hatten schon immer eine versteckte Ahnung davon, daß hier ein Biofusions-Programm abläuft, und dramatisierten ihre Ängste auf verschiedenartige Weise – z.B. in Form von Vampir-Legenden. Vampire sind dafür bekannt, daß sie „mein Blut trinken und mich zum Teil von ihnen werden lassen" (Aussage eines Auditierten). Wie wahr! Abgesehen davon, daß sich dies nicht über einen Biß in den Nacken vollzieht, sondern auf weit anspruchsvollere Weise: Schwingungsresonanzen zwischen der eigenen GE und von einem Echsenschiff ausgesandten Strahlen bauen eine Brücke zwischen der eigenen GE und deren GEs, was in einem Informationsaustausch zwischen beiden GE-Programmen zum Wohle der Echsen-GE und zum Schaden der menschlichen GE führt, weil der menschliche Körper früher altert und Knochenschwäche, Psoriasis und Neurodermitis entwickelt (Hautkrankheiten mit Schuppenbildung, sehr echsenmäßig). Auditierte wie auch Solo-Auditoren mit Hautkrankheiten befanden, daß diese schneller abheilten, nachdem entdeckt wurde, daß sie diesen Mechanismen ausgesetzt waren und sich unwissentlich auf Echsen-GE-Frequenzen eingestellt hatten.
(Dies soll nicht heißen, daß *alle* Schuppenflechten von Echsenangriffen herrühren. Schließlich müssen ja auch einige Engramme vorliegen, um die Krankheit überhaupt auszulösen, und viele ernährungsbedingte, medizinische, geistige und elektromagnetische Stimuli in der Umgebung vermögen dies zu bewirken. Echsenangriffe lassen sich allerdings als ein zusätzlicher restimulierender Faktor betrachten.)
UFOlogen werden beim Lesen dieser Zeilen wahrscheinlich an Tierverstümmelungsgeschehnisse erinnert (animal mutilation). Möglicherweise verwenden die Echsenwesen nicht nur menschliche GEs und Gewebe für ihre Fortpflanzungsexperimente, sondern auch tierische. Allerdings gibt es hierzu bisher noch keinen Sitzungsbericht. Jedoch könnte dies eine Erklärung für die „Tierstürme" darstellen, die seit 200 v.Chr. belegt sind, als es buch-

stäblich nicht nur Hunde und Katzen regnete, sondern auch Echsen, Insekten, Fische und Frösche[22].

Um in diesem Zusammenhang kurz auf Dinosaurier zu sprechen zu kommen: Obwohl diese Tiere im Verlauf des Zweiten Geschehnisses ausstarben, sind dinosaurierhaltige Bilder natürlich noch reichlich im GE-Zentralspeicher dieses Planeten enthalten. Die Zeit bewirkt ihr Verschwinden nicht. Die meisten Kulturen kennen Drachen als Teil ihrer Märchen und ihrer Naturreligionen. Darüberhinaus wurden Reptilienspielzeuge und -filme nun schon seit einigen Jahren intensiv propagiert. Wenn man weiß, daß es im Überlebensinteresse einer Rasse von Echsenmenschen steht, uns positive Gefühle über Reptilien zu vermitteln, dann mag man zu Recht fragen, wer denn nun wirklich Filme wie „Victory“ von 1984 inspirierte (Erdenmenschen, die sich gegen eine Eroberung durch Reptilien zur Wehr setzen), oder die kürzlich produzierten und besonders reptilienfreundlichen Erfolgsfilme „Ninja Turtles“ und „Jurassic Park“.

Dabei ist es durchaus nicht so, daß schuppige Invasoren nicht schon viel früher beobachtet worden wären! Man kennt sie schon länger als fünftausend Jahre. Ea oder Enki, die älteste Stadt Sumers, trug ihren Namen zu Ehren von Oannes oder Oe, einem Gott der Weisheit und Beschützer der Menschheit. Man sagte von ihm, daß er in einem unterseeischen Palast lebte. Noch bestehende Fragmente der „Babylonischen Geschichte“, auf griechisch von dem Priester Berossos beschrieben, beschreiben Oannes wie folgt: „Der ganze Körper des Tiers war der eines Fisches; und er hatte unter einem Fischkopf einen weiteren Kopf, und außerdem unten Füße, ähnlich denen eines Menschen, aber in einen Fischschwanz übergehend. Auch seine Stimme und Sprache waren artikuliert und menschlich; und eine Repräsentation von ihm wird bis zum heutigen Tage aufbewahrt (. . .). Wenn die Sonne unterging, war es der Brauch dieses Wesens, sich wieder ins Meer zu versenken und die ganze Nacht in seiner Tiefe zu verbringen; denn er war amphibisch“[22]. Noch lange später, ungefähr 200 v. Chr., konnte der griechische Reisende Pausanias immer noch einen eingelegten „Triton“, ausgestellt im Tempel des Dionysos, bewundern und wie folgt beschreiben: „Ihre Körper sind borstig und mit feinen Schuppen übersäht wie die rauhe Haut eines Haies. Sie haben Kiemen hinter den Ohren und eine menschliche Nase (. . .). Von der Brust abwärts haben sie einen Delphinschwanz statt Füße.“ Ein ähnliches Exemplar, allerdings weiblich, wurde von Pausanias in einem anderen Tempel besichtigt[22].

UFO-MANÖVER

Im letzten Abschnitt wurden „Entführungen“ (abductions) erwähnt – ein UFOlogischer Ausdruck dafür, daß UFO-Besatzungen Erdenmenschen kidnappen. Eine berühmte, unerklärliche und deswegen wahrscheinlich sehr genau durchforschte Entführung war die von Frederick Valentich, der am 21. Oktober 1978 mitsamt seiner Cessna über dem Seegebiet von Adelaide, Australien, verschwand. Valentich, damals ein Luftwaffenpilot, hatte höchstes Interesse am Thema Raumschiffe, fand ein paar Dinge heraus – und wurde von seinen Vorgesetzten ernsthaft ermahnt, damit nicht zu weit zu gehen. Er schien seine Finger auf etwas ganz Heißes gelegt zu haben. Eine Weile später, während eines Privatfluges in seiner Cessna, berichtete Valentich über sein Bordradio, er sähe ein merkwürdiges Objekt, und überprüfte mit dem zivilen wie auch dem militärischen Kontrollturm, ob sie irgend etwas bemerkten. Die Antwort war in beiden Fällen „nein“. Valentich blieb am Mikrofon und beschrieb, was sich weiterhin abspielte. Das „Objekt“ zog ihn spiralförmig nach oben, dann hörte man ein metallisches „Klack“ durchs Mikrofon – und Stille. Das war das Ende von Valentich. Kein Teil seines Körpers oder seines Flugzeugs wurden jemals aufgefunden.
Es wirkt schon recht merkwürdig, daß Valentichs Vorgesetzte ihn wegen seiner UFO-Schnüffelei verwarnten und er kurz danach einen Unfall haben sollte. Weniger merkwürdig ist es, wenn man den Rest der Geschichte kennt. Sie wurde von F.W.

in einer sechsstündigen Sitzung am 28. Februar 1993 herausgefunden.
Im Jahre 1981 befand sich F.W. in einem Passagierflugzeug auf dem Weg nach Melbourne. Im Gebiet von Adelaide durchflog die Maschine ein CAT (Clear Air Turbulence), schüttelte sich gewaltig, wurde aber nicht beschädigt und landete bald darauf in Melbourne. F.W. stieg aus, steuerte den nächsten Buchladen an und fühlte sich magnetisch zu einem Buch über Valentichs Verschwinden drei Jahre zuvor hingezogen. Während er es las, erlitt er extreme Bauch- und Kopfschmerzen. Dies geschah ab da immer dann, wenn er ein Buch las, das ihn zum Nachdenken veranlaßte.
CATs sind angeblich „Überbleibsel" von UFO-Aktivitäten in bestimmten Gebieten. Sehr wahr, wie sich bald herausstellen sollte. Denn innerhalb des CAT war F.W. mit dem Ridge in Kontakt getreten, das Valentich während seiner Entführung gemacht hatte – was nicht nur F.W.s eigenartig plötzliches Interesse an einem Buch über Valentich erklärte, sondern ebenso seine Bauch- und Kopfschmerzen (wie wir gleich sehen werden) und es zudem möglich machte, den wirklichen Hergang von Valentichs Entführung zu entdecken.
Valentich war von einem Raumschiff hochgezogen worden, sein Flugzeug klackte an den Körper des Schiffes und blieb auf magnetische Weise dort haften, Valentich wird auf einen Operationstisch gelegt und einer Art chirurgischem Eingriff von Seiten eines „bio-technischen Roboters" unterzogen, in Gegenwart eines australischen Armeeoffiziers. Ein Kontrollchip wird an seinem Hinterkopf angebracht; auf seinen Solarplexus (Zentrum der GE) wird das Konzept „Denk niemals selbst" aufgestrahlt. Dann wird er als Arbeitskraft auf dem Raumschiff eingesetzt. Er kann seinen Körper nicht bewegen, außer wenn man ihn anweist, besondere Tätigkeiten zu verrichten. Den Rest der Zeit steht er steif wie eine Schaufensterpuppe herum – wie auch viele andere, die dasselbe Schicksal erlitten. Jeglicher Versuch, eigene Gedanken zu denken, wird unmittelbar mit unerträglichen Magenschmer-

zen bestraft. Einige Besatzungsmitglieder haben „Fischköpfe". (Die Entdeckung dieser Zusammenhänge während der Auditiersitzung führte dazu, daß das Ridge entladen und aufgelöst wurde und F.W.s Schmerzen verschwanden.)

Auf ähnliche Weise wurden Daten über den bekannten „Roswell-Absturz" herausgefunden. Am 2. Juli 1947 sah ein Bauer ein Raumschiff nahe Roswell, New Mexiko, aufschlagen, alarmierte die Presse, und am nächsten Tag stand es in allen Zeitungen. Kleinwüchsige Leute mit Schlitzaugen wurden nahe der Absturzstelle gefunden, tot. Sie waren „Greys" (Graue), wie UFOlogen sie heute einstufen würden. Die Grauen, obwohl von menschlicher Gestalt, sind physiologisch wie Insekten gebaut und haben Facettenaugen. Das Militär ordnete sofort die Vertuschung der Angelegenheit an und startete eine Desinformationskampagne. Ein paar Tage später behauptete die Presse, es wäre ein Wetterballon gewesen.

In einer Sitzung am 9. November 1993 kamen mehr Daten hierzu ans Tageslicht. Als er Jahre vor seiner Sitzung durch New Mexiko reiste, las der Solo-Auditor das Ridge auf, das einer der Greys vor seinem Tod gemacht hatte. Hier ist die Story: Das Schiff der Grauen kollidierte mit einem anderen Raumschiff, letzteres vom Adamski-Typ. Ihre Schwerkraftfelder waren irgendwie ineinandergeraten. Keine Aggression war hier im Spiel; es war ein reiner Unfall. Tatsächlich waren die beiden sogar Verbündete. Die Grauen, die im Grunde nichts weiter sind als insektenartige Roboter und für ihre Tätigkeit anscheinend auf irgendeinem anderen Planeten durch genetisches Experimentieren geschaffen wurden, waren von der Affäre bedeutend weniger emotionell berührt als die Besatzung des Adamski-Schiffes, die aus einem Erdenmenschen (vom Auditor beschrieben als „Nazi-Typ") und einigen etwas fremdländisch anmutenden Blonden und Blauäugigen bestand, zweifellos humanoid, aber zu schön, um echt zu sein. Da das Ridge der Adamski-Besatzung mit dem der Grauen verklumpt war und gut auf dem Meter anzeigte, konnte der Auditor einen vollen Bericht hierzu bekommen. Der

„Nazi“ regte sich deswegen so über den Absturz auf, weil er die Enthüllung eines geheimen Szenarios befürchtete. Es bestand daraus, humanoide Schönheiten (von UFOlogen manchmal „Venusianer“ genannt) in die US-Gesellschaft zu infiltrieren, sie von „Liebe“ und „Frieden“ reden zu machen und so von der wahren Intention abzulenken, nämlich der, zu guter Letzt doch die Erde zu übernehmen. (Man bedenke, es war 1947, zwei Jahre nach dem Ende des Zweiten Weltkrieges.) Dieser Plan sollte dadurch ausgeführt werden, daß man die USA mit in der Antarktis stationierten Raumschiffen besuchte, wobei die Grauen als „technische Berater“ fungierten.

Der Hintergrund hiervon ist, daß George Adamski 1952 eine bestimmte Art Raumschiff beobachtete und fotografierte, das etwa wie ein Tropenhut der Kolonialzeit aussieht (und danach als „Adamski-Schiff“ bekannt wurde). Er behauptete, persönlichen Kontakt mit der Besatzung gehabt zu haben, äußerst schönen, blonden und blauäugigen Männern und Frauen, die ihn zu der Überzeugung brachten, sie seien von der Venus. Nebst anderen Symbolen benutzten sie Hakenkreuze zur Identifikation.

In einer späteren Sitzung desselben Solo-Auditors, am 26. März 1994, erkannte er, daß diese „Venusianer“ anderer Herkunft waren, als von ihnen behauptet. Es sieht so aus, als seien sie das Produkt von Klonisierungs-Experimenten, die mit befruchteten menschlichen Eiern auf dem Mars vorgenommen wurden. Die Eier werden im tiefgefrorenen Zustand von der Erde zum Mars transportiert. Auf dem Mars werden sie ausgebrütet; die gesamte „Schwangerschaftsperiode“ ist völlig künstlich. Da der Mars keinen menschlichen GE-Zentralspeicher hat, um die heranwachsenden Embryos mit Energie zu versorgen, muß GE-Kraft von der Erde mittels Raumschiff aufgesaugt werden, vergleichbar mit den vorher beschriebenen Techniken der Echsenwesen, aber anscheinend ausgeführt von Nicht-Echsen. Es ist nicht ganz klar, wer dies tut; es könnten sogar menschliche Wesen sein. Denn diese Geschichte wurde dadurch entdeckt, daß das Ridge eines amerikanischen Luftwaffenpiloten auditiert wurde, den man ent-

führt und am Hirn operiert hatte, um ihn zum Roboter zu machen und seine Erinnerung auszulöschen, dann zu dem künstlichen Marsmond „Phobos" brachte und dort auf einen Wächterposten setzte. Ohne jede Aussicht, jemals zurückzukehren. All dies war von *irdischen* Agenten ausgeführt worden.
Klingt verrückt, nicht wahr? Aber im Lichte einiger weiterer Daten klingt es vielleicht etwas annehmbarer. „In-vitrio Fertilisation", schon seit vielen Jahren auf der Erde üblich, bedeutet, daß man dem Eierstock einer Frau (die nicht auf gewöhnliche Weise schwanger werden kann) eine Anzahl von Eiern entnimmt, sie in ein Reagenzglas gibt und mit dem Sperma ihres Ehemannes befruchtet. Von diesen befruchteten Eiern werden einige wieder in die Gebärmutter der Frau eingesetzt, und mit ein wenig Glück durchläuft sie eine gewöhnliche Schwangerschaft und hat ein Baby, wie jede andere Mutter es auch haben würde. Die anderen Eier werden tiefgefroren – „nur um sicherzugehen; falls wir sie später mal für Sie brauchen". Solange dies zwischen dem 16. und 32. Zellteilungsstadium gemacht wird, kann der Frühembryo später aufgetaut und klonisiert werden. Worum es hier geht: Was geschieht mit den Embryonen, die auf diese Weise jährlich in Tiefkühltruhen gesteckt werden? Ist die Frau erstmal eine glückliche Mutter, wird sie nicht mehr nach ihnen fragen. Medizinische Zeitschriften haben mit Alarmiertheit angemerkt, daß biologische Experimente vorgenommen wurden, um solche Embryonen auszutragen. Man pflanzte sie Schafen oder Schimpansen ein oder stellte gar völlig künstliche Reagenzglasbabys her. Solche Experimente waren im Anfangsstadium erfolgreich und wurden dann „aus ethischen Gründen" abgebrochen. Schön, schön. Die Tatsache bleibt – es *kann* gemacht werden. Und die Frage hängt in der Luft: Wohin geht der Rest Tausender tiefgefrorener Embryonen – zum Mars?
Und bezüglich der Antarktis – 1938 unternahm der deutsche Kapitän Ritscher auf Befehl von Hitlers Feldmarschall Hermann Göring eine Expedition zur Antarktis; als er dort ankam, annektierte er ganz legal 200.000 Quadratkilometer und benannte sie

„Neu Schwabenland". Schwere Bergwerksmaschinerie zum Bau von Untergrundtunneln wurde mehrere Jahre lang alle paar Monate dorthin transportiert. 1945, im letzten Kriegsjahr, erreichte die deutsche U-Boot-Produktion einen Höhepunkt. Allerdings konnte der Verbleib von einigen hundert U-Booten nach dem Krieg nie geklärt werden. Wo waren sie hingeraten? Ein früheres Besatzungsmitglied gab an, ein kontinuierlicher Strom von U-Boot-Ersatzteilen sei von U-Booten zu unbekannten Bestimmungsorten transportiert worden.
1946/47 wurde eine weitere Expedition unternommen, diesmal angeordnet von der amerikanischen Regierung und angeführt von dem erfahrenen Polarforscher Richard Byrd. Getarnt als Forschungsunternehmen war sie in Wirklichkeit eine militärische Expedition – Admiral Byrd hatte 3000 Mann und einen Flugzeugträger unter seinem Kommando. Schaut man sich seine Flugroute an (in alten Schulatlanten ist sie noch eingezeichnet), so schien er sich besonders für Neu Schwabenland interessiert zu haben. Nur ein paar Monate später, im März 1947, zog er sich zurück und sagte der chilenischen Zeitung „El Mercurio", daß die Sicherheit der Pole von höchster Bedeutung gegen eine mögliche Invasion sei. Er hatte Extraterrestrische des venusianischen Typs angetroffen und vier Flugzeuge im Kampf mit ihnen verloren.
1953 ging Byrd ein zweites Mal zur Antarktis, dieses Mal mit Kettenfahrzeugen und angeblich, um den Kontinent über den Südpol weg zu überqueren, aber viel wahrscheinlicher deswegen, wie Gerüchte behaupten, um einen weiteren Versuch zu machen, Neu Schwabenland zu betreten. Auch hier traf er wieder auf Gegenwehr. Und seitdem geht die Sage, die Nazis hätten in Neu Schwabenland eine unterirdische Raumschiffstation. Nachweislich hatten sie bereits funktionierende, von Turbinen angetriebene „fliegende Untertassen". Antischwerkraftscheiben mit Tachionen-Generatoren waren im experimentellen Stadium. Man nannte sie „Haunebu" und nahm an, daß sie über 6000 Stundenkilometer schnell fliegen, mindestens 55 Stunden in der Luft

bleiben und voll „weltraumtauglich“ sein würden. Auf technischen Zeichnungen sehen sie ganz erstaunlich wie Adamski-Schiffe aus (von denen es ja Fotografien gibt).
Somit fallen alle Puzzleteilchen irgendwie doch an ihren Platz. (Und daß die Deutschen beim Bau von unterirdischen Festungen großes Geschick hatten, konnten sie mehr als einmal während des Zweiten Weltkriegs beweisen.)[58, 59, 60, 61]

KAPITEL 6
Telepathische Verteidigungsmaßnahmen

6.1 Der Krieg der Magier

OKKULTISMUS WEISS UND SCHWARZ *
AUFMARSCH DER TRUPPEN

Nachdem nun so viel von üblen Mächten die Rede war, die die Erde in ihren Klauen halten, fühlen sich einige Leser vielleicht entmutigt. Doch ist es nicht so schlimm, wie es vielleicht klingen mag. Die Tatsache an sich, daß die in den vorherigen drei Kapiteln geschilderten Ereignisse und Umstände überhaupt entdeckt werden konnten, bedeutet, daß kein Geheimnis auf ewig unentdeckt bleibt, kein Eindringling unerkannt.

Verteidigung ist möglich – sogar Angriff! Denn obwohl man ja nur deswegen zu Magie, Schamanismus, Meditation oder Auditieren greift, um sich von unerwünschten Einstellungen, Emotionen, Empfindungen oder Schmerzen zu befreien, also eigentlich nichts anderes im Sinn hat, als sich zu verteidigen, ist man doch damit gleichzeitig auch in einer Attacke begriffen. Und die hätte sogar die Kooperation des Angreifers! Denn im Grunde ihres Herzens wollen alle Thetans nichts sehnlicher, als zur „Koexistenz alles Statischen" jenseits alles Bösen zurückzukehren.

Verteidigung durch Telepathie ist weder etwas Neues noch beschränkt sie sich auf die Adepten einiger weniger Denkschulen. Genaugenommen ist sie so alt wie die Veden. Yoga und Meditation, über die Jahrtausende vorangetragen durch die Buddhas, Gurus und Swamis des fernen Ostens und von Hunderttausenden praktiziert, trugen dazu bei, daß die Luft auf diesem Planeten gereinigt und er für seine geistige Erholung vorbereitet wurde.

Bislang war die Meditation die beste Verteidigung, die der Erde zur Verfügung stand, und wahrscheinlich auch die einzige – denn vor Anbeginn dieses Zeitalters der nuklearen Sprengkraft und des Weltraumflugs hätte niemand begreifen können, daß wir vor langer Zeit von Atombomben hinweggefegt wurden und nun von Raumschiffen kontrolliert werden, geschweige denn daran gedacht, außerirdische Mächte zu attackieren.
Durch das im Verlauf des 19. und 20. Jahrhunderts entstandene, fortgeschrittene Verständnis des Kosmos wurde begreifbar, daß Aggressoren aus dem fernen Weltall möglicherweise ganz real existieren und vielleicht tatsächlich beabsichtigen könnten, diesen Planeten zu kolonialisieren und auszubeuten. In den vierziger Jahren, während des „goldenen Zeitalters" der Science- Fiction – und ohne Zweifel mit Hilfe einiger freundlich gesonnener Missionäre – wurde dieses neue Begreifen den Menschen dieser Erde breit gestreut und eindringlich kommuniziert. Natürlich war es „nur" Science-Fiction – aber dennoch ein gigantischer Sprung vorwärts im Vergleich zu der früheren „religiösen Fiction" mit ihren „feuerspeienden Wagen und vom Himmel herabsteigenden Göttern".
Indem er seine besondere Methodologie entwickelte, ist es möglicherweise niemand anders als Ron Hubbard, der den nächsthöheren Gang einlegte und von Verteidigung auf Attacke schaltete. Wohingegen man zuvor kein anderes Mittel hatte, außer sich hinzusetzen und die einen umwabernden Massen „auszuräuchern", machte es Hubbards spezifischer Zugang in Kombination mit neuen wissenschaftlichen Paradigmen möglich, die wahre Quelle dieser Massen zu finden, feindlichen Thetans auf ihren Raumschiffen ins Auge zu blicken (oder eher in den Geist) und sie zu bekämpfen.
Um Hubbards Werk gehörig einzuschätzen, müßte man es auf dem Hintergrund eines jahrhundertealten, universellen Kampfes zwischen schwarzer und weißer Magie in der besten Tradition des alten Atlantis sehen, eines Kampfes, der in einem Zweiten Weltkrieg samt Atombombe kulminierte (dem Sym-

bol markabianischer Übermacht). Es würde die Grenzen dieses Buches sprengen, wollte man in allen Details beweisen, daß der Zweite Weltkrieg ein Krieg zwischen Magiern war und seine militärischen Schlachten nichts anderes als der exoterische Ausdruck einer enormen Spannung zwischen esoterischen Kräften. Aber zumindest können wir einige Andeutungen machen und den interessierten Leser auf weitere Literatur verweisen[62, 65, 80].

OKKULTISMUS WEISS UND SCHWARZ

Schon bei der Erwähnung des Illuminaten Albert Pike, seines Briefes und „Weltbeherrschungsplans" aus dem Jahre 1871 sind wir mit dem Spielkontext in Berührung gekommen, der zum Zweiten Weltkrieg führte. Weiter ging es damit, daß Robert Wentworth Little im Jahre 1860 die Loge der Rosenkreuzer in England gründete. Durch diesen Akt gab Little lediglich offiziell bekannt, daß diese bereits jahrhundertealte Bruderschaft tatsächlich existierte, denn die Rosenkreuzer beziehen ihren Namen angeblich von ihrem Gründer aus dem Jahre 1484, dem Ritter Christian Rosenkreutz. Dieser hatte den Orient bereist und war in das von der katholischen Kirche so scharf unterdrückte Geheimwissen der Araber initiiert. Als geheime Bruderschaft und den Freimaurern aufs engste verwandt, führten die Rosenkreuzer die allgemeine europäische Tradition des griechischen, ägyptischen und kabbalistischen Okkultismus fort. Daß im 16. Jahrhundert einer ihrer Exponenten der Kosmologe Dr. Robert Fludd war, von dem man sagt, er sei eine Inkarnation des Hermes Trismegistos (und kürzlich wieder als Franz Bardon erschienen), scheint ein klares Zeichen dafür zu sein, daß die Rosenkreuzer „weiße Magie" repräsentieren. Im Verlauf des 18. Jahrhunderts geriet ihre alchimistische Weisheit allerdings in Vergessenheit, und sie reduzierten ihre Veranstaltungen auf die Durchführung symbolischer Riten.

Okkultismus wurde um 1880 herum zur Modeerscheinung, als die verschiedensten Geheimgesellschaften in Frankreich, England, Deutschland und Amerika gegründet wurden; die bekannteste unter ihnen wohl die Theosophische Gesellschaft von Helena Petrowna Blavatski. Madame Blavatski, damals etwa 50 Jahre alt, hatte den größten Teil ihres Lebens mit Reisen durch den Orient verbracht und Ägypten, Afrika und Indien besucht; sogar in das allen Fremden verschlossene Tibet hatte sie Zugang gefunden. Diese abenteuerlustige, kettenrauchende und haschischliebende Dame, die behauptete, die Welt werde von einer kleinen Zahl von Mahatmas (hohen geistigen Lehrern) von Himalayahöhlen aus gelenkt, brachte dem westlichen Okkultismus neue Impulse. Sie fügte den Zauber, die Terminologie und die Praktiken des Ostens hinzu – auch hier wieder weiße Magie.

Etwa zur gleichen Zeit landete auch die Gegenseite einen Treffer – und zwar unerwarteterweise in der scheinbar so sauberen und rationalen Welt der Wissenschaft. 1881 „bewiesen" Michelson und Morley in einem recht kurzen und oberflächlichen Experiment, daß das Ätherkonzept als äußerst „unwissenschaftlich" zu betrachten sei. Das Experiment wurde bei verschiedenen Gelegenheiten wiederholt und veranlaßte Einstein, dieses Konzept 1905 aufzugeben. Aber vielleicht war es in Wirklichkeit doch nur ein halber Treffer – weil der gute europäische Äther, dem die unfehlbare Wissenschaft gerade die Tür gewiesen hatte, die Szene durch ein Hintertürchen wieder betrat, und zwar mit ein wenig Hilfe von Madame Blavatski und getarnt als „Akasha". (Morleys Schüler Dayton Miller demonstrierte 1933, wie dürftig das Michelson-Morley-Experiment wirklich war; indem er denselben experimentellen Aufbau verwendete, bewies er das genaue Gegenteil! Aber obwohl der Äther nun wieder sein durfte und obwohl Einstein positiv über ihn schrieb, schien ihn niemand haben zu wollen. „Unwissenschaftlich" erwies sich als ein sehr gutes und dauerhaftes Etikett. Der Raum war leer, und das wars zu diesem Thema![63])

Helena Blavatski starb 1891. Von nun an gewannen zwei, ganz gegensätzliche Seiten des Spiels repräsentierende Personen an Einfluß: Rudolf Steiner, damals 30 Jahre alt, und Aleister Crowley, damals 16 Jahre alt.
Vier Jahre vor Madame Blavatskis Tod, im Jahre 1887, wurde die okkulte Gesellschaft „Golden Dawn“, eine Splittergruppe der Rosenkreuzer, in England gegründet. Einige der hervorragendsten Geister von Großbritannien, etwa der Poet W.B. Yeats oder der Präsident der Royal Society, Sir Gerald Kelly, zählten zu ihren Mitgliedern. 12 Jahre später, 1898, trat auch Aleister Crowley dem Golden Dawn bei. Crowley, finanziell unabhängig und niemals verheiratet, konnte es sich leisten, seine gesamte Zeit mit abenteuerlichen Reisen und okkultistischen Experimenten zu verbringen. Sein hervorstechendstes Persönlichkeitsmerkmal war eine schier unersättliche Gier nach sexueller Befriedigung, egal wie. Da wundert es wenig, daß er sich zum O.T.O. hingezogen fühlte, dem Ordo Templi Orientalis, von Karl Keller 1901 gegründet. Dessen Ordensgeheimnis war Sexualmagie, ausgeführt in Form sadomasochistischer satanischer Riten, schwarzer Messen und Sexorgien komplett mit Blut, Exkrementen, oralem, analem, homosexuellem und bisexuellem Geschlechtsverkehr und Sodomie mit Tieren. Schwarze Magie im besten yatruskischen Stil.
Es scheint, als habe sich hier eine deutliche Absonderung der magischen Feldlager voneinander vollzogen, besonders wenn man bedenkt, daß etwa zu dieser Zeit drei eminente Weißmagier zur Erde herabstiegen, um sich dort Körper zu nehmen und aktiv zu werden. 1909, Franz Bardon; 1910, Herr Mahesh (später Maharishi); 1911, Ron Hubbard. Das Auftreten solch bedeutender Spieler in so kurzer Folge kann nur heißen, daß man mit einer Zuspitzung der Lage rechnete.
Die nächste Konfrontation zwischen magischen Lagern fand zwischen 1920 und 1922 statt, als Crowley „Thelema“ gründete, sein „Kloster“ in Sizilien, und er Kopf des gesamten O.T.O. wurde – während zur gleichen Zeit Yogananda seine Vorle-

sungsreise durch die USA unternahm. Kein größerer Unterschied zwischen zwei Exponenten der Magie läßt sich vorstellen! Crowley, unter seinem Motto: „Tu was du willst, soll sein das ganze Gesetz; Liebe ist das Gesetz, Liebe unter Willen", lebte auf Sizilien ein Leben von Wollust und Geilheit, brüstete sich damit, das lüsterne „Tier 666" der Johannesoffenbarung zu sein (Off.13,18) und tat tatsächlich sein Äußerstes, dieser Reputation gerecht zu werden. Auf der einen Seite bediente er sich großzügig mit Opium, Kokain, Äther, Morphium, Heroin, Haschisch, Laudanum, Veronal und Alkohol, um sein Asthma und seine Depressionen in Schach zu halten, auf der anderen Seite sah er sich selbst als ein „Weltenlehrer", ein Sprachrohr kosmischer Mächte, ein „Avatar", d.h. ein Gott in Menschengestalt. (Wie wahr – vielleicht Yatrus in Person?)

Selbst wenn man willens wäre, alle möglichen philosophischen Feinheiten in Crowleys Lehrsatz von „Thelema" (griechisch für „Wille") hineinzulesen, fände man es wohl schwer, dies angesichts dessen aufrechtzuerhalten, was Crowley faktisch unternahm, um die Welt seinen dämonischen Visionen zu unterwerfen [64]. „Liebe" benutzte er lediglich als Fassade, um seinen Willen durchzusetzen – sehr yatruskisch! Und in vollstem Kontrast zu Yogananda, dem keuschen Hindumönch, der 1920, nach Jahren intensiven Studiums bei seinem Guru Sri Yukteswar, die USA bereiste. Er trat auf den Bühnen großer Versammlungshallen in Dutzenden von Städten auf, hielt Vorlesungen, initiierte einige hunderttausend Studenten in Yoga und nahm die amerikanische Nation im Sturm. Als er im Jahre 1927 eine Verabredung mit Calvin Coolidge hatte, war er der erste indische Swami (weiser Mann), der je von einem amerikanischen Präsidenten empfangen wurde. Mit seinem Buch „Autobiographie eines Yogi" gab er einen einmaligen und breit publizierten Bericht in populärer Sprache über die Philosophie und Praxis des Hinduismus – nicht im mindesten davon beeindruckt, daß sich die ganze Welt gerade für den Zweiten Weltkrieg rüstete.

Der nächste Zusammenprall der feindlichen magischen Lager – diesmal nicht nur in Form einer zeitlichen Koinzidenz, sondern als physische Konfrontation zwischen zwei Magiern – erfolgte 1941, als Franz Bardon von Hitlers Schergen gefangengenommen und aufgefordert wurde, Hitler zu unterstützen. Dies verlangt ein Erklärung. Lassen Sie uns mit ein paar Worten zu Hitler beginnen: Er war von Mystizismus, Okkultismus, Yoga und Magie fasziniert. Nicht nur politische, sondern auch okkulte Machtgruppen bemühten sich, über ihn ihre Ziele zu erreichen[62, 65]. Gelegentlich durchlebte er machtvolle telepathische Visionen, diente als spiritistisches Medium für unbekannte Entitäten und brach unter dieser Beanspruchung gelegentlich körperlich zusammen. Alle Arten von Geistern und Dämonen schienen seinen Körper als Kommunikationsvehikel zu benutzen. Er baute starke Verbindungen mit gewissen schwarzmagischen Mönchsgruppen in Tibet auf; als Berlin bei Kriegsende in die Hände der alliierten Truppen fiel, fanden sie ungefähr tausend tote Tibeter in deutschen Uniformen unter den Trümmern des Führerhauptquartiers. Die SS war nach dem Vorbild der Societas Jesu (Jesuiten) durchorganisiert; Gruppenmeditationen in tibetischer Manier gehörten zur Routine. Um den „Endsieg" zu sichern, wurde jede halbwegs vielversprechende Technik, die auf dem esoterischen Markt zu haben war, ausprobiert, selbst wenn diese selbe Technik dem Volk verboten war. Astrologen, spiritistische Medien, Pendelexperten, indische Tattva-Yogis und japanische Zen-Mönche wurden in geheimen „Forschungsstätten" festgehalten und dazu verwendet, den Verlauf des Krieges vorauszusagen, ihn günstig zu beeinflussen oder Übungen zur Erhöhung des Gehorsams und der Durchhaltefähigkeit von Soldaten und Offizieren auszuarbeiten. (Nebenbei gesagt, hielten die Alliierten den okkulten Hintergrund des „Dritten Reiches" für bedeutsam genug, um nach dem Kriege alle deutschen Büchereien nach solchem Material zu durchforsten, es zu entfernen und verschlossen und versiegelt bis zum heutigen Tage aufzubewahren[46,62]).

Die politische Bühne jener Zeit war mit xenianischen und yatruskischen Requisiten vollgestopft, wobei die yatruskischen vielleicht sogar in der Überzahl waren, dabei aber (typisch) nicht im Vordergrund rangierten. Die Massentötungen auf dem Schlachtfeld, die Massenevakuierungen und -hinrichtungen von Zivilisten erinnern gewiß an das Zweite Geschehnis und sind daher xenianisch in ihrer Art – aber was spielte sich im Hintergrund ab? Zum Beispiel das Projekt „Lebensborn", wo die Blonden und Blauäugigen künstlich gezüchtet wurden, der „Neue Mensch" der „Zukunftsrasse". Oder die „Vrilgesellschaft" (wobei unter „Vril" so etwas wie kosmisches Prana zu verstehen ist). Oder der „Thule-Orden", Schmiede hitlerscher Ideologie, wo tibetische Schwarzmagie mit der Mythologie nordischer Völker verschweißt wurde, besonders mit der der vergötterten Arier. („Arisch" bedeutet auf Sanskrit übrigens „edel".) Ist dies als Sehnsucht nach den Glanzzeiten von Atlantis zu werten, als yatruskische Herrlichkeiten Xenus Mittlerem Implant folgten? Steckt hierin das Verlangen, die Vorherrschaft der weißen Rasse durch regelrechte Neuzüchtung wiederherzustellen, durch das Auslöschen anderer Rassen und der Beherrschung der Welt durch brutale Gewalt?

Hitler gehörte einer supergeheimen Loge namens FOGC oder „Die 99er" an. „FOGC" bedeutet „Freimaurerischer Orden der Goldenen Centurie". Es gab 99 solcher Orden. Auch die Zahl der Mitglieder innerhalb der einzelnen Orden war auf 99 beschränkt; gewöhnlich gehörten ihr vermögende und einflußreiche Leute an, die Interesse daran hatten, Schwarzmagie zur Erweiterung ihres materiellen Wohlstands einzusetzen. Sie spezialisierten sich auf „telepathische Kampftechnik" und benutzten sogar „Tepaphone", ein telepathisches Gerät, das im Körper des Opfers gewaltige Hitze erzeugt, ihn regelrecht innerlich zum Kochen bringt und schließlich tötet. Es funktioniert auf jede Entfernung. Verständlicherweise war dieses Know-how von gewaltiger Bedeutung für Hitler; es war *die* Methode, feindliche Führer zu eliminieren und so den Krieg zu gewinnen. Doch schien er die Kooperation der anderen FOGCs zu benötigen, wußte aber nicht, wie mit ihnen in Kontakt zu treten sei. Hitler bot Franz Bardon, der sich in den dreißiger Jahren ja einen Namen als Magier gemacht hatte, Rang und Würden in der Naziregierung an, wenn er ihn nur unterstützen und als Allerwichtigstes ihm vermitteln würde, wo in der Welt sich die anderen 98 FOGCs befänden. Bardon weigerte sich, wurde gefoltert, weigerte sich weiterhin und wurde zum Tode verurteilt – konnte allerdings entkommen, weil das Breslauer Konzentrationslager knapp vor seiner Hinrichtung bombardiert wurde[10, 66].

AUFMARSCH DER TRUPPEN

Auch weiterhin waren Konfrontationen zwischen Magiern an der Tagesordnung. 1945, als Atombomben Xenus Sieg ankündigten, fand z.B. ein recht amüsantes Zusammentreffen zwischen Hubbard und Jack Parsons, einem Anhänger Crowleys, in Kalifornien statt. Wie es scheint, hatte Hubbard vor, im feindlichen Lager herumzuschnüffeln, und führte Crowley dabei an der Nase herum[64, 72].

Von größerer Bedeutung waren allerdings die fünfziger Jahre (übrigens der Beginn des Wassermann-Zeitalters), als verborgene geistige Ressourcen angezapft wurden und sich Kräfte formierten, um gegen die etablierte Position von Xenus Markabianern anzugehen. Im Jahre 1950 trat Hubbard mit der Veröffentlichung seines Buches „Dianetik, moderne Wissenschaft der geistigen Gesundheit“ ins Rampenlicht und erklärte damit der von Xenu und Yatrus inspirierten Psychiatrie seiner Tage den Krieg, einer Psychiatrie, die sich darin gefiel, ihre Patienten mit Elektroschocks zu „kurieren“, ihnen Teile ihres Hirns herauszuschneiden oder sie mit Drogen in einen bewußtlosen Dämmerzustand hineinzutreiben. (Man bemerke, daß „Psychiater“, buchstäblich übersetzt, eigentlich „Geistesarzt“ bedeutet, nicht etwa „Hirnarzt“.)

Im selben Jahr wurde eine chinesische Heilgymnastik namens Tai-Chi öffentlich verfügbar gemacht und im Westen eingeführt. Zuvor war Tai-Chi eine Geheimtradition innerhalb weniger Familien gewesen; die individuellen Stilrichtungen wurden von Vater zu Sohn weitergereicht und unter striktester Geheimhaltung gelehrt. Daß die Yang-Familie sich entschloß, Tai-Chi zu popularisieren, läßt sich als Gegenbewegung zu der mechanisierten und seelenlosen yatruskischen Medizin Europas und Amerikas werten.
1956 langte Ravi Shankar, das indische Musikgenie, in Amerika an und initiierte zahllose Westler in die klassische indische Musik, dies gerade zu einer Zeit, als „Beat-Musik", Jazz und Rockmusik sich zu etablieren begannen. Dank Ravi Shankars Einfluß (im besonderen auf die Beatles), hielten sich die mechanisierten, öden, markabianischen Viervierteltakt-Rhythmen, die alle Musik zu übernehmen drohten, in Grenzen[67]. (Was sie bei manchen Lebensformen anrichten können, wurde durch das Pflanzenexperiment in Kapitel 1.2 demonstriert.)
Eine weitere Enthüllung bislang vertraulichen Wissens war das Erscheinen von Franz Bardons drei Büchern zum Thema Magie im Jahre 1957 [68, 69, 70]. Schon zwanzig Jahre zuvor hatte er die Anweisung erhalten, sie zu schreiben und zu publizieren; sie wurde ihm von Urgaya gegeben, laut Bardon eine Manifestation des Schöpfers des Universums, der mit Hilfe von zwölf Weisen das Schicksal der Welt von irgendwo in der „Erdgürtelzone" lenkt. Bardon wurde geheißen, der Welt die ersten vier Seiten des „Buches der Weisheit" zu enthüllen – ein so unerwartetes und schockierendes Ansinnen, daß er es zunächst am liebsten abgelehnt statt ausgeführt hätte.
Ein Jahr später, 1958, kam Maharishi Mahesh Yogi in den Westen und fand ein auf östliches Wissen bereits eingestimmtes Amerika und Europa vor – dank der Vorarbeit von Madame Blavatski, Ravi Shankar und natürlich Paramhansa Yogananda. Auf diese beiden großen indischen Meditationslehrer, Yogananda und Maharishi, sollten wir etwas näher eingehen.

Yogananda lehrte Kriya-Yoga, eine ihm von seinem Lehrer Lahiri Mahasaya anvertraute Technik, der sie wiederum bei seinem Guru Babaji erlernt hatte. Ursprünglich wurde Kriya-Yoga streng geheimgehalten und stand nur Swamis zur Verfügung, d.h. Menschen, die sich ihrem geistigen Erwachen voll widmeten. Von dem Heiligen Babaji heißt es, er hätte diese Technik wiedergefunden, lange nachdem sie vergessen und verloren schien. Babaji ist eine recht mystische Persönlichkeit – weder sein wirklicher Name noch seine Geburts- und Todesdaten sind bekannt; er lebt seit Hunderten von Jahren in völliger Zurückgezogenheit im Himalaya (so sagt Yogananda), ohne die Notwendigkeit, zu inkarnieren oder zu reinkarnieren, da er, in voller Kontrolle des Prana (Lebenskraft), in der Lage ist, einen Körper „aus der leeren Luft heraus" selbst zu erschaffen, wenn er einen braucht, oder den, den er schon hat, unbegrenzt in einem bestimmten Alter zu halten. Gegen Ende des 19. Jahrhunderts wies er seinen bedeutendsten Schüler, Lahiri Mahasaya, an, Kriya-Yoga in aller Welt bekanntzumachen und dabei das Leben eines „Hausvater-Yogis" zu leben, d.h. eines Mannes, der die gesellschaftliche Verpflichtung erfüllt, eine Familie und einen Beruf zu haben, gleichzeitig aber auf einem geistigen Weg voranschreitet – eine absolute Novität innerhalb der geistigen Tradition Indiens!
Lahiri Mahasaya folgte dem Befehl seines Meisters und verbreitete Kriya-Yoga innerhalb Indiens, wobei er Hunderte von Menschen initiierte. Mit der Zustimmung Babajis beauftragte er Yogananda, diese Technik nach Amerika zu exportieren und, beginnend im Jahre 1920, führte Yogananda dies auch aus – auch hier ein Bestreben, ein geheimes Wissen zum Nutzen der Welt allen zur Verfügung zu stellen.
Eine ähnliche Geschichte ließe sich über Maharishi Mahesh Yogi erzählen und über seinen Guru Swami Brahmananda Sarasvati, gewöhnlich „Gurudev" genannt, ein großer alter Weiser in der striktesten Tradition des Hinduismus. Gurudev hatte seine Eltern im Alter von zwölf Jahren verlassen, um ein Yogi zu werden, und sich vierzig Jahre lang in den Dschungel zurückgezogen, um

zu meditieren. Während dieser Zeit entwickelte er die heute unter dem Namen Transzendentale Meditation (TM) bekannte Mantra-Meditationstechnik. Um 1925 herum, nach seinem Universitätsabschluß in Physik, fühlte sich Maharishi (damals einfach Herr Mahesh) zu dem Kreis um Gurudev hingezogen, akzeptierte Gurudev schließlich als seinen Guru und trägt seitdem den Titel eines Maharishi („Großer Seher"). Auf Gurudevs Geheiß sollte Maharishi TM in die Welt hineintragen. Ohne einen Pfennig Geld in der Tasche langte er in Hawaii an und begann von dort aus seine missionarische Tätigkeit, die bald die ganze USA umfassen sollte und schließlich auch Europa erreichte. Als die Beatles seine Schüler wurden, hatte er es geschafft. Tausende kamen zu seinen Ashrams (Meditationszentren) in Indien, Amerika und Europa und baten um ihre Initiation.

Maharishis Ziele beschränken sich nicht allein darauf, individuellen Chelas (Schülern) zu ihrer Erleuchtung zu verhelfen, sondern Streß auf planetarischer Ebene zu verringern. Dabei stützt er sich auf eine ähnliche Hypothese wie Hubbard, insofern er annimmt, daß negative Kräfte ausmanövriert werden und positive Entwicklungen unaufhaltsam einsetzen können, sobald sich (um in Hubbards Worten zu sprechen) das Gleichgewicht zwischen freiem Theta und „enturbuliertem" Theta zugunsten des freien Thetas verändert. Hierzu sagt Charles F. Lutes, Präsident des amerikanischen Zweiges von Maharishis „Spiritual Regeneration Movement": „Maharishis Aktionsplan und seine Zielsetzung umfassen die gesamte Welt. Es ist seine klar ausgesprochene Absicht, den Kurs der Menschheit mit Hilfe der breitestmöglichen Verkündung des Wissens und der Ausübung von Transzendentaler Meditation umzulenken. Um dies zu erreichen, wurden Meditationszentren in den wichtigsten Städten der meisten Länder dieser Erde eingerichtet." [24]

Dies ist nicht allzuweit entfernt von Hubbards Schlachtruf: „Klärt den Planeten!" („Clear the Planet!"). Jedoch formulierte Hubbard seine Ziele nicht in ganz so verbindlichem Stil wie oben, sondern in der ihm eigenen Weise etwas knapper und rauher: *„Ich bin nicht von diesem Planeten. Nun, wenn ich es auf mich nehmen kann, zu sagen, daß es eine sehr gute Idee wäre, auf diesem Planeten aufzuräumen, dann solltet ihr, die ihr die ganze Zeit hier wart, verdammt nochmal euren Teil der Verantwortung dafür tragen und nicht sagen, das überlassen wir dem Ron!"* [71]

Die 50er Jahre waren offensichtlich ein „Jahrzehnt der Klärung des Planeten". Die nächsten beiden Kapitel befassen sich damit, welche Rolle Hubbard und seine Nachfolger in diesem Projekt spielten.

6.2 Hubbards Attacke

CLEARS IN NÖTEN * OT III – DER DURCHBRUCH *
HUBBARD REKRUTIERT LOYALE OFFIZIERE *
EINE SCHIEFGELAUFENE ATTACKE

CLEARS IN NÖTEN

Hubbard brauchte gute 30 Jahre, um seine Techniken auszuarbeiten; nach seinem Tod wurde diese Arbeit von einigen seiner Anhänger weitergeführt. Über seine Forschungen und die dabei anfallenden Schwierigkeiten, Komplikationen und Resultate werden Sie in diesem Kapitel lesen. (Das Wort „Scientologie" ist übrigens kein neues. Schon 1934 benutzte es der Österreicher Dr. A. Nordenholz als Titel für sein Buch „Scientologie – Wissenschaft von der Beschaffenheit und der Tauglichkeit des Wissens".)
Vielleicht sollten wir das Wort „Forschung", das ja immer recht großartig und eindrucksvoll klingt, zurechtrücken, bevor wir die dadurch erhaltenen Resultate vorstellen. Jede Forschung, sei es von Hubbard oder seinen Nachfolgern (außerhalb der Scientology-Kirche), bezog sich immer auf die Erleichterung unerwünschter Einstellungen, Emotionen, Empfindungen und Schmerzen. Sie wurde nicht „rein" oder als Selbstzweck betrieben, sondern diente dazu, praktikablere Zugänge zur reaktiven Bank zu finden, um sie zu „knacken" und die Beschwerden der Auditierten zu beseitigen.
Wenn also „Kontakte mit Außerirdischen" in diesem Text erwähnt werden, ist es nicht so, daß der in Frage stehende Auditor sich eines Tages aus lauter Langeweile vornahm, auf die Jagd nach Raumschiffen zu gehen oder sich paranormale psychische Fähigkeiten anzueignen. Viel eher war er bestrebt, etwas loszuwerden, das ihn plagte. Er fühlte sich einfach an diesem Tag nicht ganz so wohl wie am Tag zuvor, rief deswegen seinen

Fallüberwacher an, fragte nach Instruktionen und setzte sich dann mit seinem E-Meter hin, um zu auditieren. Auf diese Weise wurden unbekannte Perioden auf der Zeitspur wie auch ganz neuartige Geschehnisse gefunden.

Im Jahre 1950 wurde „Dianetik" publiziert, bald ein Bestseller. Hubbard hatte 273 Fälle auditiert, um die für dieses Buch nötigen Erfahrungen zu sammeln[72]. Zwar wurden Clears „gemacht", erwiesen sich aber als sehr „wacklige" Clears. Hubbard sah sich gelegentlich der Lächerlichkeit ausgesetzt. Was war schiefgegangen?

Verschiedene Sitzungsberichte ehemaliger Zeitzeugen weisen darauf hin, daß Hubbard in den späten Dreißigern eine Art „telepathischer Geheimdienstaktivität" lanciert und Methoden entworfen hatte, um einen Thetan seinen Körper verlassen zu machen und ihn in diesem Zustand auf Xenu- und Yatrus-Szenarien anzusetzen.

Ein Auditor (H.J.) fand heraus, daß er an drei verschiedenen Untersuchungen in drei verschiedenen Örtlichkeiten beteiligt war: Eine in Tibet, wo er beobachtete, wie schweres Bergwerksgerät von deutschen Ingenieuren installiert wurde, vermutlich um Uran zu finden. Die zweite in Wien, wo er in den Körper eines Mannes schlüpfte, der sich an schon früher beschriebenen Blut- und Sexorgien in Crowleys Stil verlustierte, und so die Szene miterlebte. Die dritte Örtlichkeit war die Nevada-Wüste, wo elektronische Geräte in einer Höhle zu untersuchen waren. Diese Instrumente waren jedoch von solcher Art, daß H.J. als exteriorer Thetan entdeckt, hereingeholt und implantiert wurde. Dies war das Ende der Kooperation von H.J. mit Hubbard, zumindest für jenes Leben.

P.S., ein anderer Auditor, erkannte, daß er an den Folgen einer experimentellen Sitzung in den späten 40er Jahren starb. Dies erklärte seine gespannte Beziehung zu Hubbard in diesem Leben.

Ein dritter Auditor, T.J., starb 1957. Sein Bericht über die damalige Situation ist so umfassend, daß wir ihn im Detail berücksichtigen sollten und gelegentlich zitieren werden. Obwohl

T.J. ihn im Jahre 1992 abfaßte, noch bevor er die OT III Materialien kennenlernte, gehen einige Details weit über das hinaus, was in Hubbards diesbezüglichen Materialien von 1968 beschrieben wird. Was soviel bedeutet, daß T.J. schon 1957, zum Ende seines damaligen Lebens, mehr über OT III wußte, als elf Jahre später offiziell verlautbart wurde.

In seinem Bericht bestätigt T.J. (der nie eine Hubbard-Biographie gelesen hatte), daß Hubbard sich durch alle möglichen Riten und Rituale hindurchgearbeitet habe, um herausfinden „wie man es auf der Erde so macht", die Dinge verwertete, die ihm nützlich erschienen, und so die Grundlagen dessen schuf, was später als „Dianetik" bekannt werden sollte. Die beiden trafen sich 1947 und auditierten einander. (T.J. hieß damals Robert Fuller; um Verwechslungen vorzubeugen, bleiben wir bei diesem Namen, wenn es sich um das vergangene Leben des T.J. handelt.)

In jener Anfangszeit waren vergangene Leben, Thetans und Exteriorisation durchaus nicht Teil der Verfahren. Erst zwischen 1949 und 1952 entstanden diese Konzepte in Form gigantischer Vorwärtssprünge. Dies lag zum großen Teil daran, daß man ein Oszilloskop benutzte. Der Apparat hatte keine Skala mit Nadel, sondern eine Röhre, dessen fluoreszierende Linie entweder flach war oder „Spitzen" zeigte, sobald Ladungsbereiche getroffen wurden. Die Technik war einfach – man verfolgte jede einzelne Spitze bis zur Quelle der Ladung. Auf diese Weise wurden Geschehnisse weit unterhalb der normalen Bewußtheitsebene der betroffenen Personen gefunden, darunter auch Implants. Man ließ nichts aus; jede Spitze wurde verfolgt. Da man aber weder über ordentliche Prozeduren noch entsprechende Erfahrungen verfügte, kontaktierte man auf diese Weise zwar riesige „Blasen" von Ladung, entleerte sie aber nicht immer. Dies führte zu beträchtlichen körperlichen und emotionellen Belastungen für die Auditierten.

Um das Jahr 1950 herum schien die Szene um Hubbard einem unerklärlichen Druck ausgesetzt zu sein. Bei einer Gelegenheit erhielt Fuller während einer Sitzung einen starken elektrischen Schlag, als führe ein Blitz durch ihn hindurch. Dieser Stromstoß schien regelrecht auf ihn abgezielt gewesen zu sein. Hubbard und Fuller begannen, sich Sorgen zu machen. Leichen wären so ziemlich die mieseste PR gewesen, die man sich vorstellen konnte!

Noch weitere unerklärliche Phänomene erschütterten Hubbards Gruppe. Gewiß, Auditieren erzielte spektakuläre Resultate; z.B. brachte man psychosomatische Beschwerden innerhalb weniger Minuten zum Verschwinden – nur stellten sich danach emotionelle Zusammenbrüche, körperliche Schmerzen oder sogar Gedächtnisschwund ein. Engramme wurden gelöscht – nur um wieder zu erscheinen! Auditierte und besonders Clears waren verwirrt, verängstigt, schockiert. Einige setzten sich ab und ließen sich nie wieder blicken. Man befürchtete, daß das Auditieren Zustände eher verschlechtert und man besser die Finger davon läßt. Diese entmutigende Phase setzte sich bis 1954 fort.

Zur Erklärung dieses Auf und Ab vermutete Hubbard, man habe es mit der Dramatisierung alter Implants zu tun. Da man aber bereits gewaltige Implants von vor Billionen von Jahren zurück auditiert hatte (siehe „History of Man") – was könnte da wohl übersehen worden sein, das gar noch kräftiger wäre? Im Gegensatz zu Hubbard nahm Fuller an, man habe es mit einem „starken und in der Gegenwart aktiven Kontrollmechanismus" zu tun, der „nicht nur einzelne Menschen beeinflußt, sondern auch die Interaktion zwischen Menschen, und sich auf Entitäten/Ridges stützt, die von außerhalb über Wellen aktiviert werden." Clears schienen vorsätzlich durch „Kontrollentitäten" unterdrückt zu werden, hatten aber nicht genügend Training und Bewußtheit, um sich dieser Einflüsse zu erwehren. Hubbard entwickelte Techniken, um den Thetan zu exteriorisieren und den Feind zu bekämpfen, etwa die „Technik 8-80" und „8-8008". Die Resultate schienen vielversprechend – hielten aber nicht lange an, denn „die Leute oben in ihren Kontrollstationen bemerkten, was hier auf der Erde vor sich ging, und verstärkten ihre Kontrolle."

Die Situation schien hoffnungslos. 1954 beschloß man, dem Publikum zuliebe zu leichteren Verfahren überzugehen. Die Forschungsgruppe, die nie aus mehr als drei Mitgliedern bestand, ging auseinander, da ihre Mitglieder befürchteten, sie könnten zuviel Aufmerksamkeit von wem auch immer auf sich ziehen. Sie gaben vor, nicht mehr vorhanden zu sein. Nach einer dreijährigen Pause, im Jahre 1957, kam es zu einem letzten Treffen. Man kam überein, es so aussehen zu lassen, als ob die Scientologie den falschen Weg eingeschlagen hätte und überhaupt nicht funktionierte, um auf diese Weise die kontrollierenden Mächte irrezuführen und ihre Wachsamkeit zu reduzieren. Hubbard schlug vor, das einer von ihnen „geopfert" werden sollte, um den Gegner auf die falsche Fährte zu lenken, etwa nach dem Motto: „Scientologischer Forscher mit Schlüsselstellung begeht aus Frustration Selbstmord, weil die Scientologie ein Riesenirrtum ist". Nach hitzigen Diskussionen erklärte sich Fuller zu diesem Opfer bereit. Er hatte keine Kinder; seine Frau war nur wenige Jahre zuvor gestorben. Die Entscheidung fiel ihm nicht leicht, erstens, weil er nicht wußte, wer hinter den Attacken steckte; zweitens, weil man sich nicht sicher sein konnte, ob die List funktionieren würde; drittens, weil Fuller es verständlicherweise vorgezogen hätte, die Forschung mit etwas konventionelleren Mitteln fortzusetzen.

1957 springt er vom Hoover-Damm, tötet damit seinen Körper, exteriorisiert und erhält die „Standard-Schirmbehandlung für Thetans auf dem Weg hinaus". Diese beinhaltet in seinem Fall ein Hohes Gericht, das ihn nach seinen Sünden fragt, ihn aburteilt und wieder fortschickt. Es beinhaltet den Eindruck davon, körperlich in einem Stuhl festgeschnallt zu sein und Bilder von Häusern, Autos und Landschaften gezeigt zu bekommen, während eine Stimme unzusammenhängende ingenieurartige Informationen ausspricht und der Scheinkörper gleichzeitig einer heiß/kalt/elektrischen Behandlung unterzogen wird. Manchmal wirbelt der Stuhl mit hoher Geschwindigkeit im Kreis herum. Die Stimme gibt „gute Ratschläge" wie etwa: „Sei ruhig. Sei leise. Schlafe." Gegen Ende der Behandlung probiert er verschiedene, mit Geschlechtsorganen versehene Körper aus weichem Kunststoffmaterial aus, erfährt angenehme sexuelle Erregtheit und wird auf diese Weise mit einer GE zusammengebracht. Er sieht Bilder von Thetans, die in Eisblöcken zur Erde transportiert werden. Unausweichlich und wie durch einen Trichter wird er in die Richtung seines zukünftigen menschlichen Körpers kanalisiert, hat keine andere Wahl, als in ihn hineinzugehen – und wird geboren.

Dieser Bericht und die „Eisblöcke", schon 1952 in Hubbards „History of Man" erwähnt, legt die Schlußfolgerung nahe, daß Hubbard schon damals xenuartige Installationen bemerkt hatte, d.h. fünfzehn Jahre bevor OT III dem Publikum vorgestellt wurde. Es läßt sich annehmen, daß er damals vom Schirm irregeführt wurde und das komplette Ausmaß von Xenus Kontrollszenario noch nicht wahrnahm. Allerdings wußte Hubbard von Yatrus. Früh im Jahre 1989 schrieb mir T.J. einen Brief, zu einem Zeitpunkt, als weder ich noch irgendeiner meiner Bekannten jemals diesen Namen gehört hatte, und beschrieb die „Spielkonstellation", in die er sich in den 50ern einbezogen sah. Er erwähnte Ron, Xenu, Yatrus (er nannte ihn „Heliatros"), sich selbst und einige andere Mit- und Gegenspieler.

Man muß nicht bis zum Umwandlungsprogramm zurückgehen, um anzunehmen, daß Hubbard Yatrus kannte. (Damals waren die beiden ja aneinandergeraten.) Schon allein die Tatsache, daß Hubbard „Dianetik" schrieb, spricht dafür, denn das dianetische Verfahren zielt darauf ab, den Thetan von der Bürde einer aberrierten GE zu befreien, ihn „Clear" zu machen – und so die Auswirkungen des Mittleren Implants umzukehren.

OT III – DER DURCHBRUCH

Soviel zu Fullers Bericht. Die Untersuchungen der nächsten zwei Jahrzehnte, von 1957 bis 1978, lassen sich über Hubbards Bücher, Tonbandvorträge und Bulletins recht eindeutig nach-

vollziehen. Die Entwicklung in Kürze: Mit Dianetik ließ sich auf verläßliche Weise keine Clears machen; das Werkzeug war zu grob. Telepathisches „Störfeuer“ führte zu unerklärlichen Komplikationen. Hubbard glaubte, es würde genügen, den Thetan vom Körper zu exteriorisieren, um einen Clear zu machen, fand aber bald, daß ein Thetan auch im exterioren Zustand noch mit seinen Entitäten verbunden ist und sich die reaktive Bank nicht auf die Engramme der GE-Bank beschränkt ist. Er mußte anerkennen, daß es auch eine Thetan-Bank gibt, und daß ein Thetan diese Thetan-Bank von Leben zu Leben und Körper zu Körper mit sich schleppt. Er entdeckte, daß die Thetan-Bank aus gegensätzlichen Zielen und den dadurch anfallenden Spannungen und Energiemassen besteht und nannte diese „Goals Problems Masses“ oder „GPMs“. Die weitere Untersuchung von GPMs führte zum Mittleren Implant; 1965 war mit der Freigabe des Clearing Course ein Gipfelpunkt erreicht. GPMs wurden von Dutzenden von Auditoren aus aller Welt bearbeitet, von denen jeder hunderte von Stunden an ihnen auditierte.
Doch erbrachten weder Dianetik noch Exteriorisationsprozesse noch das „Laufen“ von GPMs die erwarteten Resultate. Clears waren nie so recht „Ursache über geistiges Mest“, wie es die Definition dieses Zustandes vorsah. Ihr Zustand war brüchig. Zweifellos brachten sie es fertig, gewisse Bankbilder erfolgreich zu erkennen und handzuhaben, aber davon abgesehen schienen sie von etwas bislang noch nicht Erkanntem aus der Ruhe gebracht zu werden.
Hubbard zog seine Aufmerksamkeit von Yatrus und der GE/Thetan-Verbundenheit ab und konzentrierte sich auf die „Fäden“, an denen Thetans zu hängen schienen. Der Durchbruch kam 1968, als OT III veröffentlicht wurde. Xenu und seine Implants – das wars; das schien der wahre Grund für die Nöte und Sorgen der Vergangenheit zu sein. Tausende von Solo-Auditoren um die ganze Welt herum auditierten BTs und Clusters und dünnten auf diese Weise die finsteren Massen um den Planeten herum aus. Es gab genug davon! Das Signal zum Angriff war somit gegeben.

Hubbards Aufgabe schien erledigt und seine Mission erfüllt. Er machte eine Pause, zog sich von der Forschung zurück und faßte im Verlauf der nächsten zehn Jahre (1968-1978) seine Technologie in Form einer Sammlung loser Blätter, der sogenannten „Bulletins“, zusammen und hielt zahllose auf Tonband aufgenommene Vorträge. Ebenso schrieb er zwei Science-Fiction Bücher, „Battlefield Earth“ und „Mission Earth“ (die beide erst nach seinem Tode herausgegeben wurden); in diese Zeit fiel auch das Filmskript „Revolt in the Stars“.

HUBBARD REKRUTIERT LOYALE OFFIZIERE

Die Forschung zu der Stufe OT III wie auch deren Bekanntgabe und Auslieferung an das Publikum setzten einen Stempel, ein Brandmal auf Hubbards Kirche, das ewig an ihr haften bleiben sollte. Einige der damals angenommenen Charakteristika sind bis heute zu erkennen. Zunächst einmal wurden die Untersuchungen zu OT III auf einer kleinen Flotte von Schiffen vorgenommen, der „Sea Organization“. Das Publikum mußte dorthin reisen, um OT III zu machen. Hubbard hatte ganz vorsätzlich dunkelblaue Uniformen ausgewählt, als er das „Sea Project“ 1966 startete – denn die loyalen Offiziere des Zweiten Geschehnisses hatten ganz ähnliche Uniformen getragen. Gleiches gilt für das Sea Org-Emblem, ein fünfzackiger, von zwei Lorbeerzweigen umwundener Stern. Hubbard beabsichtigte, Erinnerungen an das Zweite Geschehnis zu erwecken und seine Mitarbeiter hinsichtlich ihrer alten Ziele wachzurütteln. Das Motto der Sea Org, „We come back!“, spricht für sich selbst.
Nicht nur die Sea Org wurde auf der Grundlage einer kalkulierten Restimulation gestartet – auch das Publikum wurde auf diese Weise angegangen. Auf den Schutzumschlägen eines jeden Scientologiebuches lassen sich R6-Motive finden: Raumschiffbesatzungen, die ihre Fahrzeuge mit Kästen beladen, ein Bild des R6-Gottes, Engel, ein explodierender Vulkan, eine Eisenbahn,

usw. Hubbard versprach sich davon, daß die Leute davon in Schwung gebracht würden – und der Trick funktionierte. Sogar für beide Seiten! Beide in der damaligen Schlacht verwickelten Parteien fühlten sich magisch von der Sea Org und ihren Uniformen angezogen, und die neu erschaffenen Spannungen zwischen ehemaligen loyalen Offizieren und ehemaligen Xenu-Renegaten brachten die „Church of Scientology" mehr als einmal an den Rand des Zusammenbruchs. Auf beiden Seiten hatte man nichts als Schlachtgetümmel im Sinn. Diese Konfrontation wurde dadurch noch bedeutend kompliziert, daß während des Zweiten Geschehnisses (siehe Kapitel 3.1) viele loyale Offiziere gefangengenommen, zu dem Planeten Coltus transportiert und dort implantiert wurden, ihren eigenen Gelübden zuwiderzuhandeln. Daher erweckte der Anblick einer Sea Org-Uniform bei manchen Mitarbeitern sehr gemischte Gefühle und oft sogar den gegenteiligen Vektor. Sie traten der Sea Org bei und taten das genaue Gegenteil von dem, was man von ihnen erwartete. Absolut unbegreiflich! Die Supersicherheitsbesessenheit und Paranoia der Church of Scientology läßt sich zum guten Teil auf diese explosive Mischung von fanatischem Gehorsam, Missionsbesessenheit und Verrat zurückführen. Ebenso erklären sich hierdurch die unfaßbaren Fehler, die immer wieder gemacht wurden, die haarsträubende Inkompetenz und die harschen Demütigungen, die Sea Org-Mitarbeiter von der Hand Hubbards gewärtigen mußten.

Um das Maß vollzumachen, setzte Hubbard seinen Ehrgeiz darein, die Unterlassungen seiner eigenen entfernten Vergangenheit mit Hochdruck auszubügeln. Er hatte keine Zeit zu verlieren. Er sah sich in ein Wettrennen gegen die Atombombe verwickelt! Das Spiel war ganz simpel: Entweder wir auditieren das Zweite Geschehnis sehr bald, oder wir stecken demnächst wieder im Zweiten Geschehnis drin. Dies mag die Dringlichkeit, Ungeduld und Übellaunigkeit erklären, derentwegen Hubbard gefürchtet war.

In Anbetracht dieser Umstände wundert es einen wenig, daß sich die Scientologie, ihre Kirche und insbesondere die Sea Org, die ja großenteils aus wachgeküßten loyalen Offizieren bestand, für den landläufigen, R6-freudigen Erdenbürger etwas merkwürdig ausnahm. (Und es immer noch tut.)

EINE SCHIEFGELAUFENE ATTACKE

Trotz Hubbards hochfliegender Erwartungen im Jahre 1968 klärte OT III die Leute nicht ganz so brilliant wie vorhergesagt. Zwar hatte diese Stufe in vielen Fällen glänzende Resultate (und hat es immer noch) – aber sie handhabte eben nicht den *ganzen* Fall. Unerwünschte Massen und Energien drückten nach wie vor unerklärlicherweise auf Thetan und Körper.

Ein Grund dafür läßt sich in der zehnjährigen Pause finden, die Hubbard gemacht hatte. Er hatte die Szene verlassen, ohne zuvor ordentliche Instruktionen bezüglich der Supervision von Solo-Auditoren auf OT III zu geben, was zu schwerwiegenden Komplikationen führte. Vielleicht hatte er sich allzusehr auf die Fähigkeit der wenigen verlassen, die von ihm persönlich auf dem Schiff trainiert worden waren und dann zu den Advanced Organizations um den Globus herum geschickt wurden. Dort sollten sie OT III einführen und weitergeben, was sie gelernt hatten. Nach ihren Ergebnissen zu urteilen, läßt sich nur annehmen, daß sie nicht genug gelernt hatten. Hubbard traf mit OT III zwar ins Schwarze und die ganze Scientologie wurde verrückt nach dieser Stufe – aber Resultate wurden nicht einheitlich in allen Fällen erreicht. Innerhalb von zehn Jahren war das praktische Solo-Auditieren auf OT III zu einer kümmerlichen Imitation dessen geworden, was es einmal zu sein pflegte. Was man versprochen hatte, konnte man nicht liefern. Frustriert brachen viele ihre Beziehung zur Scientologie ab.

Auf den Stufen unterhalb von Clear war das Auditieren immerhin so erfolgreich, daß sich die Kirche in den Siebzigern gewaltig ausdehnen konnte – doch bezüglich der OT-Stufen war das Bild düster. Supervisoren waren so schlecht trainiert, daß sie nicht in der Lage waren, ihren Solo-Auditoren weiterzuhelfen, wenn es mal hart auf hart ging. Die Church of Scientology, Hubbards Instrument im Kampf gegen Xenu, litt so sehr unter den Auswirkungen gerade der Stufe, die sie der Welt zu liefern beanspruchte, daß sie vor lauter Verwirrtheit und Verspanntheit praktisch nutzlos geworden war.

Die Attacke war schiefgelaufen.

6.3 Die Schlacht geht weiter

EINE NEUE KIRCHE * EXCALIBUR *
DER GALAKTISCHE VERWALTUNGSAPPARAT * XENU IN SITZUNG *
* EIN NEUER TYP CLEAR * YATRUS WIRD AUDITIERT *
DER GE-ZENTRALSPEICHER * DER „GERD“ * DIE PHI-MATRIX *
DEPROGRAMMIERUNG DES ERDSCHIRMS *
DAS M-SCHIFF IN DER UMLAUFBAHN * ZUKUNFTSPROJEKTE

EINE NEUE KIRCHE

1981 verschwand Hubbard von der Bildfläche, zog sich auf seine Ranch zurück und blieb dort bis zu seinem Tode. Gleichzeitig mit seinem Verschwinden riß ein aus Führungspersonen des oberen Managements bestehendes Team über Nacht die Macht in der Church of Scientology an sich. Es nannte sich „Religious Technology Center“ (RTC) und begann seine Herrschaft mit der Exkommunikation von gut zweitausend altgedienten Mitarbeitern, von denen viele Hubbard persönlich gekannt hatten, unter ihnen auch eine ganze Reihe von Auditoren. Die lebendige Erinnerung an den großen Führer sollte ausgelöscht und mit hochstilisierter Indoktrination ersetzt werden – in Form aufwendiger, glänzender und glitzernder Veranstaltungen nicht unähnlich den politischen Shows von Hitler, Stalin und Mao oder vielleicht den amerikanischen Präsidentschaftswahlkampagnen. Reihenweise Offiziere in weißen Uniformen, riesige OT-Symbole und Scientology-Kreuze, eine in Licht gebadete Bühne, der idolisierte Sprecher am Rednerpult, die hingerissene Menge zu seinen Füßen – wer dächte nicht an Xenus beste Zeiten als Oberster Regent der Galaktischen Konföderation oder, viel früher noch, an ein Großritual der atlantischen Priesterschaften?

Hubbard war nicht so naiv, als daß er solche Entwicklungen nicht vorausgesehen hätte. Er war mit seiner Kirche nie besonders glücklich (wie mehr als zehn Bände von Management-

Richtlinien bezeugen), aber sogar bevor die Kirche überhaupt gegründet war, erkannte er bereits die Gefahren, die in der organisierten Anwendung seiner eigenen Wissenschaft schlummerten. 1952 im 20. Vortrag des „Philadelphia Doctorate Course", sagte er dies über die Scientologie: *„Sie ist ein Diener des Geistes (. . .) nicht der Herr des Geistes. Die Scientologie wird genau an dem Tag verfallen und nutzlos werden, da sie zur Herrin des Denkens wird. Glaubt nicht, daß sie das nicht tun wird. Sie trägt jede Möglichkeit dafür in sich. In ihren begreifbaren und anwendbaren Aspekten, die euch hier vor Augen liegen, enthält sie Methoden zur Kontrolle menschlicher Wesen und Thetans, von denen niemals zuvor in diesem Universum auch nur geträumt wurde. Kontrollmechanismen von solch ehrfurchterregenden und soliden Proportionen, daß – wenn die Abhilfen dazu nicht derart leicht anzuwenden wären – man angesichts der in der Scientologie angelegten Gefahren für das Sein entsetzt wäre. (. . .) Haben Sie jemals ‚1984' von George Orwell gelesen? Ja, das ist ein tolles Buch. Das wäre der schwächste vorstellbare Schatten von dem, wie die Welt unter der Herrschaft der geheimen Nutzung von Scientologie ohne Abhilfe aussehen würde."*

EXCALIBUR

Viele von denen, die aus der Church of Scientology hinausgeworfen worden waren, machten draußen weiter. Kleine Zentren formten sich um individuelle Auditoren herum. Besonders William Brenton Robertson, ein langjähriges Mitglied der Sea Org, führte die Foschungsarbeit im Sinne Hubbards weiter. 1985 entwickelte er auf der Grundlage existierender OT-Stufen ein Verfahren, um mit den BTs und Clusters aus Xenus unterdrückerischen Monitorinstallationen fertigzuwerden. Endlich war der Grund für die bisher unerklärlichen Phänomene gefunden, von denen Solo-Auditoren auf OT III und darüber geplagt worden waren. Zu Ehren von Hubbards Roman aus dem Jahre 1938 nannte Robertson diesen Prozeß „Excalibur“.

Wegen ihrer ehemaligen Verbindungen mit der Church of Scientology waren Robertson und seine Mitstreiter in der Lage, eine eindrucksvolle Liste von Ex-Kirchenauditoren aus der ganzen Welt zusammenzustellen, sie anzusprechen und die neue Methode zu lehren. Bald lebte der Kampfgeist der alten Galaktischen Patrouille wieder auf und gewann neuen Schwung. An Xenus Netzwerk wurde nun an allen Ecken gleichzeitig gezerrt; 24 Stunden am Tag war es das Ziel von Solo-Sitzungen rund um den Globus herum. Hubbards alte OT III-Schlacht aus dem Jahre 1968 hatte 17 Jahre später frische Schubkraft bekommen.

Zu Beginn funktionierte Excalibur etwa so: BTs und Clusters wurden gefunden, auditiert und in Wolken von Thetaquanten aufgelöst; diese wurden zum Verschwinden gebracht und ins Nichts überführt. Kein Problem. Nicht sehr verschieden vom Auditieren von OT III – außer daß man BTs durch den 36 Tage-Implant schickte (wovor auf OT III ernsthaft gewarnt wird, um Überrestimulation zu vermeiden) und auf diese Weise alles bestätigte, was Hubbard je über diese besondere Bilderwelt bekanntgegeben hatte; oft ging es sogar noch darüber hinaus.

Die nächste „Generation“ von BTs war anders. Obwohl man sie während der Sitzung zum Verschwinden bringen konnte (oft nach guten 5 Stunden harter Arbeit an einem einzigen BT oder Cluster), wuchsen sie über Nacht wieder nach – als ob sie nie gegangen wären! Indem man sie wiederholt auditierte (wieder und wieder, Tag um Tag), stellte sich allmählich heraus, daß jedes verschwundene nur wenige Stunden später von einer identischen Installation ersetzt wurde. Es dämmerte Robertson und seinen Mitarbeitern, daß man es nicht mit den toten Überbleibseln eines Geschehnisses vor 75 Millionen Jahren zu tun hatte, sondern mit einem lebendigen und wachen Kontrollsystem. Zu diesem Zeitpunkt (immer noch 1985) wurde der Ausdruck „Monitor“ geprägt.

Bald zeigte sich das Organisationsschema der Monitoren. Man auditierte zunächst das BT, das bei einem „gezündet“ worden

war, soweit es ging. Irgendwann zeigte sich das nächsthöhere und versuchte, seinen „Untergebenen“ von dessen Kommunikationsversuchen abzuhalten. Also auditierte man diesen „Halter“. Auf diese Weise fuhr man fort, bis man zum „obersten Halter“ (Top-Holder) im System vorgedrungen war. Hatte man ihn erst einmal auditiert, so konnte man entlang derselben Linie wieder abwärts steigen und der Rest war nur noch ein Staubwischen. Was sie zu erzählen hatten, war nahezu identisch: Zweites Geschehnis, nach Hawaii und Las Palmas gebracht und zusammengepackt, gelagert, durch einen besonderen Implant zum Einsatz vorbereitet („auf den Mann dressiert“) und abgeschickt.
Die Schlußfolgerungen, zu denen Hubbard und sein Mitarbeiter Fuller um 1950 gekommen waren, wurden von Robertson 1985 erneut bestätigt. Der Unterschied war, daß nach fast zwanzig Jahren des Auditierens von OT III rund um die Welt (1968-1985) die schiere Masse von BTs und Clusters beträchtlich reduziert worden war; Robertson stieß somit nicht auf den gleichen Widerstand wie vorher Hubbard.
Mit diesem Vorteil ausgestattet und im Wissen, daß man in einer gegenwärtigen, lebendigen Schlacht begriffen war, konnte man sich nun darauf konzentrieren, den eigentlichen Feind zu bekämpfen statt bloß seine Munition, die Monitore (deren Zahl trotz allen bereits stattgefundenen Auditierens nach wie vor unerschöpflich schien). Im Fall der Monitore, die über Nacht ersetzt wurden, erstreckten die Auditoren ihre Aufmerksamkeit zu dem verursachenden Ende der Kommunikationslinie hin, um herauszufinden, *wer* dieses Ersetzen vornahm – und entdeckten dabei Kontrollstationen! Einige auf Raumschiffen, andere auf dem Mars oder auf Planeten außerhalb dieses Sonnensystems, einige sogar auf der Erde selbst (Pyrenäen). Diese Stationen entstammten keiner BT-Bilderwelt, sie waren keine Phantasiegebilde, sondern real, bemannt von realen Thetans.
Anstatt lediglich die BTs und Monitore zu auditieren, die man auf den Hals gehetzt bekam, machte man sich nun daran, die „Operateure“ zu auditieren, die die ganze Aktion auf ihren Com-

puterbildschirmen überwachten. Man half diesen Thetans, sich der Kontrollentitäten zu entledigen, von denen sie selbst in Schach gehalten wurden, überredeten sie, den Hauptschalter umzulegen und damit der ganzen Operation die Energie abzudrehen, ihre Körper zu verlassen und sich zu entfernen. Dies war insofern leicht, als sie ihre Arbeitsplätze nicht besonders zufriedenstellend fanden (kein Wunder, nach zehntausend Jahren auf demselben Posten), und da zudem ihr Verständnis dessen, was sie da taten, wegen der nur über Implants erhaltenen Instruktionen sehr begrenzt war, bedurfte es keines großen Zuredens, um sie davon zu überzeugen, das man anderswo mehr Spaß mit gleichzeitig weit ethischeren Zielsetzungen haben könne. Ihre Körper zu verlassen war für sie kein Problem, da sie keine Fleischkörper benutzten.

Dennoch waren dies keine „freundlichen Konversationen". Beim Erstkontakt zeigten die Operateure absolut kein Interesse an irgendwelchen Sitzungen. Robertson und seine Auditoren hatten die gesamte Feindpropaganda gegen sich. In einem Stadium wurden Operateure darauf trainiert, wie sie sich in Sitzung zu benehmen hätten, um ungeschoren davonzukommen. Natürlich funktionierte das nicht, denn Thetans lieben Wahrheit (der Hauptvorteil eines Auditors über ihre implantverzerrten Geister). Schon 1986, nach einem Jahr Excalibur, gab es Anzeichen für eine Schwächung der gegnerischen Moral. Es war oft schon ausreichend zu erwähnen, daß man für Elron arbeitete, um eine resigniertes: „Oh, nicht schon wieder!" zu vernehmen. Schlüsselpersonal der Gegenseite stimmte ohne jeden weiteren Widerstand zu, sich auditieren zu lassen. Dies setzte sich zwischen 1986 und 1988, der heißen Phase von Excalibur, fort. Alle drei Monate präsentierte sich der Fall in unterschiedlicher Form, weil der Gegner sich etwas Neues hatte einfallen lassen, um Robertsons Absichten zu durchkreuzen. Dies wurde Robertson jeweils berichtet und allen anderen Auditoren per Telefon mitgeteilt, und so war man immer gut für die jeweilige „Novität" präpariert, bevor sie einen überraschen konnte. Oder man rannte in eine solche Novität hinein, wußte nicht, wie man sich verhalten sollte, rief Robertson an und fand heraus, daß er aufgrund seiner eigenen Sitzungen oder denen anderer bereits Bescheid wußte. Dieses Meldesystem bewährte sich sehr.

DER GALAKTISCHE VERWALTUNGSAPPARAT

Als Seitenergebnis wurde während dieser Zeit sehr viel über die Organisation und Administration dieser Galaxis herausgefunden. Gewöhnlich war es Robertson, von dem diese Daten stammten, aber da sie auch von anderen bestätigt wurden, obwohl diese noch nichts davon gehört hatten, scheint es sinnvoll, darüber einige Worte zu verlieren.

Es sieht so aus, als sei die Galaxis in zwölf Abschnitte eingeteilt (wie ein Geburtstagskuchen), wobei jeder Abschnitt eine untere und eine obere Hälfte hat. Damit entstehen 12 „Sektoren" oben und 12 unten, insgesamt also 24. Unser Sektor (innerhalb dessen das Zweite Geschehnis stattfand) ist Sektor 9. Sektor 0 ist die Zentrale Verwaltung im Zentrum der Galaxis; genaugenommen sind es also 25 Sektoren.

Sektor 0, der „Galaktische Rat", ist für die Galaxis ungefähr das, was die UN für die Erde ist – voll bester Absichten, aber infiltriert und ineffizient. Sie greifen nicht mit Polizeigewalt oder militärischen Mitteln ein, solange sich nicht jemand über jemand anderen beschwert. Das ist der Grund, warum sie sich nie um die Erde bemühten, denn niemand von der Erde beschwerte sich. Zum einen ließ der Schirm keinen Erdbewohner durch; zum anderen war und ist die Erde politisch viel zu desorganisiert und geistig viel zu verkommen, als daß einer auch nur im Traum daran dächte, sich zu beschweren. Aus galaktischer Sicht handelt es sich also um ein Niemandsland. Missionäre, die es doch irgendwie fertigbringen, von der Erde zurückzukehren, pflegen ihre Berichte auf verwirrte und wenig verläßliche Art abzugeben; etwa so, als käme ein Agent angetrunken aus einem Katastrophengebiet zurück und wäre nicht in der Lage, sich verständlich auszudrücken. Deswegen werden direkte telepathische Nachrichten von Auditoren (und auch anderen, sollte man annehmen) nicht unmittelbar berücksichtigt, sondern man wartet, bis einiges aufgelaufen ist. Erst wenn ein Datenpaket von ausreichender Größe zusammengekommen ist, wird es analysiert, und Handlungsschritte werden angeordnet. Entscheidungen mit Bezug auf die Erde sind somit eine sehr schleppende Angelegenheit. (Dies hat sich geändert, seit ein Auditor, der Mitglied des Galaktischen Rates ist, seinen Dienst aber auf der Erde ableistet – er blieb hier hängen und kam nie wieder weg –, am 12. März 1994 seinen Kollegen eine direkte telepathische Berichterstattung zukommen ließ.) Einige im Rat glauben, die beste Lösung für den Problemfall Erde wäre, sie zum Teufel zu schicken und den ganzen Planeten einfach auszuradieren – aber glücklicherweise wissen sie, daß dies nicht das Ende der Schwierigkeiten wäre, sondern erst der Anfang, denn die geistige Kontamination würde sich damit noch weiter verbreiten!

Der Galaktische Rat besteht aus zwölf Mitgliedern, die zwar ehrfurchterregend und weise wirken, aber von reaktiver Bank nicht frei sind. Ihre Körper, bei weitem nicht so solide wie unsere, sind sozusagen durchsichtig. Der Rat ist keine demokratische, sondern eine aristokratische Körperschaft im ursprünglichen Sinne des Wortes. „Aristokratie" bedeutet „Herrschaft der Edlen"; Adel aber war ursprünglich keine Sache der Vererbung, sondern des ethischen Verhaltens, was sich darin äußert, daß man dem gemeinsamen Guten in höchstem Maße zuarbeitet. So etwa verhält es sich mit dem Galaktischen Rat. Jedes Mitglied verwaltet zwei Sektoren, „repräsentiert" aber niemanden, da es nicht „vom Volke" in seinen Sitz hineingewählt wurde. Es hat sich selbst zu dieser Stellung hingearbeitet und behält sie für alle Zeiten – solange es sich, im ethischen Sinne, tadellos verhält.

XENU IN SITZUNG

Das Spitzenereignis von Excalibur, das schon nach Ablauf des ersten Jahres dieser Aktion eintrat, war das Auditieren von Xenu persönlich. Es konnte nicht ausbleiben, daß sich der schwarze Meister nach dem Verlust so vieler Mannschaften und Geräte schließlich persönlich zeigen und selbst in das Geschehen eingreifen mußte. Von etwa sechs Auditoren weiß ich, daß sie direkte Konfrontationen mit ihm hatten. Sie kannten ihn alle schon von früher her, entweder als loyale Offiziere während des Zweiten Geschehnisses oder schon lange davor. Robertson als Überwacher koordinierte die Aktion.

Xenu zu auditieren war sehr beanspruchend und ermüdend. Nach der Sitzung fühlte man sich, als hätte man einige Stunden an einem Hochspannungskabel gehangen. Hatte man mit seinen Truppen oder unterdrückerischen BTs zu tun, so wurde man vielleicht von Energieentladungen durchfahren, die stark genug waren, um einen auf dem Stuhl sitzend im Zimmer herumhopsen zu lassen, aber mit Xenu selbst war es anders: Hinter ihm stand eine mächtige und allumfassende Kraft, weit jenseits von allem, was man von seinen Mitarbeitern gewohnt war.

Zunächst einmal zeigte sich Xenu nur in den Sitzungen von Robertson und seinen engeren Mitarbeitern; später, bei zunehmender Schwächung seines Netzwerks, begann er auch in den Sitzungen anderer Auditoren herumzuspuken.

1993 wurden Xenus grundlegenden Spielpostulate entdeckt und auditiert (siehe Kapitel 3.3). Seitdem ist er aus dem Spiel heraus mit keiner Intention, es wieder zu starten. Aber natürlich wird der Geist seines Spiels nach wie vor von all jenen vorangetragen, die das zugrundeliegende Postulat teilen und sich damit identifizieren – nämlich das Bedürfnis, ein Mest-Universum zu haben.

EINE NEUE ART CLEAR

Gegen Ende 1988 hatten die Excaliburschlachten ihre Spitzenzeiten schon hinter sich. Xenus Netzwerk hatte gewaltige Löcher hineingerissen bekommen; die globalen und sogar galaktischen Querverbindungen, die man zuvor beim Aufspüren einer bestimmten BT-Organisation angetroffen hatte, gehörten zunehmend der Vergangenheit an. BTs, Clusters und Monitore traten zwar nach wie vor als Teil des individuellen Falles einzelner Leute auf, doch so sehr neue Solo-Auditoren dies auch aufregend fanden, war das Ganze verglichen mit früher doch zu einer recht bequemen Tätigkeit geworden.

Wer bei dieser Auditierstufe ein ordentliches Endphänomen erlebte, sah seine Gedanken und Aktionen nicht länger von BTs, Clusters, Monitoren oder anderen Entitäten behindert. Seine Bewußtheit war genügend trainiert, um solche Phänomene sogar ohne E-Meter entdecken und handhaben zu können, oft schon bevor eine hereinkommende Entität überhaupt die Chance hatte, sich einzunisten.

Wer Excalibur ordentlich abschließt, ist „mehr er selbst". Sein Körper ist gesünder als zuvor, da seine GE nicht weiter von dem Kreuzfeuer verrücktgewordener Entitäten beeinflußt wird. Sein *eigenes* Denken und Handeln, unbelastet und unbehindert von Fremdfaktoren, tritt deutlich erkennbar in den Vordergrund. Er ist ein Clear auf der 3. und 4. Dynamik, und seine Fähigkeit, auf diesen Dynamiken vernünftig zu leben und zu denken, befindet sich auf einem kontinuierlichen Aufwärtstrend.

YATRUS WIRD AUDITIERT

1989 brachte neue Entwicklungen. Im Sommer fiel H.M., einer Solo-Auditorin, erstmalig der Name Yatrus auf. Dies geschah während einer routinemäßigen Anlernsitzung auf Excalibur. Sie fühlte sich durch ihren Unterleib (!) mit einer machtvollen Kraftquelle im Gebiet von Betelgeuze verbunden, von wo sie vermittelst einer „Thetaschnur" kontrolliert wurde. Wir identifizierten die Quelle, bekamen den Namen „Yatrus", handhabten die Sache zu dem, was wir für eine Abkoppelung hielten, und taten die ganze Geschichte als Routine ab.

Wir wußten damals noch nicht, daß Yatrus zu auditieren etwa so ist, als wolle man Wasser mit gespreizten Fingern schöpfen. Mit Xenu ist das ganz anders; da rennt man gegen eine solide Wand. Yatrus hingegen fühlt sich butterweich an. Eine hervorragende Beschreibung seines Charakters wird von Ruth Minshull gegeben, wenn sie in ihrem Buch „Emotionen" die Stimmungsstufe „versteckte Feindseligkeit" beschreibt[74]: Gibt vor, etwas auszuführen, tut es aber nicht, windet sich, „alles mein Fehler, tut mir ja so leid", tut es wieder, winselt sich seinen Weg zurück ins Vertrauen, verrät einen wieder, usw. Das ist Yatrus.

Er fuhr fort, H.M. zu plagen. Sie konnte solo nicht mit ihm fertigwerden, doch wenn ich mit H.M. in Sitzung ging, um sie zu unterstützen, zeigte er sich einfach nicht. Auch hier wieder eine lebendige Schlacht, wie in der Blütezeit von Excalibur. Wir hatten es nicht mit Entitäten aus alter Zeit zu tun, sondern mit einem schlauen und flexiblen Gegner, einem echten Thetan. Es war sehr frustrierend – kein Angriffspunkt!

Wir erkannten damals nicht, daß in diesem Fall der betroffene Teil H.M.s Genetische Entität war und daß wir uns hier schon jenseits des Rahmens von Excalibur bewegten (der sich genaugenommen nur auf Überwachungsentitäten bezieht).

Die nächste Erwähnung des Yatrus geschah in dem schon erwähnten Brief von T.J. vom Oktober 1989. Von diesem Oktober an, als ob man einen Pfropfen gezogen hätte, sprudelten Daten über Yatrus, Atlantis und den Rat der Zwölf von allen Seiten herein. Dies ging für einige Jahre so weiter und vollzieht sich noch heute. (Übrigens wurde die gesamte Untersuchung hierzu mit Hilfe von „Postulate Auditieren" gemacht, einer in meinem vorherigen Buch „Ein Handbuch für Anwender" beschriebenen Methode.)

Solo-Auditoren tauchten auf, die sich nicht sehr für Xenu, das Zweite Geschehnis, BTs und Monitore interessierten, mit diesem Thema auch in nicht mehr als einem Dutzend Stunden fertigwurden (früher, in den Hauptzeiten von Excalibur, hatte es ein paar hundert gedauert!), dafür aber anschließend direkt in die Yatrusszene hineinknallten. Meist war es so, daß sie in dem Versuch, mit einem körperlichen Problem fertigzuwerden, auf der Zeitspur der GE landeten und früher oder später eine direkte Linie zu dem großen Pervertierer von Lebenskraft fanden. Einige Auditierte kamen schon innerhalb ihrer ersten zehn Stunden mit ihm in Kontakt. Die meisten fanden seinen Namen ohne vorherige Instruktion; sie sprachen ihn aber unterschiedlich aus: als Yatrus, Heliatros, Yatrox, Yahu, Ha-uh.

Yatrus, wie früher schon Xenu, wurde mehr auditiert, als er sich jemals gewünscht hätte. Besonders T.J., H.J., B.W. und T.C. verdienen Dank für ihre Hilfe beim Knacken der GE-Bank, der Entdeckung von Yatrus' Lambdaszenarien und dabei, ihn persönlich in die Ecke zu drängen. Am 2. Oktober 1992 wurde Yatrus Spielpostulat gefunden und gestrichen. (Wenn ein solches Postulat erst einmal exponiert ist, läßt es sich nicht mehr aufrechterhalten, da seine Kenntlichmachung die Identifikation durchbricht, die Thetans mit ihm auf der 8. Dynamik eingegangen sind). Seitdem erschien er nicht mehr. Seine Auswirkungen auf GEs lassen sich nun sehr leicht auditieren; individuelle GEs wie auch der GE-Zentralspeicher sind zunehmend zugänglicher geworden. Am Anfang waren GEs höchst vorsichtig, wenn sie von Thetans angesprochen wurden („traue niemals einem Thetan"), doch jetzt schätzen sie die ihnen geschenkte Aufmerksamkeit und wünschen im allgemeinen, auditiert zu werden.

„Unterdrückerische GEs" wurden bisher noch nicht beobachtet – dafür aber viele von Thetans unterdrückte GEs. Sosehr GEs auch Thetans durch die Restimulation von Engrammen kontrollieren, spielt dabei von Seiten der GE keine böse Absicht eine Rolle. Eher ist die Dramatisierung eine Form der Mitteilung; ein GE-eigener Kommunikationsstil. Alles was sie im Sinn haben, ist das Überleben des Körpers – sogar im invertierten Sinne von Krebs. Je mehr Wachstum, desto besser – „schau, wie weit du damit gehen kannst". (Wieder einmal das Spielpostulat von Yatrus!)

DER GE-ZENTRALSPEICHER

Nach 1990 wurden die Schwierigkeiten und Probleme der GE zunehmend zum Hauptthema von Auditiersitzungen. Auditierte und Solo-Auditoren arbeiteten nun auf der *fünften* Dynamik, auf der von Lambda, des Lebens selbst! Xenus Spiel, also die Kontrolle der Menschheit und der Großgruppen innerhalb der Menschheit, vollzieht sich auf der 4. und 3. Dynamik. Yatrus' Spiel dagegen, die Kontrolle von Lebensformen, findet auf der 5. und der 2. Dynamik statt – denn die GE „verwaltet" ja nicht nur den Körper, sondern spielt auch im Sexualleben eine Schlüsselrolle. Unversehens drängten sich den Auditoren Geschehnisse voller wüster sexueller Perversionen und Scheußlichkeiten auf, wobei nichts davon auf ihrer eigenen Zeitspur aufgezeichnet war, sondern auf der der GE und des GE-Zentralspeichers. An bestimmten Punkten der Sitzung konnte es geschehen, daß ein Auditor von seiner persönlichen GE zu den übergeordneten Datenbanken des GE-Zentralspeichers „durchgestellt" wurde.

Für Meditierer ist vielleicht von Interesse, daß der GE-Zentralspeicher durch das 7. Chakra (auf dem Scheitel) zugänglich ist. Aufgrund meiner Erfahrungen mit Kundalini-Meditation experimentierte ich einmal mit den Chakren und entlud jedes einzelne bis zu einer „schwebenden Nadel" auf dem E-Meter. Unmittelbar nachdem dieses Resultat am 7. Chakra erreicht war, öffnete sich ein „Zweiwegeventil" und Lebenskraft strömte aus den unendlichen Reservoirs des GE-Zentralspeichers auf mich ein, während die Lebenskraft meiner eigenen GE gleichzeitig zu diesen Reservoirs emporströmte. Ein Prana-Austauschprozeß.

Im Gegensatz zu meinen vorscientologischen Erfahrungen hiermit fühlte ich mich diesmal nicht von göttlicher Gnade überwältigt und geriet nicht in einen Zustand himmlischer Verzückung, sondern nahm stattdessen wahr, wie kontaminiert der Zentralspeicher im Grunde ist, welche nutzlosen, inkohärenten und lebensfeindlichen Geschehnisse und Postulate da auf einen hinunterschwappen, und führte den Prozeß dahingehend fort, daß ich den Zentralspeicher zu einer schwebenden Nadel auditierte (soweit er zu diesem Zeitpunkt für mich verfügbar war). Würde dies nur von einer genügend großen Anzahl von Menschen durchgeführt, so hätte das, wie man sich leicht vorstellen kann, gewaltige und wohltuende Konsequenzen. Es läßt sich annehmen, daß Meditierer seit Jahrtausenden nichts anderes tun. Sie stellen sich als „Prana-Reinigungsinstrumente" zur Verfügung, nicht nur zu ihrem eigenen Nutzen, sondern mit überpersönlicher Absicht. Indem sie sich selber helfen, helfen sie anderen. Genau wie beim Auditieren.

Der GE-Zentralspeicher enthält die Gesamtheit der GE-Information zur Geschichte dieses Planeten und seiner Lebensformen. Vom Schirm am Platz gehalten, formt er sozusagen sein „Innenfutter" (und läßt sich so mit Bardons „Erdgürtelzone" und Sheldrakes globalem morphogenetischen Feld vergleichen). Wo auch immer ein ungewöhnlicher Tod oder eine eigenartige Krankheit vorkommen mögen, und egal bei welchen Spezies, es wird nach „oben" vermittelt, kopiert und „verteilt", um dann auf solche GEs „herunterzuregnen", die die Körper der betroffenen Spezies betreuen.

Jedoch ist der GE-Zentralspeicher keine örtlich begrenzte Angelegenheit (d.h. nicht nur auf diesen Planeten beschränkt). Da die Thetaquanten, aus denen er sich zusammensetzt, ja viel älter sind als bloße 75 Millionen Jahre (das Alter des Schirms), enthält er auch Daten über die GE „als solcher", über ihre Entstehungszeit und ihre Entwicklungsphasen. Entsprechend stammen die meisten Enthüllungen bezüglich der Lambdaszenarien des Yatrus aus dieser Quelle.

Übrigens lassen sich andere Menschen telepathisch über eine Kommunikationslinie auf GE-Basis ansprechen. Diese verläuft

von der eigenen GE zum GE-Zentralspeicher und von dort zur GE der anderen Person. Wir sind alle über unsere GEs miteinander verbunden, solange wir Körper haben; ein Erbteil des Mittleren Implants. Natürlich läßt sich dies auch zum eigenen Vorteil verwenden, wie z.B. im Wudu, wo es zur Routine gehört.
Wie der Schirm funktioniert, wurde aus den Berichten von Solo-Auditoren und Auditierten erschlossen, die sich ihre Zwischenlebenszeit oder die Ankunft auf diesem Planeten von anderen Orten im Kosmos zurückriefen. Es stellte sich heraus, daß der GE-Zentralspeicher eine entscheidende Rolle dabei spielt, der GE ein sexuelles Grundmuster aufzudrücken, bevor sie mit dem Thetan verkuppelt wird, der gerade den Schirm passiert. Eines der möglichen Muster ist die Homosexualität. Das Vorleben des Thetans spielt hier eine große Rolle, denn schließlich geschieht im Schirm ja nichts anderes, als daß altes Karma „aufgewärmt“ wird.

DER „GERD“

Im Verlauf der beschriebenen Aktivitäten bildete sich ein Auditierprozeß heraus, der einen durch die Komplexitäten hindurchführte, die man beim Auditieren der GE antraf. Er wurde einfach „GE-Rundown“ oder „GERD“ genannt. („Rundown“ ist scientologisch für jeden aus mehreren Schritten bestehenden Auditierprozeß, den man vom ersten bis zum letzten Schritt durchläuft.) Der GERD resultiert in einer Trennung von GE und Thetan in dem Sinne, daß nun beide den ihnen zufallenden Teil in der Lebensführung übernehmen. Sie werden zu einem guten Team, zu verläßlichen Partnern. Der Thetan spielt seine Spiele, für die er ja einen Körper braucht, die GE kümmert sich um den Körper, um Energieversorgung und Koordination, und unterstützt damit den Thetan. Der Thetan wiederum tut sein bestes, die GE dadurch zu unterstützen, daß er für das Wohlergehen des Körpers sorgt (vernünftiges Essen, Trinken, Leibesübungen, gesunde Umgebungsbedingungen) und sie gelegentlich auditiert,

wenn sie sich allzu restimuliert fühlt, um alleine zurechtzukommen.
Zumeist wird die GE allerdings in der Lage sein, mit ihren eigenen Restimulationen fertig zu werden. Ein Teil des Endphänomens des GERD ist, daß die GE sozusagen lernt, „solo zu auditieren". Soweit sie kann, läßt sie nicht zu, daß Engramme überhaupt wachgerufen werden. Eine ganze Bandbreite von somatischen Beschwerden, manche davon sogar chronisch, lassen sich von der GE selbst behandeln, wobei es genügt, daß der Thetan sie fragt: „Kannst du das in Ordnung bringen?", woraufhin sie sagt: „Ja, Chef", und sich dran macht und es tut. Dabei ist nicht mehr als eine gleichmäßige, unterstützende Aufmerksamkeit von Seiten des Thetans auf den betroffenen Körperteil vonnöten. (Unter Umständen muß man anatomische und physiologische Zusammenhänge studieren, um das Symptom zuordnen zu können; erst dann lassen sich positive Resultate erwarten. Da man beim Auditieren der GE Funktionen und deren Koordination anspricht, ist man gut beraten, zunächst einmal die körperlichen Strukturen zu studieren, auf die sich diese Funktionen beziehen. Nur dann kann man erwarten, die GE mit der notwendigen Realität bezüglich ihrer „Arbeitsumgebung" anzusprechen und so Fehlfunktionen in korrekte Funktionen rückzuverwandeln.)
Auf der Grundlage dieser Partnerschaft kann der Thetan es sich leisten, routinemäßig außerhalb des Körpers zu sein, denn er weiß, daß sich die GE um den Körper kümmern wird. Die GE wiederum kann davon ausgehen, daß sich der Thetan keinen „Spaß" ausdenkt, bei dem er Kopf und Kragen riskiert, und es hinterher der GE überläßt, die Überbleibsel wieder zusammenzuflicken. Knapp gesagt, können sich beide aufeinander verlassen. Dies läßt sich durchaus zu „paranormalen Fähigkeiten" steigern, wie etwa denen, das man eisige Luft oder kaltes Wasser bequem aushält oder sich beim Laufen fühlt, als sei man kurz vor dem „Abheben". Gradueller Zuwachs in dieser Hinsicht wurde beobachtet und könnte mit entsprechender Übung in echte „Siddhis" verwandelt werden.

Hier haben wir einen Clear auf zwei weiteren Dynamiken, der fünften und der zweiten. Dieser expandierte Clear entspricht vermutlich dem von Hubbard 1952 postulierten „Theta-Clear“.

DIE PHI-MATRIX

Forschung ist eine selbständig mitlaufende Aktivität, da Leute, die ein bestimmtes Endphänomen erreicht haben, sich an die betreffende Stufe von Wahrnehmung und Bewußtheit alsbald gewöhnen und, geleitet von ihrem Interesse und ihrer Neugier, zu Erkenntnissen auf höheren Dynamiken streben. 1993 kamen zwei Solo-Auditoren unabhängig voneinander mit dem Mest-Universum „als solchem“ in Berührung und verabfolgten damit etwas, was Robertson schon 1986 mit seinen ersten Versuchen in diese Richtung als Pionierleistung angetippt hatte.

Kontakt mit dem physischen Universum „von innen“ ist ein definitiv andersartiges Erlebnis als es „von außen“ zu sehen, d.h. bevor man in es eintritt. Dieser letztere Eindruck wurde von einer (nur recht geringen) Anzahl von Solo-Auditoren berichtet, als sie sich daran erinnerten, wie sie aus dem statischen Zustand „herausfielen“ und zunächst einen Standpunkt außerhalb des physischen Universums einnahmen, bevor sie schließlich in es hineingingen. Von außen schaut es sehr klein und glitzernd aus – vielleicht wie eine im Tal gelegene Stadt, die man nachts von einem Berggipfel aus beobachtet -, aber sobald man drin ist, wird es riesig. Zu Anfang fühlt man sich in Kontakt mit allem, was darinnen ist, bis in die entferntesten Ecken hinein, einschließlich Vergangenheit, Gegenwart und Zukunft. Dieser Eindruck verengt sich in dem Maße, wie man sich an den eigenen Standpunkt und das eigene Spiel gewöhnt.

Dieses besondere Erlebnis der anfänglichen Allverbundenheit wurde 1986 in Robertsons Forschungssitzungen und später 1993 wiedererweckt. Eine solche Kontaktaufnahme hat die Wirkung,

Thetaquanten loszubrechen, die man schon seit Äonen in Mest fixiert hält, und sie auf einen zurückströmen zu lassen. Zumindest innerhalb der Geschichte der Scientologie sind dies die ersten, wenn auch schwachen Versuche, das physische Universum als solches im Sinne des ursprünglichen Umwandlungsprogramms aufzuhellen. Was Robertson 1986 erschaute, mag bald für viele zur Gewohnheit werden.

Vielleicht sollte man dieses Schwingungsfeld (in vedischer Terminologie wohl das Akasha) als „Phi-Matrix" bezeichnen, denn es enthält alle Informationen zum Thema Mest vom ersten Moment, da das erste Thetaquantum geschaffen wurde, genauso wie der GE-Zentralspeicher alle Daten seit Erschaffung der ersten GE in sich trägt. Obwohl beide Datenreservoirs die Empfindung vermitteln, man sei in Kontakt „mit allem", fühlt sich die Phi-Matrix (6. Dynamik) doch entschieden anders an als der GE-Zentralspeicher (5. Dynamik).

Auf praktischer Ebene macht einen die Berührung mit der Phi-Matrix recht empfindlich für das, was Hubbard „enturbuliertes Mest" oder „Enmest" nennt. Das Entsetzen von nach Unfällen zusammengeknautschten Kühlerhauben oder von durch Bulldozer zerstörten Mauern läßt sich förmlich spüren! Die Thetaquanten, aus denen die Dinge ja bestehen, wurden in einer bestimmten Weise arrangiert, um so zu verbleiben, taten dies auch pflichtgemäß und dann plötzlich, ohne jede Warnung, wurde ihr Zusammensein gewaltsam unterbrochen. Ähnlich ist es mit einem neuen Gebäude; es fühlt sich unbehaglich, weil all die neuen, in kurzer Zeit zusammengeworfenen Teile verschiedenster Herkunft sich noch nicht aneinander gewöhnt haben. Aus diesem Grund dauert es ein paar Jahre, bis sich ein Gebäude gesetzt hat und zu einem Ganzen geworden ist.

Mir wurde erzählt, daß Maurer in alten Zeiten die Steine so plazierten, wie sie im Berg zusammengelegen hatten, bevor sie gebrochen wurden. Sie spürten die Energielinien in ihren Händen. Offensichtlich ist es für einige Leute eine ganz natürliche Fähigkeit, „Mest zuzuhören".

Ein weiteres praktisches Resultat ist, daß man eine beliebige Person telepathisch erreichen kann, solange ein Besitzstück oder Foto dieser Person zur Verfügung steht. Die Indios der südamerikanischen Anden wissen sehr wohl, warum sie sich von Touristen nicht fotografieren lassen mögen – sie fürchten um ihre Seele! Ähnliches gilt für andere „nicht-zivilisierte" Rassen. In China nennt man das Fotografieren „shi yang", was soviel bedeutet wie „den Schatten nehmen"; dementsprechend war es im letzten Jahrhundert, als die Erde von Weißen kartographiert wurde, nahezu unmöglich, Fotos von chinesischen Bauern zu machen. Die 6. Dynamik vorsätzlich als Kommunikationsmittel zu benutzen – indem man sie mit der eigenen Intention „auflädt" – hat eine lange Tradition; nicht nur die alten „ley lines" in England sprechen davon, auch die Hunnen hatten ein ähnliches System. Mit seiner Hilfe konnte man über hunderte von Kilometern von Stein zu Stein miteinander „telefonieren". Und es ist denkbar, daß einige „heilige Plätze", wie etwa die berühmte Spirale innerhalb von Chartres, ursprünglich einmal als Navigationspunkte für Raumschiffe dienten, genauso wie die von Cathie entdeckten, erdballumspannenden „Energiegitter"[18].

Die Phi-Matrix ist gegenwärtig noch ein recht unerforschtes Phänomen, doch auf der Grundlage der wenigen Sitzungen hierzu läßt sich sagen, daß auch der physische Körper selbst auditiert werden kann, also Fleisch, Knochen, Haare und Zähne. Man bedenke, daß die GE nicht der Körper *ist*, sondern ihn lediglich verwaltet. Die eigentliche Körpermasse gehört zur 6. Dynamik. Es handelt sich um tote Materie, die von der GE mit Leben erfüllt wird. Aber sie ist nicht tot genug, als daß man sie nicht auditieren könnte, denn schließlich besteht sogar anorganische Materie aus Thetaquanten. Es scheint, daß die GE an ihre Grenzen gerät, wenn der physische Körper nicht mitspielt. Hier tut sich ein weiterer Spannungsbereich auf, sozusagen ein Stockwerk tiefer als die GE/Thetan-Interaktion.

Keine definitiven Resultate wurden bislang erzielt, aber als Endphänomen des Phi-Auditierens könnte man einen Clear auf der

6. Dynamik erwarten – jemand, der stabil außerhalb des physischen Universums ist, von keinen in ihm enthaltenen Postulaten oder Massen berührt wird und mit fortlaufender Übung die Fähigkeit gewinnt, Illusionen und sogar echte Mest-Objekte aus der leeren Luft heraus zu erschaffen. Dies entspräche dem von Hubbard in den 50er Jahren postulierten „Cleared Theta Clear".

DEPROGRAMMIERUNG DES ERDSCHIRMS

Parallel zu dem Hauptstrom der Untersuchungen, die mit Excalibur begannen und gegenwärtig bis zur 6. Dynamik vorgedrungen sind, fand eine äußerst wichtige Nebenaktivität zwischen Juni und November 1992 statt, als B.W. den Erdschirm analysierte. Seinen Bemühungen ist es zuzuschreiben, daß der Schirm im Detail bekannt wurde. Es war erst, *nachdem* B.W. es fertiggebracht hatte, den Schirm zu „deprogrammieren", daß sich „Neuankömmlinge" zeigten, also Missionäre und „Touristen", die den Schirm auf ihrem Weg zur Erde durchquert hatten und im Detail über seinen Inhalt berichten konnten.

Hubbard beschrieb den Schirm als eine „stehende Welle"; nach B.W.s Aussage ist dies prinzipiell korrekt. Es handelt sich um eine Lage oder ein Gitter von stehenden Wellen mit hohem Skalarwellenanteil, die bei etwa 2 Gigahertz schwingen (irgendwo zwischen 1,6 oder 2,2,). Der Schirm scheint aus Plasmaspiralen zu bestehen, die in gegenläufiger Richtung arbeiten und so der ganzen Konstruktion Stabilität verleihen. Es gibt etwa 49 Gitterpunkte pro Quadratmeter, wobei jede Zelle sechs Seiten hat und etwa 300 Meter tief ist. (So dick wäre der Schirm also insgesamt.) Das Ganze sieht aus wie eine riesige Bienenwabe. Die Zellen enthalten einen Kopiermechanismus und eine Einrichtung zur Nachfolgeprogrammierung, wann immer dies nötig scheint.

Insgesamt gesehen, besteht der Schirm aus einer riesigen Zahl von Entitäten, die in einem dem Thetan sympathischen Frequenzband schwingen, weswegen er dies als vertraute Struktur betrachtet und oft nicht einmal bemerkt – etwa, als stiege man in die Badewanne und das Wasser hätte exakt die eigene Körpertemperatur. Jedesmal, wenn ein Thetan eine dieser Wabenzellen berührt, leert diese ihren als Energie gespeicherten Inhalt auf ihn aus, woraufhin die Nachbarzellen dem geschwächten Ort sogleich Energie zuführen und auf diese Weise die Unregelmäßigkeit ausgleichen.

Sobald ein Thetan mit dem Schirm in Berührung kommt, identifiziert er sich mit allem, was durch ihn (den Schirm) in ihm (dem Thetan) wachgerufen wird; dabei vergißt er seine eigene Vergangenheit. Es haftet der ganzen Geschichte etwas „Ewiges" an, eine „zeitlose Unverändertheit" sozusagen.

Ein weiterer Zweck des Schirms ist es, den Thetan mit einer GE zu verkuppeln. Innerhalb des Schirms, als sein Innenfutter und zur Erdoberfläche hin gerichtet, findet sich der GE-Zentralspeicher für diesen Planeten. Nähert sich ein Thetan dem Schirm, so wachen die GEs auf und hängen sich an ihn, ausgelöst durch einen vom Thetan selbst hervorgerufenen Resonanzprozeß.

Der Schirm wurde kurz vor dem Zweiten Geschehnis von 78 Produktionsrobotern eingerichtet. Das Projekt war extrem geheim; die der Erdbevölkerung aufgeschwätzte PR-Story besagte, daß ein Abwehrschild um den Planeten herum installiert werde. Die Zerstörung des Schirms wurde von B.W. dadurch in Gang gesetzt, daß über einen bestimmten Punkt ein Gegenprogramm eingefüttert wurde. Da die Schirmstruktur mit einem instanten Kopier- und Verteilermechanismus ausgestattet ist, schien ein „Computervirus" das gegebene Mittel zu sein, ihn zu zerstören. (B.W. ist Computerexperte.) Der Plan war, Aufmerksamkeit auf eine der Wabenzellen zu richten, sie damit in Aktion zu versetzen und unter Ausnutzung des üblichen Schirmmechanismus die umgebenden Zellen ihrer Energie zu entleeren. Diese Entleerung wurde einfach dadurch erreicht, daß die Information der umgebenden Zellen erkannt und solange bestätigt wurde, bis sie sich kurzzeitig erschöpften.

B.W. hatte bereits bemerkt, daß eine kleine Verzögerung eintrat, bevor das „automatische Reparatur- und Wiederauffüllprogramm" der die leere Zelle umgebenden Nachbarzellen ansprang. Diese Zeitverzögerung wurde ausgenutzt, um ein Gegenprogramm in den Schirm einzubauen.
Der erste Schritt war also, eine zentrale Zelle und die sie umgebenden Nachbarzellen ihres Inhalts zu entleeren, der zweite, die zentrale Zelle mit den bei Excalibur üblichen anti-Xenu Informationen aufzuladen: „Xenus Spiel ist vorbei. Die zwei Rechte eines Thetans werden rehabilitiert. Ihr alle (wobei die den Schirm konstituierenden Thetaquanten gemeint sind) habt das Recht auf Selbstbestimmtheit und darauf, dieses Spiel zu verlassen. Ihr könnt zu eurem Erschaffer zurückkehren, euch ins Nichts auflösen oder frei sein und tun, was ihr wollt. Ihr habt dieses Spiel sehr gut gespielt, aber ihr braucht nicht länger der Schirm zu sein." Gleichzeitig wurde in der zentralen Zelle ein Wellenimpuls in Richtung auf alle sechs Zellwände und in die Nachbarzellen hinein gestartet und die Information auf diese Weise in alle Richtungen gleichzeitig verbreitet. Somit wurde der Kopiermechanismus in eine *auswärts* gerichtete Bewegung versetzt, weg von der zentralen Zelle, und verteilte Anti-Xenu-Instruktionen kreuz und quer im gesamten Schirm. Natürlich bedurfte dies einiger Wiederholungen und einer Menge standhafter Absicht, aber es funktionierte. Das Gegenprogramm begann, ein Selbstläufer zu werden und den Schirm mit seiner Information zu durchdringen.
Die letzte Überprüfung hierzu wurde im November 1992 unternommen; der Löschungsprozeß erwies sich als selbstlaufend. Das Deprogrammieren des Schirms schien abgeschlossen. Im Verlauf des Oktobers meldeten sich einige Auditoren und berichteten, daß sie sich „niedergedrückt fühlten, von etwas Klebrigem und Zähem wie Honig", und daß dies bei ihnen die Art von Massigkeit hervorrief, die sie von Excalibur her kannten. Es stellte sich heraus, daß der Schirm ein letztes restimulatives Potential freigab und dies von seinen Zellen „austropfte". Natürlich

wurde das besonders von denen wahrgenommen, die ihren Raum gewohnheitsgemäß bis zu jener Region hin erstrecken. Obwohl jeder dieser Auditoren (die über B.W.s Aktionen nicht informiert waren) ihre persönlichen Entitäten während Excalibur ausgeräumt hatten, war ihr GE-bezogenes Restimulationspotential natürlich noch vorhanden, und somit tangierte diese Aktivität des Schirms die in ihren *GE-Banken* aufgezeichneten Bilder des Zweiten Geschehnisses.

Im Januar 1993 rief mich eine Auditorin an (V.A.), die nichts von B.W.s Operation wußte, und erzählte mir, sie hätte in ihren letzten Sitzungen zwei Besucher wahrgenommen, die sie fragten, wann die Scientologie denn nun endlich exportiert würde. Sie waren in nichts weiter als ihre Energiekörper „gekleidet", denn sie hatten ihre festen Körper auf ihrem Raumschiff gelassen, das irgendwo außerhalb der 26,5 Kilometerzone geparkt war. Sie kommentierten, es sei bedeutend leichter als früher, sich hinunter zur Erde und wieder zurück zu begeben.

DAS „M-SCHIFF" IN DER UMLAUFBAHN

Während dieses Geschehens spielte sich nebenher ein kurioses kleines Ereignis ab. B.W. fühlte sich während der fünf Monate seiner Aktivität gelegentlich von Sektor 0 (dem Galaktischen Rat) gewürdigt, von der Galaktischen Patrouille und Elron selbst. Dies ganz für sich genommen, war nichts Sensationelles. Bestätigungen von Elron (Hubbard in seiner nicht-irdischen Manifestation) waren nie eine Seltenheit gewesen. Auditoren, die ihre Sache gut machten und eng auf die Absichten des „alten Herren" eingestimmt waren, bemerkten oft, wie Elron ihnen auf die Schulter klopfte oder ihnen Botschaften mit Bezug auf ihre Missionen zukommen ließ.

Um mit unserem „kuriosen kleinen Ereignis" fortzufahren: Am 17. Oktober 1992 machte B.W. das Flagschiff der Galaktischen Patrouille (Main Ship oder M-Schiff) in sehr großer Entfernung aus, ziemlich am Rand unseres Sonnensystems. Er sah es als eine gewaltige Kugel von mehr als 200 Kilometern Durchmesser (201,6 km), ihre Innenseite mit einer 5,3 Kilometer dicken Atmosphäre ausgestattet, in der sich Maschinerie, Arbeitsräume, Büros, Aufenthaltsräume usw. befinden. Zum Zentrum der Kugel hin wird die Atmosphäre dünner. Rotation schafft die nötige Schwerkraft, um auf ihrer Innenseite umherzulaufen.

Auch dies ist nicht weiter kurios. Auch andere Auditoren (die von B.W.s Aktivitäten nichts wußten), nahmen das M-Schiff zu jenem Zeitpunkt wahr. Der kuriose Teil der Geschichte ist folgender: Monate nach seiner Beobachtung, im Januar 1993, las B.W. in der Zeitung, daß das Max-Planck-Institut in Heidelberg im November 1992 mit Hilfe seines Teleskops in Spanien den „entferntesten jemals beobachteten Körper in unserem Sonnensystem" fotografiert hätte. „1992 QB1", wie man ihn nannte, war ursprünglich von einem hawaiianischen Teleskop im August 1992 entdeckt worden. Man vermutete, daß es sich in einer Umlaufbahn noch außerhalb derer Plutos befand, des äußersten Planeten unseres Sonnensystems (mehr als sechs Milliarden Kilometer entfernt) und betrachtete QB1 damit als einen der hypothetischen „kleinen Planeten" am fernen Rand des Sonnensystems. Sein Durchmesser wurde auf 100 bis 200 Kilometer geschätzt.

Warum durch Teleskope schauen, wenn man seine Daten mit Hilfe von Telepathie und Exteriorisation bekommen kann?

ZUKUNFTSPROJEKTE

Wir kommen zum Ende dieses Kapitels. Es berichtete über die Entwicklungen seit den ersten, frühen Untersuchungen Hubbards bis zum gegenwärtigen Stand des „Auditorenhandwerks", soweit man dies überblicken kann. Um abzuschließen, sollten wir uns vielleicht mögliche Entwicklungen der Zukunft vor Augen führen.

Erstens steht zu hoffen, daß das, was von wenigen innerhalb von einigen hundert Auditierstunden erreicht wurde, von vielen erreicht wird. Die hieraus resultierenden allgemeinen Veränderungen könnten von beträchtlicher Bedeutung für das Geschick der Erde sein, denn was die hier erwähnte Handvoll von Auditoren tat, war ja nicht mehr, als einen Keil hineinzutreiben – was würde erst passieren, wenn der ganze Block zerplatzte?
Zweitens mag man sich fragen, welche Bewußtheitsstufen sich als nächste eröffnen werden. Wir sprachen bereits von Clears auf der 5., 2. und 6. Dynamik. In meinem ersten Buch, „Mehr als ein Modetrend?", extrapolierte ich, was die Resultate weiteren Klärens auf höheren Dynamiken sein könnten und erstreckte diese Projektionen auch auf die 7. und 8. Dynamik. Da seit jenem Buch vier Jahre vergangen sind und in der Zwischenzeit eine Menge Erfahrungen gesammelt wurden, ist eine neue Bewertung dieser Voraussagen nötig, zumal auch einige meiner früheren Annahmen zu korrigieren wären.
Da die 7. Dynamik diejenige von Theta-als-Energie ist, würde ein Clear auf dieser Dynamik von jeglichem Aufmerksamkeitsstrom unberührt bleiben, gleich von wo und wem, es sei denn, er wolle sich darauf einlassen. Wir sprechen hier nicht über etwas so Grobes wie Bilder oder Entitäten, über Überbleibsel der Vergangenheit, nein, wir beziehen uns auf individuelle Thetaquanten, auf *jetzt* erschaffene Aufmerksamkeitseinheiten. Jedes schwächste bißchen Aufmerksamkeit, von welcher Quelle auch immer auf einen gerichtet, sollte unmittelbar in drei Dimensionen und Stereo bemerkt werden.
Ein Thetan, ob er nun einen physischen Körper-plus-GE hat oder nicht, trägt gewohnheitsgemäß einen Theta-Energiekörper mit sich herum, seine persönliche Aktentasche sozusagen, die alle Schaltkreise enthält, die er benötigt, um Postulate in Aktionen umzuwandeln. Dies ist essentiell des Thetans „analytischer Geist" [1].
Ein praktisches Instrument, doch bringt es den beträchtlichen Nachteil mit sich, daß man dadurch erkennbar wird. Es liegt am

analytischen Geist – oder vielleicht daran, daß sich Thetans gewohnheitsgemäß und ohne darüber nachzudenken mit ihrem analytischen Geist identifizieren – daß Xenu einem seine vorfabrizierten kleinen Cluster anhängen konnte. Wäre man damals auf der 7. Dynamik voll bewußt und ursächlich gewesen, so hätte man dieses kleine bißchen fremder Materie, diesen Floh im Pelz, bemerkt und ihn eliminiert. Ein Clear auf der 7. Dynamik müßte nicht nur eine solche Wahrnehmungsfähigkeit haben, sondern abgesehen davon auch in der Lage sein, seinen analytischen Geist willentlich zu erschaffen, zu verändern oder zu entschaffen. Und er würde sich auch keine Sorgen darüber machen, ob vielleicht einmal jemand seinen Geist stehlen oder ganz oder teilweise mit elektronischen Mitteln gefangenhalten könnte, denn er wüßte, daß er sich immer und jederzeit einen neuen erschaffen kann (und, wie sich annehmen läßt, den gefangengehaltenen Teil aufzulösen vermag).

Bezogen auf die nächsthöhere Dynamik, die achte, würde Clear bedeuten, daß man von den *Postulaten* anderer unberührt bleibt. Die 8. Dynamik ist definiert als Theta-als-Gedanke. Reine Gedanken wahrnehmen zu können, reine Gedanken, an die sich auch nicht der entfernteste Anflug eines Bildes knüpft, ist gewiß die subtilste aller Fähigkeiten. Sie würde einen in die Lage versetzen, Vergangenheit und Zukunft eines anderen zu lesen – nicht indem man seine energetisierten Bilder schaut, sondern seinen Willen erkennt, d.h. seine Gedanken, Postulate und Intentionen.

Der Anfang dieses Mest-Universums, dieses Spiels des Xenu, war dadurch markiert, daß Thetans Gedanken austauschten, daß sie auf der Basis reiner Postulate, also nicht-energetisierter Konzepte interagierten. Indem sie sich stärker und stärker mit ihren eigenen Gedanken identifizierten und sich dabei in deren Ästhetik hineinverloren, versäumten sie, zwischen sich selbst als Gedankenquelle und ihren Produkten, den Gedanken, zu differenzieren. Sie „wurden zu Gedanken“ und schritten somit vom statischen Zustand hinab in den des Seins. In diesem Stadium waren

sie bereits unbewußt genug, um die Gedanken anderer zu absorbieren, ohne dies zu bemerken – sogar soweit, daß sie glaubten, die fremden Gedanken wären ihre eigenen.
Auf diese Weise bildeten sich gedankliche Vektoren heraus und bestimmten zukünftige Aktionen. Indem sie die Gedanken anderer teilten und sich unbewußt zu eigen machten, waren Thetans nicht mehr ganz die Individuen, die sie – auf der Grundlage lediglich ihrer eigenen Gedanken – hätten sein können.
Ein Clear auf der 8. Dynamik würde den Unterschied zwischen seinen eigenen Gedanken und denen anderer sehr deutlich wahrnehmen und sich an seine eigenen halten. Ebenso würde er kraft seiner eigenen Gedanken wissentlich und willentlich gedankliche Vektoren erschaffen, kontrollieren und verändern können. Und da er sich eher als ein Statischer und weniger als gedanklich definiertes Sein erlebt, sollte er die Fähigkeit haben, vorsätzlich einen Gedanken zu denken und ein Thetan zu sein, d.h. ein definiertes Sein anzunehmen, oder willentlich alle Gedanken zurückzuziehen und im statischen Zustand zu verweilen.
Es sollte allerdings betont werden, daß dies zu erreichen eine Sache ethischen Verhaltens ist und nicht davon, daß man eine große Zahl von Auditierstunden „herunterreißt". Gewiß, einige hunderte oder tausende Sitzungen klären den Geist mit Bezug auf die eigenen Grundziele wie auch die Hindernisse, die man sich selbst dagegen aufgebaut hat – aber wenn man dies erst einmal begriffen hat, bedarf es der Aktion in der wirklichen Welt, um diese Ziele, Absichten und Pläne auch tatsächlich auszuführen und optimal zu erfüllen. Alles Auditieren der Welt bringt einen nicht weiter, solange man mit dem Bleigewicht eines unvollständigen Aktionszyklus am Boden festgebunden ist, besonders, wenn dieser für die persönliche Mission von Relevanz ist. (Womit übrigens die buddhistische Entscheidung, zurückzukommen und anderen zu helfen, im Grunde keine freie Entscheidung ist, sondern eine Notwendigkeit.)

KAPITEL 7

Die Zukunft

MARKAB ZERFÄLLT * EINE KÖRPERKULTUR *
„DER FREUNDLICHE PLANET" * POLITIK *
WISSENSCHAFT UND KUNST * ATLANTISCHE ALTLASTEN

Ob die in diesem Buch berichteten Resultate und Befunde von Bedeutung sind und ob sie Implikationen für die geistige Gesundheit der Menschheit haben werden, läßt sich natürlich nur im Hinblick auf faktische globale Veränderung einschätzen. Da aber bisher – seit Meditation und Auditieren zu Massenbewegungen wurden – nur einige wenige Jahrzehnte vergangen sind, lassen sich gegenwärtig nur vorsichtige Zukunftsvoraussagen formulieren, die zur Überprüfung ihrer Korrektheit den Test der Zeit abwarten müssen. Wenn es wahr sein sollte, daß Xenus und Yatrus' Spiele vorbei sind, daß der Schirm demontiert wurde – welche Konsequenzen hätte das für die Zukunft dieses Planeten? Genügte es, die großen Führer dieses Spiels zu exponieren und zu veranlassen, ihre Spielpostulate zu streichen, um den Kurs der Welt zu ändern? Schließlich schaut der Planet ja nicht gerade vielversprechend aus . . .
Lassen sie uns die Situation knapp überblicken: Auf dem Planeten Erde interagiert Xenus markabianisches Kontrollszenario und dessen Intention zur Einen Welt mit dem yatruskischen Szenario medizinischer Experimente und genetischer Manipulation. Die Markabianer nageln einen über Geist, Geld und Energiekontrolle fest, die Yatrusker über Medizin, Ernährung und Geburtenkontrolle. Kein Ausweg. Doch werden die Auswirkungen solcher Szenarien glücklicherweise durch die dritte an diesem Spiel beteiligte Kraft abgefedert – durch die Lehrer, Missionäre und Beauftragte aus dem Weltall, die hier eine Kultur aufbauen bzw. restaurieren wollen, in der es sich zu leben lohnt. Wir sprachen von ihnen in früheren Kapiteln – von den vedi-

schen Weisen und ihren Nachfolgern, die vom mütterlichen, yatruskischen Indien zum weißen, maskulinen, markabianischen Westen vordrangen. Sie glätteten die rauhen Kanten der R6-Bank; jahrtausendelang räucherten sie in ihren Meditationen ganze Wolkenbanken von Ridges aus, sozusagen um die Bühne für Elron und seinen endgültigen Auftritt mit Xenu freizugeben. Hubbard allein hätte es nicht geschafft, er brauchte seine Auditoren. Und seine Auditoren hätten es auch nicht geschafft (wofür die dramatischen Geschehnisse zwischen 1950 und 1967 sprechen), wenn nicht schon zehntausend Jahre des Meditierens den Nebel soweit gehoben hätten, daß man den Feind überhaupt sehen und bekämpfen konnte.
Daß Xenu und Yatrus zu Fall gebracht wurden, war also nicht allein Hubbards Verdienst. Von vielen wurde über eine lange, lange Zeitspanne darauf hingearbeitet. Aber hat das etwas verändert?

MARKAB ZERFÄLLT

Lassen sie uns 1988 einmal als Schlüsseldatum betrachten, das Jahr, als Xenu aufgab. Gewiß sind seine Männer nach wie vor am Wirken – natürlicherweise, denn man kann schlecht erwarten, daß das gesamte markabianische Szenario der Einen Welt bloß deswegen zu einem knirschenden Stillstand kommt, weil der dahinterstehende Mastermind eliminiert wurde. Doch dank des Schirms erahnen markabianische Agenten im Einsatz auf der Erde – sogar, wenn sie Illuminaten sind! – ihre wahre Herkunft genausowenig wie jeder andere auch. Sie sind von ihrer obersten Informationsquelle abgeschnitten, und wenn sie überhaupt mal Neuigkeiten bekommen, z.B. über ein Monitor-BT, dann nur das stereotype „Das Große Markabianische Imperium Ist Wie Gewöhnlich Siegreich!“ Und so machen diese vereinsamten Agenten mit ihren alten Plänen und Befehlen weiter, bis diese sich als unwirksam erweisen – woraufhin sich Verwirrtheit einstellt.

Und tatsächlich ist der Planet seit 1988 in ungeheure Verwirrung geraten! Eine gewaltige Stabilität, die künstlich geschaffene Polarität USA/UdSSR, brach 1989 zusammen. Seitdem haben individuelle Nationen und ethnische Gruppen wiederholt auf ihre Selbstbestimmtheit und ihr Recht gepocht, das Eine-Welt-Spiel zu verlassen; sie wehren sich gegen die ihnen während der Kolonialzeit vergangener Jahrhunderte aufgezwungenen politischen Konditionen. Natürlich heizen die Großen Mächte ihre Kriegsmaschinerie an, um dies zu verhindern – ohne Erfolg.

Eine weitere gewaltige Stabilität, die des kommunistischen China, gerät gegenwärtig ebenfalls ins Wanken. Nun, da dem Bürger dort individueller Reichtum gestattet wurde, ist Geldverdienen groß angeschrieben; man protzt mit seinem neuen Reichtum und sonnt sich im Glanze neuerstandenen R6-Decos wie etwa dicker Autos, eindeutiger Damen, Rockmusik, amerikanischer Zigaretten, usw. Tut uns leid, Herr Mao, die Welt marschiert nicht mehr gern im Rythmus der Einweltler, sondern tanzt lieber nach ihren vertrauten R6-Melodien.

Vielleicht war die R6-Bank bisher so etwas wie ein „Rettungsanker“ für diesen Planeten – denn dank ihrer Anwesenheit hat niemand etwas wirklich Endgültiges zustande gebracht, weder die Xenianer noch die Yatrusker, weder die galaktischen Patrouillierer noch sonst irgend jemand. Nehmen wir nun einmal an, ihre Kraft wäre gebrochen – was würde dann geschehen?

Kommt man dieser Tage (wie z.B. H.J. am 2. März 1993) mit einem markabianischen Schiff in Berührung, so dreht es ab, sobald man ihm die letzten Neuigkeiten zu Xenus Spiel gegeben hat; man muß nicht einmal mehr auditieren. (Dieses besondere Schiff hatte die Aufgabe, die Unruhen in Polen, der GUS, der Tschechoslowakei, in Rumänien und Bulgarien durch Aufheizen aller verfügbaren Monitore fortzusetzen – es sind immerhin noch eine Menge davon übrig!)

Obwohl die markabianische Welle diesen Planeten nach wie vor umspült, wird sie doch von allen möglichen unerwarteten kleinen Hindernissen gebrochen, darunter auch ein lange totge-

glaubtes Phänomen – die Individualität. Individualität bedeutet: Stolz auf eigene Leistungen, Sinn für persönlichen Wert und Eigentum, Geschichtskenntnisse, Wertschätzung ethnischer Bräuche und Handwerkskünste – ein gewaltiger Unterschied zu der uns von Markab aufgezwungenen Definition, demzufolge ein Individuum ein gesellschaftlicher Produktionsfaktor in irgendeinem Stadium zwischen körperlicher Geburt und Tod ist.
Zu viele Cluster wurden seit 1968 aufgebrochen; die Dramatisierung zwanghaften Zusammenseins von Menschen, Völkern und Nationen hat abgenommen. Wenn eine Nichtübereinstimmung wie etwa die Salman Rushdies in seinen „Satanischen Versen" die mächtigen Ajatollahs soweit herausfordern kann, daß sie dafür eine Todesstrafe aussprechen, wenn die Macht des Islam nur noch durch die Bomben einer Handvoll fundamentalistischer Terroristen demonstriert wird, wenn der Papst sich darüber Gedanken machen muß, daß die Leute dem Katholizismus den Rücken kehren, dann beginnt sich die Schwäche der Starken zu zeigen.
Markab, das seine irdische Macht auf das römische Imperium stützte, seine Weltherrschaft mit Weishaupts Illuminaten 1776 etablierte und sich gegenwärtig als allgewaltige Weltbank manifestiert, als die R6-Deco Banktempel von New York, Frankfurt und Tokio – sogar Markab ist im Zustand der Destabilisierung. Verwirrung herrscht dort – politisch, militärisch, finanziell. Auf Markab selbst! Nicht nur auf der Erde. Schaut man sich die Nachrichten im Fernsehen an und sieht bewaffnete Polizisten auf Bürger einschlagen – nun, es könnte geradesogut auf Markab stattfinden. Ein Bürgerkrieg findet dort gerade statt, eine Bevölkerung steht gegen einen Polizeiapparat auf, der jeden ihrer Gedanken unter Kontrolle hat. Ihre Regierung benutzt Schwingungsgeneratoren, um die Meuterei zu brechen und die Menschen erneut in Furcht und Unterwürfigkeit hineinzuparalysieren. (Auditorenbericht von P.H., August 1992.) Auch Markabianer sehnen sich nach Freiheit und einer Rehabilitierung ihrer Zwei Rechte; alle Implants im Universum können einem Thetan

das nicht austreiben. Und in Abwesenheit ihres Führungsgenies gibt es kaum noch Mittel, sie in Reih und Glied zu halten.
„Aber ist denn nicht alles viel schlimmer geworden als zuvor? man schaue sich nur all die Kriege rund um die Welt an – ist dieses Blutvergießen nicht grauenhaft?“ könnte nun jemand denken. So ist es. Es ist grauenhaft. Aber jeder, der die Skala der Emotionen kennt, wird verstehen, daß Haß und Ärger höhere Stimmungen sind als Furcht, Schrecken und Apathie. Es geht nach oben. Besser lebendig und am Kämpfen als schon tot. Ein Planet in Aufruhr erweckt weit mehr Hoffnung als eine ihm durch militärische Bedrohung, elektronische Überwachung und Drogen aufgezwungene Apathie – die R6-inspirierte Idealvorstellung.

EINE KÖRPERKULTUR

Bezüglich yatruskischer Aktivitäten (Nahrung, Medizin, Genetik) hat sich bisher noch keine wahrnehmbare Veränderung ereignet – doch schließlich verließ ihr großer Meister sein Spiel ja auch erst im Jahre 1992. Und man bedenke, daß das yatruskische Spiel bedeutend trickreicher als das Xenus ist, denn es beruht auf persönlicher Überzeugung, nicht Gewalt. Es ist recht leicht, Markabianer zu befreien, wenn man es erst einmal fertiggebracht hat, sie die Kontrollmechanismen erkennen zu lassen, denen sie selbst unterworfen sind – aber man versuche einmal, einen Yatrusker zu befreien . . . Sehr schwierig! Denn es hält ihn ja nichts außer seiner ureigenen Überzeugung, ganz fürchterlich im Recht zu sein, völlig unschuldig und absolut harmlos – und er wird ihnen das erzählen, während er gerade von einem abgetriebenen Embryo extrahiertes Hirngewebe in das Hirn einer geistig behinderten Person injiziert. Um sie zu „kurieren“. Natürlich alles im Namen der „reinen Wissenschaft“.
Noch viele für dieses Szenario relevanten Postulate werden gefunden und gelöscht werden müssen, bevor sich erwarten läßt, daß hier eine stabile Veränderung einsetzt.

Die Erde, aufgrund ihrer uralten atlantischen Tradition ursprünglich ein yatruskisch dominierter Planet (sein Lieblingslaboratorium, man erinnere sich), wurde ja erst kürzlich, also vor 75 Millionen Jahren, von Xenus Machenschaften tangiert. Doch nun, da der Schirm, Xenus „Zuckerguß auf dem Kuchen", einen Sprung bekommen hat, läßt sich erwarten, daß der Planet – sozusagen ganz „natürlich" – zu seiner körperorientierten, sexvernarrten und vergnügungssüchtigen Kultur von vor dem Zweiten Geschehnis zurückkehren wird.

Heute wie damals benutzt und schätzt man weiche Fleischkörper als Modus, das Leben zu erfahren, und dies wird sich auch so schnell nicht ändern. Zweihundert Jahre markabianischer Erziehung im Versuch, den Menschen in einen Roboter zu verwandeln, erwiesen sich als fruchtlos, denn man kam gegen das für diesen Planeten so typische, auf körperlichen Empfindungen beruhende, breite Spektrum von Genüssen nicht an, auf denen sich die gesamte hiesige Kultur aufbaut. Sei es bei Musik, Malerei, Skulptur, Architektur, Essen, Trinken, Sport, Sex – der Empfangsmodus ist immer der Körper und seine Sinne.

Man nimmt die Welt durch seine Sinne wahr; die von Kunst, Musik oder guten Mahlzeiten ausgehenden Schwingungen werden gewöhnlich (d.h. im Falle der meisten Menschen) zunächst vom Körper empfangen und absorbiert (Phi-Körper), dann von der GE (Lambda-Körper), dann von dem Energiefeld des Thetans (Theta-Körper, Geist) und dann erst von dem, der sich seiner Bewußtheit bewußt ist, dem Thetan selbst. Eine schrittweise Übertragung. Umgekehrt kommuniziert der Thetan nicht durch direkte Gedanken zur Welt hin, sondern indem er zunächst die geistigen Energiemanifestationen namens Emotionen erschafft, damit die programmierten emotionellen Grundmuster der GE anregt, die dies an den Körper weitergibt (Muskeln, Nerven, Drüsen, usw.) – womit der Thetan schließlich seine Umgebung erreicht hat.

Dies zeigt sich in sozialer Wahrnehmung und Interaktion, insbesondere im sexuellen Rollenverhalten. Man nimmt einen Körper wahr, schätzt seine sexuelle Attraktivität ein, Elektrizität knistert,

Funken sprühen – zwei GEs haben sich aufeinander eingestimmt; zwei GEs kontrollieren „ihre“ Thetans. Eine ehrwürdige und althergebrachte Prozedur; die meisten Ehen werden auf diese Art geschlossen. Angeblich sind auf einer Ebene darüber Thetans „in Kommunikation miteinander“. Sind sie es wirklich?
Sogar ein Thetan ohne reaktive Bank, der routinemäßig geistig agiert und in direkter telepathischer Interaktion mit anderen steht, würde hierunter leiden. Ganz gleich, wie fortgeschritten er auch sein mag – die Impulse, die er von seiner Umgebung empfängt oder in sie hineinschickt, um sein Spiel in der sichtbaren Welt zu spielen, sind immer modifiziert von den Reaktionen seiner GE auf diese Umgebung wie auch von der strukturellen Intaktheit und Geschicklichkeit seines Körpers.
Wer würde denn schon, in normaler sozialer Interaktion, einen Thetan als solchen wahrnehmen? Kommt höchst selten vor, ein Zeichen äußerst geschulter Bewußtheit.
Der Körper – solange man es für nötig hält, sich mit ihm abzugeben – ist eine Relaisstation, die man nicht unberücksichtigt lassen darf, will man über die Erde und ihre Zukunft sprechen.
Da verwundert es wenig, daß auf diesem Planeten noch niemals eine „reine Thetankultur“ anzutreffen gewesen war. Man schaue sich die Gerichtsbarkeit an – seit altersher werden hier Körper gestraft, eingesperrt oder hingerichtet; in Zweifelsfällen gibt man sie in die Hände der Psychiater und läßt sie mit Drogen auffüllen. Nicht Thetans werden zur Rechenschaft gezogen – Körper!
Erstaunlich oft entscheidet die Psychiatrie einen Fall, z.B. indem sie befindet, der Verbrecher könne „aus psychiatrischen Gründen“ nicht zur Verantwortung gezogen werden. Die Frage ist nicht: „Wie sehr im Unrecht war der Thetan?“, sondern: „Wie recht hatte die Bank?“ Wer würde es denn auch fertigbringen, einen Thetan zu erkennen und zu erziehen, also den, der es der Bank gestattete, ihn zu kontrollieren? Hier hat die Psychologie wenig anzubieten. Der Einfachheit halber hält man sich deswegen an den Körper und seine GE-Bank.

Es ist eine Körperkultur. Über was reden die Leute am meisten, wenn nicht über das Wetter? Das Wetter aber ist keine Angelegenheit des Thetans, sondern der GE. *Sie* fühlt sich davon beeinflußt. Eine Körperkultur.
Man schaue sich das prä-markabianische keltische Europa an oder die sehr yatruskischen asiatischen Kulturen, z.B. indische Musik, tibetische Yogis, chinesisches Essen, balinesischen Tanz, japanische Gefangenenlager – und was sieht man? Sinnlichen Genuß, perfekte GE-Kontrolle, Verfeinerungen von Essen, Sexualität und Folter jenseits jeder post-markabianischen europäischen Vorstellungskraft. Thetans – wen kümmert's?
Dies war ein yatruskischer Planet und ist immer noch einer. Atlantis lebt nach wie vor im Geist der Menschen fort, in ihrer Folklore, ihren Märchen, ihrer naiven Kunst – sei es in Irland, in Tolkins „Herr der Ringe", in den Legenden von König Arthur, den indischen Erzählungen von Krishna und den hübschen Melkerinnen oder der dunklen, bluttriefenden Kali, in den „Traum"-Mythen der australischen Ureinwohner – Beispiele ohne Zahl.
Trotz des 36-Tage Implants, trotz der Allgegenwart des Schirms, trotz markabianischer Importe wie Verbrennungsmotoren, Atombomben, elektronischer Überwachung, Computerspielen und Hard Rock haben es die Menschen auf der Erde fertiggebracht, ihre atlantische Tradition aufrechtzuerhalten. Sie hatten den kreativen Schwung, R6-Symbolik in R6-Deco zu verwandeln und zum Teil ihrer Kultur werden zu lassen. Sollten Sie demnächst einmal durch Süddeutschland reisen, empfiehlt es sich, die Spitzen katholischer Kirchtürme zu beachten, wo man einen vergoldeten Hahn auf einem Kreuz sitzen sieht. Sie schätzen ein Fruchtbarkeitssymbol (den Hahn) höher als ein R6-Emblem (das Kreuz)! GE wichtiger als Thetan, Yatrus wichtiger als Xenu – es zeigt sich überall. Schließlich hat es seinen Grund, daß Xenus höchsteigene Mönche die Dauerhaftigkeit ihres Ruhms nicht etwa auf ihre hohe Geistigkeit gründeten, sondern auf die Herstellung potenter geistiger Getränke wie etwa Wein, Bier und Likör, sehr yatruskisches Zeug. Und direkt unter den Augen der

soutanierten Repräsentanten des Einen Gottes sieht man die Bauern damit beschäftigt, Stiere zur höheren Glorie von Yatrus zu opfern (spanischer Stierkampf) und die Jungfrau Maria zu verehren – eine *Frau*! Der Eine Gott für die Lippen, vielleicht für den Kopf – aber die keltischen Weiße Göttin fürs Herz. Das keltische Ostern – ein Fruchtbarkeitsritual im Frühling, jeder treibt es mit jedem. Weihnachten, neun Monate später – das zur Stunde der Wintersonnenwende geborene Kind wird König des Stammes. Dieses Bild vom keltischen Gottkönig in der Krippe, einer heiligen Frau als seiner Mutter, beide beschaut von Ochs und Esel – wie yatruskisch kann man denn noch werden? Weder Xenu noch die katholische Kirche haben es fertiggebracht, hieran etwas zu ändern. Versucht haben sie es zur Genüge – man denke an Inquisition, Hexenverbrennung, Unterdrückung von Weiblichkeit und GE. Konsequenz: unsere magenkranke und krebsgeplagte, maskuline weiße westliche Welt.

Religionen folgten schon immer dem yatruskischen Pfad, wichen nie davon ab. Man schaue sich religiöse Feiern an, wie z.B. Geburt, Heirat und Tod – was wird denn da zelebriert, wenn nicht Zeitpunkte, die für die *GE* entscheidend sind, kaum aber für den Thetan? Man schaue sich den fernen Osten an – was wird dort kultiviert, wenn nicht Harmonie zwischen männlichem und weiblichem Prinzip; welche Kraft versuchen sie in ihren Chakra-Meditationen zu erwecken, wenn nicht die der GE? Aber die Entitäten, Dämonen, bösen Geister, BTs, Cluster und Monitore? Nun ja, sie existieren, gewiß, aber bau doch einfach ein bißchen Prana auf, öffne dein siebtes Chakra, stimme dich auf den GE-Zentralspeicher ein, laß diese erregenden Wellen fünftdynamischer Ch'i-Energie durch dich hindurchströmen, und die Dämonen werden sich besänftigt fühlen, werden in einen tiefen Schlummer verfallen. Gegen eine Behandlung von solchem Liebreiz haben sie keine Chance. Warum sich also der Mühe unterziehen, sie zu auditieren?

Sogar Freud im Westen – was kündigte er der erschreckten Wiener Bourgeoisie an, wenn nicht die Macht der GE, der Lebens-

kraft; eine Macht, die er „Libido“ nannte und die jeden kühl kalkulierenden markabianischen Geist mit ihren Sexbildern aus dem Felde schlug. Und Hubbard – fing er nicht geradeso an? Er brauchte gute 15 Jahre, bevor er von den GE-Banken zu den Theta-Banken mit ihren BTs, Clusters und Monitoren hinüberschaltete. Und wer wollte denn schon etwas davon wissen? Hubbard der Wahnwitzige; Hubbard, der seinen Fall unschuldigen, arglosen Menschen aufdrängt; man schaue sich dagegen die Jungs vom New Age an, wie friedlich, warum nicht ein paar Räucherstäbchen verbrennen und dazu ein bißchen Tantrasex, müssen wir denn wirklich auditieren . . .?
Die Scientologie ist nicht populär auf diesem Planeten. Zu kopfig. Macht viel mehr Spaß, unterhalb des Nabels zu agieren, also mit dem Bauch oder den Genitalien.
Markabianische Markenzeichen wie Militarismus, Geldbesessenheit und Gedankenkontrolle – sowieso schon geschwächt, wie der umherstolpernde amerikanische Koloß beweist – haben gegen sowas keine Aussichten. Erdenmenschen lieben ihr Körpervergnügen, lieben es, dem Verlangen ihrer GEs zu folgen, verabscheuen zuviel Denken, hassen politische Kontrolle. Samoa für jedermann – das ist das Motto. Angenehmes Klima, keine Arbeit, hübsche Körper, Essen wächst einem direkt in den Mund.

„DER FREUNDLICHE PLANET“

In Abwesenheit des Schirms wird es einen zunehmenden Einstrom von Missionären geben, einen intensiven Austausch von Neuigkeiten mit anderen galaktischen Kulturen (da man nun hinaus kann); die Bewußtheit des galakto-politischen Kontextes, in dem die Erde steht, wird wachsen (und wir stehen darin, ob wir es wissen oder nicht); diplomatische Verbindungen mit Sektor 0 werden angeknüpft werden und früher oder später wird eine Entscheidung gefordert sein, wohin die Erde gehört. Ein neues Selbstvertrauen, verabfolgt von einem politischen Bekenntnis.

Wiederum und aufs neue wird die Erde als „der freundliche Planet“ bekannt sein (Werbeslogan extraterrestrischer Reiseagenturen), wieder hochgeschätzt und gerne besucht, weil ein Großteil der hier in Form von BTs und Clusters festgehaltenen negativen Aufmerksamkeit wegauditiert ist und der Rest (ohne Schirm) allmählich von selber gehen wird. Viele Thetans draussen auf den 76 Planeten, deren komplettes Thetagewebe entführt und im Verlauf des Zweiten Geschehnisses implantiert wurde, mögen sich zwar schon vor langer Zeit rekonstituiert haben, werden aber dessenungeachtet noch immer von Bildern verfolgt und gequält, die ihren persönlichen, hier auf Teegeeack festgehaltenen Thetabündeln entströmen. Sie werden auditieren lernen und diese Bündel selbst aufräumen wollen, um frei von ihnen zu sein und frei davon, deren Inhalte zu dramatisieren.

Interesse am Export der Auditiertechnologie ist zweifellos vorhanden; Solo-Auditoren wurden des öfteren gefragt, wann es endlich losgeht. Eine der zukünftigen Rollen für die Erde mag daher die einer galaktischen Trainingsakademie für Auditoren sein – falls es die Scientologie schafft, durch das gegenwärtige Gerangel in ihren eigenen Reihen durchzukommen, ohne dabei bis zur Unkenntlichkeit verzerrt zu werden. Falls.

Aber nehmen wir mal an, sie täte es und wäre gesellschaftlich akzeptiert; nehmen wir mal an, es würde in großem Ausmaß auditiert – dies könnte den interessanten Nebeneffekt haben, daß höchst erstaunliche Daten über die Geschichte dieses Planeten und seine Kulturen zutage treten. Schließlich laufen die meisten Zeugen längst vergangener Epochen nach wie vor hier umher, und ihre Erinnerung anzuzapfen ist ja schließlich keine Schwierigkeit. Es ist abzusehen, daß Schulbücher zu den Fächern Geschichte, Anthropologie und Archäologie wiederholt neu geschrieben werden müssen!

So sehr die Idee von der Einen Welt in diesem Buch auch zerrissen wurde, ist sie doch die einzige Hoffnung für das Überleben dieses Planeten – allerdings *nicht* als eine den Erdenmenschen von außerirdischen Fremdlingen heimlich aufgedrückte, falsche Lösung. Angesichts des Gewebes von Fluglinien, Computernetzwerken und Satellitenfernsehen, das den Globus so dicht umhüllt, daß kaum noch ein Fleckchen frei bleibt, ist eine zentrale, koordinierende Körperschaft unumgänglich. Sie einzurichten, sollte aber nicht allein der Weltbank überlassen werden, nicht den Rothschilds, den Rockefellers und ihren weltumspannenden „humanitären" Stiftungen.

Historisch gesehen wurde dieser Planet immer nur von einigen wenigen gelenkt, von Häuptlingen, Königen, Kaisern, Päpsten, Industriemonopolisten und Bankmagnaten; er war ein Spielplatz für einander bekriegende Intentionen. Für diese Kriege hatte das Volk das Geld aufzubringen; oft zahlte es noch dazu mit seinem Blut. In unserer heutigen Zeit demokratischer Falschheit ist es kein bißchen anders. Die Erde wird nach wie vor von der reichen Minderzahl beherrscht und nicht von denen, die sich durch Weisheit, künstlerisches Geschick und ethisches Verhalten hervortun, nicht von denen, die anhand der nachweisbaren Qualität ihrer Produkte verdienten, zu Führern berufen zu werden. Die Macht ist in den Händen des Militärs, das Militär in den Händen eines Bankenkonsortiums. Jeder Thetan, der halbwegs gut beieinander ist und es fertigbringt, sich in einem Königshaus oder der Familie eines Großbankiers einen Embryo zu greifen, hat ausgesorgt. Mehr muß er kaum tun, um auf Rosen gebettet zu sein, Macht im Überfluß zu haben und seine wildesten Aberrationen ausspielen zu dürfen, ohne daß jemand etwas dagegen unternehmen könnte.

Wozu dies führt, haben wir nun für einige Jahrtausende zur genüge miterlebt und sind diesbezüglich so zufriedengestellt, daß wir nicht mehr davon zu sehen brauchen. Um effizient zu sein und optimale Lösungen hervorzubringen, darf sich eine Erdregierung nicht aus vererbtem Geld und vererbten Titeln zusammensetzen, sie darf weder mit durch medienkontrollierte, „demokratische" Wahlprozeduren gewählten Strohmännern bemannt noch von charismatischen, Ideologien versprühenden Demagogen geleitet werden. Ausschließlich kompetente, praktische, pragmatische Leute, Vorbilder zivilisierten und ethischen Verhaltens gehören hinein. Zum Aufbau der hierzu notwendigen moralischen Maßstäbe bedürfte es der Wiederbelebung des Sinnes für Ehre, Würde und Integrität, und zwar unter *allen* Bürgern dieser Erde, und der Rehabilitation mittlerweile fast vergessener Tugenden; es bedürfte des Respektierens von Denkfähigkeit und Wissen; es bedürfte der Gewilltheit, Verantwortung zu übernehmen und für die eigenen Irrtümer geradezustehen – mit einem Wort, es bedürfte der Bereitschaft, Kontrolle über die unmittelbare persönliche Umgebung zu übernehmen (statt dies anderen zu überlassen). John F. Kennedy nannte dies „Zivilcourage". Die antiautoritäre Mode von heute, die von gewissen Schulen der Psychologie propagierte Haltung des Laissez-faire haben ihre zerstörerischen Konsequenzen aufs Gründlichste demonstriert und dienen somit keinesfalls dazu, eine funktionierende soziale Einheit weltweiter Größenordnung aufzubauen.

Ob solche Erdregenten gleichzeitig „Bürger dieser Erde" sein müßten, ist eine offene Frage – denn wer ist das schon? Die meisten Führungspersonen, egal welcher Herkunft und welchen Parteibuches, kamen von anderswo. Und was wären denn auch die Kennzeichen eines Erdenbürgers? Nach wie vielen Leben hier unten würde man denn als „naturalisiert" betrachtet? (Vielleicht sollte man den Würdenträgern der Erdregierung eine Reihe delikater Fragen stellen, bevor man sie auf ihrem Sitz bestätigt, etwa: „Was haben sie während des Zweiten Geschehnisses getan? Während des Ersten Geschehnisses? Was ist ihr Verhältnis zu Xenu? Zu Yatrus? Welche galaktische Lobby repräsentieren sie?" usw. Könnte sehr interessant sein.)

Zwischen einer Diktatur im Sinne der Einen Welt und einer pragmatischen, im ursprünglichen Sinne des Wortes aristokratischen Erdregierung bestehen zwei höchst bedeutsame Unterschiede: Einmal würde letztere optimale Lösungen im Hinblick auf das Überleben des Planeten insgesamt und allen Lebens darauf suchen (statt ihn auszubeuten und in die eigene Tasche zu wirtschaften, wie die ersteren mehr als einmal bewiesen haben); zweitens würden letztere Individualität voll berücksichtigen, statt sie zu unterdrücken. Die grob geschätzt 200 Staaten dieses Planeten sind Künstlichkeiten, markabianische Erfindungen, die seit 1492 im Zuge des Auseinanderschnipselns der Weltkarte geschaffen wurden; Tatsache ist hingegen, daß man es hier mit hunderten von ethnischen Einheiten, tausenden von regionalen Untereinheiten und einer entsprechenden Menge von Sprachen, Dialekten, Sitten und Gebräuchen zu tun hat. Sie sind Individuen und sie alle haben ein Recht darauf, als solche zu existieren! Doch die markabianische Lösung bestand darin, sie auszumerzen, sie bis zur Auslöschung zu „erziehen" oder zu unterdrücken; die yatruskische Lösung, sie mit anderen Rassen und Völkern zu verschmelzen, sie ihrer Unterscheidungsmerkmale zu berauben und unkenntlich zu machen.

Dies ist aus mehr als einem Grunde nicht klug. Zunächst einmal schafft das Erhalten der Unverwechselbarkeit von Völkern, Sprachen und Gebräuchen Heimatgefühl und Orientiertheit, es baut Stärke von den Wurzeln der Gesellschaft aufwärts auf und trägt damit zur Wiederbelebung von Zivilcourage und natürlich auch zivilem Ungehorsam bei. (Soll die Macht aber von oben nach unten fließen, so sind Familien, Stämme und Volksgemeinschaften unerwünscht; daher müssen solche Strukturen verwässert oder zerstört werden.) Zweitens sorgt Individualität für Abwechslung und malerisches Brauchtum, was die Anziehungskraft des Planeten für zukünftigen interstellaren Tourismus natürlich beträchtlich steigern würde (angesichts dessen, daß die meisten anderen Planeten mit Bezug auf Rasse, Sprache, Kultur und industrielle Spezialisierung homogene Einheiten darstellen).

Letztlich sei gesagt, daß rassische und ethnische Unterschiedlichkeit die Rehabilitierung „verlorener“ Thetans und GEs durch das Bereitstellen vertrauter Körpertypen beträchtlich erleichtern würde.
Sicherlich läßt sich in dieser mobilen Gesellschaft rassische Vermischung nicht vermeiden – aber man muß es ja auch nicht künstlich auf die Spitze treiben in der Art, wie es yatruskische Szenarien gegenwärtig vorsehen. Überließe man dies seinem eigenen Verlauf und Tempo, so wäre es gerade gut genug.
Wenn es wahr ist, daß die weiße Rasse ihre frühere Herrschaft über diesen Planeten dramatisiert und versucht, ihn sich wieder anzueignen, wenn es wahr ist, daß die Markabianer diese treibende Kraft für ihre eigenen Zwecke verwendet haben, und wenn es wahr ist, daß die markabianische Spielführung abgesetzt wurde, dann werden die Konsequenzen für die Zukunft der weißen Rasse recht drastisch sein. Ohne außerirdische Rückendeckung wird sie mit ihrer Haltung von „nur für Weiße“ allein darstehen; sie wird sich mit der Tatsache anfreunden müssen, daß es hier ganz unleugbar noch andere Rassen gibt und daß man sie nicht einfach mit Hilfe von Massenaushungerung oder Seuchenverbreitung (den modernen Äquivalenten der Nazigaskammern) auslöschen kann. Bei einem Nachlassen des falschen Selbstvertrauens der weißen Rasse wäre gleichzeitig zu erwarten, daß andere Rassen dadurch Aufwind bekommen und ihre Ansprüche geltend machen – man beachte hierzu den in der jüngsten Vergangenheit bereits erfolgten Aufstieg von Japan, China und einigen kleineren asiatischen Ländern.
Rassen sind, wie wir herausgefunden haben, ein Produkt yatruskischer Biolaboratorien; schließlich waren zu voratlantischen Zeiten alle Körper weiß. Auf Seiten nicht-weißer Rassen existiert möglicherweise die instinktive Einstellung, der weiße Mensch sei der bessere Mensch – aber das wäre nicht der Gedankengang eines Thetans, sondern er käme aus der GE und bezöge sich allein auf Körper. Daß *Thetans* auf sowas hereinfallen, ist das Resultat von Xenus Vorliebe dafür, das Bild weißer, bär-

tiger Götter zu implantieren, und sollte von denen, die zufällig diesem Image entsprechen, nicht unfeinerweise zum Vorteil ausgenutzt werden.

WISSENSCHAFT UND KUNST

Die Menschen auf diesem Planeten möchten ihre Grundprobleme gelöst sehen – Ernährung, Behausung, Energie, medizinische Versorgung, persönliche Sicherheit, Erziehung, sinnvolle Arbeitsplätze. Sie sind es leid, als Versuchskaninchen für die Experimente Extraterrestrischer herhalten zu müssen.

Die Lösungen sind alle vorhanden. Sie wurden schon vor Jahrzehnten von Wissenschaftlern und Weisen ausgearbeitet, sogar schon vor Jahrhunderten. Sie liegen in den Schubladen derer, die ihre Verwendung verhindern wollen. Dies könnte ein Planet der Fülle sein, des Überflusses. Es gibt Nahrungsmittel im Überfluß, Energie im Überfluß, Geld im Überfluß, medizinisches Wissen im Überfluß und Ausbildungstechnologien im Überfluß. Knappheit ist künstlich. Die Überbevölkerungsgefahr ist ein Mythos, eine Mißinformation, um die Leute unter Kontrolle zu halten. Das Problem ist nicht Überbevölkerung, sondern Desorganisation und schlechtes Management auf Regierungsebene.

Mit einer Wende in den Wissenschaften – Wissenschaft als Dienerin der Menschen statt der Militärs – hätte eine Neuorientierung der Künste einherzugehen. In ihrem gegenwärtigen Zustand glorifiziert Kunst entweder nostalgisch die Vergangenheit, porträtiert kritisch die Gegenwart (was die Tristesse nur verschlimmert) oder huldigt ganz offen der R6-Bank. Nichts davon läßt einen Gutes für die Zukunft hoffen. Wobei die Rolle des Künstlers in der Gesellschaft aber doch wohl die sein sollte, daß er den Menschen Hoffnung, Mut und Kraft einflößt, ein Visionär ist, der bessere Welten erträumt, Welten, die erstrebenswert wie auch erreichbar erscheinen[2].

Die Gefahren eines yatruskischen Biolabors, das in planetarischem Maßstab uneingeschränkt vor sich hinwerkeln darf, sind nur allzu offensichtlich. Ich könnte mir vorstellen, daß sich niemand freiwillig in eine Menschen-Echse oder ähnliche Chimäre verwandeln ließe, mit dem Hirn seines kürzlich verstorbenen Nachbarn im eigenen Schädel herumlaufen wollte, wüßte, daß er während der intrauterinen Monate seines Lebens eine Schimpansin als Leihmutter hatte, oder erfahren möchte, daß seine „Mutter" ein Homosexueller war, der den Herzenswunsch hatte, ein Baby auszutragen und dies auch tatsächlich tat – ein weiteres Wunder moderner Medizin, dem das Europäische Parlament durch seine Zustimmung zu homosexuellen Ehen grundsätzlich stattgibt.
Nichts hiervon ist ein Produkt der Gruselphantasien dieses Autors, durchaus nicht, denn diese Dinge sind bereits in ihrem experimentellen Stadium, es gibt sie wirklich! Und daß wir damit übereinstimmen könnten, ist gewiß nicht jenseits aller Vorstellung, denn schließlich *haben* wir uns schon, wenn auch auf weniger sensationeller Ebene, mit Alkohol einverstanden erklärt, mit Kaffee, Zigaretten, Haushaltsdrogen, psychiatrischen Drogen, Straßendrogen, usw.
Eigentlich nicht verwunderlich, schließlich handelt es sich hier um Gewohnheiten von lange vor dem Zweiten Geschehnis. Eine yatruskische Tradition zwar – doch gegen die Grundprogramme der GE. Auf der Grundlage uralter Dramatisierungen herrscht die Übereinkunft, daß es so sein soll. Man wird sehr viel in der GE auditieren und eine Menge Arbeit in das Aufräumen des GE-Zentralspeichers stecken müssen, um das Suchtpotential abzubauen, das im Verlauf von Billiarden von Jahren der Fehlprogrammierung durch Drogen, genetische Mutationsexperimente und Implantieren der GE entstanden ist. Wir haben es hier mit einem sehr ausgedehnten Auditierprojekt zu tun.

Als vorläufige Vorkehrung gegen yatruskische Kontrollszenarien wäre es schon nützlich, wenn man die Todesfurcht verlöre. Die bizarren und oft inhumanen Lösungen, von der westlichen Medizin praktiziert, um „Leben unter allen Umständen zu erhalten", können nur solange populär sein, wie sich Menschen vor dem Sterben fürchten. Der ehrenhafte, anständige Tod vergangener Zeiten, der würdige Tod im eigenen Bett, die Vorbereitetheit dafür, dem Leben nach dem Tode ins Auge zu blicken, wurde ersetzt durch schändliche, würdelose, wochenlange Klinikaufenthalte, wo der Körper mit Medikamenten vollgepumpt und an Maschinen angeschlossen wird, der Thetan sich schon lange verabschiedet hat und die GE so unglücklich und hilflos ist, wie sie nur irgend sein könnte.
Es ist nicht schlimm, wenn man stirbt. Die GE ist unsterblich, der Thetan ist unsterblich, sogar die Thetaquanten, aus denen der Körper besteht, sind unsterblich. Wie könnte man also etwas gegen das Sterben haben?
Für die GE ist ein sanfter Tod absolut akzeptabel, besonders wenn der Körper unversehrt ist. Teil des Programms. Und nach dem Tod gibt es heutzutage keine Gefahrenquellen mehr, weder für GE noch für Thetan, nun da der Schirm Löcher hat. Man geht, man kommt zurück. Kein Schirm. Oder man verabschiedet sich und geht anderswohin. Sollte man jemals den Wunsch haben, zurückzukommen – kein Problem. Jederzeit. Es herrscht kein Mangel an Körpern, nicht auf diesem Planeten. Man stecke zwei Körper zusammen und sie werden einen dritten produzieren; es funktioniert fast immer, dank Yatrus.
Also gebe man dem Tod eine Chance, lasse die Klinik links liegen, und die experimentierfreudigen Jungs werden einen kleineren Markt haben.
Das Leben auf diesem Planeten könnte leicht sein, wenn wir uns nur an das Wesen der Dinge erinnerten, an die in den Phi- und Lambda-Welten enthaltenen Grundprogramme, und *mit* ihnen leben würden statt gegen sie.
Politisch gesehen, mit Xenu aus dem Spiel und Markab desorganisiert und verwirrt, werden wir im Lauf der nächsten zwan-

zig Jahre durch das Schlimmste hindurch sein. Aber wollten wir eine körperorientierte Kultur de-aberrieren und zu ihren früheren atlantischen Höhen erheben, und zwar *ohne* jegliche Aberriertheit, sie also zu den Idealen der Veden erheben, so sprechen wir über ein paar Jahre mehr. Vielleicht zweitausend? Eigentlich nicht viel, wenn man bedenkt.
Es steht zu hoffen, daß vier Billiarden Jahre des Implantierens jedem eine Lektion erteilt haben und man sich vielleicht zu der Übereinkunft durchringen kann, endlich doch aufzuräumen. Weiter keine Schwierigkeit, es müßte sich eben jeder seiner eigenen Überbleibsel annehmen.
Die Phase der Erschaffung des Spiels ist vorüber, die Spielführer haben sich zurückgezogen, und wir betreten eine neue Phase – das Entschaffen des Spiels.

NACHWORT

Das Schreiben eines Buches birgt die Gefahr, daß einem die Leute möglicherweise glauben, was man sagt.

Geschriebenes führt leicht dazu, daß man den Autor zitiert, und dies wiederum dazu, daß man mit ihm übereinstimmt – indem man aber mit ihm übereinstimmt, schätzt man vielleicht seine eigenen Erlebnisse gering ein.

Dies ist ein prima Nährboden für den Aberglauben, nach dem Motto: „Nicht, was ich sage, ist wahr, sondern was *er* sagt". Weil er größer ist, besser, heiliger oder schlauer, als ich es bin. Also muß er Recht haben.

Warum? Weil er ein Buch schrieb. Aber das ist doch schließlich alles, was er getan hat, oder? Und vielleicht auch der einzige Unterschied zwischen Ihnen und ihm. Er trompetete seinen Standpunkt in alle Windrichtungen hinaus, Sie haben das nicht getan. Also?

Nichts in diesem Buch ist „für jedermann wahr". Es enthält Wahrheiten, die einige Leute für sich selbst zu einer bestimmten Zeit fanden. Da es zwischen ihren Befunden gemeinsame Nenner gibt, ist man geneigt, dies als „die Wahrheit" zu betrachten. Schön und gut – aber vielleicht sollte man es, etwas vorsichtiger, eine „vorübergehende Übereinkunft zu dem, was war und was ist", nennen. Eine Möglichkeit.

Beispiel: Gab es den 2. Weltkrieg? „Ja", sagt da jemand. Nun, wie kann er es wissen? War er dabei? Und wenn ja, woher weiß er, daß andere vergleichbare Erlebnisse hatten? „Aber sie haben es mir doch erzählt!", ist die Antwort. „Und es ist in Filmen dokumentiert, in Fotografien und vielen Büchern." Ach ja? Alles was er sagt, ist, daß er mit einer bestimmten Quelle von Information übereinstimmt. Was am 2. Weltkrieg für ihn wahr ist, ist das, womit er übereinstimmen kann. Es ist eine Wahrheit, bei der er dadurch anlangte, daß er Information im Sinne von Logik und

Plausibilität aussiebte und sie in einen geistigen Rahmen einbezog, in dem er sich zuhause fühlt.
Vielleicht ist alles in diesem Buch eine Erfindung, ein Beispiel davon, wie sich der kombinierte Wahnwitz einer Anzahl von Leuten, inspiriert von ihrem „Oberguru“, L. Ron Hubbard, als ein paar hundert bedruckte Seiten niederschlagen kann. Vielleicht sind Sie in ein künstlich erschaffenes Universum eingeführt worden, das von Hubbards Gefolgschaft weiterhin erschaffen wird.
Aber warum würde jemand sowas tun?
In den Mysterien der Gesamtzeitspur herumzuwaten oder Xenu zu einem mythischen Wesen zu erheben, ist keine Lösung für irgend etwas, allenfalls könnte es dazu dienen, den eigenen Minderwertigkeitskomplex auszugleichen (denn man kennt ja ein „Geheimnis“).
Es gibt nur einen Maßstab, an dem sich der Wert des Auditierens ermessen ließe: Versetzt es eine Person in die Lage, sein eigenes Überleben und das seiner Mitmenschen zu fördern? Wenn nicht, ist es reine Theta-Kosmetik, um die Falten im Heiligenschein zu glätten, ein „mind trip“, um einen high zu machen, ein Ersatz dafür, das Leben zu leben und sich dem Richtspruch auszusetzen, den die Gesellschaft über einen fällt.
Was immer hier über Xenu, Yatrus und die Entwicklungsphasen des Universums gesagt wird, könnte jemand ganz bequem dazu verwenden, zu „erklären“, warum er im Leben nicht zurechtkommt, als Rechtfertigung dafür, ineffizient zu sein, ein armes Opfer, eine rechte Nervensäge.
Um es also laut und deutlich zu sagen: Nichts in diesem Buch ist „wichtig“.
Wichtig *ist*, das eigene Glück und Wohlbefinden und gleichzeitig das seiner Mitmenschen zu erweitern, Wirkungen zu schaffen, die von anderen toleriert werden können, wobei man selbst in der Lage sein sollte, jede Wirkung auszuhalten; wichtig ist, Lösungen zu finden, die keine Eigentore sind und einen niemals in der Vergangenheit festnageln können.

Manch ein Solo-Auditor mag mit aufgeblähtem Brustkasten herumlaufen, weil er gerade eine Handvoll Markabianer von ihrem Schiff hinunterkatapultierte; sein Nachbar nebenan mag während der gleichen Zeitspanne den Kohl in seinem Garten gepflegt haben.

Was ist „richtiger“? Was ist ethischer? Vielleicht braucht dieser Gärtner niemals solo zu auditieren, weil er nie die Fehler machte, die dieser Auditor einmal beging, und deswegen nichts aufzuräumen hat. Vielleicht ist er ein Gartenmissionär direkt vom M-Schiff, dessen Einsatz sich insbesondere mit Kohl befaßt, und er hat noch gar keinen Erdenfall aufgebaut, den man in Ordnung bringen müßte. Vielleicht ist er auch ein erleuchtetes Wesen von außerhalb des physischen Universums, vor nur zwei Wochen mit der Absicht hier angelangt, ein Beispiel für Einfalt und Heiterkeit abzugeben, zu welchem Zweck er sich den Körper des Gärtners „borgte“. Wer soll es wissen?

Alles in diesem Buch ist wahr mit Bezug zu dem gedanklichen Rahmen der Leute, die die beschriebenen Ereignisse herausgefunden haben. Und es ist außerdem wahr für jeden, der mit diesem gedanklichen Rahmen etwas anfangen kann. Also ist es relativ wahr.

Für jeden anderen ist es Unsinn.

Enthielte dieses Buch auch nur das kleinste bißchen absoluter Wahrheit und wäre der Leser in der Lage, diese zu sehen, wie sie ist, so würde die Welt um ihn herum (auch dieses Buch) zerbröseln und sich ins Nichts auflösen.

ANHANG

A. Glossar

(*Kursiv* gedruckte Wörter innerhalb einer bestimmten Definition sind Teil dieses Glossars und finden sich an ihrem entsprechenden Platz in der alphabetischen Reihenfolge.)

Aberriert, Aberration. Nicht-optimales, irrationales Verhalten, das sich auf Zwanghaftigkeit stützt, auf Verdrängung und Ängste; ein dem optimalen Überleben nicht förderliches Verhalten. Vom Lateinischen kommend, heißt „aberriert", wörtlich übersetzt, „vom Pfad abgekommen sein, abgeirrt sein".
Ankerpunkte. (Siehe *Thetaquanten.*)
Auditieren. Jemanden die traumatischen Geschehnisse seiner Vergangenheit anschauen lassen, um eine höhere Stufe von Ursächlichkeit, Fähigkeit und Lebensfreude hervorzubringen.
Auditierter. Die Person, die von einem *Auditor* auditiert wird. Im scientologischen Jargon gewöhnlich „pre-clear" oder „Pc" genannt.
Auditor. Ein „Zuhörer" (wörtlich). Er unterstützt den *Auditierten* dabei, seine Aufmerksamkeit auf traumatische Geschehnisse zu lenken.
Aufmerksamkeitseinheiten. (Siehe *Thetaquanten.*)
Bewußtheit-von-Bewußtheits-Einheit. Hubbard definiert den *Thetan* als eine Bewußtheit-von-Bewußtheits-Einheit, der seine Gedanken, Emotionen und seinen geistigen Raum selbst erschafft und sich nicht nur dessen bewußt ist, sondern außerdem auch der *Gedanken, Emotionen* und *geistigen Bilder*, die auf ihn von der Umgebung einströmen, und seiner Reaktionen hierzu. Er ist „sich bewußt, bewußt zu sein". Wenn man diese Bewußtheitsposition durchgängig haben und halten könnte, würde man von Gedanken und Emotionen genauso unberührt bleiben wie eine Bergspitze von

Regenwolken. Dieser Zustand, indem man Bewegung verursacht, ohne sich selbst zu bewegen, ist die Essenz des *Statischen.*

Clear („Geklärter"). Eine Person, die bestimmte Gebiete oder Kategorien von geistigem *Mest* kontrollieren oder zumindest zwischen sich selbst und solchen mentalen Phänomenen unterscheiden kann, die versuchen, ihn zu „blenden"; jemand, der sich mit von ihm selbst nicht geschaffenen geistigen Phänomenen nicht identifiziert. Der Zustand Clear und seine damit einhergehenden Fähigkeiten entwickeln sich auf einer Expansionsskala. Der Einstieg dazu hängt von bereits vorhandenen, inhärenten Fähigkeiten ab, von der Menge an *Auditieren*, das jemand erhielt, wie auch vom Grad seines Wissensstandes.

Dianetik. Wörtlich übersetzt, „durch den Geist". L. Ron Hubbards ursprüngliche und in „Dianetik, die moderne Wissenschaft von der geistigen Gesundheit" (1950) beschriebene Untersuchungsmethode der psychosomatischen Interaktion. Ab 1954 wurde die Dianetik in die bedeutend umfassendere philosophische Struktur der *Scientologie* einbezogen. (Siehe dort für weitere Daten zur Dianetik.)

Dimensionspunkte. (Siehe *Thetaquanten.*)

Dramatisierung. Zwanghaftes und unwissentliches „Nachspielen" der Rolle einer in einem traumatischen Geschehnis verwickelten Person, wobei man dieses Geschehnis selbst erlebt haben mag oder auf telepathischen Wege damit in Kontakt kam.

Dynamiken. Das Spiel „unterhalb" des *Statischen* wird praktischerweise in 8 Dynamiken gegliedert, womit sich das Leben in 8 Spielfelder von zunehmender Größenordnung und Verantwortlichkeit unterteilt (wenn man von der 1. Dynamik nach oben zählt). Sie sind: Erstens, das Privatleben; zweitens, Sex, Familie, Kinder; drittens, die Gruppe; viertens, die Menschheit; fünftens, organisches Leben inklusive des eigenen Körpers; sechstens, anorganische Materie und Energie, das physische Universum; siebtens, geistige Aktivitäten auf der Grundlage von Mentalenergie (*Theta*); achtens, reine, nicht mit Energie behaftete Gedankenaktivität.

Emotionen. Von *Thetan* und *Genetischer Entität* verursachte und aus ihrem kombinierten geistigen Energiefeld austretende Schwingungen („Emotion", Latein, bedeutet „eine Bewegung heraus"). Emotionen haben Frequenz und Amplitude. Je niedriger die Frequenz, desto niedriger die Emotion; je geringer die Amplitude, desto schwächer die Stärke ihres Ausdrucks. Emotionen sind nicht einfach vorübergehende Stimmungen, sondern grundlegende und recht fortdauernde Einstellungen dem Leben gegenüber. Sie funktionieren wie Filter für Wahrnehmungen (einströmend) und Handlungen (ausströmend).

Engramm. Eine Aufzeichnung von körperlichem Schmerz in lebensbedrohlichem Ausmaß. Solche Geschehnisse werden komplett mit allen Wahrnehmungen in den Gedächtnisbanken der *Genetischen Entität* aufbewahrt. Engramme sind die einzige Quelle psychosomatischer Leiden. Wird die in ihnen enthaltene Information restimuliert und dramatisiert, so gerät die interne Koordination der körperlichen Lebensenergie durcheinander und infolgedessen die nervlichen und hormonellen Systeme.

Entität. Ein *Ridge*, das nicht von einem selbst, sondern von einer anderen Person während eines schwerwiegenden Geschehnisses gemacht wurde. Es ist das Ridge einer anderen Person, das zu einem herüberwanderte und aus dem Raum des anderen in den eigenen hineingeriet. Entitäten haben „dämonische Qualitäten", insofern sie nächtliche Erscheinungen verursachen, zu einem wie „innere Stimmen" sprechen oder Bilder von den Wänden fallen lassen.

Erkenntnis (Cognition). Ein grundsätzliches Begreifen von Zusammenhängen über das eigene Leben, die gewöhnlich mit einer Änderung zum Besseren einhergeht. Erkenntnisse beziehen sich gewöhnlich auf solche *Postulate* und Einstellungen, mit denen man sich unwissentlich identifizierte.

Gedanke. (Siehe *Postulat.*)

Geist, Verstand (Mind). Die Plattform, von wo der *Thetan* (als *Statischer*) agiert. Der Mind ist sein „Aktenkoffer", sein „elektronisches Notebook", und besteht aus kontinuierlich energetisierten *Postulaten*, womit eine Anzahl von Aktivitäten auf Automatik geschaltet wird. Der Teil des Geistes, den einer bewußt erschafft, wird „analytischer Geist“ genannt, der Teil, dessen er sich nicht bewußt ist (weil er es nicht will), auf den er aber trotzdem reagiert, ist der „reaktive Geist“ (auch „reaktive Bank“). Gewöhnlich identifiziert sich der Thetan nicht mit seinem statischen Aspekt, sondern mit diesem geistigen Energiefeld namens Geist oder Verstand.

Geistiges Vorstellungsbild. Dies sind nicht lediglich visuelle Eindrücke von vergangenen Geschehnissen, sondern sie enthalten auch jede andere Form der Sinneswahrnehmung; diese können separat abgespielt werden, z.B. nur der Geruch, die Schmerzen, die Geräusche usw. (Siehe auch *Ridge*.)

Genetische Entität oder GE. Das den Körper umgebende und durchdringende Energiefeld. Die GE führt dem Körper Lebensenergie zu und enthält die Grundprogramme für Wachstum, Instandhaltung und Fortpflanzung. Der Ausdruck „genetisch“ bezieht sich nicht auf die Gene, sondern (abgeleitet von einem lateinischen Wort) darauf, „etwas hervorzubringen“. Die Genetische Entität ist somit eine „Entität, die Leben hervorbringt“.

Die GE reagiert auf den *Thetan* über emotionelle Resonanz (Affinität) und umgekehrt. Obwohl sie von Thetans vor Urzeiten erschaffen wurde, gewährte man ihr ein Leben eigener Art und innerhalb des Rahmens ihrer Programme arbeitet sie im Bereich der Körperkontrolle unabhängig vom Thetan, wobei sie den gleichen Operationsmodus benutzt, nämlich Postulate und Thetaquanten. Daher kann sie *Ridges (Engramme)* erschaffen. Die Überlebensprogramme der Genetischen Entität werden von den in Engrammen enthaltenen lebensfeindlichen Daten beeinträchtigt bzw. außer Kraft gesetzt.

Die GE ist kein Individuum wie der Thetan, sondern eine nur zeitweilige „Ausstülpung“ eines allgemeinen „GE-Zentralspeichers“, von wo sie sich im Moment der Befruchtung absondert und wohin sie nach dem Tod des Körpers wieder entschwindet.

Goals Problems Mass (GPM), Zielproblemmasse. Richtet man unwissentlich Aufmerksamkeit auf ein Ziel und sein Gegenziel, so entsteht ein Problem, dies führt zu einer Massebildung (und diese zu psychosomatischen Krankheiten).

Grundgeschehnis (Basic). Das früheste Geschehnis auf einer Kette von traumatischen Geschehnissen, das alle späteren am Platz hält und die Ursache für *aberriertes* Verhalten und psychosomatische Beschwerden ist.

Havingness („Habendheit", der Zustand des Habenkönnens). Die Fähigkeit, alles wie auch nichts haben zu können, ohne sich zu ducken, auszuweichen, zu attackieren, zu ignorieren oder irgendeinen Verdrängungsmechanismus zu verwenden. Man nimmt es, wie es kommt, ohne seine gute Laune, seine Heiterkeit oder sein allgemeines Wohlbefinden zu verlieren.

Implantieren. Genauso wie man fremdes Gewebe in einen Organismus einpflanzen kann, kann man ebenso – unter Verwendung der Kombination von Schmerz, Drogen, Hypnose und elektronischen Mitteln – einen Gedanken in den *Geist* einer Person implantieren. Dies bedeutet, die Selbstbestimmtheit der Person zu überwältigen und sie zum Roboter zu machen. Implants degradieren *Thetans* zu einer solchen Opferhaltung, daß sie ihre einzige Überlebenschance darin sehen, sich mit dem Implanteur zu identifizieren und „er zu werden". Sie werden nun anderen mitspielen, wie ihnen selbst mitgespielt wurde.

Ladung. Negative Emotionen, wie etwa Trauer, Furcht, Ärger, Haß und Wut sind Zeichen von Ladung. Ladung ist eine innere Spannung, deren Quelle die Reibung zwischen einem Spiel-*Postulat* und seinen Gegenpostulaten ist.

Lambda. Symbol für organisches Leben. Abgeleitet von „lambda", dem griechischen Buchstaben „L".

Mest. Ein Kunstwort, zusammengesetzt aus den ersten Buchstaben der vier Worte „Matter" (Materie), „Energy" (Energie), „Space" (Raum) und „Time" (Zeit). Obwohl alles Mest im Grunde ein Überbleibsel der kreativen Aktivität von *Thetans* ist, pflegt man aus praktischen Gründen zwischen geistigem und physischem Mest zu unterscheiden.

Phi. Die Überbleibsel vergangener *Theta*-Kreationen (bestehend aus *Thetaquanten*), verdichtet zu der Solidität des physischen Universums.

Postulat. Ein Gedanke, der die Absicht zu sein, zu tun oder zu haben enthält. Ein Postulat in sich ist nicht Energie; im Gegenteil: Nur aufgrund eines Postulates kann Energie überhaupt erschaffen werden. Postulate sind *Mest* übergeordnet. Es gibt (positive) Spielpostulate und (negative) Gegenpostulate. Die Reibung zwischen den beiden erzeugt *Ladung (GPM).*

Reaktive Bank, reaktiver Geist. (Siehe *Geist, Verstand.*)

Restimulation. Das Erwecken vergrabener Erinnerungen durch Elemente der Umgebung, die denen aus einem vergangenen Geschehnis ähneln. Der Restimulationsmechanismus, um genau zu sein, wird nicht durch den äußeren Einfluß selbst in Bewegung gesetzt, sondern dadurch, daß der *Thetan* Aufmerksamkeit auf seine Spiel-*Postulate* oder Gegenpostulate legt.

Ridge. (Wörtlich übersetzt, eine „Rigidität".) Eine Masse von Mentalenergie, die alle Daten eines Geschehnisses enthält, wann und wie es geschah, wer dabei war, und wie sich das Ridge formte. Ein Ridge enthält Aktion, *Emotionen* und *Postulate.*

Scientologie. Wörtlich übersetzt „Lehre von der Weisheit". Eine Therapie und Methode zur Selbsterkenntnis auf der Grundlage der von L.Ron Hubbard entwickelten philosophischen Prinzipien und ihrer Anwendung beim *Auditieren.* Ein Teilbereich der Scientologie ist die *Dianetik*, wo man psychosomatische Beschwerden dadurch kuriert, daß man den *Thetan* anspricht und ihn dabei unterstützt, für den Zustand seines Körpers und seiner *GE* Verantwortung zu übernehmen. Dies erreicht man dadurch, daß man traumatische Geschehnisse in der Vergangenheit des *Auditierten* oder einer anderen Person sorgfältig anschaut und so *Ladung* wegnimmt.

Im Gegensatz zur Dianetik befaßt sich die Scientologie vorrangig mit der Verbesserung geistiger Bewußtheit und der Entwick-

lung entsprechender Fähigkeiten. (Aus diesem Grunde wird sie von manchen als Religion betrachtet.)
Die Scientologie wird weltweit von verschiedenen Gruppen oder Sekten auf unterschiedliche Weise praktiziert; einige davon sind sehr pragmatisch ausgerichtet, andere eher ideologisch. Die Scientology-Kirche ist die größte dieser Sekten und unterdrückt die anderen aktiv durch gerichtliche Verfügungen (wegen angeblicher Verletzungen des Copyright und ihrer eingetragenen Warenzeichen) und persönliche Schikane. (Zur Geschichte und Philosophie der Scientologie siehe „Scientology – Mehr als ein Modetrend?"; zu den eigentlichen Verfahren siehe „Scientology – Ein Handbuch für Anwender", beide von L. Kin.)

Spiel. Besteht aus Zielen, Freiheiten und Hindernissen.

Statisch. Der all-verursachende Aspekt des *Thetans*, des Urhebers von *Gedanken, Emotionen* und Aktionen. So sehr sich der Thetan auch mit Gedanken, Emotionen und Aktionen identifizieren mag, hört er nie auf, ein Statischer zu sein. (Siehe *Bewußtheit-von-Bewußtheits-Einheit.*)

Theta. „Gedankenkraft". Theta erscheint als der reine, nicht energetisierte *Gedanke* wie auch, in energetisierter Form, als geistiges *Mest*. Es ist der Grundbaustein für Sein, Tun und Haben (siehe auch *Thetaquanten*).

Thetan. Das „Gedankenwesen", d.h. derjenige, der *Gedanken* verursacht und mit Hilfe von Gedanken agiert, ebenso mit Hilfe von geistigem *Mest*, einem „gedanklichen Nebenprodukt". Abhängig von seinem Grad an Identifikation mag ein Thetan *statisch* erscheinen, als Gedankenwesen oder als ein aus geistigem Mest bestehendes Wesen. Ganz grundsätzlich gesprochen, besteht ein Thetan aus seinen Spielpostulaten und Gegenpostulaten und erst auf einer niederen Erscheinungsebene aus einem Feld von Energieschwingungen. Essentiell ist er ein Gedanke und macht sich sichtbar als geistige Energie.

Thetaquanten. Winzige Quantitäten von *Theta*, hergestellt vom *Thetan*, wann immer er bei seinen Aktivitäten Energie benötigt. In Abhängigkeit von ihrem Verwendungszweck lassen sich Thetaquanten auch „Aufmerksamkeitseinheiten" nennen (die jedesmal entstehen, wenn man sich konzentriert), „Dimensionspunkte“ (um Raum zu erschaffen und seine Grenze zu markieren) oder „Ankerpunkte“ (um den Thetan gewohnheitsgemäß innerhalb eines bestimmten Raumes zu verankern). Thetaquanten sind der Grundbestandteil von geistigem *Mest* und, verdichtet, physischem *Mest*.

Universum. Die Gesamtheit von allem, was ein *Thetan* jemals erschaffen hat, ganz gleich, ob er es für wichtig oder unwichtig hält, es kennt oder beschlossen hat, es zu vergessen, gewillt ist, es anzuschauen oder nicht. Es gibt drei Universen: Zunächst das eigene, ein geschlossenes System, zweitens das eines anderen, ebenfalls ein geschlossenes System, und drittens dasjenige, wo die Universen zweier oder mehrerer Personen überlappen oder ihre Schnittstelle haben. Das Erste und Zweite Universum sind nur vom Standpunkt ihrer jeweiligen Erschaffer real; das Dritte Universum wird als „gemeinsame Realität“ angesehen. Der Grad oder das Ausmaß dieser Schnittstelle hängt von Kommunikation und Affinität ab.

Valenz. (Von „Valens“, Latein, „Kraft“.) Eine Person in einem traumatischen Geschehnis, deren Rolle man möglicherweise noch lange, nachdem das eigentliche Geschehnis vorüber ist, *dramatisiert*. Wegen der Präzision und Vollständigkeit der Aufzeichnungen in einem Geschehnis ist man in der Lage, für sich selbst ein „Kraftfeld“ zu erschaffen, das dem der betreffenden Person genügend ähnlich ist und man so in gewissem Maß zu ihr wird, zumindest solange die *Restimulation* anhält. Man „geht in ihre Valenz“. (Tut man dies freiwillig und mit genügend Absicht, z.B. während magischer Rituale, so kann man tatsächlich eine bestimmte Thetan/GE-Einheit „anpeilen“ und deren Kraft „anzapfen“.) In extremer Ausprägung gut am Verhalten der Insassen psychiatrischer Abteilungen zu studieren.

Zeitspur. Die aufeinanderfolgende Aufzeichnung von *Gedanken, Emotionen* und Anstrengungen seit Anbeginn der Zeit. Ein Thetan kann potentiell alles zurückrufen, was für ihn von Relevanz ist. Die Zeitspur ist eine geistige Kreation, die nur solange existiert, wie es der Thetan für nötig hält, sie anzuschauen.

B. Restimulationsabhilfe für den Leser

ZWEITES GESCHEHNIS

Wenn Sie sich beim Lesen dieses Textes restimuliert fühlen, Bilder auf Sie einströmen und ihr Körper massig wird, dann sind es nicht eigentlich Sie selbst, der restimuliert ist, sondern ihre BTs. Mit größter Wahrscheinlichkeit waren Sie bei dem Geschehnis gar nicht dabei, aber *sie* waren dabei. Wenn Spaziergänge, das Erledigen körperlicher und praktischer Arbeiten oder „es sich vom Leib schlafen“ nichts helfen, müssen Sie sie auditieren. (Dies funktioniert auch ohne ein E-Meter.)

Nehmen Sie auf jeden Fall Vitamin C, E, B1, Calcium und Magnesium in großen Dosen. Dies dient dazu, das Energiefeld des Körpers zu stärken und die von den „erwachten“ Entitäten produzierten Energieimpulse davon abzuhalten, die Genetische Entität durcheinanderzubringen (was sich in Schlaflosigkeit und Nervösität äußern würde) [75, 76].

Zum Auditieren des Zweiten Geschehnisses gehen Sie bitte im Kapitel 3.1 zu dem Zitat mit den Ablaufschritten. Beginnend mit der Gefangennahme, gehen sie durch die Schritte 1 bis 6, wobei sie jedem Schritt den Vorspann: „Gehe zu . . .“ geben. („Gehe zur Gefangennahme“.)

Dies macht den Schritt zu einer Auditieranweisung und zwingt die restimulierten BTs durch das Geschehnis. Es reduziert ihre Ladung und läßt sie verschwinden.

Ihren Aufmerksamkeitsstrahl halten Sie am besten sehr eng, so daß Sie es immer nur mit einem zu tun haben und nicht mit mehreren gleichzeitig. Manchmal bekommen Sie keine individuellen BTs, sondern ganze Bündel (Clusters) davon. Clusters reagieren nicht so gut wie BTs, weil sie viele sind, im selben Geschehnis stecken und daher glauben, sie seien eins. Man fragt einfach: „Ist dies ein BT oder ein Cluster?“ Die Reaktion wird eindeutig sein. Sie werden bald merken, daß Clusters „Anführer“ haben. Richten Sie ihre Anweisungen an den Anführer oder

„Clusterchef“ und gehen Sie durch die Ablaufschritte wie beschrieben. Das Cluster wird auseinanderbrechen, wenn Sie an den Schritt geraten, bei dem es sich formte. Es mag jeder der Schritte 1 bis 6 sein.

Dies ist der Prozeß:

1. Finden Sie die Quelle der Bilder oder Massen, die Sie spüren. Zeigen Sie mit ihrem Finger darauf. Schätzen Sie die Entfernung dorthin so genau Sie können.

Die Quelle ist natürlich ein BT oder Cluster. Mit ein bißchen Erfahrung werden Sie sich magnetisch dorthin gezogen fühlen.

2. Richten Sie die Anweisung der Schritte 1 bis 6 mit starker Absicht an sie. Manche machen dies schweigend, andere murmeln oder sprechen sogar halblaut; dies unterstützt ihre Absichtskraft. Intendieren Sie jedes BT oder Cluster durch die Schritte 1 bis 6. (Benutzen Sie keinen der späteren Schritte!) Machen Sie dies wiederholt am selben BT oder Cluster, bis Sie keine Bilder mehr bekommen.

3. Das BT mag nun veschwinden. Sie können es ganz deutlich fühlen, weil das, worauf ihre Aufmerksamkeit die ganze Zeit gerichtet war, auf einmal nicht mehr da ist. Statt einem Etwas ist dort nun ein Nichts. Bestätigen Sie es und finden Sie das nächste BT (Schritt 1 dieser Abhilfe.)

Falls es sich um ein Cluster handelt, wird es in viele BTs aufbrechen, sobald Sie zu dem Punkt im Ablauf des Zweiten Geschehnisses gekommen sind, als es sich formte.

Handhaben Sie jedes BT dieses Clusters individuell, wie beschrieben.

4. Wenn die Bilder des Zweiten Geschehnisses schwächer werden, das BT aber nicht geht, so lassen Sie es wiederholt die Schritte 1 bis 6 durchlaufen. Wenn es immer noch nicht geht, muß man es früher auf der Zeitspur schicken. Ladung hängt von einem Grundgeschehnis auf einer Kette von Geschehnissen ab, und das Grundgeschehnis ist immer das früheste.

Geben Sie die Anweisung: „Gehe zum Ersten Geschehnis!“

Wenn Sie noch nicht wissen, was das Erste Geschehnis ist, haben Sie vielleicht Glück und das BT weiß es. Also lohnt es sich, diese Anweisung auszuprobieren, um zu sehen, was passiert, ohne erst das Kapitel zu lesen, wo das Erste Geschehnis beschrieben wird.

Wenn Ihre Anweisung keine Resultate produziert, dann werden Sie das Kapitel lesen müssen, bevor Sie Ihr BT weiter auditieren können. BTs sind in einem solchen Zustand von Schock und Bewußtlosigkeit, daß sie sich nicht so leicht erinnern können. Darum muß der Auditor sie durch ihre Geschehnisse *hindurchintendieren.* Sobald Sie die Sequenz des Ersten Geschehnisses kennen, können Sie dies tun. Folgen Sie einfach den Instruktionen in den ab jetzt folgenden „Auditierhinweisen".

Allgemeine Regel: Laufen Sie das Zweite Geschehnis mit dem gefundenen BT wiederholt durch, bis seine Ladung reduziert ist. Wenn das BT nicht verschwindet, so laufen Sie das Erste Geschehnis und frühere ähnliche Geschehnisse, bis Sie das Grundgeschehnis für dieses besondere BT bekommen haben. Dann wird es sich auflösen.

Seien Sie immer nett zu ihnen. Behalten Sie eine freundliche und interessierte Haltung. Ekelhaft oder grob zu ihnen zu sein, weil sie ekelhaft zu einem selbst gewesen waren, hilft kein bißchen. Es macht das Ridge nur größer!

BTs sind in einer schlimmeren Position als Sie. Schließlich sind Sie derjenige, der ihnen hilft, sich zu befreien, und nicht umgekehrt. Indem Sie ihnen helfen, helfen Sie sich selbst.

Viel Glück!

ERSTES GESCHEHNIS

Auditierhinweis 1: Indem Sie den Ablaufschritten vom Ersten Geschehnis den Vorspann „Gehe zu . . . !" voranstellen (siehe Anfang Kapitel 3.2, zweites Zitat), können Sie ein BT durch das Erste Geschehnis schicken (ähnlich wie Sie es beim Zweiten Geschehnis taten).

Insbesondere müssen Sie die Aufmerksamkeit des BTs auf das Knallen lenken und es herausfinden lassen, was da geschah. Auf diese Weise wird es sich von vorfabrizierten Thetaklumpen lösen und frei sein. Es wird zu guter Letzt „es selbst" sein und nur aus einer Sorte von Thetaquanten bestehen – jenen des ursprünglichen Erschaffers. An diesem Punkt koppelt es sich gewöhnlich von ihnen ab und verschwindet. All die vielen kleinen von ihm abgelösten Teilchen werden von sich aus zu ihren ursprünglichen Erschaffern zurückkehren. Als letzte Säuberungsaktion können Sie dies willentlich intendieren. (Siehe „Allgemeiner Hinweis" weiter unten.)

Auditierhinweis 2: Wenn Ihr BT sich nicht auflöst, nachdem Sie es ein paarmal durch das Erste Geschehnis geschickt haben, ist es offensichtlich noch nicht frei genug, zu gehen. Noch ist es mit fremden Thetaquanten und den in ihnen eingebauten Intentionen behaftet und wird von ihnen festgehalten.

Fragen Sie: „Frühere ähnliche Geschehnisse?" oder „Frühere Einser?"

Fragen Sie die eine oder die andere dieser Fragen wiederholt. Obwohl Sie vielleicht hier keine Bilder bekommen (zu subtil), wird das BT von selbst eine Kette von Geschehnissen bis hin zum frühesten hinuntergeleitet und verschwindet danach.

Auditierhinweis 3: Wenn ihr BT nach Durchlaufen einer Kette von früheren Geschehnissen vor dem Ersten Geschehnis noch nicht verschwunden ist, steckt es wahrscheinlich in einem Rekrutiergeschehnis. Fragen Sie einfach danach. „Wie bist du dazu gekommen, jemals mit Xenu in Übereinkunft zu treten?" „Wann hast du zum erstenmal beschlossen, bei seinem Spiel mitzumachen?" Es wird es ihnen sagen.

Vergewissern Sie sich, daß Sie das BT den exakten Moment finden lassen, als es nach Xenus hochgeschätzten, glitzernden Thetaquanten griff, den Kontakt mit dem *ersten* davon und das vom BT zu diesem Zeitpunkt gemachte Postulat. Lassen Sie es die Bewunderung erkennen und aussprechen, die es damals für Xenu hatte. Dies wird es befreien.

(Sie auditieren hier eigentlich kein BT mehr. Sie sind nun in Kontakt mit dem Thetan „hinter“ dem BT. Wohingegen das BT vielleicht nur ein Pünktchen im Raum war, fühlt sich ein Thetan *riesig* an.)

Auditierhinweis 4: Nachdem Sie ihr BT durch sein Rekrutiergeschehnis geschickt haben, haben Sie das Resultat erreicht, daß keine weiteren fremden Thetaquanten mehr an ihm haften, weder die von Xenu noch die anderer. Es ist nun ganz einfach es selbst, was bedeutet, daß es nur aus einer Sorte von Thetaquanten besteht – jene des ursprünglichen Erschaffers. Nun kann es verschwinden.

Falls es aber ein unglückliches BT ist, wird es nicht verschwinden. Sollte sein Erschaffer in einem früheren Spiel oder früheren Universum einen Verlust oder Fehlschlag erlitten haben, werden seine Thetaquanten die Spuren hiervon tragen und sie werden dies auditieren müssen.

Um Sie zu erinnern: Alle Thetaquanten enthalten eine Aufprägung der Emotionen und Postulate im Moment ihrer Erschaffung. Wenn Sie beides haben und exakt duplizierten, wird sich energetisiertes Theta auflösen und in statisches Theta übergehen. Dieser Mechanismus macht Auditieren überhaupt möglich.

Fragen Sie: „Fehlschlag in einem früheren Universum?“ Lassen Sie sich alle Daten geben, den exakten Fehlschlag und das damals gemachte Postulat. Fahren Sie fort mit: „Frühere ähnliche Fehlschläge?“

Wenn dies keine weiteren Reaktionen mehr bringt, hat der Aspekt der Fehlschläge an Interesse verloren. Es ist an der Zeit, sich positiven Aspekten zu widmen. Geben Sie die Anweisung: „Geh zu einem früheren Universum, wo du glücklich warst“, oder „voll ursächlich“, oder „erfolgreich machtest, was du wolltest“. Lassen sie sich alle Daten geben und wiederholen sie die Anweisung, falls keine Freude aufkommt (womit sie das BT automatisch früher schicken).

Dies ist ein Orientierungsschritt, um die Erinnerung an glücklichere Zeiten zu wecken und gibt dem BT (und seinem Erschaffer) einen Begriff davon, zu welcher Art Spiel er zurückkehren könnte. Es rehabilitiert Ursächlichkeit.

Man beachte, daß diese Kette von „früheren Universen" bis zum statischen Zustand *und früher* gehen kann. Die wirklich guten und erfolgreichen Spiele dieses besonderen BTs oder Thetans mögen unter Umständen „vor" dem statischen Zustand gelegen haben!

Als Resultat dieser beider Anweisungen wird sich das BT (und sein Erschaffer) erleichtert fühlen, und die letzten Quanten, die Sie mit ihm bzw. dem Thetan dahinter verbinden, werden sich schließlich auflösen.

Von allen Schritten dieses Verfahrens wird sich spätestens bei diesem das Gefühl einstellen, daß das ursprüngliche BT zu einem Thetan „geworden" ist. Das ursprüngliche BT, Zeuge aller möglichen Ereignisse und von fremden Thetaquanten verschmutzt, ist nun auf eine Handvoll simpler und homogener Quanten reduziert, die nur einem einzigen Besitzer gehören und als Kommunikationsbrücke zwischen zwei Thetans fungieren: Ihnen und ihm.

Sie sind mit einem lebendigen Thetan „auf der anderen Seite" des BTs in Berührung, und er wird sich gigantisch anfühlen. Auf beiden Seiten wird sich eine Erkenntnis dieses Umstands einstellen, Dankes- und Abschiedsworte werden gesprochen werden – und schließlich, wenn die letzten seiner Thetaquanten sich aufgelöst haben, wird die Kommunikationslinie abbrechen.

Sie können keinen Thetan auflösen, verstehen Sie? Sie können über eine Anzahl von Dimensionspunkten mit ihm in Berührung treten, durch einen Austausch von Aufmerksamkeit, und Sie können es bleiben lassen, mit ihm in Berührung zu sein. Aber Sie können ihn nicht zum „Verschwinden" bringen.

Allgemeiner Hinweis: Wenn Ihr BT verschwunden ist, Sie sich aber immer noch etwas „suppig" um den Kopf herum fühlen, dann könnte es sein, daß sich die Thetaquanten, die sich durch den Auditierprozeß vom BT lösten, immer noch zugegen sind. Das „Original-BT" ist zwar verschwunden, aber die Teilchen, die

ihm im Verlauf der Geschehnisse vor dem Ersten angehängt wurden, sind es nicht. Gewöhnlich befinden sich diese Teilchen (Thetaquanten) in einem Zustand der Desorientiertheit und wissen nicht so recht, wohin sie sich wenden sollen.
Einige von ihnen könnten sogar ihre eigenen sein. Denn schließlich ist es ihre eigene Thetakraft, die dieses BT an seinem Platz hielt – in ihrem ewig langen Versuch, es von sich fernzuhalten!
Streunende Thetaquanten lassen sich sehr leicht handhaben. Tun sie dies:
1. Lokalisieren Sie sie. Lassen Sie Ihre Aufmerksamkeit wie einen Radarstrahl rundum schweifen und beziehen Sie sie in ihren Raum ein. Sie fühlen sich etwa wie eine lockere Wolke an.
2. Geben sie ihnen die „Zwei Rechte eines Thetans". Diese beziehen sich auf alles Theta, nicht nur auf die eigentlichen Thetans. Jedes Thetaquantum leidet darunter, wenn es irgendwo festhängt. Seiner eigenen Natur nach strebt Theta danach, statisch zu sein.
Sagen Sie ihnen also: „Ihr habt das Recht, ein Spiel zu *verlassen*." Dies beinhaltet zwei offensichtliche Konsequenzen; fügen Sie sie noch hinzu: „Ihr seid frei zu tun, was ihr wollt. Ihr könnt zum Zeitpunkt eurer Erschaffung und damit zu eurem Erschaffer zurückkehren und euch in den statischen Zustand hinein auflösen. Oder ihr könnt in einem Spiel eurer Wahl helfen."
Wiederholen Sie diese Instruktionen, während Sie ihren geistigen Raum abtasten, bis sich keine weiteren Veränderungen mehr ereignen.
3. Die meisten von ihnen werden nun verschwunden sein. Gestatten Sie ihnen auch, nach innen zu verschwinden, d.h. in *Ihre* Richtung! Denn Ihre persönlichen Thetaquanten werden zu *Ihnen* kommen wollen (das ist ein Einströmen), wohingegen fremde Thetaquanten anderswohin gehen werden (das ist ein Ausströmen). Versuchte man, dieses Einströmen zu blockieren, so würden neue Massen entstehen!
Diejenigen, die nicht verschwinden, müssen logischerweise in irgendeinem Geschehnis festsitzen. Entweder ist es das ur-

sprüngliche Aufsauge-/Verwirbelungs-/Energiekugel-Geschehnis oder ein späteres. Schließlich wurden sie, kaum daß sie als vorfabrizierte Klümpchen existierten, von allen möglichen Leuten benutzt! Der eine Thetan mag sie verloren und der nächste sie aufgelesen haben. Das muß man in Betracht ziehen. Das früheste Geschehnis der Überwältigung ist das des Aufsaugens.

Fragen Sie daher: „Aufsaugegeschehnis?" und leiten Sie sie durch die drei Schritte des Aufsaugens, Verwirbelns und Aufbewahrens.

Falls es hierzu keine Reaktion gibt, so fragen Sie: „Steckt ihr in einem anderen Geschehnis?" Lassen Sie sich alle Geschehnisse geben, die später als das Aufsaugen liegen (komplett mit den Postulaten, die ihnen dabei vielleicht aufgedrückt wurden), bis keine mehr kommen, laufen Sie dann das Aufsaugegeschehnis als das früheste.

Dies wird ihren Raum zu voller Helligkeit aufklären.

(Anmerkungen: 1. Das hier empfohlene Auditierverfahren geht weit über die ursprüngliche OT III Methode hinaus. Es wurde von Bill Robertson 1985 im Zusammenhang mit „Excalibur" entwickelt. 2. OT III kann nur in Verbindung mit OT I und II erfolgreich durchgeführt werden und unter der Voraussetzung, daß die Fähigkeit „Clear" gegeben ist. Das obige soll lediglich als Restimulationsabhilfe für den Leser dienen.)

C. Das Excalibur-Verfahren

Gelegentlich – besonders vor OT III und danach – finden sich Entitäten, die weder auf das Zweite Geschehnis noch auf das Erste ansprechen, zumindest nicht unmittelbar. Dies liegt daran, daß sie entweder als Kontrollentitäten präpariert wurden (auf den Mann dressiert) und ihre Geheimnisse nicht im direkten Zugang abzugeben bereit sind, oder weil sie nicht im Zusammenhang mit dem Zweiten, dem Ersten oder irgendeinem anderen Geschehnis innerhalb von Xenus Spiel geschaffen wurden. Sie brauchen einen ganz individuellen Zugang – das Excalibur-Verfahren von Bill Robertson.

A. Kurzform. Für schwache und recht „ich-lose" Entitäten, für undefinierbare Brocken und Klumpen, Interferenzfelder und Schirme, usw.

1. Nehmen Sie die Entität mit liebender Zuneigung in Augenschein und machen Sie sich ihrer Partikelstruktur bewußt.
2. Sagen sie ihnen: „Ihr alle habt die Zwei Rechte eines Thetans, nämlich das Recht auf Selbstbestimmtheit und das Recht, ein Spiel zu verlassen."
3. „Das Spiel, für das ihr geschaffen wurdet, ist vorüber. Ihr habt phantastische Arbeit geleistet. Aber jetzt, wo es vorbei ist, dürft ihr alle nach Hause gehen."
4. „Jeder von euch gehe bitte zu seinem eigenen Moment der Erschaffung zurück! Ihr könnt euch euerem Erschaffer wieder zugesellen, euch in Nichts auflösen oder in einem anderen Spiel helfen."
5. Normalerweise wird sich die Entität hier aufhellen oder sogar auflösen. Die übrigen kann man fragen: „Mit welchem Postulat (für welchen Job) wurdet ihr geschaffen?"
6. Bestätigen Sie die Antworten und wiederholen Sie die Schritte 2 bis 4, bis alle weg sind.
7. Sollte die Sache irgendwie hängenbleiben, dann empfiehlt es sich, die von den Thetaquanten gegebenen Postulate zu wiederholen, aufzumerken, welche Geschehnisse auf diese Weise hochgespült werden, und diese im Erzählstil zu durchlaufen (Anfang bis Ende, Anfang bis Ende, usw.), bis sie entladen sind. (Siehe das Kapitel zu Postulate Auditieren im „Handbuch für Anwender".)
8. Wenn all dies nicht funktioniert, benutze man die lange Form.

B. Lange Form. Für sehr „ich-starke" Entitäten oder für die Teilchen, die nach Anwendung der Kurzform übrig bleiben. Läßt sich ebenso für Thetans in ihrer Eigenschaft als Spieler spezifischer Spiele verwenden, um sie aus diesen Spielen herauszulösen. (Sollte nicht für die GE verwendet werden, weil man die GE ja nicht auflösen oder von sich abkoppeln will. Man möchte, daß die GE opti-

mal funktioniert und sich des Körpers so annimmt, wie sie es sollte. Um dies zu erreichen, muß man die Engramme auditieren, die sie dramatisiert. Excalibur ist hierfür nicht der richtige Weg.)
1. Wo bist du?
(Die Entität mag hier völlig anderer Ansicht als der Auditor sein!)
2. Was bist du?
(Aufgabe, Mission, Absicht, Rolle. Muß auf dem E-Meter anzeigen! Beispiel: „Ich bin ein Blumentopf.")
Resultat von Schritt 2: Korrekte Definition des *Seins* der Entität.
3. a) „Als Blumentopf, was versuchst du zu erreichen (besonders bei mir)?"
b) „Als Blumentopf, was versuchst du zu verhindern (besonders bei mir)?"
(Man wiederhole 3a und 3b im Wechsel, bis keine weiteren Antworten kommen. Am E-Meter braucht sich keine F/N zu zeigen. – „F/N" bedeutet „floating needle" oder „schwebende Nadel"; dies weist auf einen Zustand innerer Ausgeglichenheit hin.)
Resultat von Schritt 3: Korrekte Definition des *Tuns* der Entität.
4. a) „Als Blumentopf, was hast du schon erfolgreich erreicht (besonders bei mir)?"
b) „Als Blumentopf, was hast du schon erfolgreich verhindert (besonders bei mir)?"
(Man wiederhole 4a und 4b im Wechsel, bis keine weiteren Antworten kommen; auf dem E-Meter braucht sich keine F/N zu zeigen. Lassen Sie sich *echte* Geschehnisse geben, von denen Sie wissen, das sie in ihrem Leben tatsächlich stattfanden, mit Zeit, Ort und Umständen. Sie möchten herausfinden, wann und wie diese Entität Ihr Leben störend beeinflußte.)
Resultat von Schritt 4: Korrekte Definition des *Habens* (Produkts) der Entität.
5. „Seit wann bist du bei mir?"
(Die Antwort ist für die Entität nicht wirklich relevant, durchaus aber für den Solo-Auditor, der hier gewöhnlich große Erkenntnisse über sein Leben zu haben pflegt. Um die Entität weiter handhaben zu können, ist hier also keine Antwort nötig. Sollte man aber eine gute Antwort bekommen, so lohnt es sich, herauszufinden, welche Zwischenwirte die Entität hatte, bevor sie zum Solo-Auditor geriet, und woher sie ursprünglich kam.)
6. Nachdem man all diese Daten gesammelt hat, muß man unter Umständen die in 1 gegebene Antwort neu formulieren lassen. Wenn die in 1 gegebene Antwort nur eine schwache Anzeige auf dem Meter hatte, oder wenn jene Antwort in keinem Zusammenhang mit den bislang erhaltenen Daten zu stehen scheint, so frage man wieder : „Jetzt, wo wir das alles wissen, was wäre denn die korrekte Bezeichnung für das, was du wirklich bist?" – Beispiel: „Eine fleischfressende Pflanze." (Statt ein bloßer „Blumentopf".)
Resultat von 3 bis 6: Die Beziehung zwischen Entität und Auditor wurde geklärt; die Entität hat angefangen, dem Auditor zu trauen und ist gut „in Sit-

zung". Nur jetzt läßt sich überhaupt – angefangen mit der nächsten Frage – daran denken, den eigentlichen Fall der Entität zu behandeln.
7. „Wie bist du dazu geworden?" (Z.B. „zu einer fleischfressenden Pflanze".) (Lassen Sie die Entität das von ihr angegebene Geschehnis im Erzählstil wiederholt durchlaufen, bis das Geschehnis entladen und der Punkt gefunden ist, als die Entität – oder eher der eigentliche Thetan im Geschehnis – beschloß zu sein, was er jetzt ist, z.B. eine „fleischfressende Pflanze". Dieser Schritt, als der bisher erste und einzige, *muß* auf dem Meter eine F/N zeigen.)
8. Keine F/N an diesem Punkt: Die Entität ist noch nicht ganz gesäubert und immer noch mit irgendwelchen Massen verbunden. „Zweites Geschehnis?" „Erstes Geschehnis?" „Frühere ähnliche Geschehnisse, wo fremde Massen oder Teilchen dir angeheftet wurden?" „Rekrutierung?" (Im Erzählstil jeweils bis zur F/N laufen.)
9. F/N, aber kein Verschwinden. Das bedeutet, daß die Entität sich nicht auflöst bzw. der Thetan nicht geht. Dies liegt an Desorientiertheit. Keine Massen mehr – aber was nun? Es bedarf einer Rehabilitierung früherer Spiele und Ziele, insbesondere solcher, mit denen der Thetan sich in voller Übereinstimmung befand, als er noch frei und selbstbestimmt war. Handhaben Sie dies in der Art des „früheren Universums", wie schon in der Restimulationsabhilfe vorgeschlagen. (Dieser Schritt richtet sich eher an den Thetan „hinter" der Entität als an die eigentliche Entität selbst.)
10. Handhaben sie alle streunenden Thetaquanten mit den Schritten 2 bis 4 der Kurzform. Dies wird eine F/N ergeben.

„HALTER"

Bei jedem Punkt der obigen Sequenz kann es vorkommen, daß die Entität die Auskunft verweigert und nicht gewillt ist, weiter im Gespräch zu bleiben. Gewöhnlich wird sie von einer übergeordneten Entität am Kommunizieren gehindert, dem sogenannten „Halter". Finden Sie (telepathisch) die Linie zum Halter und auditieren Sie ihn auf den Schritten 1 bis 10 oben.
Regel: Schneiden Sie einer Entität nie das Wort ab, um verfrüht nach möglichen Haltern zu suchen. Dies kann leicht zu Überrestimulation führen und damit zu soviel Ladung, daß sich am Ende gar nichts mehr auditieren läßt. Laufen Sie jede Entität soweit Sie mit ihr kommen, reduzieren Sie soviel Ladung wie Sie können, und fragen Sie nur dann nach Haltern, wenn es keine andere Möglichkeit mehr gibt.
Wenn der oberste Halter gefunden und zum Verschwinden gebracht worden ist, können Sie die Linie wieder abwärts steigen und alle untergeordneten Entitäten in ihrer Reihenfolge auditieren. Dies wird nun sehr leicht sein, da die Unterdrückung von weiter oben nicht mehr gegeben ist.

WIDERSPENSTIGKEIT

Manche Entitäten oder Thetans lassen sich zwar wahrnehmen, sind aber völlig unansprechbar. Sie antworten nicht und widersetzen sich jedem der oben aufgezeigten Zugänge. Um sie zu „knacken“, empfehlen sich die „Powerprozesse“ (Pr Prs), insbesondere Pr Pr 4, 5 und 6. Sie sind eine recht langwierige, aber verläßliche Methode, um mit Widerspenstigkeit fertig zu werden.
Jeder Pr Pr wird im Wiederholungsstil auditiert, d.h. die gegebene Anweisungssequenz wird solange wiederholt, wie Antworten gegeben werden oder sich Anzeigen am Meter zeigen; idealerweise ist beides der Fall. Ein Prozeß führt zum nächsten; sie müssen nicht jeder für sich eine F/N erbringen. Sinn der Sache ist es, das zentrale Geschehnis zu finden, in dem diese Entität oder dieser Thetan festhängen und womit sie sich identifizieren; dies geschieht gewöhnlich während Pr Pr 6. An diesem Punkt sollte man zum Erzählstil überwechseln. (Diese Handhabung entspricht nicht ganz der, die mit Auditierten „in Fleisch und Blut“ üblich ist.)

Pr Pr 4 (Quelle):
1. Nenn mir eine Quelle.
2. Erzähl mir davon.
3. Nenn mir eine Nicht-Quelle.
4. Erzähl mir davon.

Pr Pr 5 (Zustände):
1. Was ist?
2. Was ist nicht?

Pr Pr 6 (Existenz):
1. Nenn mir einen gegenwärtig existierenden Zustand.
(Einen Zustand, der genau jetzt, in diesem Sekundenbruchteil, existiert.)
2. Wie bist du damit umgegangen?
(In der Vergangenheit, besonders als du diesen Zustand zum erstenmal erlebtest. Diese Frage wird schließlich zu der zentralen GPM führen, in der die Entität bzw. der Thetan steckt.)

D. Literaturverzeichnis

Da sich dieses Buch an die vielsprachige europäische Gemeinschaft wendet, werden alle Titel in ihrer Originalsprache aufgelistet, so daß sich der Leser nach Übersetzungen in seine eigene Sprache erkundigen kann.
Hinweis: Alle Definitionen englischer Wörter sind dem Thorndike-Barnhart Advanced Dictionary, 1974, entnommen, Definitionen deutscher Wörter dem Duden, Definitionen esoterischer Begriffe dem „Lexikon der östlichen Weisheitslehren", 1986.

1. L.Ron Hubbard, Technical Dictionary of Dianetics and Scientology, 1975.
2. L.Ron Hubbard, „Science of Survival", 1951.
3. Beide Zitate sind dem Australischen Magazin „Nexus", December/January 1993, entnommen.
4. Siehe „Der Ehrenkodex" in „Scientology 0-8" von L.Ron Hubbard, 1970.
5. L.Ron Hubbard, „Scientology 8-8008", 1953.
6. Paramhansa Yogananda, „Autobiography of a Yogi", 1977.
7. Rupert Sheldrake, „The Presence of the Past", 1989.
8. L.Ron Hubbard, „A History of Man", 1952.
9. Max Freedom Long, „The Secret Science behind Miracles", 1954.
10. Franz Bardon, „Frabato", 1979.
11. Dieter Rüggeberg, „Theosophie und Anthroposophie im Licht der Hermetik", 1988.
12. Karl Freiherr von Reichenbach, „Der sensitive Mensch und sein Verhalten zum Ode", 1854.
13. David V. Tansley, „Radionics Interface with the Ether Fields", 1979.
14. Peter Tompkins / Christopher Bird, „The Secret Life of Plants", 1973.
15. L. Ron Hubbard, HCOB 15 May 1963, „The Time Track".
16. Das deutsche Journal „Implosion" Nr.13, 1959. Das erwähnte Buch ist „A lost Technology" von Henry Kjellson, Schweden, Veröffentlichungsdatum unbekannt.
17. Ajit Mookerjee, „The Tantric Way", London 1977.
18. Zitiert aus Bruce Cathie, „The Energy Grid, Harmonic 695", 1990.
19. Nikola Tesla, „Colorado Spring Notes 1899-1900", 1976.
20. Albert Einstein, „Das Raum-, Äther- und Feldproblem der Physik", 1934; Zitat aus Dr. h.c. Rolf Schaffranke (alias Rho Sigma), „Forschung in Fesseln", 1994.
21. L.Ron Hubbard, „Scientology 0-8", 1970.
22. Francis Hitching, „Atlas of World Mysteries", 1978.
23. Shankara, „Crest-Jewel of Discrimination", 1970.
24. Maharishi Mahesh Yogi, „The Science of Being and the Art of Living", 1966.

25. P. Cyrill and K. Krasisnki, „Tibetische Medizinphilosophie“, 1953.
26. Will Durant, „The Story of Civilization“, Band 3 („Cesar and Christ“), 1944, und Band 4 („The Age of Faith“), 1950.
27. Laut Bill Robertson ist dies Hubbards Philadelphia Doctorate Course, 1952, entnommen.
28. J.G. Bennett, „Gurdjieff, a very great Enigma“, 1984.
29. W.Y. Evans-Wentz, Anhang zu „The Tibetan Book of Dead“, 1960.
30. Julien Tondriau, „Du yoga au fakirism“, 1960.
31. L.Ron Hubbard, Einführung zum Roman „Battlefield Earth“, 1982.
32. Stephen W. Hawking, „Black Holes and Baby Universes“ (Essays), 1993.
33. Buckminster Fuller and Robert Marks, „The Dymaxion World of Buckminster Fuller“, 1973.
34. Robert Charroux, „Histoire inconnue des hommes depuis cent mille ans“, 1965.
35. Robert O. Becker, „Cross Currents“, 1990.
36. L.Ron Hubbard, Vortrag 33, „Philadelphia Doctorate Course“, 1952.
37. Wilhelm Reich, „Contact with Space“, 1957.
38. Erich von Däniken, „Strategie der Götter“, 1990.
39. Johannes von Buttlar, „Adams Planet“, 1991.
40. The Tibetan Book of the Dead, siehe [29].
41. Luigi Moraldi, „L'aldila dell'uomo“, Milano 1985.
42. Raymond A. Moody, „Life after Life“, 1975.
43. Leonard Bernstein, „The Unanswered Question“, The Norton Lectures at Harvard, 1973.
44. Conroy Maddox, „Dali“, 1983.
45. Heinz Pfeifer, „Brüder des Schattens“, 1971.
46. Dieter Rüggeberg, „Geheimpolitik“, 1990.
47. Des Griffin, „Descent into Slavery“, 1980.
48. Des Griffin, „Fourth Reich of the Rich“, 1979.
49. Gary Allan, „None Dare Call It Conspiracy“, 1971.
50. Will Durant, „“The Story of Civilization“, Band 1 („Our Oriental Heritage“), 1935.
51. Carroll Quigley, „Tragedy and Hope“, 1966.
52. Alfons Rosenberg, „Durchbruch zur Zukunft“, 1958.
53. Paolo Lionni/Lance Klass, „The Leipzig Connection“, 1978.
54. Dr. Thomas Levy, MD, in „Extraordinary Science“, Jan/Feb/Mar 1994. Die in Levys Artikel (und in diesem Buch) zitierte Aussage ist dem „American Mercury Magazine“, November 1959, p.134, entnommen.
55. Walter Bowart, „Operation Mind Control“, 1978.
56. G. Andrews, „ET among us“, 1987.
57. Zur Verwendung von Mikrowellen für kalkulierte Auswirkungen auf menschliche DNA und Hirnfunktionen siehe das Symposium zur „Microwave Resonance Therapy“, Kiev, Ukrainische Republik, 10.-13. Mai 1989.

58. O. Bergmann, „Deutsche Flugscheiben und U-Boote überwachen die Weltmeere“, 1988.
59. Haarmann, „Geheime Wunderwaffen“, Teil I-III, 1983-1985.
60. Michael Hesemann, „UFOs – die Kontakte“, 1990.
61. Elian Lian, „Der Pandora Aspekt“.
62. Louis Pauwels/Jaques Bergier, „Le Matin des Magiciens“, 1962.
63. Dayton Miller, „The Ether Drift Experiment and the Determination of the absolute Motion of the Earth“, 1933.
64. John Symonds, „The Great Beast“, 1971.
65. A. Carmin, „Guru Hitler“, 1985.
66. Lumir Bardon, „Erinnerungen an Franz Bardon“, 1992.
67. Ravi Shankar, „My Music, my Life“, 1968.
68. Franz Bardon, „Der Weg zum wahren Adepten“, 1957.
69. Franz Bardon, „Die Praxis der magischen Evokation“, 1957.
70. Franz Bardon, „Der Schlüssel zur wahren Quabbalah“, 1957.
71. L.Ron Hubbard, Tape 6810C01.
72. Jon Atack, „A Piece of Blue Sky“, 1990.
73. Russell Miller, „Bare-faced Messiah“, London 1987.
74. Ruth Minshull, „How to Choose Your People“, 1972.
75. See „GUK Bomb“ in 1.
76. Serge King, „Imagineering for Health“, 1981.
77. Serge King, „Mastering Your Hidden Self. A Guide to the Huna Way“, 1985.
78. TV Dokumentation der britischen Journalistinnen Tessa Shaw und Christine Ward Pearce, POW TV, Channel 4, 1994.
79. Das Australische Magazin „Nexus“, Juni/Juli 1994.
80. Lincoln, Baigent, Leigh, „The Holy Blood and the Holy Grail“, 1982

E. Stichwortverzeichnis

Band 1

L. Kin
Scientology – Mehr als ein Modetrend?

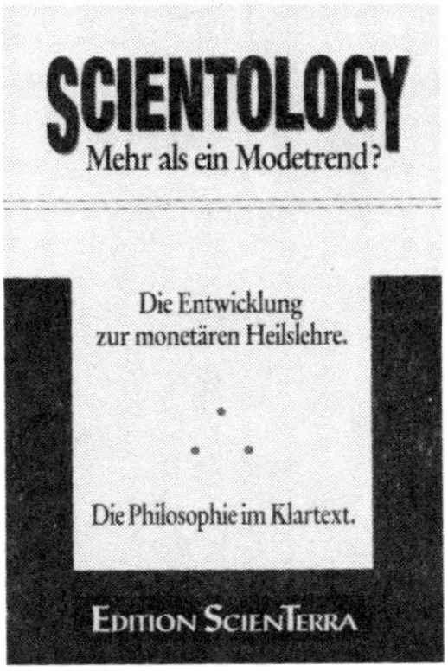

Teil 1: Die Entwicklung zur monetären Heilslehre
Teil 2: Die Philosophie im Klartext

ISBN 3-922367-21-6, Broschur, 228 S., **DM 24,80**

Scientology ist eines der Reizwörter unserer Zeit. Im Konflikt zwischen der Saturiertheit in den Industriestaaten und der uns global drohenden Apokalypse wächst in vielen die Sehnsucht nach innerer Sicherheit, Harmonie und mithin nach geistiger Neuorientierung. Diese Bedarfslücke versucht das gerissene Management der Scientology-Kirche weltweit mit einer Schwemme von Publikationen zu schließen, um so ihren Wahrheits- und Herrschaftsanspruch zu etablieren. Handelt es sich bei diesen Umtrieben lediglich um einen vorübergehenden Spuk, oder beruht die mittlerweile vierzig Jahre alte Bewegung vielleicht doch auf einem Kern universeller Wahrheit und praktischer Anwendbarkeit? Das vorliegende Werk geht die geschichtliche Entwicklung der Scientology von einem unabhängigen Standpunkt aus an, streift faschistoide Ideologisierung und künstlich geschaffene Mythen von ihr ab und schildert ihr grundsätzlich existenzphilosophisches Anliegen.

Band 2

L. Kin
Scientology – Ein Handbuch für Anwender

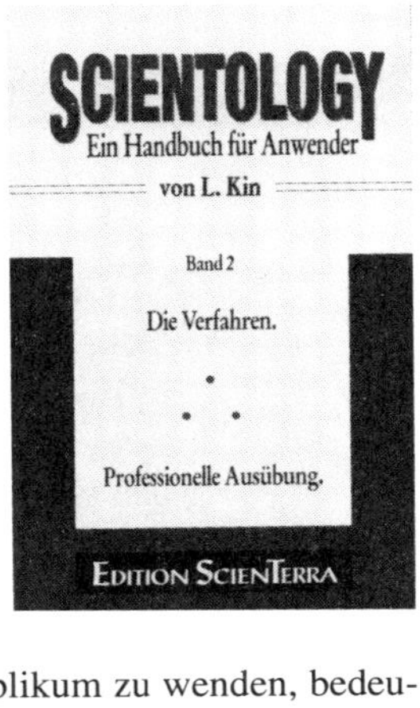

Teil 3: Die Verfahren
Teil 4: Professionelle Ausübung

ISBN 3-922367-22-4, Broschur, 266 S., **DM 39,80**

Der im ersten Band, „Scientology – Mehr als eine Modetrend?", gegebene historische Abriß dieser umstrittenen Bewegung und das dort dargestellte philosophische Konzept ihres Begründers, L. Ron Hubbard, findet im „Handbuch für Anwender" seine sinnvolle, praxisbezogene Ergänzung. Erstmalig wird hier die gesamte methodische Palette der Scientologie vorgestellt, kritisch kommentiert und ihre Anwendung in verständlicher Form erläutert.
Sich mit einer Arbeit wie der vorliegenden an das Leserpublikum zu wenden, bedeutet nichts anderes, als daß hier ein kulturliberaler Verleger keine Scheu zeigt, wenn es darum geht, tabuisierte Themen anzupacken. Indem er die von überflüssigem Ballast befreite Philosophie und Methodik Hubbards als ein Phänomen unserer Gegenwart interessierten Zeitgenossen zugänglich macht, trägt er dazu bei, ein Monopol aufzuweichen, das die sogenannte Scientology-Kirche bezüglich Hubbards Werk zu haben vorgibt. Dies auch in der Erwartung, daß die angebotenen Techniken, hiermit in breitester Form auf den Prüfstand gehoben, durch unvoreingenommene, nicht schon von vornherein fanatisierte oder indoktrinierte Kräfte einer unparteiischen Bewertung unterzogen werden – vielleicht zum ersten Mal in ihrer Geschichte.

Ruth Minshull · Emotionen

Höhen - Tiefen - Gesetzmäßigkeiten

ISBN 3-922 367-50-X, Broschur, 256 S., **DM 29,80**

Emotionen – wer dieses Wort hört, stellt sich unbeherrschte Gemütsbewegungen vor, entflammte Leidenschaften und unkontrollierte Zornesausbrüche. Man denkt an unbedachte, impulsive Reaktionen. Wer sich emotional verhält, gilt sogleich auch als irrational und nur bedingt urteilsfähig.

Emotionen und Vernunft werden in unserer Kultur als unvereinbarer Gegensatz verstanden.

Jedoch ist Leben ohne Emotionen schlichtweg undenkbar. Es gibt keinen, sei es Mensch oder Tier, der auch nur einen Augenblick ohne eine Gemütsbewegung wäre! Ihre Spannbreite reicht von der Todessehnsucht über Trauer, Furcht, Heuchelei, Ärger und Wut bis hin zu wohlwollender Freundlichkeit, Interesse und Begeisterung.

Dieses Buch beschreibt menschliches Verhalten allein auf der Grundlage von Emotionen. Es zeigt, daß sie im Guten wie im Schlechten jederzeit eine Rolle spielen, und es verweist auf die zugrundeliegenden, überprüfbaren Gesetzmäßigkeiten.

Durch die Lektüre dieses Werkes von Ruth Minshull, das auf jahrzehntelangen Beobachtungen beruht, wird es dem Leser möglich, Emotionen einzeln zu erkennen und zu benennen, sie positiv zu beeinflussen und dadurch das Zusammenleben mit anderen angenehmer zu gestalten.

Coupon zum Ausschneiden

Ich bestelle hiermit folgende Bücher:	Preis DM
— Expl. **L. Kin · Band 1 · Scientology** **Mehr als ein Modetrend?**	**24,80**
— Expl. **L. Kin · Band 2 · Scientology** **Ein Handbuch für Anwender**	**39,80**
— Expl. **L. Kin · Band 3 · Gott & Co** **Nach wessen Pfeife tanzen wir?**	**44,00**
— Expl. **Ruth Minshull · Emotionen**	**29,80**
— Expl. **Ulrich Kramer · Der schmale Pfad**	**24,80**

Name ______________ Vorname ______________

Straße ______________ PLZ/Ort ______________

Unterschrift ______________

VAP-Verlagsauslieferung

Postfach 1180 · 32352 Preußisch Oldendorf · Telefon 0 57 42 / 93 04 44 · Fax 0 57 42 / 93 04 55